重庆工商大学法学与社会学学院（市配）2019年一流专业——社会学（62011600518）经费资助
重庆工商大学2019年高层次人才科研启动项目"非物质文化遗产保护视域下创世神话的图像叙事研究"（1953054）成果
2021年国家社会科学基金青年项目"畲族口传史诗演述传统与多民族交融互动研究"（21CMZ022）成果
2020年国家社会科学基金重大项目"近代浙江畲族文书的搜集、整理与研究"（20&ZD213）成果

畲族星宿信俗研究

——关于盘瓠形象传统认识的原型批评

孟令法　著

学苑出版社

图书在版编目（CIP）数据

畲族星宿信俗研究：关于盘瓠形象传统认识的原型批评/孟令法著 .—北京：学苑出版社，2023.3
ISBN 978-7-5077-6619-6

Ⅰ.①畲… Ⅱ.①孟… Ⅲ.①畲族—信仰—研究—浙江 Ⅳ.①B933

中国版本图书馆 CIP 数据核字（2023）第 068082 号

责任编辑： 乔素娟
助理编辑： 袁博新
封面设计： 陈四雄
出版发行： 学苑出版社
社　　址： 北京市丰台区南方庄 2 号院 1 号楼
邮政编码： 100079
网　　址： www.book001.com
电子邮箱： xueyuanpress@163.com
联系电话： 010-67601101（销售部）　010-67603091（总编室）
印 刷 厂： 廊坊市印艺阁数字科技有限公司
开本尺寸： 787 mm×1092 mm　1/16
印　　张： 20.5
字　　数： 388 千字
版　　次： 2023 年 3 月第 1 版
印　　次： 2023 年 3 月第 1 次印刷
定　　价： 200.00 元

前言

畲族是中华民族共同体不可分割的重要一员。在历史积淀中，盘（槃）瓠神话经久不息地被畲族民众口口相传，并被记录于谱牒之中，刻画于祖图长联之内，演述于祭祀典礼过程之中，成为展示族群远古史的重要素材。汉代以来，盘瓠神话就已被汉族文人广泛记录。根据现有资料可知，最早将盘瓠神话予以记录的乃东汉应劭之《风俗通义》，而后世则以晋干宝《搜神记》的记述最为典型。经南朝宋范晔（398—445）征引于《后汉书》后，即成为记述南方诸少数族群，特别是畲、瑶、苗等盘瓠氏集团的"正史"。不过，后人对这种记述多有疑问甚至批驳（如唐刘知几和宋罗泌等），但古代社会的科举制度造成的尊经崇史风气以及不甚发达的印刷出版产业，提升了盘瓠神话的"正史"地位。这不仅成为古代大部分文人墨客了解南方少数族群的重要途径，也逐步固化了普通大众对他者的错误认知。

随着封建社会的覆灭，西方科技文化以及学术理论的东渐，我国学者逐渐开启对图腾文化的探讨。"图腾"（totem）一词乃北美阿尔哥昆恩人之奥吉布瓦部族的方言"奥图特曼"的译音，有人认为它最早出现于英国商人龙格于1791年出版的《一个印第安译员兼商人的航海探险》[1]，也有人认为它最早见于意大利哲学家维柯（Giovanni Battista Vico）的《新科学》[2]。1903年，严复将英国学者甄克思（E. Jenks）所著《政治史》（1900）一书译入我国，并将之命名为《社会通诠》[3]，而该

---

[1] 高有鹏：《关于中国创世神话与原始崇拜的几个问题》，《中国人民大学学报》2019年第1期，第153—161页。

[2] ［意］维柯：《新科学》，朱光潜译，北京：人民文学出版社，1997年。

[3] ［英］甄克思：《社会通诠》，严复译，北京：商务印书馆，1981年。

书中出现的"图腾"也就成为我国较早认识图腾的文献。实际上，对该词出现年代的追溯，中国学者并未特别关注，而图腾概念与图腾理论则为我国早期人类学家、民族学家所利用，并亲身实践于我国民族图腾文化的研究。

畲族图腾的关注点缘起于流传了千百年的盘瓠神话，以及被畲族民众视为珍宝的谱牒与祖图长联。在传统认知领域，学者们特别重视有关血缘关系的图腾理论，而现当代学者对畲族图腾的研究既遵循古史文献的有关记载，同时又将这种理论应用于盘瓠形象的解读中。然而，畲族民众的认识与周边族群的传统话语形成了鲜明对比，同时引发部分畲族民众对这种研究成果的激烈反对，进而促使图腾成为畲族文化研究中的一块禁地，而这种现象正体现了现当代学者对史籍反对意见的置之不理。因此，为了突破既有传统认知，有志于畲族文化研究的学者开始另辟蹊径，从各种历史典籍以及民间文献出发，便出现何光岳"葫芦原型说"和郭志超"水獭原型说"等。然而，盘瓠神话的母题学分析指出，盘瓠形象经历了复杂的演变过程：星宿→茧卵→龙麒（龙犬）→龙→兽首人身→人，并且体现了感生神话、卵生神话及变形神话的复合。

"原型"曾在哲学和心理学中得到普遍应用，进而成为文学研究中的重要理论概念之一，而在图腾文化的研究中尚未得到进一步阐发。如将哲学、心理学及文学领域的原型理解置于图腾文化的研究中，其或可被译为：初始的形体构型，变异形象的发展基础。结合盘瓠形象的发展脉络来看，畲族的图腾信俗中依然保有"星宿崇拜"的痕迹，而这正说明盘瓠形象的星宿原型。所谓星宿，本是我国古人对自然天体的泛称，也是先民标记方位、划分星空及制定历法的重要依据。道教兴起后，部分星宿被赋予具体神格及人物形象，并渐趋深入人们的信俗世界。其实，星宿崇拜自原始时代就已萌芽，并广泛存在于世界各地各民族中，最典型的莫过于日月崇拜以及由此发展而来的鸟崇拜。

根据图腾理论中有关"紧密联系"的论述，畲族图腾形象的星宿原型并非仅是口头传统、谱牒记载或祖图长联刻画中"娄宿"或"亢宿"的具体所指，而是对可见天体的整体性敬畏，这种心理倾向的发生当与远古时代的天体运行有着密切关联。由于星宿没有固定形象的特点，原始先民无法直观地认识到星象所呈现的族群关联，而原始时代的氏族发展总是在融合中扩大，并在建立部族的基础上逐渐向国家过渡。现代畲族的初始形态同样经历了多氏族融合的过程，在此期间，族群标志同样于选择中逐渐定型，而这种选择也许正是盘瓠神话所展现的那样：从无形走向有形，从物形走向人形。尽管神话由于人为因素而产生诸多变异，但"畲"族群的各种记述形式都没有隐没最原始的星宿崇拜，只不过是在此基础上做出了适应族群发展的改变而已。

随着人类对自身认识的不断加深，由自然因素决定的蒙昧时代早已瓦解，而野蛮时代也为文明时代所取代，从而引发图腾自然属性的彻底转型，成为结合了祖先崇拜的人类文化，而这也为现代学者从"他的亲族"（血缘关系）入手研究图腾文化提供了诸多便利。可是，并非所有族群都将图腾作为族群始祖的形象加以膜拜，甚至不能仅从膜拜中看出族民是在祭奠祖先，还是对族群标志在凝聚族民时所起的作用报以感怀。而东北太平洋沿岸的部分印第安图腾柱足以证明图腾并非仅是血缘关系的纽带，而是民众情感得以表达的象征，抑或地域、方向的指示性标牌。

从表面上看，畲族民众的口头演述、谱牒记载及祖图长联刻画似乎展示了畲族图腾的"血缘性"，但这并不能说明畲族就是一个视图腾物为祖先的人们共同体。更何况在大多数时间内，不论是谱牒还是祖图长联都是被秘密珍藏的，因而对图腾形象的认识也并非所有族民都能亲身体会。虽然有人认为"传师学师"乃畲族成年礼或祭祖仪式，但整个活动进程显示，祖图长联的悬挂并非在彰显图腾信俗，而仅是对族源归属与祖先崇拜的辅助性展示。因此，畲族民众对图腾形象的认识大部分源自周边汉民的歧视性说辞（尤其是隋唐以来），而正是由于这些言语的存在，进而促使被视为"外来者"的畲族长期处于较低的社会地位。为了消除这种蔑视性话语带来的不利影响，畲族民众对族群起源神话做出了独具民族特色的重塑，即将盘瓠形象定位在"龙"与"麒"的结合体中，并称之为"龙麒"。学者们在追溯畲族来源时有一种看法，即认为畲族源于东夷（徐夷）部落，而他们的图腾信俗也保有"崇鸟"的特点，这在畲族妇女服饰上表现得尤为充分。所以，畲族民众有意识地摒弃原始而无形的自然天体以及落人口实的动物形象，并逐渐走向趋同于汉族的"龙""凤"崇拜。

信俗同其他文化表现形式一样，也是在适应时代的过程中得以发展。星宿崇拜是畲族最原始的图腾信俗，星宿则是盘瓠形象的原始构型，而后世得以发展的各种盘瓠形象无不源于星宿原型。畲族原始文化得以复原的基础正是在于认清族群图腾的原型，只有这样才能打开畲汉隔膜千百年的心结，为畲族文化持续而健康地发展提供坚实的力量源泉，同时也为畲族文化（尤指原始文化与宗教信仰）的研究带来新的气象。

孟令法

2013年5月25日于丽水学院畲族文化研究所完成
2021年4月6日于重庆万友·七季城B区居所改定

目 录

绪 论 / 1

    一 问题的提出 / 2
    二 畲族图腾文化研究综述 / 6
    三 创新前景与科学意义 / 12

第一章 图腾与星宿：盘瓠原型的解读基础 / 15

    第一节 图腾：氏族的血缘认同与文化标志 / 15
    第二节 星宿：天文历法与天体崇拜的来源 / 25
    第三节 原型：初始的形体构型，变异形象的发展前提 / 56

第二章 盘瓠图腾的星宿原型：传统认知上的新思考 / 71

    第一节 神兽图腾：对盘瓠原型的传统认知 / 71
    第二节 水獭形象：盘瓠原型的另类解读 / 77
    第三节 星宿图像化的氏族标志：盘瓠原型的新思考 / 80

第三章 民族文化的交流与遗存：盘瓠原型的两种重塑 / 143

    第一节 龙麒：民族文化的他（汉）族趋同 / 144
    第二节 凤凰：畲族女性集团特殊的品德标志 / 162

第四章 星宿图腾的社会功能：多民族融合的文化象征 / 179

第一节 民族融合与婚姻制度的统筹标志 / 179

第二节 民族凝聚力得以彰显的根本动力 / 188

第三节 人生的价值取向——"忠""勇"精神与民族性格的传承 / 197

第五章 星宿原型的湮没：盘瓠形象的他者误读与曲解 / 205

第一节 盘瓠神话的历史记载与民间记述 / 205

第二节 畲族民众并非"敬犬如祖" / 216

第三节 汉文典籍传统话语中对盘瓠"犬"形象认识的误解 / 219

第四节 图腾"星宿说"为盘瓠原型正名 / 232

结　语 / 241

附　录 / 245

附录一 《太上黄箓斋仪》《灵宝领教济度金书》《度星经》《洞渊集》有关二十八宿的记载 / 245

附录二 移星科文 / 248

附录三 对民俗学历史地理研究方法的反思——以《中西叙事文学比较研究》和《孟姜女故事研究集》为例 / 252

附录四 中华畲族宫（记）/ 301

参考文献 / 303

后　记 / 317

绪 论

畲族是我国56个民族大家庭中不可分割的重要一员，是我国典型的散居民族之一。畲族民众自称"山哈"，是早于汉族客家人居住于闽粤赣三省交界地的土著居民，他们以广东潮州凤凰山为民族发祥地。自隋唐以来，畲族先民被迫远离家园，走上长达千年的迁徙之路，并于明清时期逐渐定居下来。经20世纪50年代的民族识别调查后，于1956年12月正式认定"畲族"为单一的少数民族。1984年10月，在浙江丽水设立了景宁畲族自治县。据国家统计局《中国统计年鉴（2021）》显示，畲族总人口为746385人，其中男性403516人，女性342869人，[1]主要分布于闽、粤、浙、赣、皖、湘、黔七省的100余个市县。在数千年的发展中，畲族不仅创制出独具民族特色的历史文化，而且在隋唐以来的畲汉交流中，富有创造性地吸纳汉族文化，并在历史的积淀中形成多民族共融相处的生活格局。畲族人民在迁徙中以刀耕火种的生产方式为主，兼以狩猎为补充，面对如此艰辛的生活，畲族人民勇于面对，并为中国革命的胜利和中华人民共和国的建立做出了杰出的贡献。21世纪以来，畲族人民的生活发生了全新的变化，其文化也得到了更为多元的发展。

畲族研究已近百年，在将近一个世纪的学术探索中，有关畲族民间信俗，特别是图腾崇拜的争议至今都未停歇。然而，畲族图腾的原型究竟是什么，在东南沿海居住的不同族群对其的不同理解对畲族社会的发展产生了何种深远影响，这种影响导致的图腾重塑展现了畲族民众怎样的生存智慧，又如何反映了其他族群（精英）的心理认

---

[1] 国家统计局：《中国统计年鉴（2021）》，http://www.stats.gov.cn/tjsj/ndsj/2021/indexch.htm，2022-12-22。

知？笔者在闽浙粤赣皖等省畲族聚居区展开的民族志调研，则在一定程度上对这些问题给予了解答。不过，在进入正式论证前，有必要对本书的一些基本信息做出交代。

一　问题的提出

　　盘瓠神话在畲族社会中经久不息地流传，成为民族远古史得以承继的典型代表。畲族民众不仅以口述的形式在代际间加以传递，同时还以文字的方式将之记录于谱牒之中，刻画于祖图之内，由此形成具有固化意义的民族记忆。正如蒋炳钊在《畲族史稿》中所说的那样，"畲族不仅通过口头传诵，而且通过诸种书画形式来保存这一传说。他们把槃瓠传说写入族谱，又编成《高皇歌》（又名《槃瓠王歌》）传唱，同时还按照传说的内容绘成连环画式的彩色画卷'祖图'，畲族称为'长联'"①。不论是聆听畲民口述，还是翻看谱牒，抑或欣赏祖图，我们都不难发现，盘瓠神话不仅展现了民族始祖——盘瓠——不平凡的一生，更细致地描绘了畲民自起源以来的艰辛发展（迁徙）历程。《畲族简史》中写道："槃瓠传说是原始社会留传下来的一种图腾崇拜，其内容本身是不可信的。不过，历史上这种传说的流行，反映了一定时期某些民族的共同心理状态，对于探讨民族的历史来源具有一定的参考价值。"②正因如此，盘瓠神话不仅在古人手中成为南方诸少数民族历史的正面文献，在现当代同样为学者们所重视。

　　图腾崇拜兴起于远古时代，图腾概念却起源于近代的西方社会，并在20世纪初成为"西学东渐"中一个重要的学术理念。中国学者借此奋力挖掘存在于我国各民族中的图腾现象，并由此构建起与世界接轨的图腾文化。就目前的图腾研究来说，我国各民族几乎都存在图腾崇拜，但各民族所崇拜的图腾物却千差万别，即便是同一民族的不同支系同样显现出这一点，如占人口绝大多数的汉族虽以龙为主要的图腾象征物，除此之外，尚有凤凰、虎、龟、蛇等；居住于云、贵、川等地的彝族则

---

① 蒋炳钊编著：《畲族史稿》，厦门：厦门大学出版社，1988年，第274—275页。
② 《畲族简史》编写组：《畲族简史》，福州：福建人民出版社，1980年，第12页。

有獐子、水牛、绵羊、崖羊、绿斑鸠、蛤蟆、猪槽、芭蕉等；主要聚居于云南的傈僳族则有"虎、熊、羊、鱼、蛇、蜂、鼠、鸟、猴、荞、竹、柚木、麻、菌、菜、犁、船、霜、火、兔、鸡、狗、牛、龙、麦、豇豆、猪等"①。就畲族而言，古人尚不明晓图腾这一现代概念，故而在古籍善本中根本没有出现对之的明确指示，仅是把有关盘瓠的神话作为远古史的真实史料看待，这些"史料"进而成为汉民族轻蔑甚至侮辱畲族（先民）的材料，从而引发畲民对始祖神话的重塑。然而，图腾理论的东渐，让现代学者乃至当代学者坚定不移地认为盘瓠神话中的主角——盘瓠——就是这一民族的图腾，由此更加深了畲汉两族间的隔膜，同时加速了畲民对始祖神话的改革进程。

蓝炯熹在《畲民家族文化》中写道："盘瓠是畲族的家族传说中无法避免又相当讳忌的象征符号，畲族称盘瓠为'忠勇王'，闽东、浙南畲民还称之为'龙麒''盘护''高皇'等，皖南畲民又称作'龙猛'，粤东畲民称作'护王''盘大护''盘古大王'等"②，而"盘瓠身份的特殊性，留给了世人说不完的话题。由于文化之间的差异、矛盾与冲突，人们对盘瓠传说有着迥然不同的理解、曲解和误解"③。就汉族民众的认识来说，我们将在后文中详细论述，而畲族民众，尤其是明清以后定居于闽浙地区的畲族文人，对这种具有侮辱性的历史认识表现出强烈的否定意识。

如清光绪二十四年（1898）由钟大焜主修的福建福宁府《钟氏宗谱·福宁钟氏宗谱序》中写道："音公（钟氏闽东始祖）后六七传，多山居为农，只与蓝、雷二姓联姻，而人遂称'畲民'……余又阅其各属旧谱，多始于明，以上世系并不能详，乃忽采入尧舜以前世系数传，与今相隔四千余年，妄缀为谱首，并引《后汉书》'盘瓠'荒远无稽之言以实之，……考后汉，距高辛将及三千年，三代之事见于诗书者寥寥可数，乃独至后汉，忽知三千年以前怪异无据之事，……又因其先有联姻高辛之荣，而遂忘其有盘瓠之辱，且竟将盘瓠事实，弁于谱端，复绘图立说，张为屏幛，以自别于平民。岂知联姻帝室，事属无稽，而盘瓠之辱，则已群指而目之，而平民反不与联姻矣。置近代洪武进士天台知县子孙之荣于不顾，而独取于四千年

---
① 何星亮：《中国少数民族图腾崇拜》，北京：五洲传播出版社，2006年，第12页。
② 蓝炯熹：《畲民家族文化》，福州：福建人民出版社，2002年，第20页。
③ 蓝炯熹：《畲民家族文化》，福州：福建人民出版社，2002年，第22页。

以前盘瓠之辱为荣，非由于山民无知不识字不读书，何以至此哉？"①此文实乃钟大焜的汉族好友吴征鳖所写，但却也间接地体现了钟大焜的看法。又如修撰于民国九年（1920）的霞浦县青胶《雷氏宗谱·解盘瓠说》中写道："吾祖自轩辕赐姓以来，乃西陵氏嫘祖，瑶光贯亢，其宿灿烂感入元妃而生。巨卿公（雷氏始祖）迁都曲阜，雷电而受姓，始也。迨及帝喾之时，已有二百余载，哪有盘瓠狂谬之说也？……谬传帝以女妻盘瓠者，岂不碍于圣门，而同别类乎？能无污蔑古帝，妄读圣经？当入犁舌地狱，以为狂谬无知极矣！……杜君卿《通典》、范蔚宗《后汉书》论沙黔中，五溪蛮僻处苗、瑶、黎、壮西南蛮界。东南何所考据以'畲民'为'畲民'？抑指盘瓠之后裔也耶？致令无识之徒，借资口实，群相诟骂，漫侮圣经。"②此文乃畲民雷玉卿所写，他虽以儒学观念极力否定盘瓠神话，但亦不可避免地将始祖身世付诸更远古的嫘祖神话中。而现代学者对此更是不加讳言地认为盘瓠乃汉族的虚妄之举，如钟伟琦在《盘瓠与龙麒其人的探讨》中就指出"畲族崇拜的始祖是龙麒不是盘瓠，盘瓠不是畲族的崇拜图腾"③。

尽管大部分畲族文人对盘瓠神话表现出反对之情，并以文字的形式记录于宗谱之中，进而于无形中形成一种习惯性的心理约束，但亦有一些畲族文人表现出取舍两难的矛盾。如民国知识分子雷一声在编修《蓝氏宗谱》时就说："历代典籍均无考，所仅见者，止出于《汉书》，为汉扬子云所著，汉距高辛已隔贰千余载，杨氏何所本而云焉，目犬亦未传其姓氏，不过等诸蜗角斗蚁睫鹊巢之滑稽耳。腐儒因之，遂以弁诸谱首作鼻祖，并杜撰三代以下之官职，而指为三代上之头衔，与历朝敕赠封诰俚言鄙词一串，迂腐卑劣，令人喷饭不已。斯谱之作，本拟删之，但以误传误已深入脑根，牢不可破。姑依原谱存之，虽属鲁鱼亥豕，不胜其弊，然夏五郭公仍阙其文，以符初秋之遗旨。于是，有感而为之，构缀数语，以弁其首云。"④对此，蓝炯熹认为："雷一声的心情是矛盾的，也是无可奈何的，他想在《蓝氏宗谱》中删去有关盘瓠的内容，但是，未得到畲民蓝氏家族的允许。因为积淀在畲民传统文

---

① 福建福宁府《钟氏宗谱》，清光绪二十四年（1898）修，转引自蓝炯熹《畲民家族文化》，福州：福建人民出版社，2002年，第23页。
② 霞浦县青胶畲族村《雷氏宗谱》，民国九年（1920）修，转引自蓝炯熹《畲民家族文化》，福州：福建人民出版社，2002年，第24页。
③ 载朱洪、姜永兴：《广东畲族研究》，广州：广东人民出版社，1991年，第28页。
④ 福安市穆云畲族乡溪塔村《蓝氏宗谱》，民国丁丑年（1937）重修，复印件藏福建省民族研究所。

化心理中的盘瓠传说已经根深蒂固，是不能轻而易举地动摇的。"①

中华人民共和国成立后，畲族民众也走出了往昔备受压迫、得不到平等社会地位的封建时代，成为新时代的主人。随着科教文化水平的提高，畲族民众对族源史的探究越来越成为自我认识的核心之一。然而，历史的沉淀在畲汉关系中起着至关重要的作用，尤其是在图腾信仰的分歧上，正如乌丙安所说："盘瓠问题一度是畲族研究的'瓶颈'：盘瓠的原型、畲族的图腾，都曾经是学者们争论不休的话题。"②也正因为这一隔阂的存在，即便是在思想开放、学术较为严谨的21世纪，本属学术问题的图腾探讨，却发展成一次颇具影响力的社会事件。

2006年1月，邱国珍等所著的《畲族民间文化》在商务印书馆出版。2006年6月18日，《温州日报》发表了针对《畲族民间文化》的评论——《走向民间、走向田野》。文章对邱国珍等的研究成果持肯定意见，由此引发了以苍南为首的畲族民众的上访、申诉。部分畲族民众认为邱国珍在书中提出的"犬图腾"是对国家民族政策的违背，是对畲族人民的侮辱，从而引发集体抗议，结果导致邱国珍和《温州日报》蒙受很大的冲击。正如方清云所说："这是近几年关于盘瓠信仰探讨最尖锐、表现形式最激烈的一次争论，令所有研究畲族的学者心有余悸，不敢再轻易涉足'盘瓠信仰'问题的研究。""2007年12月，笔者应邀参加在潮州召开的全国畲族学术研讨会，在与参会的畲族地区民族干部交流时发现，他们对'狗图腾'的提法十分敏感，并且坚决抵制。""'六一八事件'发生后不久，受国家民委'五种丛书修订委员会'的委托，笔者作为修订小组成员之一，负责修订《畲族简史》，畲族盘瓠信仰问题成为无法规避的问题被提了出来。国家民委政研室刘宝明主任亲临修订会议现场，一再强调对于民族敏感问题一定要慎重对待，不要出现任何有伤民族感情的提法，一定要以维护民族团结为重。鉴于此，我们在修订时采用了一种较为模糊的提法，只是指出畲族的祖先是盘瓠，并未明确指出盘瓠的原型是什么。众多的资料表明，出于保护畲族人民民族情感的目的，无论政府或研究者都应尽量回避畲族图腾原型的问题。"③但在笔者看来，盘瓠信俗永远是畲族文化无法避开的

---

① 蓝炯熹：《畲民家族文化》，福州：福建人民出版社，2002年，第24页。
② 乌丙安：《序》，载邱国珍、姚周辉、赖施虬《畲族民间文化》，北京：商务印书馆，2006年，第2页。
③ 方清云：《民族乡贫困文化自觉——以江西省贵溪市樟坪畲族乡为例》，广州：世界图书出版广东有限公司，2012年，第107—109页。

话题，同时也是建设畲族文化的重点之一。

在这些年的畲族研究中，很少出现有关盘瓠神话或图腾崇拜的学术作品，即便有类似的文章，学者们也都十分注意措辞。如石奕龙在《明清时期畲族盘瓠传说的再发明及其原因》一文中通过对畲族谱牒的研究发现：隋唐时期在闽西、闽南等地聚居的畲族，其谱牒中很少出现盘瓠神话，而于明清时迁居于闽东、浙南，甚至生活于赣南、粤东的畲族，在其谱牒中几乎都有关于盘瓠的记载，只不过在情节或名称等方面出现了些许差异，但亦表现出一定的相似性，如盘瓠的神奇诞生和金钟变身等，并指出畲民"增加一些内容，特别强调他们是皇亲贵胄，祖上对汉族来说有大大的功劳，所以历代皇帝都让他们免差役，有'逢山逢田，任其耕种'的特权"，由此为本民族获取跟土著者同等的生存权利和社会地位提供一个有力的"合法证词"，进而得出"闽东、浙南地区与历史上有所不同的盘瓠传说，是在明清以后再发明出来的"①。

笔者通过近三年的努力，于畲族民众的口头演述、谱牒记载、祖图刻画以及仪式活动中发现，盘瓠形象存在一系列的演变过程（详见第一章第三节"原型：初始的形体构型，变异形象的发展前提"），而所谓的"犬原型"仅是这种演变的中间点，它的起点或说盘瓠母体的受孕过程则给予笔者从"星宿崇拜"的角度研究盘瓠原型的可能。需要特别指明的是，族源记忆在一个大分散小聚居的民族中不可能随意更改，更不可能因个别人的反对而轻易废除，而畲族文化工作者在畲族主要聚居地发现的大部分谱牒与祖图中都于起始部分描述了近乎一致的盘瓠形象——娄金狗（亢金龙）。如果说这种现象来自抄袭或模仿，那又怎能解释因千山万水带来的交流阻隔？因此，只有来自远古的族群记忆，才能实现覆盖几乎整个畲民共同体对始祖形象加以相似记述的可能。

二 畲族图腾文化研究综述

就畲族研究的历史来看，学者们会不约而同地将清末学者魏兰所著的《畲客风俗》作为畲族研究的真正起点，至今已有一百余年。在这部作品中，魏兰以整体性的眼光对浙南地区的畲族的历史、文化、生产生活、畲汉关系等作了较为详细的论

---

① 石奕龙：《明清时期畲族盘瓠传说的再发明及其原因》，《潮州文化研究》2007 年第 4 期。

述，并对畲民信仰，其中包括畲族图腾，做了以点带面的描绘，虽然它为后世学者展示了浙南畲民祖先崇拜的情况，但魏兰本人对畲民以"犬"为"祖"的传统认识表示怀疑，并以"据传"为论，从而显现出魏兰治学之严谨。自此以后，对畲族的研究不仅得到了我国早期民族学家、人类学家的青睐，同时也引来一批欧美学者的关注。由于本书是对畲族图腾原型的研究，故而有关畲族文化的其他研究，笔者在此不予论述。

畲族图腾的关注点缘起于流传了千百年的盘瓠神话，以及被畲族民众视为珍宝的谱牒与祖图。就笔者能力所及，能够搜集到的有关畲族图腾或说盘瓠神话的论述有百余篇，其中发表于各时期各类刊物上的论文有五十余篇，其余为夹杂在各种专著中的专门论述或辅助性材料。而从这些作品的内容来看，不外乎以下四个方面的内容。

首先，把畲族的图腾崇拜作为"族源"探索的材料。到目前为止，对畲族来源的探讨已经形成五种结论，即东夷（徐夷）说、河南夷说、武陵蛮说、浙闽土著后裔说和客家福佬转变说。其中，持武陵蛮说的学者普遍从畲、瑶、苗三族的历史渊源出发，认为它们具有同源共祖的关系，并且都存在盘瓠信仰，从而得出畲族可能来源于武陵地区。这类作品或文章主要有蒋炳钊《从"盘瓠王歌"探讨畲族来源和迁徙》[①]、石光树《从盘瓠神话看苗、瑶、畲三族的渊源关系》[②]与施联珠《畲族研究论文集》[③]、姜永兴《畲族族源、迁徙及盘瓠的新探索》[④]、郭志超《畲族文化述论》[⑤]、谢丁宁《畲族起源传说与史实的探讨》[⑥]等。持东夷（徐夷）说的一些学者则从史诗《高皇歌》等口传文学和"鸟崇拜"（凤凰图腾）入手，认为畲族起源于

---

① 蒋炳钊：《从"盘瓠王歌"探讨畲族来源和迁徙》，《民族学研究》1982年第3辑第1期，第69—77页。
② 石光树：《从盘瓠神话看苗、瑶、畲三族的渊源关系》，《中央民族学院学报》1982年第3期，第79—82页。
③ 石光树：《从盘瓠神话看苗、瑶、畲三族的渊源关系》，施联珠主编：《畲族研究论文集》，北京：民族出版社，1987年，第53—59页。
④ 姜永兴：《畲族族源、迁徙及盘瓠的新探索》，《韩山师专学报（社会科学版）》1987年第2期，第109—115页。
⑤ 郭志超：《畲族文化述论》，北京：民族出版社，2009年。
⑥ 谢丁宁：《畲族起源传说与史实的探讨》，《福建省社会主义学院学报》2009年第3期，第32—36页。

高辛氏所在的东夷部落。这类作品主要以黄锦树《源出少昊帝来自君子国——畲族族源考》①、黄向春《畲族的凤凰崇拜及其渊源》②、蓝雪花《畲族凤凰崇拜及其源流初探》③等为代表。实际上，对于以上诸种族源说，在民国时期的诸多综合性调查报告中都有所涉及，如何子星《畲民问题》④、沈作乾《畲民调查记》⑤、德国学者哈·史图博及其学生李化民所写的《浙江景宁敕木山畲民调查记》⑥等，以及蒋炳钊《畲族史稿》⑦、《畲族简史》编写组编的《畲族简史》⑧和郭志超《畲族文化述论》⑨中得以更完整地呈现，并且体现着研究不断多元、不断深入的时代特点。

其次，从民间文艺学的角度对作为民间文学文本的盘瓠神话进行文化分析。这类研究比较丰富，并且体现着多种风格。有些学者从纯文艺学角度对盘瓠神话作出美学、艺术特色等方面的分析，如徐华龙《盘瓠神话的历史和文化价值》⑩、李明天（苗）与陈立浩的《试论盘瓠神话的美学价值》⑪等；有些从历史的角度对盘瓠神话进行分析，试图找出作为文学文本的盘瓠神话是如何发生变异的，如蓝万清《论畲族盘瓠传说的演变》⑫、刘冬《畲族盘瓠神话的文本辨识和艺术化过程分析》⑬；有些学者则从盘瓠神话（或说盘瓠形象的转变）方面论述畲族文化是如何产生变化的，

---

① 黄锦树：《源出少昊帝来自君子国——畲族族源考》，《韩山师范学院学报》2011年第4期，第22—26页。
② 黄向春：《畲族的凤凰崇拜及其渊源》，《广西民族研究》1996年第4期，第96—102页。
③ 蓝雪花：《畲族凤凰崇拜及其源流初探》，《闽西职业大学学报》2005年第2期，第54—55页。
④ 何子星：《畲民问题》，《东方杂志》1933年第30卷第13号，第57—65页。
⑤ 沈作乾：《畲民调查记》，《东方杂志》1924年第21卷第7号，第56—71页。
⑥ ［德］哈·史图博、李化民：《浙江景宁敕木山畲民调查记》，中南民族学院民族研究所编，1984年。
⑦ 蒋炳钊：《畲族史稿》，厦门：厦门大学出版社，1988年。
⑧ 《畲族简史》编写组：《畲族简史》，北京：民族出版社，2009年。
⑨ 郭志超：《畲族文化述论》，北京：中国社会科学出版社，2009年。
⑩ 徐华龙：《盘瓠神话的历史和文化价值》，《民族文学研究》1991年第1期，第72—77页。
⑪ 李明天（苗）、陈立浩：《试论盘瓠神话的美学价值》，《贵州民族研究》1991年第4期，第170—173页。
⑫ 蓝万清：《论畲族盘瓠传说的演变》，《民族文学研究》1991年第3期，第69—72页。
⑬ 刘冬：《畲族盘瓠神话的文本辨识和艺术化过程分析》，《福建省社会主义学院学报》2004年第4期，第52—57页。

如杨正军《从盘瓠形象变化看畲族文化变迁》[①];有些学者则从盘瓠神话的民族作用入手,认为它是民族凝聚力得以凝聚的一种体现,如雷国强《畲族盘瓠传说的原始文化内涵及其功能初探》和赵海瑛《论盘瓠神话与畲族族群 认同的中间环节》[②]等;有些学者则从盘瓠神话(《高皇歌》)中的一个侧面切入,对畲族族群关系、民族教育和民族生计等作出专项论述,如薛祖辉与曾智《〈高皇歌〉:双重表述下的畲族族群文化》[③]、曹大明《畲族盘瓠传说与其生计模式关系研究》[④]、张春兰与祁开龙《畲族史诗〈高皇歌〉所反映的畲族社会教育情况》[⑤];等等。实际上,这部分文章,在上述蒋炳钊、郭志超诸先生的综合性论著中都有所体现,但相较于其他类别的文章,这部分的确占据了盘瓠神话研究的主体。

再次,把盘瓠神话的固化形式——祖图当作纯艺术作品加以论述。这类文章是最近几年才出现的,随着畲民信仰的对外开放,以往被视为民族至宝的祖图得以在各族人民面前显现真容,它虽然在一定程度上为图腾文化的研究提供了有力的佐证,但从纯艺术角度进行的描述性研究,也成为学者所热衷的一项工作。这类文章主要有陈香白《潮州畲族祖图初探》[⑥]、朱洪与李筱文《广东畲族〈祖图〉初析》[⑦]、马晓华《从祖图看畲族的宗教信仰》[⑧]、吴东海与雷虹《丽水胡椒坑畲族祖图》[⑨]、辛宇玲《〈景宁兰氏祖图〉考释》[⑩]、林毅红《从畲族祖图中的"金钟变身"论"室"的禁忌》[⑪]、吕立汉、蓝岚;《一帧弥足珍贵的畲族祖图长卷——钟水寿藏畲族祖图

[①] 杨正军:《从盘瓠形象变化看畲族文化变迁》,《漳州师范学院学报》,2005年第2期,第90—94页。
[②] 雷国强《畲族盘瓠传说的原始文化内涵及其功能初探》和赵海瑛《论盘瓠神话与畲族族群 认同的中间环节》,福建省炎黄文化研究会编《畲族文化研究》,北京:民族出版社,2007年,第248—263、291—301页。
[③] 薛祖辉、曾智:《〈高皇歌〉:双重表述下的畲族族群文化》:《四川教育学院学报》2008年第4期,第34—36页。
[④] 曹大明:《畲族盘瓠传说与其生计模式关系研究》,《宗教学研究》2010年第1期,第193—196页。
[⑤] 张春兰、祁开龙:《畲族史诗〈高皇歌〉所反映的畲族社会教育情况》,《宁德师专学报(哲学社会科学版)》2010年第3期,第4—8页。
[⑥] 陈香白:《潮州畲族祖图初探》,《岭南文史》1988年第1期,第127—134页。
[⑦] 朱洪、李筱文:《广东畲族〈祖图〉初析》,《中央民族学院学报》1985年第5期,第60—63页。
[⑧] 马晓华:《从祖图看畲族的宗教信仰》,《中国宗教》2007年第3期,第34—36页。
[⑨] 吴东海、雷虹:《丽水胡椒坑畲族祖图》,《东方文物》2008年第4期,第53—68页。
[⑩] 辛宇玲:《〈景宁兰氏祖图〉考释》,《中国土族》2008年第4期,第47—49页。
[⑪] 林毅红:《从畲族祖图中的"金钟变身"论"室"的禁忌》,《中央民族大学学报(哲学社会科学版)》,2009年第4期,第35—39页。

长卷介绍》①、蓝岚《畲族祖图长卷艺术价值初探》②等。总之，这类作品虽以艺术探讨为主要论述方式，但从整体上看去，它们所关注的对象中已然包含了盘瓠神话与图腾崇拜的成分，从而也让我们看到，对祖图的研究是离不开口述文学与图腾崇拜的。

最后，从图腾理论入手，将盘瓠作为畲族的图腾崇拜物。其实，在以上三方面的内容中，对畲族的图腾信仰多多少少都有所涉及，虽然大部分的文章并未对畲族图腾的具体形象或说盘瓠形象进行专门论述，但基于历史传统的认识，不可否认的是，不少学者依然坚称畲族图腾的原型乃"犬"，而这也是引起畲民将之视为禁忌的核心原因，这类文章不在少数，但由图腾问题引发的民族事件（详见"引言"），以及不愿因此而给大部分学者带来不必要的麻烦，笔者就不再将有关文著罗列于此，敬请学者们自行查阅（第二章第一节）。对于这种"犬原型"的认识，不少畲族学者以论著形式表达出否定或半否定的看法，如雷阵鸣与雷银才《再论把"盘瓠"神话当作畲族史实之虚妄》③、雷先根《畲族源于山越》与《铲除盘瓠文化是畲族民众觉醒的必然结果》④，以及雷阵鸣《论畲族的非"盘瓠"》⑤、蓝炯熹《盘瓠传说的理解、曲解和误解——畲族图腾文化再研究》⑥等，这类文章充分体现了畲族民众对族源的认识，同时也是他们民族情感得以抒发的证明。

除此之外，汉族中亦有不少学者通过研究对盘瓠神话以及盘瓠原型提出了各种质疑，如侯绍庄《"盘瓠"源流考》认为："'盘瓠'作为一种原始的图腾崇拜，最早并不起于苗瑶语族的古代先民，而是起于古代氐羌系统的犬戎。只是在唐宋以后，由于各种内外因素的影响，才为苗瑶语族中的部分族群所接受……而把这个称

---

① 雷先根：《铲除盘瓠文化是畲族民众觉醒的必然结果》，载林校生主编《畲族文化新探》，福州：福建人民出版社，2009年，第152—159页。

② 蓝岚：《畲族祖图长卷艺术价值初探》，《文化艺术研究》，2011年第1期，第217—225页。

③ 雷阵鸣、雷银才：《再论把"盘瓠"神话当作畲族史实之虚妄》，《中南民族学院学报（哲学社会科学版）》，1995年第6期，第75—79页。

④ 雷先根：《畲族源于山越》，《丽水师专学报》，1998年第1期，第40—43页；雷先根：《铲除盘瓠文化是畲族民众觉醒的必然结果》，载景宁畲族自治县民族宗教事务局编：《传承与弘扬——2004畲族文化研究》，内部资料，2004年，第39—48页。

⑤ 雷阵鸣：《论畲族的非"盘瓠"》，景宁畲族自治县民族宗教事务局编：《传承与弘扬——'2004畲族文化研究》，内部资料，2004年，第292—304页。

⑥ 蓝炯熹：《盘瓠传说的理解、曲解与误解——畲族图腾文化再研究》，载福建省炎黄文化研究会编《畲族文化研究》，北京：民族出版社，2007年，第276—290页。

谓当作江汉流域特别是'武陵'或'五溪'地区'南蛮'的称谓，仅仅是由于古代某些史家，在缺乏精确的民族识别的条件下，以点代面以偏概全的误记而已。"① 与此不同，谢荣在《槃瓠见疑》中认为："范蠡就是槃（盘）瓠，它们只是一音之转，其实相同。所以，闽粤的畲族和疍民乃为范蠡之后。"② 另有一些学者在自己的文章中认为，盘瓠神话并非源于南方氏族，而是来自北方，属于昆仑神话体系。如姚宝瑄在《盘古、盘瓠神话源于昆仑神话考》一文中通过驳斥"盘瓠神话源于瑶苗"的说法，认为"盘瓠神话源于西北昆仑神话，乃古代氐羌人的神话，战国至秦汉之际随民族迁徙而入西南，东汉时已进入武陵一带。至晋时，已传入东南诸少数民族中间。而后又跨国界进入东南亚，越海涯登陆日本本土。另一路进入漠北，东北而入朝鲜"③。由此可见，盘瓠神话只是被畲族先民接受的一个外来文化，因而不能将之作为论述畲族起源及其图腾崇拜的证据。与此相异，何光岳在《论盘瓠氏的起源、分布与迁徙——兼议盘瓠与葫芦的关系》中对"盘瓠"一词进行了深度解析，从而认为"盘瓠其实不过是首先用瓠能制成盘、瓢之类器物的人，便以其初创之功而得名为盘瓠"④。由此可见，盘瓠乃是类似于轩辕氏、有巢氏、燧人氏等制作盘、瓢类器物之人的通称。因此，葫芦可被看作盘瓠原型的一种解释。另外，郭志超教授通过多年探索，从畲、瑶、苗三族史料以及历史实物等出发，提出了"水獭"原型说（详见第二章第二节）。总之，对畲族图腾原型的研究，尽管有人提出与传统认识相左的意见，但它们的生命力却十分脆弱，得不到多数学者的认可。不过，笔者倒是认为，这些"另类解读"不仅有一定的学理性，同时也是我们重新思考盘瓠原型的有力参考。

然而，本书的论述并非对"另类解读"的重新套用，而是将学习中的发现，以更为有力的证据尽力做出一种符合事实并具有创新性的论点，即盘瓠原型星宿说，从而再一次引发学者重新认识畲族的图腾信仰，并对这一崇拜对象做出进一步探究。

---

① 侯绍庄：《"盘瓠"源流考》，《贵州民族研究》1981年第4期，第32页。
② 谢荣：《槃瓠见疑》，《韩山师专学报》1993年第2期，第4页。
③ 姚宝瑄：《盘古、盘瓠神话源于昆仑神话考》，《西北民族学院学报（哲学社会科学版）》1988年第1期，第60页。
④ 何光岳：《论盘瓠氏的起源、分布与迁徙——兼议盘瓠与葫芦的关系》，《中央民族学院学报》1989年第2期，第26页。

三　创新前景与科学意义

　　鉴于我国畲族文化研究现状，图腾文化已然成为一个十分敏感的话题，但这却是畲族文化研究者不得不面对的重要话题之一。面对这一问题，笔者认为，图腾问题并不是没有解决的途径，而是故步自封的传统思维阻碍了我们重新思考的步伐。笔者通过近三年的研究发现，畲族的图腾原型并非传统认识中的"犬"，也非另类解读中的"水獭"、"葫芦"或"熊虎"，而是起源于远古时代的"星宿崇拜"。这一研究结论，不仅是以一种全新的思考方式试图改变以往的传统认识，而且也希望以此对今后的畲族文化研究起到一定的帮助作用。

　　在笔者看来，本书的创新前景与科学意义主要有以下四点。

　　首先，对图腾理论、星宿概念与原型批评进行整合梳理，拓展了畲族文化研究的视野。18世纪初，图腾理论产生于西方社会，虽然对它最早出现的具体时间仍有争论，但19世纪末20世纪初，它随着留学归国的有志青年来到了中国，并为我国早期的民族学者、人类学者所利用，由此开启了我国的图腾研究。然而，由于中西文化的差异，以及图腾理论所指自然物（主要是动物和植物）的固定话语，让许多研究畲族图腾的早期学者，甚至是当代学者义无反顾地认为盘瓠原型是"犬"。但由于民族歧视性用语在当代的民族政策中的定性，使得"犬"在畲民意识中成为无可争论的"辱文化"。这种现象的出现，不仅体现了学者们对图腾理论的片面认识，同时也反映了学者们对原型概念的简单理解，更揭示了学者们并未细致分析畲民的口述记忆、谱牒记载以及祖图刻画的弊病。正是看到了这些缺陷，并结合长期的研究后发现了畲民曾经存在的"星宿崇拜"。所以，这也成为笔者借助蕴含在民俗学、民族学、人类学、文学、天文学等学科中的图腾理论、星宿概念和原型批评进行跨学科的综合研究的出发点，从而拓展了畲族图腾文化的再认识。

　　其次，从新的角度论述畲族图腾文化，代表了当前畲族问题研究的方向。畲族文化的研究可以说真正起始于清末学者浮云先生（魏兰），其《畲客风俗》代表了当时对浙南畲族社会最全面的认识。自此以后，畲族文化研究在调查中走上繁荣。总体说来，百余年的畲族研究主要集中在以下四个方面。1.族源史探索。到目前为止,已经形成东夷(徐夷)说、河南夷说、武陵蛮说(畲瑶苗同源说)、浙闽土著后裔说和客家福佬转变说五种类型。2.区域民族文化研究。这是畲族研究中最为集中,且成果最多、最成熟的学术领域,现已实际包括历史、文学、音乐、体育、舞蹈、建筑、宗教、语言、饮食、医药、工艺、文献、服饰等在内的所有层面。3.民族关系探讨。这里主要包括畲、瑶、苗三族以及畲汉(客家福佬)之间的关系,前者以吴永章教授所著的《畲族与瑶苗比较研究》为代表,后者以谢重光教授所著的《畲族与客家福佬关系史略》为代表。4.畲族传统文化的现代转型以及民族文化在经济发展中的作用。这是目前民族文化研究中的热点,它不仅包括传统文化的专题研究,同样也包括对具体村落的全面分析,虽然还在起步阶段,但却也出现了不少具有代表性的著作,如石奕龙、张实主编《畲族:福建罗源县八井村调查》①和王逍所著《走向市场:一个浙南畲族村落的经济变迁图像》②等。不过,不论哪种研究,都不可避免地涉及畲民的图腾信俗,而多学科交叉研究已然成为当下学术研究的热门,因此这种方法也是重新认识畲族图腾的重要方向。

再次,对民族图腾文化进行新思考的个案研究。几乎所有的民族都有图腾崇拜的遗存,然而在历史的发展中,图腾研究不可避免地局限于西方理论中所重点指出的有形自然物,尤其是动植物,但并非所有民族都是如此,而且也并非所有的民族都将图腾物当作自己的祖先加以崇拜,更不存在所有的民族都将图腾视作禁止食用的圣物。尽管汉族以一个虚拟物——龙——作为图腾,但文化的发展告诉我们,曾经的"龙"并非所有人都能得以享用,而仅是某个特殊阶层的独享物,是典型的等级标志。由此可知,现在的图腾研究,也并非完全反映了一个民族真实的信仰状况。因此如何借助群众意识和民间资料重新认识民族图腾的原型与演变,是一项十分重要的课题。

最后,为改变汉民族对盘瓠氏族传统蔑视性的认识提供了可能。对畲族图腾的传统认识我们也已说过,这种认识让畲族人民长期处在较低的社会地位中。畲族在千百年的迁徙中不仅没有得到与土著汉族同等的社会地位,就连基本的生活资料也很难得到保全,还受到汉民子弟在心理层面带来的重重压力。我们已经讲过,这种认识的出现,实际上是汉族民众从古至今都未得到完全认知的结果。除此之外,还伴随着大汉族主义的优势心理存在。笔者虽然在畲族的民间口述和历史文献中发现

---

① 石奕龙、张实主编:《畲族:福建罗源县八井村调查》,昆明:云南大学出版社,2005年。
② 王逍:《走向市场:一个浙南畲族村落的经济变迁图像》,北京:中国社会科学出版社,2010年。

了来自远古时代的"星宿崇拜"的遗迹，但这并不能说明本研究就能完全改变千百年来传统的僵化认识，更无法在瞬间实现这一目标。不过，这一研究至少说明对畲族图腾的原型探讨还有更大的空间值得开拓，从而也为改变以往的传统认知提供了可能。

第一章

图腾与星宿：盘瓠原型的解读基础

对盘瓠信仰的研究已有百余年历史，但对它的记载却延续了近两千年。在民国时期，居于东南沿海地区的畲族吸引了众多学者的关注。不过，那时的研究多停留在田野调查的描述性记述，尚未开启深度探讨，故而大部分学者仅凭表面现象将盘瓠定位在为现代畲民所禁忌的原型——"犬"。21 世纪以来，这种研究成果依然为大部分学者所认可。但笔者对此稍有微词，并在这种传统认识的基础上形成一种新思考——盘瓠信俗具有远古星宿崇拜的遗迹——星宿为盘瓠原型。如果要对这一新思考作出较为合理的阐释，我们有必要对图腾、星宿与原型形成一定的概念认知。

第一节 图腾：氏族的血缘认同与文化标志

图腾（totem）是一个源自 19 世纪末 20 世纪初的学术概念，它虽是美国印第安人对所信仰对象的自我解说，但在其科学研究的推广中，则成为影响世界不同族群的重要概念。不可否认，随着民俗学、人类学、民族学等学科对"图腾"研究的深入，其所涉及的精神范畴越来越广。纵然后殖民时代的不同族群已明确"图腾"所富含的"西方中心"思想，但它依然影响着我国民众的社会生活。因此，如何理解"图腾"概念及其发展轨辙则对本文进一步论述畲族图腾信俗具有不可逾越的基础作用。

畲族星宿信俗研究——关于盘瓠形象传统认识的原型批评

一、图腾的思维基础与基本概念

恩斯特·卡西尔（Ernst Cassirer）曾说："在人类文化的所有现象中，神话和宗教是最难相容于纯粹逻辑分析的了。神话乍一看似乎只是一团混沌——一大堆不定型的语无伦次的概念。要寻找这些观念的'理由'似乎是徒劳无益枉费心机的。如果说神话有什么特性的话，那就是：它是'莫名其妙的'。"①而"原始思维的产生，得力于原始人的实践活动，而原始人的实践活动又受制于他们生存所需要的直接目的。因此，原始人的思维只关心他们直接动作或具有行动趋向的事物对象，并借助行动来辅助思维，思维和动作同时进行"②。随着人类对石器、金属器等工具的使用增多，人类的生产生活方式逐渐发生变化，从单一的采集到渔猎，再到农耕，以至工信业；从二元思维到三元思维再到四元思维，人类逐步认识到自身的力量，人类希求通过与自然战斗来改变自然对自己的束缚，所以诸如后羿射日、嫦娥奔月、夸父逐日、精卫填海等神话才孕育而出，但自然的神秘莫测根本无法改变人类对自然的畏惧或感恩。所以正如《山海经》中记述的那样，山有山神、水有水神，各类神奇的动物在"互渗律"的作用下互相复合，并形成令人畏惧的神、鬼、妖、魔。不过，人类一直在改进着生产生活方式，与此同时，人类对周边环境的认识也出现不同于原始思维时期的懵懂，而是渐趋有意识地对周边事物进行关于"类"的区分，从而为氏族部落的形成并选取某一自然物或自然现象作为核心崇拜的对象打下基础，这些崇拜物与氏族部落有着密切的关系，或把崇拜物当作祖先，或把崇拜物当作氏族特殊的保护神，有人认为这种崇拜形式可能发生在原始渔猎社会的后期③。

随着人类对自身认识的加深，人类在生产生活中所面对的敌人也越趋复杂，所以"当自然崇拜更加复杂化时，人们开始探寻自己氏族或集团的共同起源。在这个时候，人们在众多的自然崇拜物当中，选出一个或几个与氏族或集团最密切的对象，将它们摆在特殊位置上，加以专门崇拜，于是，图腾崇拜就逐渐产生了"，而且"在图腾崇拜阶段，已经看得出人们的思维已由具体到抽象、由个别到概括、由分散到综合的过渡和前进。由于人们对自己尊奉的图腾物已经不再限于个别具体的自然物，而是将它推向一切同类事物，以致用以综合概括这些图腾物的抽象语言，就自然而然地产生了。这样，原有的神灵观念及其功能也发生变化。当图腾崇拜进一步发展，

---

① ［德］恩斯特·卡西尔：《人论》，甘阳译，上海：上海译文出版社，1985年，第92页。
② 张晓：《从苗族古歌看其原始思维》，《贵州民族研究》1987年第3期，第153页。
③ 朱天顺：《原始宗教》，上海：上海人民出版社，1978年，第59页。

16

就从'万物有灵'中产生了'鬼神'观念,于是,一旦鬼神观念占据支配地位时,就孕育着祖先崇拜的形成"。①不过,"鬼魂崇拜在某种意义上也带有自然崇拜的性质,因为最初的鬼魂崇拜,实际上是崇拜活人的自然本质所产生的活动能力,只是在某些方面,把这种能力夸大了而已",而"祖先崇拜是鬼魂崇拜的发展。在人们头脑中产生鬼魂观念以前,人们对祖先和亲族的死者是不崇拜的。除了鬼魂观念以外,还要有血统因缘的观念,祖先崇拜才会盛行"②。所以祖先崇拜不仅兴起于图腾崇拜之后,还是氏族社会兴起后的产物,但"祖先"与"图腾"并非完全对立,而是在互渗的过程中复合成原始信仰的整体。

图腾一词,源于北美阿尔哥昆人(Algonquian)的奥吉布瓦(Ojibwas)部族方言"奥图特曼"(ototeman)的译音,原意是"他的亲族"。③"他",指被崇拜的某种对象,主要是动物,也有植物和其他无生命的对象,这种对象便是图腾本身;"亲族",即崇拜某一图腾的氏族及其群体成员。就是说,某一氏族及其群体成员就是某个图腾的"亲族"。反过来,某个图腾则被某一氏族及其群体成员看作他们的"祖先"。④"图腾"一词何时出现于学界,或说何时第一次出现于学者的著作中,直到现在依然没有定论,其中较为普遍的说法有两种,一些学者认为它最早出现于英国商人兼人类学家龙格所著的《一个印第安译员兼商人的航海探险》(1791);一些学者则认为,早在1725年,意大利著名法学家维柯就已在他的著作《新科学》中提出过"图腾",他于文中写道:"印第安人以木柱上的图腾符号来区分氏族。"⑤由此看来,图腾一词的最早使用者还有待进一步探讨。

实际上,在除奥吉布瓦部族外的其他民族中,同样存在与"图腾"意义相同的名称,对此,何星亮先生做过一些总结:

> 如在近代澳大利亚土著民中,有的部落称之为"科邦"(kobong),有的部落

---

① 田光辉:《从贵州少数民族原始宗教看原始思维的特点》,《贵州民族研究》1988年第4期,151—152页。

② 朱天顺:《原始宗教》,上海:上海人民出版社,1978年,第48、54页。

③ 在何星亮看来,"一些著作认为'图腾'一名本义为'他的亲属'之意,这可能是调查者本人的理解,而不是该词的本义。从世界许多民族的图腾崇拜来看,往往把图腾当作自己的亲属,因此,'图腾'的本意应为'亲属'、'亲族'之意。"何星亮:《图腾与中国文化》,南京:江苏人民出版社,2008年,第3页。

④ 刘文英:《从原始思维看图腾之谜》,《哲学研究》1995年第11期,第70页。

⑤ 沈敏华、程栋:《图腾——奇异的原始文化》,上海:上海辞书出版社,2003年,第2页。

谓"盖蒂"（ngate），有的叫"穆尔杜"（murdu），有的称"克南扎"（knaja）；托雷斯海峡马布伊亚格岛居民称之为"奥古德"（augud）；我国鄂温克族则称之为"嘎布尔"（karpur）；克木人称之为"达"（da）。①

虽然这些词汇都与"图腾"表达同一含义，但由于印第安人的"图腾"一词早在18世纪就在欧洲学术界得到记述，并广为应用，所以中外学者就把日后发现的同类词语归并于该词之下，形成一种世界性的同一认识。在两百余年的图腾研究史中，中外学者从不同角度对人与图腾的关系、图腾的象征意义进行追述，并希求为图腾制定合乎普遍性的概念或定义：

摩尔根说：图腾"意指一个氏族的标志或徽记"。最早介绍图腾文化的英人J.朗格（John Long）以为图腾是个人保护神。在英国著名学者弗雷泽看来，图腾既是亲属，又是祖先。据法国社会学派创始人E.杜尔干（Durkheim）之见，图腾既是氏族的象征和标志，又是氏族的神。精神分析学派的开山祖师S.弗洛伊德（Freud）谓："大抵说来，图腾总是宗族的祖先，同时也是其守护者。"美国历史学派的代表人物A.戈登卫泽（Goldenweiser）认为，所谓图腾，就是原始人"把某一动物，或鸟，或任何一物件认为是他们的祖先，或者他们自认为和这些物件有某种联系"。前苏联著名学者С.А.托卡列夫说，某一群体"相信与某种物象……有神秘的血缘亲属关系"，这种物象便是图腾。Д.Е.海通则认为图腾是氏族的祖先。我国著名民族学家杨堃说：图腾"是一种动物，或植物或无生物"，部落内各群体把"图腾作为自己的祖先"。依岑家梧之见，通常所说的图腾，就是人们相信某种动植物为"集团之祖先，或与之有血缘关系"。②

由此可见，原始人群对图腾所形成的认识主要有以下三种类型，即"1.图腾是自己的血缘亲属，他们用'父亲'、'祖父母'等亲属称谓称呼图腾，并以图腾名称作为群体名称；2.图腾是群体的祖先，以为群体成员都是由图腾繁衍而来的；3.图腾是群体的保护神，这是在人类思维有了一定的发展后，了解到人与兽类之间有很大的差别，他们不再认为图腾能生人，但图腾祖先观念还根深蒂固，于是产生了图

---

① 何星亮：《图腾与中国文化》，南京：江苏人民出版社，2008年，第3—4页。
② 何星亮：《图腾与中国文化》，南京：江苏人民出版社，2008年，第4—5页。

腾保护神的观念"①。但是西方学者所定义的图腾并非来自"血缘"关系的感性认识,而是兼具氏族祖先、氏族标志与氏族守护神等多重角色,显现出较为多元的阐释方式。但在中国学者的理念中,图腾尚未脱离与祖先崇拜相连接的血缘阐释,而这种单向阐发直到今日依然占据主导地位,故而在某些因文化变迁所形成的所谓"辱文化"中展开的图腾研究,导致了内外心理上的隔阂。实际上,对大多数族群来说,图腾并非仅是氏族血缘关系得以彰显的象征,相反在人类对自我认识的加深中,图腾渐渐淡出因祖先崇拜而带来的血缘理念,更因祖先形象的具体化,图腾作为氏族文化的标志,甚至某种村落、道路的标志作用逐渐显现出来。就此而论,位于美国—加拿大西北太平洋沿岸的印第安人图腾柱文化,便是这种演变的典型代表。所以,笔者同意图腾是"某种社会组织或个人的象征物","或是亲属的象征,或是祖先、保护神的象征,或是作为相互区分的象征"②的观点。追溯图腾的血缘性无可厚非,但这种关系得以建立的基础并非仅是来源于自然的物象选择,也就是说,图腾的血缘传达并非仅是图腾物带来的,因结合了后起的祖先崇拜而形成的图腾信仰则在世界范围内更为广泛地存在。所以,笔者认为图腾研究并不能一味地追求"祖先"与"血缘"的探讨,更应将目光转向这一现象背后的人与自然的关系、族群之间的关系以及人们共同体的文化标志的研究。

在图腾研究中,学者们总是要对图腾与自然崇拜或其他原始宗教形式之间的关系进行论述,而这种论述对我们今天认识畲族图腾崇拜会有一定的辅助作用。在朱天顺看来,"图腾崇拜实际上是自然崇拜或动植物崇拜与鬼魂崇拜(或祖先崇拜)互相结合起来的一种宗教形式。但是这种形式有它的特殊意义。图腾崇拜,就其崇拜的直接对象来说,是自然物或动植物,而就其崇拜的观念来说,却具有鬼神崇拜或祖先崇拜的内容,图腾既是崇拜的对象,又被当作氏族或部族的标记和名称"③。刘文英对此也有相似论述,不过她更明确地指出了图腾崇拜作为社会关系的作用,她说:"从表面形式看,图腾崇拜和自然崇拜好像没有什么区别。但从其蕴含的内容来看,两者则大不一样。自然崇拜所崇拜的是自然神,其实质是有关自然对象的性质和功能,如风雨雷电、禽兽草木的性质和功能。图腾崇拜所崇拜的已不是自然

---

① 沈敏华、程栋:《图腾——奇异的原始文化》,上海:上海辞书出版社,2003年,第2页。
② 何星亮:《图腾与中国文化》,南京:江苏人民出版社,2008年,第6页。
③ 朱天顺:《原始宗教》,上海:上海人民出版社,1978年,第48、56—57页。

神,而是一种社会神,其实质是人们的一种社会关系。"① 不过,这是一种怎样的社会关系,刘文英并未给出一个明确的答案,然而我们可以猜想,这种关系应当是社会成员对氏族或部族的一种认同观念,而这种认同是在不同的图腾观念中得到阐发的,具体说来:"1. 原始民族的社会集团,采取某种动植物为名称,又相信其为集团之祖先,或与之有血缘关系。2. 作为图腾祖先的动植物,集团中的成员都加以崇敬,不敢损害毁伤或生杀,犯者接受一定的处罚。3. 同一图腾集团的成员,可视为一完整的群体,他们以图腾为共同信仰。身体装饰、日常用具、住所墓地的装饰,也采取同一的样式,变现同一的图腾信仰。4. 男女达到规定的年龄,举行图腾入社式。同一图腾集团内的男女禁止结婚,决定的外婚制(Exogamy)。"②

二、图腾的起源理论与类型划分

于上文我们已经看到一些有关图腾起源的论述,而"自19世纪下半叶以来,学术界曾先后提出过许多图腾起源理论。1920年,法国民俗学家范·盖内普(Van Gennep)在其《图腾制度问题之现状》(*L'état actuel du problème totemique*, Paris, 1920)中,综述了当时已提出的关于图腾发生原因的约四十种理论。1958年,据苏联民族学家 Д. Е. 海通统计,当时关于图腾起源的理论约有六十种。有些学者往往先后或同时提出若干种不同的理论,如著名的英国民族学家弗雷泽曾先后提出三种理论"③。由此可见,对图腾起源的追溯是多么热门,并且是多么复杂与困难。不过并非所有理论都是独立而无交集的,总体说来,各国学者所提理论大致可分为以下七类④。

第一,名目论。从图腾名称或图腾标志出发,阐述图腾产生的原因。最早从图腾名称入手阐释图腾产生原因的是英国学者 H. 斯宾塞(Herbert Spencer),他认为,人以动物命名是图腾起源的决定性因素,这一理论得到艾维夫里(L. Avefury)的进一步阐释。除此之外,提出相似理论的还有英国民族学奠基人之一约翰·卢伯克(John Lubbock),他认为原始人存在以特殊动物称呼个人后再称呼集体的习俗。安

---

① 刘文英:《从原始思维看图腾之谜》,《哲学研究》1995年第11期,第70页。
② 岑家梧:《图腾艺术史》,上海:学林出版社,1986年,第1页。
③ 何星亮:《图腾与中国文化》,南京:江苏人民出版社,2008年,第34页。
④ 本节是对《图腾与中国文化》第一章"图腾与图腾文化"的描述性理论总结。参见何星亮《图腾与中国文化》,南京:江苏人民出版社,2008年,第34—47页。

德鲁·朗格（Andrew Lang）则认为图腾的产生是相近群体之间因相互区分而选择居处的生产物以自我称呼的结果，与此相似，麦克斯·缪勒（Friedrich Max Muller）、基恩（A. H. Keane）、皮克勒（Picler）和菲利克斯·索姆洛（Felix Somlo）等学者则认为图腾最初是氏族、家族或部落的标志，旨在于相互区别。我国史学家吕振宇也有类似的看法，并强调图腾具有一种不可侵犯的维系部落成员的魔力。尽管这种理论有很多的缺陷，但亦不失为一种理解图腾起源的途径。

第二，经济论。以图腾动植物在原经济生活中的作用为主要根据，寻求图腾产生的原因。B. 斯宾塞（Baldwin Spencer）是这一理论的创始人，他首先提出了法术—经济论，即认为图腾物是在法术的催动下得以繁殖的，用以获得生活资料的突进；弗雷泽（J. G. Frazer）基本接受了这一观点，并认为禁食某种动植物是建立群体产销制度的基础。英国学者哈登（A. C. Haddon）则发展了以上理论并提出了区域经济论，这种理论认为图腾的产生在于部族间互通有无的物物交换。作为"文化圈"理论创始人的德国民族学家格雷布纳（R. F. Graebner）在图腾起源的研究中提出了商品经济论，他主张图腾制度仅是发生在一定"文化圈"中，不具有普遍意义，并且在紧缺资源的交换中逐渐形成图腾繁殖仪式。对此，德国神父 W. 施密特（Wilhelm Schmidt）虽基本接受格雷布纳的观点，但他较为注重因图腾信仰而带来的禁忌心理与活动。除此之外，岑家梧和谢苗诺夫（Ю.И. Семёнов）也都主张经济起源论，前者认为图腾制度是建立在狩猎生产的经济基础之上的；后者则进一步认为图腾起源的主要根源在于狩猎对象的专门化。

第三，灵魂论。根据灵魂不灭观念来考察图腾产生的根源。荷兰学者威尔金（G. A. Wilken）率先提出该理论，其核心就在于动物是死者灵魂的宿体，从而成为人类共同体的祖先而得到崇拜。这一理论与"万物有灵论"有着密切的关系，而它的提出者泰勒最初赞同名目论，但后来也转向了灵魂论。德国心理学家威廉·冯特（Wilhelm Wundt）则认为动物是最原始的图腾，而最早的图腾动物是一种灵魂动物。根据威尔金的理论，弗雷泽提出了"体外灵魂"观，即原始人认为人的灵魂有时可离开身体，附入某种动物、植物或无生物中，因此图腾可被视为一种灵魂避难所，可以使灵魂免受伤害或威胁。

第四，妊娠说。以原始人不理解性行为与妊娠的因果关系为依据，探讨图腾发生的因素。这一理论是弗雷泽根据里弗斯（W. H. R. Rivers）关于美拉尼西亚人的考察报告和B.斯宾塞、F.吉伦关于澳大利亚阿兰达人（Arunta）的有关资料作出的一种图腾起源说，即认为图腾观念起源于原始人对自身和动物生殖过程的无知，图腾乃是对这种无知的"合理"阐释。对此，我国学者李则纲、杨堃等也有此类论述。对"妊娠说"进行解释的最好例证则是流传于世界各地各个民族的"感生神话"，而在畲族社会中，大量有关始祖盘瓠的感生神话则是解释民族图腾得以起源的最好材料（详见第二章第三节"星宿图像化的氏族标志：盘瓠原型的新思考"）。

第五，转嫁论。这一理论认为，图腾的发生是由于原始人把人类的社会结构特征转嫁给自然界中的有生物和无生物而产生的现象。作为这一理论的提出者，英国社会学家罗伯逊·史密斯（W. R. Smith）以及他的继承者杰文斯（F. B. Jevons）认为图腾观念发生的根源在于人把自己的社会结构和血亲关系转嫁到周围自然界的有生物或无生物中。

第六，象征论。这是从图腾的象征意义入手，探索图腾得以出现的缘由。法国社会学派的创始人涂尔干（Emile Durkheim）最早提出这一理论，在他看来，图腾观念源自图腾标志，而图腾标志最初仅是氏族的象征，因为氏族需要一个标志作为联络的中心，而氏族本身不具有这种功能。并认为这种标志大致经历了三个阶段：最初仅是粗疏的形象，由线条构成；第二阶段图腾标志出现了可以体认的动物形体；最后则是由于原始人逐渐把氏族与标志混同对待，于是图腾变成了神。

第七，"恋母情结"说。恋母情结又被称为"俄（奥）狄浦斯情结"，它在图腾起源理论中的应用主要是根据人的生物本能或性本能所形成的图腾起源论。这一理论代表了心理学派的一种认识观，它的提出者首推弗洛伊德和格扎·罗海姆（Geza Roheim），他们认为图腾发生的原因应从人的性本能出发，而某些部族的"图腾圣餐"仅是"战胜父亲的一种纪念"活动。

这些图腾起源论在现代图腾理论的研究中多少都占据一定的地位，但相应的提出者都想让自己的理论在学界得到广泛的认可，所以他们之间的互相批评也是在所难免的。但笔者认为，这些理论的提出也许仅是学者们基于自己的研究对象所提出的，而世界民族何其多样，又怎能仅以某一理论完全覆盖，更何况图腾文化也是于发展中进入当代社会，所以在历史的长河中，图腾物是否经历过重新选择或者多个图腾的有机组合（如汉族的龙凤图腾）等，如此一来，就破坏甚至泯灭了最原初的图腾形象，而这也并非学者们可以根据现象遗存，以单一理论所能完全猜测和复原的。因此，对图腾起源的追溯应从多元的角度出发，如此才能还原一个民族图腾起源的真实历史。

在对图腾文化的研究中，图腾类型在学界引起了一定的关注。所谓图腾类型，就是根据崇奉图腾的不同人们共同体的大小所做出的类别划分。就目前的研究成果来看，图腾的类型大致有以下七种：氏族图腾、胞族图腾、部落图腾、民族图腾、家族图腾、性别图腾以及个人图腾。①

第一，氏族图腾，是全体氏族成员共同崇拜的图腾，也是图腾类型中最普遍最主要的图腾。有些学者认为氏族图腾是最早的图腾形式，但并没有充分的证据予以证明，故而学界尚有不少争论。一般认为一个氏族通常只有一个图腾，一个氏族尊奉两个或两个以上图腾的较为罕见。对于这一图腾类型来说，它的主要特点体现在以下两个方面，即同一部落的各个氏族的图腾物，一般都不会重复；同一氏族图腾者皆为亲属。据《史记·五帝本纪》记载，黄帝部落就有熊、罴、貔、貅、貙和虎六个氏族图腾，而《左传·昭公七年》中则写到少皞部落有凤鸟、玄鸟、伯赵、青鸟、丹鸟、祝鸠、雎鸠、鸤鸠、爽鸠、鹘鸠等氏族图腾。

第二，胞族图腾，是胞族内各氏族共同尊奉的图腾。据学者们研究，胞族图腾的根本来源在于人们共同体的分化，而这种分化主要有以下三种方式：一是来源于原始游群的分化；二是来自两个无血缘关系的通婚原始群（氏族）；三是源自母系氏族因人口增长而产生的亚氏族。这些胞族对图腾物的选择虽然同其他类型有着相似之处，但有些却存在母体遗留的现象。如高强在《姜寨史前居民图腾初探》一文中就说，在姜寨原始聚落遗址出土的文物显示，该地区曾存在三个氏族，它们的图腾标志，有鱼蛙纹、五鱼纹和人面鱼纹，从这些纹路来看，它们很可能是由一个母系氏族——鱼氏族分化而来，并由此组成一个"鱼胞族"。

第三，部落图腾，是全体部落成员共同信奉的图腾，它象征、代表着部落，是联结部落内各胞族、各氏族的纽带。相关研究表明，部落图腾是在部落形成后出现的，这些部落有的是由胞族发展而来，因此胞族图腾也就自然成为部落图腾；有些部落则是由若干氏族或胞族联合而成，其中起主导地位的氏族或胞族的图腾就成为部落的图腾。实际上，随着部落的形成，图腾的亲属、祖先观念逐渐被部落成员淡化，取而代之的则是人们共同体的文化象征和群体守护神。仍以黄帝部落为例，《史

---

① 本节是对《图腾与中国文化》第五章"中国各民族图腾的类型"的描述性理论总结。参见何星亮《图腾与中国文化》，南京：江苏人民出版社，2008年，第93—116页。

记》卷一《五帝本纪》记载：黄帝"教熊、罴、貔、貅、䝙、虎，以与炎帝战于阪泉之野"，并称黄帝为有熊氏。由此可见，熊既可能是黄帝氏族的图腾物，同时也可能是以黄帝为首的部族图腾物。

第四，民族图腾，是全民族共同敬拜的图腾，它是民族的标志和象征，具有凝聚全民族的作用。与部落图腾相似，民族图腾也是随着民族的形成而产生的，也就是说，各亲属部落或相邻部落为了内外的需要，相互缔结联盟，形成一种政治组织，血缘关系演变为地缘关系，这样便形成了具有共同地域、共同语言、共同文化和共同心理素质的民族，为了巩固各部落之间的联盟，需要一个全民族的共同标志和象征，于是，有些民族或以核心部落的图腾为全民族共同的图腾；或以核心部落的图腾为基础，以其他部落的图腾为辅助形成一个新图腾；或另采用一个新的有生物或无生物作为民族的保护神和象征。

第五，家族图腾，是家族全体成员共同奉祀的图腾，也就是说，家族成员除了尊奉氏族图腾、部落图腾等，还以某种有生物或无生物作为家族图腾。据马克思主义理论来讲，家族或家庭是由于氏族的分裂而产生的，因此这种更小范围的图腾信仰是较晚出现的，并且仅是家庭血缘关系的象征，这更类似于今天以姓为纽带的宗族文化。

第六，性别图腾，或称两性图腾，又可称"性徽"或"性标"，即部落男女分别以某种有生物或无生物作为本性的图腾，这类图腾正如我国汉族社会的"龙"与"凤"。就性别图腾的起源来说，学界尚有不同意见，有些人认为是出自性别分工，有些人认为出自两性战争，有些人则认为这是母系氏族向父系氏族转变的结果，等等。总之，性别图腾的提出，还是一个较为年轻的课题，需要进一步阐释。据现代学者的研究证明，畲族也是一个崇拜凤凰图腾的民族，它在体现上古母系氏族时代特征的同时，逐渐为父系氏族时代的盘瓠图腾所替代，成为仅仅停留于畲族女性身上的民族文化（详见第三章第二节"凤凰：畲族女性集团特殊的品德标志"）。

第七，个人图腾，是社会个体成员所崇敬的图腾，大多数学者认为它产生较晚，并且是集体图腾的次生品。与其他公共性图腾相比，个人图腾属私有物，它不一定会像集体图腾那样代代相传，而且人们对个体图腾的态度，如对集体性图腾一样，常被视为个人的保护神，并相信个人的一切与图腾有密切的关系，以为人即图腾，图腾即人。就目前的研究来说，个人图腾并非具有普遍性，它通常仅为男性所有，有些部落则仅为巫师或部族首领所有,女性的个人图腾则更为少见。不过,与生俱来的生肖,对后世之人来说,可能就是个例外。

虽然学术界对图腾的论述依然存在不同的理解方式,但图腾已然成为现代学术领域中研究民族信仰的重要组成部分,而图腾本身则给予民众以民族认同的精神纽带和祖先崇拜的心理支撑。由于不同的民族在不同的历史阶段,似乎都经历过图腾崇拜的阶段,而且某些民族的图腾信仰一直延续至今,所以,图腾概念的阐发、图腾起源的追溯及图腾类型的划分虽对不同民族存在不同的适用度,但它却为我们认识某一族群,甚或某一宗族的原始信仰状况提供了理论支撑。

第二节　星宿:天文历法与天体崇拜的来源

星宿在我国有着极其重要的社会文化史意义。可以说,尽管自然属性是星宿的本质特征,但其人文属性的千万年传承却彰显了人们对广袤宇宙的敬畏之心。千百年来,周天星辰早已在我国先民的区分中被划入不同的时空范畴,但这种定位不仅动态地体现了人们对"戎"与"祀"的信仰心理,也为我国各民族不同历法的制定乃至地理定位提供了可"永久性"参照的对象,从而彰显了信俗之外的科学性。那么,从历时性和共时性相结合的角度探查星宿信俗的发展过程、表现形式及其对不同族群的影响,则对我们论证畬族图腾的"星宿"原型具有极为显著的基础功能。

一、自然天体与二十八宿[①]

在天文学概念中,自然天体主要是指恒星、行星、小行星、卫星、流星、彗星、星云、星团、行星际物质,以及各种宇宙"源",如红外源、紫外源、射电源、X射线源、γ射线源等。在现代社会中,尽管大部分人接受了较好的科技文化知识的教育,但在普通人的认识中,恒星、行星、流星、彗星等或许也能够得到一些人的了解,但对大部分人来说,自然天体不外乎日、月、星(主要是五大行星,即金、木、水、火、土)等太阳系中的星体,以及某些具有深远历史影响的星体,如北斗七星、北极星、牵牛星、织女星、太白星等,其中也不乏一些流星和彗星等。

---

① 由于本书所述主体乃畬族图腾,因此本节仅对有关"二十八宿"的主要历史记述作出描述,并不对这些记载的差异作出进一步阐释,需要进一步了解者,可参本文所引述的各参考文献。

畲族星宿信俗研究——关于盘瓠形象传统认识的原型批评

我国是世界上最早对星体运行加以记录的国家,如《竹书纪年·卷上》就记载了一次发生在夏桀十年(约公元前16世纪)的流星雨,其文写道:"夜中,星陨如雨",这可谓是我国现存较早的对星体运行的记载。《淮南子》卷十五《兵略训》记载了一次发生在大约公元前11世纪的彗星现象,文曰:"武王伐纣,东面而迎岁,至汜而水,至共头而坠,彗星出,而授殷人其柄。时有彗星,柄在东方,可以扫西人。"而《通志》卷七十四《灾祥略·星》中则有"星昼陨于秦"的记载,此时为公元前651年。① 由此可见,我国先民对自然星体的认识已经达到了相当高的水平。更重要的是,生活于东汉时代的张衡,不仅由于发明了著名的地动仪而成为影响世界的地理学家,而且他所发明的浑天仪成为我国乃至世界上最早的用以观测自然天体运行规律的精密仪器。实际上,历朝历代都把观察天象、推算节气、制定历法当作国家发展的重要影响因素之一,因此设立了太史监〔隋〕、太史局〔唐、宋〕、司天监(宋、辽、元)、钦天监(明、清)等科技机构,而掌管天文台的官员无不为我国的天文学、地理学、历法学的发展奠定了坚实的基础。在明、清两代,随着大量西方传教士的到来,西方的科学技术逐渐传入我国,而掌管钦天监的主要官员也为西方传教士所替代,这里就有我们所熟知的利玛窦(意)、汤若望(德)、南怀仁(比)、闵明我(意)、徐日升(葡)等。正是由于这些西方传教士的作用,我国的历法也在二元对立(农历和西历)的选择(并行)中延续至今。不过,我国普通百姓在使用西历的同时,依然将农历作为民族计时方式的首选,尤其是对农时与节庆的关注。

其实,星宿并非仅是自然星体的代名词,其中的"宿"字更为我们展示了中国传统历法文化的独特性——自然星体的运行是制定历法的依据。在满布天穹的繁星中,古人并非将所有自然星体都作为历法的依据,其中最为重要的莫过于我们常说的"二十八宿"。所谓"宿",是对月亮每天运行轨道的总称,而"二十八宿的本义应该是月亮运行中的二十八个宿营地"②。正如东汉王充所言:"二十八宿为日月舍,犹地有邮亭,为长吏廨矣。邮亭著地,亦如星舍著天也。"③ 所谓"舍"即是

---

① 庄威凤、王立兴总编:《中国古代天象记录总集》,南京:江苏科学技术出版社,1988年,第383、577、619页。
② 陈久金:《斗转星移映神州——中国二十八宿》,深圳:海天出版社,2012年,第32页。
③ 〔东汉〕王充原著:《论衡译注》,袁华忠、万家常译注,贵阳:贵州人民出版社,1993年,第672页。

第一章 图腾与星宿：盘瓠原型的解读基础

"停留处"，但"宿"并非仅指一个自然天体，而是对一个星群或星座的统称，因而也被称为"星官"①。前文已经说过，古人对各类星象的观测在原始社会就已有较为深刻的认知，但这并不是说，二十八星宿的完整概念或定名在那个蛮荒时代就已出现。从现存的历史文献来看，最早有关二十八宿之名的记载是《尚书》，其《尧典》中写道：

日中星鸟，以殷仲春；日永星火，以正仲夏；宵中星虚，以殷仲秋；日短星昴，以正仲冬。

陈久金曾言："这就是所谓帝尧用以确定春分、夏至、秋分、冬至的四仲中星。不幸的是，经竺可桢等人考证，这个四仲中星并不在同一时代，仅冬至昴中，大致相当于帝尧时代（公元前 3000 年前后），其余三个天象，大致相当于周初（公元前 1000 年前后）。这证明《尧典》天象是周代人混入周人的观点编写的，不能作为尧时天象的确实凭证。"② 以此可见，二十八宿的形成很可能是在周代。陈久金为了证实这种说法，继续说道："关于夏代的星象，我们将涉及一本中国最早的农事历书《夏小正》。该书原收载于《大戴礼记》，后独立成书。据记载，这是孔子为了观夏道、正夏时，而从夏人后裔杞国采访到的一本历书。为了利用星象出没定季节，书中共记载了六个星座：北斗、大火、参、织女、南门、昴。在这六个星座中，除两个特殊星座昴和北斗以外，全是一等以上大星，均为全天最为明亮、著名的星座之一。反过来考虑，如果夏代就使用二十八宿，是不可能不提及的，这也是夏代以前中国不可能有二十八宿的证据之一。"③ 尽管陈久金之说可谓证据确凿，但笔者认为，我们不能因为这些历史文献没有将二十八宿进行完整记述，就否定二十八宿得以兴起的初始元素。正如金字塔的建造一样，没有最初的基石，又怎能完成一座宏伟的建筑。虽然商代未能留下让我们进一步探查二十八宿得以起源和发展的元素，但出土文物——殷墟甲骨——的卜辞却让我们大体知道商王朝时期的二十八宿之名

---

① 之所以会被称为"星官"，主要是因为"按中国星座系统的整体设想，以天和地对应为基础建立起天文地理分野的观念。在人间是帝王统率下建立起一整套政治军事机构治理国家和人民"。李维宝、陈久金：《论中国十二星次名称的含义和来历》，《天文研究与技术》2009 年第 1 期，第 76 页。
② 陈久金：《斗转星移映神州——中国二十八宿》，深圳：海天出版社，2012 年，第 3—4 页。
③ 陈久金：《斗转星移映神州——中国二十八宿》，深圳：海天出版社，2012 年，第 4 页。

依然集中在大火星、商星、鸟星和参星等，而"陈邦怀、饶宗颐和沈健华在商代金文和甲骨文中考释出 12~18 个属于二十八宿体系的星宿名"①。由此可见，二十八宿在商代就已在酝酿中逐渐成形。

对于周代有关二十八宿的记载，我们可于至少两部文献中看到它们的影子，即《诗经》和《周礼》，此二书均传为孔子所辑。就《诗经》来说，我们会发现，在全集 305 篇诗歌中，共记载了二十八星宿中的九个星名，即大火、参、昴、定、织女、牵牛、箕、斗与毕，并集中于《七月》（"七月流火，九月授衣"）、《小星》（"嘒彼小星，维参与昴"）、《绸缪》（"绸缪束薪，三星在天；绸缪束刍，三星在隅；绸缪束楚，三星在户"，此处的"三星"即为参宿三星）、《大东》（"跂彼织女，终日七襄；虽则七襄，不成报章；睆彼牵牛，不以服箱；东有启明，西有长庚；有捄天毕，载施之行。维南以箕，不可以簸扬；维北有斗，不可以挹酒浆；维南有箕，载翕其舌；维北有斗，西柄之揭"）、《渐渐之石》（"月行于毕，俾滂沱矣"）、《定有方中》（"定有方中，作于楚宫；揆之以日，作于楚室"）。从这些诗歌中，我们明显看到，有关参、昴、毕等星宿的名称已经联合并用，也就是说，至迟在春秋时期，二十八宿之名已然走上趋于完善的道路。

就《周礼》而言，全书以官制为纲，并全面阐发了周代各项典章制度，其中就有关于"二十八星"的记载，而这恰恰反映出周人已经创立出以二十八星宿为象征的星官体系。查阅《周礼》，我们会发现，其间有关"二十八星"的记载共有三处：

冯相氏掌十有二岁，十有二月，十有二辰，十日，二十有八星之位，辨其叙事，以会天位。冬夏致日，春秋致月，以辨四时之叙。（《周礼·春官·宗伯第三·卷第二十六·冯相氏》）

硩蔟氏掌覆天鸟之巢。以方书十日之号，十有二辰之号，十有二月之号，十有二岁之号，二十有八星之号，县其巢上，则去之。（《周礼·秋官·司寇第五·卷第三十七·硩蔟氏》）

盖弓二十有八，以象星也。龙旂九斿，以象大火也；鸟旟七斿，以象鹑火；熊旗六斿，以象伐也；龟蛇四斿，以象营室也；弧旌枉矢，以象弧也。（《周礼·冬官·考工记第六·卷第四十·辀人）

---

① 钟守华：《考古发现中所见二十八宿名》，载王钱国忠《东西方科学文化之桥：李约瑟研究》，北京：科学出版社，2003 年，第 155—158 页。

从以上所引可以看出,《周礼》中的三处记述均以"二十八星"为名,似与"二十八星宿"有所区别,而且我们也并未看到这二十八星的具体名号,但从"二十有八星之位""二十有八星之号"的记载来看,它们当有具体的称谓与方位。

随着我国考古发掘的深入,考古工作者曾于长沙马王堆帛书《五星占》(公元前168年)、湖北睡虎地秦墓竹简《日书》(公元前2世纪中叶)及安徽双古堆圆盘漆器(公元前165年)等地下文物中发现了具有完整体系的二十八宿名,而1977年在湖北省随州市西郊擂鼓墩发掘出了一座战国初期的贵族墓葬——曾侯乙墓,在众多的出土文物中,一个大型漆箱引起了专家的高度重视。在这个黑漆为底色的箱盖上,用朱笔绘以左青龙、右白虎,中以篆书写一"斗"字,在"斗"字的四周,遍布着篆书二十八宿星名,其中东方七宿对应着青龙,西方七宿对应着白虎(见图1-1)。正是这一"漆箱星图"的出现,改变了我国二十八宿产生于战国中期的一贯认知。

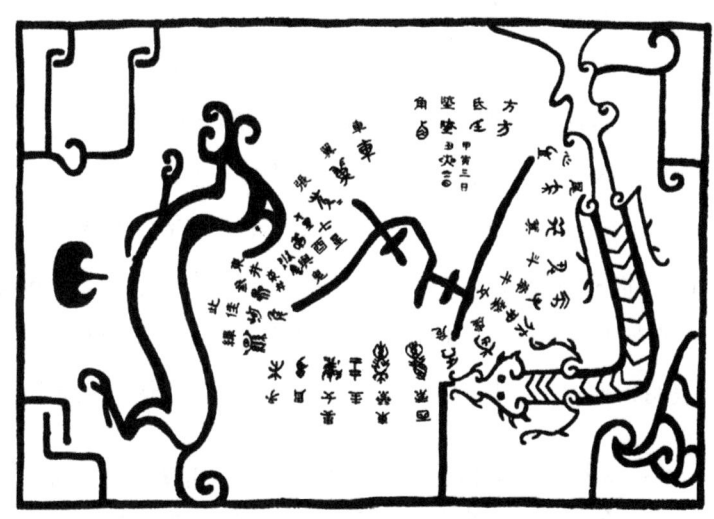

图1-1 曾侯乙墓漆箱盖二十八宿及其篆文释义

虽然这里的星宿名与我们现在所认识的星名尚有所差异,如方宿、东/西萦宿、主宿等,但战国初期就已形成的二十八宿体系已然告诉我们,很可能在春秋时期甚至更早的年代,二十八宿体系就已初见雏形。曾被现代学者所公认的最早完整记录二十八宿的《吕氏春秋》也有多处与曾侯乙墓出土文物相似的描述,其《有始览第一》中就以分野的方式定位了星宿与天下九方的关系(详见下节),而其"十二月纪"同样记载有二十八宿之昏旦中星与月象的所在:

孟春之月,日在营室,昏参中,旦尾中。仲春之月,日在奎,昏弧中,旦建星中。季春之月，日在胃，昏七星中，旦牵牛中。孟夏之月，日在毕，昏翼中，旦婺女中。仲夏之月，日在东井，昏亢中，旦危中。季夏之月，日在柳，昏心中，旦奎中。孟秋之月，日在翼，昏斗中，旦毕中。仲秋之月，日在角，昏牵牛中，旦觜觿中。季秋之月，日在房，昏虚中，旦柳中。孟冬之月，日在尾，昏危中，旦七星中。仲冬之月，日在斗，昏东壁中，旦轸中。季冬之月，日在婺女，昏娄中，旦氐中。

  这一记述表明，"十二月纪"中的"二十八宿"尚缺箕、昴及张三宿，而与《有始览第一》相比，尚有建星和弧星的差异。对此，陈久金认为："考其原因，此处只载观测到的十二月昏旦中星和日所在宿，并不要求全部二十八宿都出现。至于宿名的差异，这二者可能出自春秋战国时的不同地区、不同学派。前者所反映的状态，也可能更为原始。"①除了以上历史典籍以及出土文物中有关二十八宿的记载，我们还能在汉以后的各种历史文献中看到更接近于现代社会人们所认识的二十八宿之名，这类文献主要有西汉司马迁的《史记》，他分别在《天官书》和《律书》中记载了它们的名称，但这些名称却出现了一些误差，这可能是由于司马迁在写作这两部分时，所取的历史材料不同导致的。另外，在东汉班固的《汉书》卷二十六《天文志》中同样记述了二十八宿的宿名，但这里的记述却出现两个存在明显差异的宿名体系，即石氏体系和甘氏体系②（表1-1）。另外，在《淮南子》《三统历》《礼记》以及《宋书》等历史文献中，同样可以找到处于完整体系中的"二十八宿"。

  上文之述表明，这仅是我国汉民族有文字史以来对二十八宿的文献记载，而在

---

① 陈久金：《斗转星移映神州——中国二十八宿》，深圳：海天出版社，2012年，第12页。
② 所谓石氏系统，即先秦天文学家石申夫所制定的二十八宿体系，而甘氏系统则是先秦天文学家甘德所制定的二十八宿体系。据《史记》卷二十七《天官书第五》记载："昔之传天数者……周室，史佚、苌弘；于宋，子韦；郑则裨灶；在齐，甘公；楚，唐昧；赵，尹皋；魏，石申夫。"据此可知，甘德乃齐国人。不过，现代学者对甘德的国别所属虽有鲁楚之争，但据陈久金解释："但加分析，很可能甘德是生长在鲁地而在齐国做官的人，后由于鲁为楚灭成为楚地，故又称楚人。"在先秦时代，甘德不仅对天象有着较深的研究，并且还制定了被称为《甘氏四七法》的二十八宿系统，后被收录于《隋书》《唐书·经籍志》中。而石申夫是比甘德更为有名的一位天文学家，"他不但编制了世界上最古老的石氏星表，而且在四分历、岁星纪年、对五星运动的研究、天象观测和中国古代星占理论等方面，都有杰出的贡献。他对于中国古代天文学，从天文知识的积累和定性研究，进行系统的定量的科学探讨，起了决定性的作用。因此，在中国天文学发展史上，他作出了划时代的贡献。"由此陈久金指出："若将石申夫的成就，与希腊方位天文学的创始人喜帕恰斯相比，那是毫不逊色的。而且在时代上来说，石申夫要比喜帕恰斯早200年。"参见陈久金《斗转星移映神州——中国二十八宿》，深圳：海天出版社，2012年，第16—17页。

第一章　图腾与星宿：盘瓠原型的解读基础

其他族群或国家（地区）中，同样存在类似的星象观察和记录，而正是这种广泛存在的现象，为二十八宿起源的追溯增加了困难，也就是说，二十八宿究竟于何时起源于何地，尚无法定论。

从起源地上来说，"相传世界四大文明古国都有二十八宿，有人根据天文学起源的早晚，曾断言二十八宿起源于古巴比伦。可具体查找巴比伦文献，却找不到有关二十八宿起源的丝毫痕迹。埃及虽然有二十八宿的文献记载，且早不过公元前二世纪，以后埃及的二十八宿，并未得到充分的应用和发展。因此，二十八宿起源争论的焦点，当集中于中国和印度两地"①。虽然有学者根据印度较早文献《鹧鸪氏梵书》的记载，认为二十八宿起源于印度，并推算出印度的二十八宿起源于公元前2500年以前，从而将印度作为二十八宿的起源地。不过，这种认识为我国学者冯时等所否定，并以充分的证据说明了新城新藏《东洋天文学史》中二十八宿起源于中国的结论是不可动摇的。冯时在《中国考古天文学》中指出："印度二十八宿相当于中国二十八宿的起源状态；二十八宿的发源地有织女、牵牛故事的传说；二十八宿传入印度之前有停顿于北纬43°的行迹；二十八宿发源地当有以北斗为观测标准的形象。更为重要的是，印度历法，一年为六季，但纳沙特拉却将二十八宿分为四宫，因此，印度二十八宿体系有明显出源于中国的特征。"②所以说，二十八星宿的起源地在中国，而非印度。

对于二十八宿真正起源的时限，尚在争论之中。既然现代学者尚未否定印度二十八宿起源于公元前2500年的记载，而且这种记载尚处在我国二十八宿的起源状态，那么我国二十八宿的起源又能溯源自何时呢？对此，我国古代学者也有所追溯，唐李淳风在《隋书》卷十九《志第十四·天文志》中说："爰在庖牺，仰观俯察，谓以天之七曜、二十八星，周于穹圆之度，以丽十二位也。……昔者荣河献箓，温洛呈图，六爻摘范，三光宛备，则星官之书，自黄帝始。"在这里，李淳风认为二十八宿的创立者是伏羲，而黄帝则是编制星官书的第一人。而《后汉书·志第十九·郡国一》注引晋皇甫谧《帝王世纪》时说："乃推分星次，以定律度。……凡天有十二次，日月之所躔也；地有十二分，王侯之所国也。故四方方七宿，四七二十八宿，合百八十二星。……凡中外官常明者百二十四，可名者三百二十，合二千五百星。微星之数，凡万一千五百二十星，万物所受，咸系命焉。此黄帝创

---

① 陈久金：《斗转星移映神州——中国二十八宿》（前言），深圳：海天出版社，2012年，第2页。
② 转引自陈久金：《斗转星移映神州——中国二十八宿》，深圳：海天出版社，2012年，第2—3页。

制之大略也。"在这里，皇甫谧认为是黄帝对中外星官进行了记录，并创立了十二次。尽管这两则记述显现了一种共同的认识——二十八宿乃自黄帝完成，但我们依然无法看到具体的年限。经现代学者研究，这一年限有了大致可以追溯的可能。竺可桢在《二十八宿起源之时代与地点》中通过翔实的分析证明了二十八星宿起源于中国，并在五六千年前就已有雏形①；钱宝琮《论二十八宿之来历》则认为二十八宿在春秋时就已出现，但成形于战国中期②；夏鼐《从宣化辽墓的星图论二十八宿和黄道十二宫》认为"我国二十八宿成体系，可以上推到公元前七世纪左右。真正的起源可能稍早，但现下没有可靠的证据"③。除了竺可桢，钱宝琮与夏鼐的论述只是来源于二十八宿完整体系的出现，但这并非就是我国二十八宿的雏形，更非它的起源。

对于这一问题，竺可桢曾对二十八宿与天球赤道的最佳会合年代做了计算，最终得出在公元前4500—前2400年二十八宿与天球赤道相合的最多，多达12宿。④而冯时则将二十八宿中的赤道星宿与黄道星宿区分开来，通过计算得出在公元前3500—前3000年，赤道星座的位置与赤道符合得最为理想。⑤在对1995年10月出土于濮阳西水坡的三组蚌塑从不同角度，自上下左右观察、拍摄，进行摆塑程序、方法、造型规律的研究时，学者们发现："6500年前四陆（四象）二十八宿天文系统（星占系统）已经完成；北斗星、北极星作为天极、天齐，要远远超过6500年，沿袭了1.3万年前的北斗星象；髀骨纪历已经发明；盖天说——天圆地方的八极八卦宇宙模式已是普天下共识。"⑥由此可知，早在公元前4500年前后（取中位数），二十八宿就已见雏形。赵永恒与李勇两位天文学研究员通过进一步研究发现，"在公元前6000年至前5000年间，无论是二十八宿与赤道和黄道相合的宿数、还是月舍宿数和对偶宿数都达到了局部极大值"，并详细地列举了各个处在极大值的星宿数所对应的时间段：

---

① 竺可桢《二十八宿起源之时代与地点》，载竺可桢《竺可桢全集·第二卷》，上海：上海科技教育出版社，2005年，第590—613页。
② 钱宝琮《论二十八宿之来历》，载李俨、钱宝琮《科学史全集·第九卷》，沈阳：辽宁教育出版社，1998年，第348—372页。
③ 夏鼐：《从宣化辽墓的星图论二十八宿和黄道十二宫》，《考古学报》1976年第2期，第49页。
④ 参见竺可桢《二十八宿起源之时代与地点》，载竺可桢《竺可桢全集·第二卷》，上海：上海科技教育出版社，2005年，第590—613页。
⑤ 参见冯时《中国天文考古学》，北京：社会科学文献出版社，2001年，第261—275页。
⑥ 王大有：《6500年前的蚌塑四象二十八宿浑天盖天系统——美学考察引出旷世大发现》，《濮阳教育学院学报》2002年第2期，第1页。对"四象"的描述，详见本节第三部分"民众心理的反映——星宿崇拜"。

第一章 图腾与星宿：盘瓠原型的解读基础

赤道宿数在公元前5980至前5570年达到13宿；赤道和黄道宿数在公元前5980至前5570年达到18宿；月舍宿数在公元前5690至前5120年达到24宿；对偶宿数在公元前6000至前5170年达到26宿。

由此可见，他们认为"这4个年代的共有区间是自公元前5690至前5570年，因此二十八宿体系的形成年代就应该是在这120年里"，而他们并未满足于此，通过再度分析，两位学者最终得出"二十八宿体系的形成年代在公元前5670年前后"①。实际上，二十八宿体系的形成是一个漫长的过程，也许最初的二十八宿仅有一个或几个宿名，但随着人类对天象认识程度的加深，在数千年的发展历程中，二十八宿之名才逐渐被完善并形成一个天象体系。所以，尽管这一结论尚未得到广泛认同，但结合印度二十八宿的起源时间，以及前辈学者的研究后，笔者认为"公元前5670年前后"这一说法值得认可。不过，我国是一个统一的多民族国家，而且有些民族自远古时代就已存在，他们的天文观测与记录也不亚于汉族（先民）。就目前的研究来看，诸如苗族、纳西族、水族、普米族、基诺族、彝族、壮族、回族等少数民族，甚至已经消失或转变族属的历史民族如回鹘、党项、契丹等同样具有类似于汉民族的二十八宿体系，也许原始时代尚无现代概念的民族划分，但现代民族却来源于原始时代的氏族、部族或胞族的不断壮大或融合，而对自然天象的观测则是世界各族人民都具备的基本能力，所以，即便我国是二十八宿的起源地，但它究竟起源于哪一民族，依然是一个值得研究的课题。不过，这一问题尚不妨碍本文对我国部分少数民族（如水族、普米族、苗族等）二十八宿之名及其与汉族和印度二十八宿相应的体系展示（表1-1）。②

---

① 赵永恒、李勇：《二十八宿的形成与演变》，《中国科技史杂志》2009年第1期，第112—113页。
② 本表根据陈久金所著《斗转星移映神州——中国二十八宿》之"《史记》《汉书》不同系统二十八宿宿名表"、刘操南《二十八宿释名》（刘操南所作表格与我们现行运用的二十八宿分区有着明显的区别，故本文仅以其文对应的星名制作本表），另有陈宗祥《普米族二十八宿初探》之"普米族二十八星宿表"、王品魁《〈水书〉二十八宿》之"《水书》二十八宿与中原华夏二十八宿对应关系"和李国章《简述苗族天文历法》之"排月苗族十二地支与二十八宿相配表"制作。详见陈久金《斗转星移映神州——中国二十八宿》，深圳：海天出版社，2012年，第17—18页；刘操南《二十八宿释名》，《社会科学战线》1979年第1期，第161页；陈宗祥：《普米族二十八宿初探》，《西南民族学院学报（哲学社会科学版）》1992年第6期，第81页；王品魁：《〈水书〉二十八宿》，《贵州文史丛刊》1996年第2期，第56—57页；李国章：《简述苗族天文历法》，《盘古》2010年第2期。

畲族星宿信俗研究——关于盘瓠形象传统认识的原型批评

表1-1 《史记》《汉书》《三统历》与印度、水族、普米族、苗族和现代不同体系的二十八宿名对应表

序号	《史记·天官书》	《史记·律书》	《汉书·天文志(石氏)》	《汉书·天文志(甘氏)》	《汉书·天文志(太初历)》	三统历	印度(汉译名)	水族(汉译名)	普米族(汉译名)	苗族(汉译名)	现代
1	角	角	角	角	角	角	彩画	蛟	岩羊角	雷	角
2	亢	亢	亢	亢	亢	亢	善缘	龙	岩羊眼	大龙	亢
3	氐	氐	氐	氐	氐	氐	善格	貉	岩羊口	竹猫	氐
4	房	房	房	房	房	房	悦可	兔	岩羊颈	猫	房
5	心	心	心	心	心	心	尊长	日	岩羊肚皮	太阳	心
6	尾	尾	尾	尾	尾	尾	根元	虎	岩羊尾	大虎	尾
7	箕	箕	箕	箕	箕	箕	前鱼	豹	岩羊	小虎	箕
8	斗	建星	斗	建星	建星	斗	北鱼	蟹	藏升	螃蟹	斗
9	牵牛	牵牛	牵牛	牵牛	牵牛	牵牛	无咎	牛	鸟冠	牛	牛
10	婺女	须女	婺女	婺女	婺女	婺女	沙梅	女	鸟腹	女	女
11	虚	虚	虚	虚	虚	虚	贪财	鼠	鸟尾	鼠	虚
12	危	危	危	危	危	危	百毒	燕	水神女	燕	危
13	营室	营室	营室	营室	营室	营室	前贤迹	猪	四角星上	猪	室
14	东壁	东壁	东壁	东壁	东壁	壁	北贤迹	鱼	四角星下	小龙	壁
15	奎	奎	奎	奎	奎	奎	流灌	螺	蛙尾	螺蛳	奎
16	娄	娄	娄	娄	娄	娄	马师	狗	尾尖	狗	娄

第一章 图腾与星宿：盘瓠原型的解读基础

续表

序号	《史记·天官书》	《史记·律书》	《汉书·天文志（石氏）》	《汉书·天文志（甘氏）》	《汉书·天文志（太初历）》	三统历	印度（汉译名）	水族（汉译名）	普米族（汉译名）	苗族（汉译名）	现代
17	胃	胃	胃	胃	胃	胃	长息	雉	时尾	雉	胃
18	昴	留	昴	昴	昴	昴	名称	鸡	六姊妹	鸡	昴
19	毕	浊	毕	毕	毕	毕	长育	乌鸦	放羊	鹰	毕
20	觜觿	参	觜觿	参	参	觜	鹿首	猴	樑？头	猴猫	觜
21	参	罚	参	参	参	参	生育	獭	手	水猫	参
22	东井	狼	东井	东井	东井	井	增财	鹅	腰	鹅	井
23	舆鬼	弧	舆鬼	弧	舆鬼	鬼	炽盛	鬼	尾	鬼	鬼
24	柳	注	柳	注	注	柳	不觐	蜂	野鸡	山峰	柳
25	七星	张	七星	张	张	星	土地	马	鹰	马	星
26	张	七星	张	七星	七星	张	前德	蜘蛛	猪咀	蜘蛛	张
27	翼	翼	翼	翼	翼	翼	北德	蛇	猪腰	蛇	翼
28	轸	轸	轸	轸	轸	轸	象	蚯蚓	猪油	蚯蚓	轸

二、地理空间的划分与天文历法的制定

陈久金在《斗转星移映神州——中国二十八宿》一书中曾指出，二十八宿在现实的运用中具有以下几方面的重要表现：1. 观测任意一天月亮在恒星间的位置，由此可知日月分别运行的黄白两道①间存在交叉关系；2. 推测、预报日食与月食的发生时间；3. 观测五星（金星、木星、水星、火星、土星）的运行规律；4. 建设天球②坐标系的核心参照，可以观测星空任何方位出现的异常天象，如流星、彗星、客星等，也包括普通星座位置的有力辅助。总之，"二十八宿与普通的星座不同，它充当着星座和坐标系的双重角色。星宿与星座显然不同，星座数量众多，而星宿只有二十八个。"③从此论述中，我们可以看出，对二十八宿的利用仅是针对日、月、星运行规律的观测，因此四种用途实是同一问题的分述。除此之外，二十八宿与日、月、星所建立的重要关系，对人们认识自我的地理空间和时间计算，也具有不可估量的重要作用。

（一）地理空间的划分

陈遵妫曾指出："我们祖先把天河拟为地上的汉水，把它叫作天汉或河汉。所以分野的观念，可以说是源起于原始时代。"④在这里，我们分明看到有关自然天体与地理命名或划分的论述，而这一观念便是"分野"。李勇就曾指出："分野观念在古代是十分普及的，古人论地必及分星。我国地方史志中，'星土'往往是不可缺少的篇目，其他记述有关地方风物的著作中亦多如此。"⑤由此可知，分野其实是以星宿为参照对人们生存的空间地理划分，因此又被称为"星野"，而这也是这一理论的核心所在。那么，究竟什么才是分野或说星野？这个问题早在西汉就已有答

---

① 黄白两道，是对黄道和白道的简称。所谓黄道面，是指地球绕太阳公转的轨道平面与天球相交的大圆。所谓白道面，是指月球绕地球瞬时轨道面与天球相交的大圆。黄道与白道并非是平行的，而是存在 4°57′—5°19′ 的交角，平均值约为 5°09′，变化周期约为 173 天。所以并非每个农历月都会发生日食和月食，也就是说只有当日、月、地同处于一条直线上，且此时的月球必须位于两个平面的交点附近时才会发生日食或月食。
② 所谓天球，是一个想象的旋转的球，理论上具有无限大的半径，根据不同的研究所指，有与太阳同圆心的假定天球，亦有与地球同圆心的天球。
③ 陈久金：《斗转星移映神州——中国二十八宿》（前言），深圳：海天出版社，2012年，第3—4页。
④ 陈遵妫：《中国古代天文学简史》，上海：上海人民出版社，1955年，第89页。
⑤ 李勇：《对中国古代恒星分野和分野式盘研究》，《自然科学史研究》1992年第1期，第22页。

案，据《史记》卷二十七《天官书》记载："天则有日月，地则有阴阳，天有五星，地有五行，天则有列宿，地则有州域。"具体说来，星野"指的是天象星宿与疆土州国的对应，这是古代中国人朴素的地理文化概念，一种特殊的宇宙观"，即认为"天上的星宿和地上的州域有着某种神秘的关联，根据地上的区域划分天上的星宿，把天上的星宿分别指配于地上的州国，使之互相对应，上下观照"①。总之，星野是我国古人在没有地理测绘概念与手段的情况下，借助相对恒定的星宿对人类居住空间的定位。

相传《山海经》为远古时期的一本百科全书，后经汉代刘向父子的增补删改，流传至今。据现代学者研究，《山海经·大荒经》所列二十八座山即与二十八宿对应②。而真正对星野的描述，早在《国语》中就有记载，其《周语下》写道："昔武王伐殷，岁在鹑火……岁之所在，则我有周之分野也。"其《晋语四》写道："吾闻晋之始封也，岁在大火……。"在这里，鹑火即指二十八宿之柳、星、张三宿，而大火即指二十八宿之氐、房、心三宿。在《周礼·春官·保章氏》中则有："保章氏掌天星，以志星辰日月之变动，以观天下之迁……以星土辨九州之地所封，封域皆有分星……"而在《周礼·地官疏》中，郑玄注云："星土，星所主土。"由此可见，"以星分土"在古代社会中的运用是多么普遍。在引述《周礼》时，我们已经看到有关"九州"的记载，而《吕氏春秋》卷第十三《有始览第一·有始》中对此有以下记述：

天有九野，地有九州。……何谓九野？中央曰钧天，其星角、亢、氐；东方曰苍天，其星房、心、尾；东北曰变天，其星箕、斗、牵牛；北方曰玄天，其星婺女、虚、危、营室；西北曰幽天，其星东壁、奎、娄；西方曰颢天，其星胃、昴、毕；西南曰朱天，其星觜嶲、参、东井；南方曰炎天，其星舆鬼、柳、七星；东南曰阳天，其星张、翼、轸。何谓九州？河汉之间为豫州，周也；两河之间为冀州，晋也；河济之间为兖州，卫也；东方为青州，齐也；泗上为徐州，鲁也；东南为扬州，越也；南方为荆州，楚也；西方为雍州，秦也；北方为幽州，燕也。

---

① 宋京生：《旧志"分野"考——评古代中国人的地理文化观》，《中国地方志》2003年第4期，第76页。
② 吴晓东：《占星古籍：从〈大荒经〉中的二十八座山与天空中的二十八星宿对应来解读〈山海经〉》，《民族艺术》2007年第3期，第79页。

这一记述可以说是第一次完整运用二十八宿将九野与九州放在一起加以记载的史料，但它并未将九野或二十八宿与九州对应起来，而这在司马迁的《史记》中得到了弥补，其卷二十七《天官书第五》中写道：

角、亢、氐，兖州；房、心，豫州；尾、箕，幽州；斗，江湖；牵牛、婺女，扬州；虚、危，青州；营室至东壁，并州；奎、娄、胃，徐州；昴、毕，冀州；觜觿、参，益州；东井、舆鬼，雍州；柳、七星、张，三河；翼、轸，荆州。

在西汉刘安《淮南子》卷三《天文训》中也有类似的记载：

角、亢，郑；氐、房、心，宋；尾、箕，燕；斗、牵牛，越；须女，吴；虚、危，齐；营室、东壁，卫；奎、娄，鲁；胃、昴、毕，魏；觜觿、参，赵；东井、舆鬼，秦；柳、七星、张，周；翼、轸，楚。

而这在东汉班固《汉书》卷二十八《地理志》中同样存在，其文曰：

秦地，于天官东井、舆鬼之分野也……；魏地，觜觿、参之分野也……；周地，柳、七星、张之分野也……；韩地，角、亢、氐之分野也……；赵地，昴、毕之分野……；燕地，尾、箕分野之地……；齐地，虚、危之分野……；鲁地，奎、娄之分野……；宋地，房、心之分野……；卫地，营室、东壁之分野……；楚地，翼、轸之分野也……；吴地，斗分野也……；粤地，牵牛、婺女之分野也。

尽管以上四则引述在对具体"星""野"的描述上表现出不同的对应关系，但这种情形的发生很可能是由于记述者在不同地域记述不同观察标准导致的，同时也有具体时代的左右。正如宋京生所说："以星宿定位州国或以地域对应天象的宇宙观深深地渗透在古代中国社会各个层面，而历朝历代以官修为主的正史、国书、地记、方志等更强化了这一观念，在其相关的记述中强烈地表达出三方面的祈求：一是将分野视为君权或王土授受的凭证，二是把它作为疆域界定的依据，三是解释人文物产奇风异俗及圣人伟绩的来源。"①然而，这种不同表述并不能掩盖二十八宿在

---

① 宋京生：《旧志"分野"考——评古代中国人的地理文化观》，《中国地方志》2003 年第 4 期，第 76 页。

天地间所建立的密切关系。通过二十八宿等自然星体对人类生活空间进行划分的历史典籍，自汉至清都不曾断绝，而其中最为典型的则数唐皇甫谧的《帝王世纪》，在其《星野》篇中不仅将星宿与地域相对应，同时还将地域所在范围用四极之星间的律度①来圈划，从而使后人能够更为直观地了解某一地域的空间大小。

以二十八宿作为地域划分的标准虽然被古人广泛应用，但这并不是说其他星宿不能作为地域划分的参照。据李勇研究，除"二十八宿分野"，中国古代的恒星分野大致还有七种模式，即"十干（天干）分野""十二支（地支）分野""十二月分野""单星分野""五星分野""北斗分野""九宫分野"，这些分野方式同"二十八宿分野"一样在我国古代的地域划分中占据重要地位，甚至有些分野方式同时出现在同一历史典籍中，如《汉书》中就同时记载了"十干分野"（《天文志》）、"十二支分野"（《天文志》）及"十二月分野"（《五行志》），而《太乙金镜式经》卷八则记述了"十干（天干）分野""十二支（地支）分野""九宫分野"。②

尽管星野理论在我国已有数千年的历史，但由于没有现代测绘手段，一些古代学者对其科学性同样提出过质疑，如唐李淳风在《乙巳占》卷三中写道：

乃若天以阳动，地以阴凝，变主于上，祥应于下，北方之宿，返主吴越，火午之辰，更在周邦；且天度均列，而分野殊形，一次所主，或绵亘万里，跨涉数州，或止在阃内，不布一郡，而灵感遥通，有若影响，故非末学，未能详之。

而在宋罗泌《路史》卷四十三《星次说》中，这种质疑更为深刻，其文有言：

……分四象之中位，自上元之首，以度为纪。据山河以分其也，然亦未之尽也。苟以封日，则有绝而复续者，或以姬而继子封日，即异前人又非，而前星且不变，邪禹贡无言保章之说，不得而执也。……前哲之言，盖亦自有所见，要不必牵乎此，余如未然，要以九州之分为正。

---

① 所谓律度，是古代的一种计度，皆出于黄钟之律，故称律度。度即指长短，即分、寸、尺、丈、引，也包括计算容积、重量。《左传》卷第十九上《文公六年》记载："著之话言，为之律度。"西晋杜预注曰："钟律度量，所以治历明时。"
② 李勇：《对中国古代恒星分野和分野式盘研究》，《自然科学史研究》1992年第1期，第23—25页。

从这些记述中，我们能够明显地看到，古人已然对星野的科学性产生怀疑，甚至认为只是由于"灵感遥通"才成为历代天文、地理、历史学家等进行区域划分的根据。那么，星野理论究竟是否具有科学性？回答是肯定的。据刘俊男研究，"天地对应其实并非封建迷信，它可以得到科学解释。它主要体现在纬度、经度位置有序对应上"，而考学者之所疑，大概是没有弄清十二分野的对应原则，也不知为何要有这些原则，又没用变动的观点来研究星野。所谓'变动'包括如下几点：1.分野占星原则原本是确定农时用的，后来染上了许多神学色彩，使人产生了错觉；2.后世之国民由某地迁往另一地，带去了原居土地之名，因而引起了地名的混乱；3.同一地点，"国号数变而分野仍旧"，总之，"从十二分野考释中可知，周武王以前的天文官因各地观星定时的需要，以黄河（大约北纬35°）为界，将'天下'分成依次相连的 12 块（北六块、南六块，其中周齐兼跨南北），并依次代表 12 个方位，以对应北斗 12 个月所指的方位。远古二十八宿与地域的对应同时符合如下两条规则：1.纬度对应规则，即'天下'靠南的地域对应靠南的星宿，靠北的地域对应靠北的星宿；2.经度对应规则，即每月观察对应星宿从东方地平线上升起，不受冬夏昼夜长短变化的影响，皆可在古代'中央时间'的上卯时（5：30 左右）观测，只是应按经度位置变更 12 个观测地域，不同的地域即对应不同的星宿。今传之十二分野当源于商代，其划分原理是科学的"①

星宿，尤指二十八宿，对古人天地关系的对应、地理观念的形成以及区域划分的制定，具有不可忽视的重要作用。即便在现代社会，人们有时依然需要借助星宿辨别方向。对许多研究地名的历史学者或地理学家来说，一个古代地名的出现及沿用，有时同样需从天文学角度加以分析，而我国 32 个省区市的简称即是其中一例，如山东简称"鲁"、山西为"晋"、河南即"豫"、河北为"冀"等，以及我们常说的"楚地""八闽""吴越"等，甚至连现代汉语七大方言区的划分同样带有"天地映照"的痕迹，如吴方言、粤方言等。概言之，稍懂天文学知识对我们理解古代地理与行政区划的关系具有很大的帮助作用。更重要的是，古人通过对星宿"昼伏夜出"、月象"阴晴圆缺"以及太阳"东升西落"的观察，发现自然天体的运行轨迹具有相对稳定性和周期性。据此古人逐渐萌发了时间观念，并由星宿运行规律制定出影响至今的"历法"。

---

① 刘俊男：《上古星宿与地域对应之科学考释》，《农业考古》2008 年第 1 期，第 237—241 页。

（二）天文历法的制定

在现代天文学领域，天文历法具有举足轻重的地位。随着原始时代生产生活方式的逐步转变，原本纯粹依赖自然赋予的狩猎与采集虽然没有被后起的畜牧和农耕完全取代，但在大部分的民族中，畜牧或农耕却占据了相当高的比例，并成为特定族群的主导产业。实际上，不论是畜牧还是农耕，对于大自然的依赖是显而易见的，其中最为明显的即是土地、牧场、山林以及水域等，而在生产过程中，自然天象的变化同样给予人类引导。在数百万年的人类发展史中，我们的祖先对星象有着超乎现代人想象的敏锐感知，并于日常的观察中深切认识到满布天幕的每一颗自然星体似乎都在影响他们的日常生活以及自然物候的轮转。正是由于这种懵懂意识的存在，一种人为制定的自然法则渐渐成为人类掌控自然、利用自然、提高生产以及指引方向的重要依据，这就是我们现在所说的"历法"。

据师田闻的研究可知，"年、月、日是三个自然时间单位，把这三者的关系编排成历，作为比较长的计时系统，就叫作历法。我国古代历法的内容包括年、月、日的配合，岁首、朔望、节气的决定，日、月、五星（水星、金星、火星、木星、土星）运行的推算等。"① 从这一阐释中，我们可以知道，历法是根据日、月、星（即五星：金星、木星、水星、火星、土星）的运行规律制定的一种具有循环性的时间计算法，其目的就在于确定年、月、日三个具有循环性的时间系统的关系，并由此划分出指导农时生产的节气以及间隔于农事工作间的岁时节日。

就世界范围内的历法规则来看，不外乎以下三种形式：太阳历、太阴历和阴阳历。

所谓太阳历，又称阳历或公历，是现代社会普遍使用的一种历法形式。具体说来，太阳历是以地球绕太阳公转的运动周期为基础制定的历法，其月份和日期都与太阳在黄道上的运行位置较为吻合。根据阳历的日期，在一年中可以明显看出四季和气候寒暖的变化情况。不过，阳历同样存在一定的缺陷，即在每个月份中，人们都无法看出月亮在日、地间运行时所产生的朔、望与两弦的月象。也就是说，太阳历的历年虽然近似于一个回归年（即12个月），但这个"月"的形成实际上与月象的变化无关。根据现行太阳历可知，其所指平年365天，闰年366天，每4年一闰，每百年少闰一次，到第四个百年再闰一次，即每400年中有97个闰年。此外，阳历

---

① 师田闻：《天文历法名词解释》，《人民教育》1974年第11期，第29页。

的历年平均长度与回归年只有26秒之差，要累积3300年才差1日。

太阳历何时起源于何地，是一个很难回答的问题，但一般认为太阳历最早于7000多年前产生于古埃及境内，而它产生的根本原因就在于古埃及人为了测算尼罗河泛滥的周期而对太阳运行轨迹的观察：天狼星第一次和太阳同时升起的那天之后，再过五六十天，尼罗河就会发生泛滥，于是他们就将这天作为一年的开始，推算起来此日当为阳历7月19日。就目前的使用情况来看，太阳历已然成为世界通用的历法，但在历史上，使用太阳历的国家和民族大多集中于西方世界，如"墨西哥玛雅人创造了十八个月的太阳历，古埃及、古印度、古巴比伦、古罗马等许多地方则使用十二个月的太阳历"①。明清以来，随着传教士的到来，太阳历也成为一种类似于新兴科技的计时手段而进入我国境内。其实，在我国远古时代就曾使用过太阳历。《左传》卷十《昭公十七年》中记载，郯子曰："太昊以龙纪，为龙师而龙名。"此处出现的"龙纪"就是被今人称为"太昊龙历"的太阳历，万斗云曾说："其实，太昊龙历就是'南正重司天以属神'的太阳年历。这种太阳年历以赤道为坐标，以二十八宿为背景，以四神宿度分配四政时节，以冬至日在奎宿一度夜半角宿中天为历纪：角宿为青龙七宿之首，因而以龙名为龙历。"②有研究表明，太昊即为华夏民族始祖之一伏羲，他所生活的年代大致在新石器时代中晚期，所以太昊龙历的出现年代要比古埃及太阳历还要早。因此，我们有理由相信，我国才是太阳历的最早发源地。除此之外，在我国诸多少数民族中也曾存在（甚至沿用至今的）太阳历，如古蜀历法③与彝族"十月太阳历"④等，而据陈久金研究，现存最古老的历法典籍《夏小正》其实也是一个"十月太阳历"的典范⑤。

与太阳历以太阳的运行为观察方式制定的历法相似，太阴历则是以月亮的运行规律作为参照而制定的计时形式，通常又简称为"阴历"。在天文学领域，人们为了较准确地定位日地、日月、月地、五星、二十八宿等自然天体的关系以及地球自

---

① 刘尧汉：《彝夏太阳历在世界文化史上的地位和展望》，载中国西南民族研究学会编《西南民族研究（二）》，成都：四川民族出版社，1987年，第385—427页。
② 万斗云：《中国古代天文历法》，《贵州民族研究》1998年第1期，第71页。
③ 详见刘道军《太阳神树、太阳崇拜与太阳历法》，《成都理工大学学报（社会科学版）》2006年第2期，第102—107页。
④ 陈久金、刘尧汉《论彝族太阳历》，《中央民族学院学报》1982年第3期，第73—78页。
⑤ 陈久金《论〈夏小正〉是十月太阳历》，《自然科学史研究》1998年第4期，第305—319页。

身的运行规律等，从而人为设定了天球、黄道面与白道面三个基本概念。实际上，太阴历的计时法是根据朔、望两种月象的循环变化制定的。也就是说，由于黄道面与白道面存在5°9′的平均交角，而月球绕地球一周，两次出没于黄道面，为月球围绕地球公转一周大致历经27日7小时43分11.5秒，从而被称为一个"恒星月"，但因地球绕太阳公转而产生相对位置的变动，计前进27°多，而月球每日行13°15′，如此每月才会出现一次"朔、望"轮转。月球全绕地球一周，复至"朔"的所需时间实为29日12时44分2.8秒，所以这样形成的一月计时，则常被称作"朔望月"。

与太阳历一样，对太阴历起源的追溯相当困难。一般认为，几乎所有具有古老文明的国家都使用过太阴历，而这也可能是各地各族群使用最早的一种历法。因为相较于太阳运行轨迹及其自身的变化，月亮盈、亏、朔、望的周期更为明显与直接，所以把月亮围绕地球公转所需时间（29日12时44分2.8秒）作为一个月，把月亮圆缺12次称为一年（354日8小时48分33.6秒），把单数月设为"大建"即大月30天；把双数月设为"小建"，即小月29天。由此算来，12月平年为"小建"即29天，闰年为"大建"即30天。这样，平年354天，闰年355天。随着太阳历计时法在现代社会的广泛运用，太阴历逐渐退出历史舞台。但就目前的历法使用情况来看，世界上现存的最为典型的太阴历乃是伊斯兰国家所通用的历法，这种历法实际上是一种宗教计时法，并被称为"希吉来历"或"伊斯兰教历"。元代以来，我国民众则将之称为"回回历"或"回历"。"希吉来"系阿拉伯语之音译，意为"迁徙"。相传"公元639年，伊斯兰教第二任哈里发欧麦尔，为纪念穆罕默德于622年率穆斯林由麦加迁徙到麦地那这一重要历史事件，决定把该年定为伊斯兰教历纪元，并将伊斯兰教历命名为'希吉来'。以阿拉伯太阳年岁首（即儒略历公元622年7月16日）为希吉来历元年元旦"①。希吉来历对昼夜的计算则以日落为一天之始，到此日日落为一天，通常称为夜行前，即黑夜在前，白昼在后，而它的星期则"使用七曜（日、月、火、水、木、金、土）法，逢金曜即阳历的星期五为'主麻日'，穆斯林在这一天举行'聚礼'"②。通过这些描述，我们可以看出，希吉来历的实际功用在于规范穆斯林信众的行为。

---
① 米娜瓦尔:《论维吾尔族宗教历法及宗教节日》,《乌鲁木齐职业大学学报》2005年第1期, 第54页。
② 米娜瓦尔:《论维吾尔族宗教历法及宗教节日》,《乌鲁木齐职业大学学报》2005年第1期, 第55页。

从史籍记载看，我国历史上曾存在六种十分重要的历法形式，《汉书·艺文志》载有黄帝、颛顼、夏、殷、周、鲁六种历书名，这六历合称"古六历"。有学者指出："'古六历'是我国最早的历法，在汉武帝颁行'太初历'前曾使用过，其原本早已佚失，现在只能推知其大概"，但"'古六历'并不像儒家所捏造的，是'古帝'造的，而是后人伪托的，其制作年代在春秋战国之间"①。据研究，这六种历法虽在细节方面有所出入，但它们都是我国先民通过掌握日、月、星辰运行规律而制定的一种周期性循环计时法——阴阳历。在天文学中，阴阳历是指兼顾月亮绕地球的运动周期和地球绕太阳的运动周期而制定的历法。阴阳历在我国虽与太阴历有着相同的别称或简称，但我国的"阴历"实属典型的阴阳历。笔者曾言，太阳历的制定与月象变化没有关系，从而在纪月时会出现一定偏差，而太阴历的一月之长，即月亮绕地球周期约为29天半；太阳年一年之长，即地球绕日的周期约为365天又四分之一日。如以12个月为一年，只有354天或者355天，与太阳年相差几乎11天，从而导致过十多年就会出现六月霜雪的腊月，即冬夏倒置的问题，从而为农业生产带来不便。尽管有些国家、地区或民族曾或放弃太阴历改用太阳历，或采取找寻太阳历或太阴历每月所取日数的公约数并对十二月加以二十四节气的划分的方法，但依然不够完美。阴阳历虽然计算复杂难以记忆，但它以月亮绕地球一周为1个月，并在具体年份设置闰月，如此一来，不仅能使一年的平均天数与回归年的天数相符，使每个年份基本符合季节变化，还能使每一月份的日期与月相对应，故而又被称为"阴月阳年"历。

阴阳历在世界很多国家和民族中都使用过，如古罗马、日本、朝鲜以及中东以色列等。就我国而言，时至今日依然在使用这一历法。结合上文所述，我们可以发现，阴阳历是继太阴历和太阳历之后出现的一种计时方式，而就它的起源来说，同样需要进一步追溯。在我国的历法研究中发现，远古时期曾存在一种名为"太昊虎历"的历法形式。据万斗云研究可知，"太昊虎历就是'火正黎司地以属民'的阴阳年历。这种阴阳年历以黄道为坐标，二十八宿为背景，以冬至日在奎宿一度为历的始纪，奎宿乃白虎七宿的首宿，因而称为虎历"，这种历法"一年十二月，分作春夏秋冬四季，以雨水中气所在为孟春建寅正月，只有立春而无雨水之月作十三月。如此可得十九年七闰"②。虽然上文曾经出现"太昊龙历"，似乎与"太昊虎历"在时

---

① 师田闻：《天文历法名词解释》，《人民教育》1974年第11期，第29页。
② 万斗云：《中国古代天文历法》，《贵州民族研究》1998年第1期，第73页。

间上有所冲突，但我们要知道，太昊伏羲并非仅一人之称，而是象征一个历时数百年甚至上千年的古老氏族，因此两种历法当属形成于同一氏族不同时期的两种历法形式。《左传·昭公十七年》记载，郯子曰："少昊氏以鸟纪，为鸟师而鸟名。凤鸟氏历正也，玄鸟氏司分者也，伯赵氏司至者也，青鸟氏司启者也，丹鸟氏司闭者也。"这里所说的以鸟纪历，正是被后人称为"少昊凤历"的计时法，此种历法与太昊虎历有相似之处，"也是以黄道为坐标，二十八宿为背景，以十二月配合十二中气为一年，但是立春节气而无雨水中气（立春在望日以后）则作十三月"，另外"在观测方法上及表示节气的形式上"也表现出自己的特点，即"采用悬挂四种鸟标本的方式来表示"①。除此之外，我国藏族②、傣族③等少数民族同样创立过类似的阴阳历。

从上文对三种最基本历法形式的简要叙述可知，历法在我国具有悠久的历史，它的兴起甚至可以说是同星宿观测伴生存在。也就是说，历法很可能是于公元前四五千年就已出现。与其他国度的计时方法相比，我国还曾以地支标定每天所经历的时间——十二个时辰——二十四小时，并发明了圭表、日晷、漏壶、浮子、漏箭等越来越精确的计时工具，而这些具体时间的划分同样离不开星宿对之的定位作用，由此也反映出中国（甚至东亚文化圈）历法的独特性。不过，"在我国历史上，先后提出过上百部历法，正式颁布施行的就有五六十部之多。其中最著名的有西汉的太初历、南北朝的大明历、唐朝的大衍历、元朝的授时历和太平天国的天历等"④。这种现象的出现则是来自为适应不同时代的政权更迭、国家管理或民众需求而进行的历法改革，从而为历法的完善奠定了坚实的基础，而改革中的"反儒斗争"则是不可忽略的重要史实⑤。实际上，在古代西方，这种运用于历法的权力行为同样存

---

① "立春节气悬挂头朝上的青鸟（苍鹅），春分中气悬挂头朝上的玄鸟（燕），立夏节气悬挂头朝上的丹鸟（雁），夏至中气悬挂头朝上的伯赵（啄木鸟），立秋节气悬挂头朝下的丹鸟，秋分中气悬挂头朝下的玄鸟，立冬节气悬挂头朝下的青鸟，冬至中气悬挂头朝下的伯赵。"万斗云：《中国古代天文历法》，《贵州民族研究》1998年第1期，第76—77页。

② 参见催成群觉、索朗班觉编译，却旺、陈宗祥校释《藏族天文历法史略》，《西藏研究》1982年第2期。

③ 参见李维宝、李海樱《傣族历法与农历异同的由来简析》，《云南天文台台刊》1999年第4期。

④ 南天史：《两汉时期历法改革中的反儒斗争》，《人民教育》1977年第11期，第16页。

⑤ 参见南天史《两汉时期历法改革中的反儒斗争》，《人民教育》1977年第11期，第16—20页；李之田《历法改革与反儒斗争》，《考古》1975年第3期，第149—152页。

在，其中最为典型的例子则是直接来源于凯撒时代的现代公历[①]。

尽管历法的起源年代很难确定，但它的观念来源与天文观测密不可分，而其制定则与日、月、星（五星与二十八宿）的运行规律直接相关。在历史的发展中，历法不仅成为指导农业生产的基本标准，同时也成为政权象征的重要辅助。通过以上论述，我们基本了解了星宿在地理区划以及历法制定中的核心应用。然而，星宿的作用并非仅是这种"类物质"的存在，同时也是人类精神的依托，而这在更早的年代就已具有十分重要的历史意义。

三、民众心理的反映——星宿崇拜

俗语云：天上陨落一颗星，地上死去一个人。由此可见，人们不仅将星宿对应于地理区位，将之作为制定历法的依据，同时也将之视为天人等同的重要媒介。换言之，生死相应的天人观念——星命观，实是人类对自然天体的崇拜。在没有现代天文学知识的古代社会，"星"虽以自然形态常存于天幕之上，但"星"之产生则是古人不断追索的问题之一，而对它的解答则是地理区划与历法制定的基础。尽管今人无法得到古人对"星"之产生的肯定回答，但就目前所能查阅到的古籍来看，古人对"星"之产生至少做出过以下三种主要解答。

首先，物精说。《管子·内业第四十九》记载："凡物之精，比则为生，下生五谷，上为列星。"东汉许慎在《说文解字》中如是解释"星"："万物之精，上为列星。"而在《史记》卷二十七《天官书第五》正义中注引东汉著名天文学家张衡之语，云："众星列布，体生于地，精成于天，列居错峙，各有所属"，并认为五星乃"五行之精"。由此可见，所谓物精说，即认为星辰来源于地上万物之精华。这种认识直到清代，依然得到不少学者的认同，如清金鹗《求古录礼说》卷三《星辰说》中即写道："星者，五行之精，聚而为五星也。"其次，"水生说"。晋杨泉在《物理论》中曾说："星者，元气之英也，汉水之精也，气发而升，精华上浮，婉转随流，名之天河，一曰云汉，众星出焉。"这一并未得到多少共鸣的论述则被后世称为星宿"水生说"，其核心理念就在于星河乃由水蒸气上升而成，星宿则来自星河。最后，"日（月）生说"。这一说法流传最广，即认为"星乃日月派生而来"，这在很多民族的神话中都有存在。如壮族神话《三星的故事》就指出日月本

---

① 丁太顺：《历法中的权力痕迹》，《政府法制·半月刊》2004年第10期（下），第31页。

是夫妻,星星则是他们的孩子;在美洲黑足族印第安人的神话中同样存在"星乃日月之子"的讲述。在我国历史典籍中,《淮南子》则有此说最具代表性的记载,其《天文训》中写道:"日月之淫为精者为星辰。"除此之外,在宋代类书《太平御览》中则对此进行了更为详细的说明:"星之为言精也,荣也,阳之精也,阳精为日,日分为星,故其字日生为星。"(《太平御览》卷五引《春秋说题辞》)总之,在没有现代天文学术语的古代社会,"星"之概念的产生乃是古人对自然天体直接观察与错误臆想的结果。

不过,正如何星亮所说:"探讨星辰的由来还不能促成星神观念的产生,它不仅仅是星神观念产生的第一步,而最重要的一步是古人把星的变化与气象、气候、人类本身和人类社会现象联系起来。"① 由此可知,对"星"之来源的追问是产生于天地对应、历法制定与星人等同之前的星宿观测。也就是说,只有当人类对星宿观测达到了一定的程度,才会出现星神观,进而在自我认识的加深中形成利用星宿的方式。我们于前文中早已说过,在地理区划与天文历法的应用中,周天星宿并未完全进入古人视野,只是在选择中形成以日、月、五星、北斗以及二十八宿等为核心的星宿体系。

在上文述及的濮阳西水坡人类文化遗址(6500年前遗址),出土了三组蚌塑,而这恰恰说明,早在公元前4000余年我国先民就已逐步完成了四象与二十八宿的对应。所谓四象,"即青(苍)龙、白虎、朱雀(鸟)、玄武,亦名'四神'、'四灵',在古文献中多有记载,文物图案中亦常见。他们是中国古代象征宇宙、表示方位的四种神灵。它的产生源于古人对浩瀚宇宙、日月星辰运行变化的规律的粗浅认知,及当时的原始迷信、图腾崇拜、天文历法、社会意识和审美理想,是上古先民应农事需求观测'天象',在'万物有灵'观念的指导下将自身的行为、意愿、情感、能力和整个生命都投射到客体世界中去,并通过想象和幻想而幻化出这种超自然、超现实的神奇动物,即'应物取象'而逐渐形成的"② 。早在西汉初年,董仲舒就于《春秋繁露》中写道:"左青龙,右白虎,前朱雀,后玄武,中央后土。"对此,《后汉书》卷二十八《冯衍传第十八下》则以文学化的语言对四象进行了细致描述,其文写道:"览天地之幽奥兮,统万物之维纲;究阴阳之变化兮,昭五德之精光。跃青龙于沧海兮,豢白虎于金山;凿岩石而为室兮,托高阳以养仙。神雀

---

① 何星亮:《中国自然崇拜》,南京:江苏人民出版社,2008年,第199页。
② 刘小蓉:《论"四象"的产生发展及其原因》,《洛阳师范学院学报》2008年第3期,第204页。

翔于鸿崖兮，玄武潜于婴冥；伏朱楼而四望兮，采三秀之华英。"由此可见，本是虚拟的四象，成为儒学家和历史学家所认同的真实存在。然而，古人基于怎样的心态选择了这四种虚拟之物呢？

《易·乾》记载："云从龙"，东汉许慎《说文解字·龙部》释曰："龙，鳞虫之长也。能幽能明，能细能巨，能短能长，春风而登天，秋风而潜渊。"据此而言，龙乃神异之物，不仅自身可以变化，还能随季节出没。《易·乾》又载："风从虎"，对此唐孔颖达疏曰："虎是威猛之兽。"《说文解字·虎部》则释道："虎，山兽之君。"由此可知，虎在古人眼中乃是万兽之长，具有强大的威势。朱雀实是凤凰的一种称谓，正如北宋沈括在《梦溪笔谈》卷七《象数一》中所说："四方取象，苍龙、白虎、朱雀、龟蛇。唯朱雀莫知何物，但鸟谓朱者，羽族赤而翔上，集必附木，此火之象也。谓之长离……或云，鸟即凤也。"在《说文解字·鸟部》中写道："凤，神鸟也。"这正同东汉王逸在注释《楚辞·惜誓》之"飞朱鸟使先驱兮"一句时所说："朱雀神鸟，为我先导。"在《大戴礼记·易本名》中又载："有羽虫三百六十，凤凰为首。"尽管历史典籍记载有异，但从中我们亦可看出，人们尊奉朱雀并不在于它的外形，而在于它为百鸟之首的神性。在普通人的意识中，玄武是两个实存动物的复合体，即龟与蛇。《文选》卷十五《思玄赋》（张衡）曰："玄武宿于壳中兮，螣蛇蜿蜒而自纠。"唐李善注云："龟与蛇交曰玄武。"对此，《说文解字·龟部》则说："龟，旧也。""旧"训声"久"，意为长寿。北宋洪兴祖在补注《楚辞·远游》时引东汉蔡邕之言说："北方玄武，介虫之长。"即这些记载显示，包括玄武在内的四象，均经历了长久的历史积淀，才逐渐成形。总之，人们对四象的崇奉，不仅在于它们作为各自所在群体之灵长，更是为了表达人们"对天和天上的星辰的无比的敬畏"①。

实际上，四象得以设立的根本原因在于订立四方，以便于观测天象。正如周凤玲所说："日、月、五星在广阔无际的漫天繁星中往返不息，人类难以掌握其运行规律，于是古人依据天球由东往西的运转方向，把出现在天空中的星星划分为东、北、西、南四个区域，而且从各方找出一定数目的恒星，用想象的细条把它们连成四种禽兽的形象，这就是天文学上的四象。"② 对此，早在先秦典籍《礼记·曲礼

---

① 刘小蓉：《论"四象"的产生发展及其原因》，《洛阳师范学院学报》2008年第3期，第204页。
② 周凤玲：《释"四象二十八宿"》，《内蒙古师范大学学报》（哲学社会科学版）2007年第3期，第95页。

上》即有记载:"行前朱鸟而后玄武,左青龙右白虎",其《疏》云:"前南后北,左东右西,朱鸟、玄武、青龙、白虎,四方宿名也。"这一四方定位似与现代"上北下南,左西右东"有所差异,其原因主要在于"古人抬头观天""今人低头测地"。这里所说的"四方宿名",实是将二十八宿平分于四方之内(表1-2)后的代称,从而成为地理区划、天文历法的依据。唐孔颖达在《尚书·尧典》"正义"中曾说:"是天星有龙、虎、鸟、龟之形也;四方皆有七宿,各成一形,东方成龙形,西方成虎形,南方成鸟形,北方成龟形,皆西首而东尾。"这种说法实是古人在观测诸天星宿时,由于诸星亮度不同而形成一定动物形态的臆想。而上文所述有关6500年前濮阳西水坡龙、虎蚌塑与北斗骨塑的完美组合,不仅反映了1.3万年前的天象奇观,更表明早在公元前4000余年就已有四象存在,直至"流行于秦汉乃至唐代,在当时的建筑(瓦当、壁画、墓室碑铭)、青铜器以及帛画上都有对'四象'图形的表现或应用。它们的出现及秦汉时期的发展兴盛,是当时的经济发展水平、人们的信仰崇拜及生产生活的需要所共同作用的结果。"[①] 而"'四象'图案,综合了先秦时期有关天象模拟的许多内容,完成了比较统一全面的式样和布列格局。使二十八宿在'四神'身上都有其对应的位置。成为以后更为细微和丰富的形象演变的开端。后来,二十八宿的每一宿也都用类比的象形表示法,演化成某一动物,且赋给这些动物一种个性和某些属性,但又都从属于'四神'的性质"[②]。除此之外,不少古今学者认为四象还与四季有关(表1-2、表1-3)。《尚书·尧典》记载:

日中星鸟,以殷仲春;日永星火,以正仲夏;宵中星虚,以殷仲秋;日短星昴,以正仲冬。

在《史记》卷一《五帝本纪第一》中也曾记载:

日中,星鸟,以殷中春。其民析,鸟兽字微。申命羲叔,居南交,便程南为,敬致。日永,星火,以正中夏。其民因,鸟兽希革。申命和仲,居西土,曰昧谷,精道日入,便程西成。夜中,星虚,以正中秋,其民夷易,鸟兽毛毨。申命和叔,居北方,日幽都。便在伏物。日短,星昴,以正中冬,其民燠,鸟兽氄毛。岁

---

① 刘小蓉:《论"四象"的产生发展及其原因》,《洛阳师范学院学报》,2008年第3期,第204页。
② 王志杰:《论西汉"四神"的源流》,《文博》1996年第6期,第50、72页。

三百六十六日，以闰月正四时。信饷百官，众功皆兴。

表1-2 五方、四象、四季、二十八星宿、动物神（神兽）与五行、五色对应表

五方	四象	四季	星宿名与动物神（神兽）						五行	五色
东	苍龙	春	角	亢	氐	房	心	尾	箕	木	青
			角木蛟	亢金龙	氐土貉	房日兔	心月狐	尾火虎	箕水豹		
西	白虎	秋	奎	娄	胃	昴	毕	觜	参	金	白
			奎木狼	娄金狗	胃土雉	昴日鸡	毕月乌	觜火猴	参水猿		
中										土	黄
南	朱雀	夏	井	鬼	柳	星	张	翼	轸	火	赤
			井木犴	鬼金羊	柳土獐	星日马	张月鹿	翼火蛇	轸水蚓		
北	玄武	冬	斗	牛	女	虚	危	室	壁	水	黑
			斗木獬	牛金牛	女土蝠	虚日鼠	危月燕	室火猪	壁水貐		

第一章 图腾与星宿：盘瓠原型的解读基础

表 1-3 二十八宿、十二次与四象对应表

		鹑首		鹑火			鹑尾			
	井	鬼	柳	星	张	翼	轸			
实沈	参							角	寿星	
	觜		南宫朱雀					亢		
大梁	毕昴胃							氐房心	大火	
降娄	娄		北宫玄武					尾	析木	
	奎壁	室	危	虚	女	牛	斗箕			
		娵訾		玄枵			星纪			

在《管子·四时》《吕氏春秋·十二月纪》《礼记·月令》《淮南子·天文训》《鹖冠子·天权》《参同契》等古书中皆有类似表述。而上述"星鸟、星火、星虚、星昴四个名称，就是帝尧时候对南方（星鸟）东方（星火）西方（星虚）北方（星昴）四大星宿联合星形的概称。斗转星移，日月出入，五星躔度皆以此定盘。即尧典所说的'四仲星'"。而"日中、日永、夜中、日短，就显示了一年中的春分、夏至、秋分、冬至，四大节气，划分了春夏秋冬四季的不同节候。它包含着自然景象和人们耕作、休息、寒暖等生活内容。鸟、龙、虎、龟蛇，这四个形象也最能概括四季不同的属性"①。尽管对这种论述亦有学者提出反对意见，如王胜利就曾指出："中国古代把二十八宿划分为四象，所根据的是某一时刻二十八宿排列在空中的地平方位，而不是根据四季天象。因此，只有四象与四方的对应关系，而不存在四象与四季的对应关系。那种认为二十八宿的四象划分与中国古代的四季天象有关的观点是错误的。"②但亦不能否认以四象、二十八宿为基础制定的历法与四季之间的紧密关系。换言之，古人眼中的星宿运行规律确实影响着季节、气候及气象的变化，而人类从渔猎采集走向畜牧种植的发展道路，更增进了人们对星宿的崇拜。英国学者柴尔德曾言："你且注意：当经验提醒你，你应该把你的谷物种下去了时，

---

① 王志杰：《论西汉"四神"的源流》，《文博》1996 年第 6 期，第 47 页。
② 王胜利：《二十八宿的四象划分与四季天象无关》，《天文学报》1984 年第 3 期，第 304 页。

在天空中居于一个重要位置的,是某几颗星子,或某几个星座;当你期望有雨来使你们的谷物成熟时,在天空中居重要位置的,又是另外一些了。这么利用星子来做指导,人类可能会相信真是这些星子影响了地下的事情,你这就把时间的联系和偶然的联系混同起来了。因为当天明时分尼罗河的大水到来时,天狼星看去是在地平线上,因此就推测是天狼星引起了尼罗河大水。……在美索不达米亚,神的记号就是一颗星。"① 由此可见,星宿在人们的生产生活中产生了极其明显且持久的影响。

据《尚书·洪范》记载:"星有好风,星有好雨。"西汉孔安国注:"箕星好风,毕星好雨。"由此推测,风雨的起落与箕、毕二宿的运行有着密切关联。《周礼·大宗伯》曾详细记载周朝祭祀风雨的礼仪规范,而东汉郑玄对此注曰:"风师箕也,雨师毕也。"唐贾公彦疏道:"《春秋纬》云:'月离于箕风扬沙,故知风师其也。'《诗》云:'月离于毕俾滂沱矣,是雨师毕也。'"由此可知,属东方七宿最末的箕宿专管行风,即"风神";属西方七宿第五宿的毕宿专管施雨,即"雨神"。在《史记》卷二十七《天官书》中记载:"轩辕,黄龙体","正义"云:"轩辕十七星,在七星北,黄龙之体,主雷雨之神,后宫之象也。阴阳交感,激为雷电,和为雨,怒为风,乱为雾,凝为霜,散为露,聚为云气,立为虹霓,离为背璚,分为抱珥。"由此可见,被赋予黄龙形象的轩辕星群被古人当成了雷雨之神。我们应当知道,在没有灌溉设施的远古时代(甚至某些现代民族),依靠天时进行农业灌溉是最基本的方式,所以人们对"掌管"风雨的星宿特别敏感,但农业生产并非仅为风雨左右,春、夏、秋、冬四季的轮转更替与二十四节气的顺时变化同样重要。古人在观测天象时发现,北斗七星等在这方面即有此种作用,如《鹖冠子》卷上《环流第五》写道:"斗柄东指,天下皆春;斗柄南指,天下皆夏;斗柄西指,天下皆秋;斗柄北指,天下皆冬。"也就是说,"北斗七星在不同季节和夜晚的不同时间,出现于天空中不同的方向,古人用以初昏时候的斗柄所指的方向来确定季节",而这种现象的发生主要源自"古人不了解星辰变化与气象、气候的关系"②,并由此为星神观念的产生奠定了基础。

正如本节开篇所说,"天上陨落一颗星,地上逝去一个人"。这实是将人之命运与星之运动等同对待的"天命论"或"天人感应"说。天上诸星由于大小明暗的不同,促发了人们将之对应于人间生活的思想。东汉王充在《论衡》卷二《命义篇

---

① [英] 柴尔德:《远古文化史》,周金楷译,北京:中华书局,1958年,第95—96页。
② 何星亮:《中国自然崇拜》,南京:江苏人民出版社,2008年,第199—200页。

第六》中写道:"国命系于众星,列宿吉凶,国有祸福。众星推移,人有盛衰。……至于富贵,所禀犹性。所禀之气,得众星之精。众星在天,天有其象。得富贵象则富贵,得贫贱象则贫贱,故曰'在天'。在天如何?天有百官,有众星,天施气而众星布精。天所施气,众星之气在其中矣。人禀气而生,含气而长,得贵则贵,得贱则贱。贵或秩有高下,富或资有多少,皆星位尊卑小大致所授也。故天有百官,天有众星,地有万民、五帝、三王之精。"这一论述实可谓我国最典型的"星命说"。不过,我国的"星命说"是建立在人们对社会吉凶祸福的认知上。正如何星亮所言:"由于偶然的缘故,当人世间发生内乱、饥荒、瘟疫或水旱灾害之前,天上某颗星发生变化,与平常不一样,便以为是这颗星引起的祸灾。"① 又《史记》卷二十七《天官书》记载:太白金星"与列星相犯,小战;五星,大战。其相犯,太白出其南,南国败;出其北,北国败。……出东为德,举事左之迎之,吉。出西为利,举事右之背之,吉。反之皆凶。太白光见景,战胜。昼见而经天,是谓争明,强国弱,小国强,女主昌"。而《甘石星经》卷上《骑官》则有:"骑官二十七星,在氐南,主天子骑虎贲,贵诸侯之族子弟、宿卫,天子令三卫之像。星众,天下安;星少,兵起。五星守之,兵起西北,入北辰一百十五度。"这种记载实是古代星占术的反映。

所谓星占术,"是根据日月星辰的变化来对国家政事进行预测和解释的一种占卜方式,它是通过某种固有的对应模式而将天文现象与人间事物联系起来的过程"②。而"'天命'观念和'天人感应'的思想"构成了中国古代星占术的哲学背景,因此"古人将星辰比附人间的帝王、命官及设施,俨然一个洋洋大观的天界社会,天象喻示着国家的政治行为,更是君主德行臧否的指示器。中国的占星术一开始就具有社会学、伦理学的性质",故"中国的占星术与以推算个人命运为主的西方占星术,无论信仰基础还是结构、功能均各异其趣"③。也就是说,中国占星术的使用是配合君权而生的,而西方占星术则是与个人命运挂钩的。不过,随着人类对自然规律认识的加深,占星之术也逐渐从宫廷流入民间,成为某些民间精英——算命先生、堪舆者等——的一种谋生手段。另自道教兴起后,包括日、月、北斗与二十八宿在内的众星进一步神化,成为具有明显等级结构的神灵体系,从而进一步

---

① 何星亮:《中国自然崇拜》,南京:江苏人民出版社,2008年,第200页。
② 赵贞:《唐五代官方星占中的星官占卜》,《洛阳师范学院学报》2006年第3期,第114页。
③ 肖巍:《中国占星术初探》,《上海社会科学院学术季刊》1991年第4期,第124页。

助长了占星术的民间生发。晋葛洪《抱朴子》卷十五《杂应》在描绘太上老君形象时写道："左有十二青龙，右有二十六白虎，前有二十四朱雀，后有七十二玄武。"由此可见，本是原始天神的四象在道教的作用下成为他神的陪侍，而在后世的发展中，除玄武被尊为大帝，朱雀渐渐淡出人们的视野，青龙白虎也成为道教宫观（民间寺庙）的门神，如宋范致明《岳阳风土记》即载："华容令宅东北有老子祠，曰大皇观。门之左右有二神，像道家所谓青龙、白虎也，捏塑精巧，非常人所能。"明姚宗仪《常熟私志·叙寺观篇》也有类似行文："致道观山门，二大神，左为青龙孟章神君，右为白虎监兵神君。"对于这种源自古代的信仰现象，在现代寺观中几乎处处可见。然而，本属四象的二十八宿却一跃而起，被道教赋予"神君"称号，并高居于天穹之上。这在道教典籍《太上黄箓斋仪》《灵宝领教济度金书》《度星经》《洞渊集》等文献中都有记载（附录一）[①]。除此之外，在一些信奉道教[②]的南方少数民族中同样存在以"星"命名、以"星"入题的科仪唱本。那些掌握"神秘力量"的师公（法师）以此为生人祈福驱邪或为死者超度亡魂。在畲族中就存有一本名为《移星科文》[③]的科仪唱本（附录二），它意在移星过斗、改换年庚、加增福寿，并通过讲唱，祈求善男信女消灾减难，保安康。

据前文之述可知，四象最迟于公元前 4000 余年就已出现，而天地对应、历法制定、天人感应以及占星术等无不出于其后，但四象之形是否仅是对四方星宿所成形态的臆想呢？在陈久金看来，"中国二十八宿起源于四象，四象又起源于华夏民族的图腾信仰"，而从"二十八宿星名含义的解释可以看出，许多二十八宿星名，毫无疑问地与其所属四象有关。例如，角、亢、氐、房、心、尾的含义一定与龙体的各个部位有关；觜参为白虎之象；翼宿一定是朱雀的翅膀。……但是，二十八宿中也有些星名，却与四象并无关系，如箕宿、虚宿、毕宿等。如果单纯地将四象看成是星空中的四种动物形象"，但它们的"各个部位与华夏各地区找不到对应的依据"，所以"只有将四象看成是东夷、西羌、南蛮、戎夏四方民族的图腾，才能在

---

① 张志坚：《道教神仙与内丹学》，北京：宗教文化出版社，2003 年，第 56—59 页。
② 此处的道教实是具有道教色彩的民间巫教，不同民族由于接触道教的程度不同而表现出带有民族特色的道教形式。畲族在迁徙的过程中接受了道教南支太乙闾山派的熏陶，故而其宗教表现出道教闾山派的特色。
③ 佚名撰，雷神亮抄，雷明玉抄传：《移星科文》，清光绪甲辰年（1904）抄，复印件藏丽水学院畲族文化研究所。

更高层次上得到统一的解释"。① 也就是说，东苍龙、西白虎、南朱雀、北玄武分别指代了东夷、西羌、南蛮、戎夏四大氏族集团，并成为华夏民族的代表。不过，陈久金亦指出："华夏民族不只是这四个图腾，有据可查的还有炎帝族的牛图腾和熊图腾，苗族的犬图腾和牛图腾，北方匈奴等民族的狼图腾和猪图腾等"，因此"以犬、狼、猪等为图腾的民族，在中国星图上同样也得到适当的地位和反映。其中狗星、狗国星、天狼星、奎宿等，就是这些民族的图腾在天上的反映，没有例外"。② 依此而论，在中国古代，以星宿作为图腾是一种较为普遍的现象，但膜拜对象的人间化、动物化是如何发生的，各民族之间的选择意图又是否相同，则是一件十分难以解答的问题。

有学者认为，星神形象大致有三种类型：即原初形态的自然星体、类比人类创造的烛灯之火以及人类自身的担当。③ 这种演变具有一定的合理性，也是历史遗留于现代民族的祭天仪式。但在笔者看来，古人从对自然星体的崇拜过渡到对烛火之形与人之自身的崇拜，并非没有中间阶段。烛火乃人之创造，而其真正出现的年代尚无定论。尽管人类的生存直到当下都无法脱离自然的束缚，但从渔猎采集到畜牧农耕的"进化"足以说明人类在为生存奔波时所最先接触的自然对象当数动植物，而自然天象的变化让人类感知到世间万物之变化。当面对变幻莫测且流光无形的自然天体，人们于想象中结合影响生存的核心自然物而将自然星群具象化，从而形成现代天文学概念中的星座，并逐渐于集体无意识中发生崇拜转移。假如果真存在这样一个中间状态，那么二十八宿之名的获得，亦可同理解释，否则我国古人又怎能随意加以定名，并经道教打造出相应的动物神。不过，我们也应注意到，并非每个民族的图腾都是一成不变的，一个民族的形成并非单一氏族所能完成的，历史事实表明，只有在多氏族的融合过程中才能形成一个能够延续的（现代）民族。据此推知，这些崇奉星宿的民族，也许正是在氏族融合的过程中采取图腾的名物结合法或肢体组合法（如四象）形成新的民族图腾。

总之，星宿崇拜来自远古时代，在历经数千年的发展后，依然以其独特的魅力不仅被保存在历史典籍中，更表现在现代民族的社会生活中。

---

① 陈久金：《斗转星移映神州——中国二十八宿》，深圳：海天出版社，2012年，第57页。
② 陈久金：《斗转星移映神州——中国二十八宿》，深圳：海天出版社，2012年，第58—69页。
③ 何星亮：《中国自然崇拜》，南京：江苏人民出版社，2008年，第204—206页。

第三节　原型：初始的形体构型，变异形象的发展前提

在对畲族图腾信仰进行研究的过程中，学者们非常喜欢将"原型"作为认识畲族图腾的前置定语。然而，在这些言之凿凿的论述中，却很难找到学者们对"原型"的真正理解，因此也就无法让读者真正领会图腾之"原型"究竟何意——它是属于哲学层面的理念、心理学上的分析、文学中的阐释，还是人类学、语言学、建筑学上的理解，或是多种说法的综合？况且，因"原型"释义欠缺所形成的统一认识，是否能够完整反映畲族图腾的初始面貌？回答是否定的。尽管20世纪中期西方文学批评阵营中出现了一个被称为"神话批评"（"原型批评"）的派别，其代表人物魏伯·司各特在《西方文艺批评的五种模式》中写道："原型批评是近年来引起相当大注意的批评模式，有时叫作图腾式、神话的或仪式的批评。"① 这可谓最早将图腾与原型对应阐释的范例。然而，正如金德万所说："新批评学派以'贴近'文学作品的本文相标榜，提倡'细读法'，旨在张扬其对作品本文进行详尽细微的研讨，而摒弃对本文所有外在因素的考虑。原型批评的视野仍然没有脱离对本文的集聚，它的口号是从作品本文'向后站'。"② 由此可知，"图腾"与"原型"的首次会合只是为文学批评搭建桥梁，并未涉及"图腾"与"原型"的融会阐述。所以，对"图腾原型"的合理解读也未出现，故而诸多学者以"原型"冠以图腾的研究结论，是值得商榷的。

一、"原型"在心理学与文学中的概念阐释及"图腾原型"的探索

作为一个理论术语，"原型"一般被认为起源于古希腊哲学家柏拉图首创的"理念论"，后经英国著名哲学家罗素（Bertrand Arthur William Russell）的"猫"演示，而为后人提供了最初的"原型"解释——"若干拥有共同名字的个体就享有着一个共同的'理念'或'形式'，而这个'理念'就是那种与神相关联的、形而上层面的、具普遍性和永恒性的事物"，也就是说"'原型'最早是指代某些与神

---

① ［美］魏伯·司各特：《西方文艺批评的五种模式》，蓝仁哲译，重庆：重庆出版社，1983年，第136页。
② 金万德：《原型批评——文化的积淀和神话的复兴》，《湖北社会科学》1987年第6期，第26页。

相关的、形而上的、具有特定事物特征，但非世间某一特定事物的存在"①。从这一论述中可以看到，"原型"的最初意义是具有显著哲学与宗教意味的学术概念。随着西方学术理论的逐步发展，源自两千余年前的"原型"概念早已不再为古希腊所独有，更在思想启蒙运动的推动下超脱于哲学与宗教的单向束缚，逐渐深入其他科学领域。尽管瑞士心理学家荣格在《原型与集体无意识》一书中写道："原型是对柏拉图理念论的解释性释义表达"，并进一步指出："'原型'作为一个术语早在斐洛·犹大乌斯（Philo Judaeus）时代便出现了，意思是指人身上的上帝形象（Imago Die/God-image）。它也见诸于伊里奈乌（Irenaeus，又译爱任钮）的著述中，比如伊里奈乌曾经讲道：'世界的造物主并非按照自身塑造了这些东西，而是根据自身之外的原型复制了它们'。……在《论异议》（De diversis quaestionibus，又译《杂说》）的第83章，圣·奥古斯丁讨论了'思想的原则'（idea principales）：'它们并非是自发形成的……而是容身于神知之中'"，因而"'原型'远非是一个现代术语，它早在圣·奥古斯丁时代之前就已经为人所用了，与柏拉图意义上的'理念'同义"②。但是，荣格并未停滞于哲学与宗教领域的原型深解，而是将之应用于心理学领域，从而在其导师弗洛伊德"个人无意识"的基础上创立了"集体无意识"，并由此总结出人的行为与精神中所蕴含的主要原型类型。

在荣格看来，"集体无意识是精神的一部分，这部分精神可以通过如下事实将其从否定层面与个人无意识相区别，即它并非一如后者，将自己的存在归结为个人经验，因此并非是一种个人习惯。虽然从本质上讲，构成个人无意识的内容有时属于意识，但是它们已然因为被遗忘或者被压抑而从意识中消失；集体无意识的内容从未存在于意识之中，因此从未为个人所习得，而是将其存在完全归结为遗传。不同于个人无意识在很大程度上是由情结（complexes）构成，集体无意识的内容基本上是由原型构成"③。简而言之，荣格所谓"集体无意识"就是"在漫长的历史演化过程中世代积累的人类祖先的经验，是通过继承和遗传而来的主观意识经验。它是

---

① 刘琪瑶、魏皓严：《"原型"概念溯源》，《室内设计》2012年第1期，第3页。
② ［瑞士］卡尔·古斯塔夫·荣格：《原型与集体无意识》，徐德林译，北京：国际文化出版公司，2011年，第6、63页。
③ ［瑞士］卡尔·古斯塔夫·荣格：《原型与集体无意识》，徐德林译，北京：国际文化出版公司，2011年，第36页。

集体、普遍和先验的，而不是从个人那里发展而来的"①。由此可见，"集体无意识"的概念已然接近于列维-布留尔（Lucien Lévy-Bruhl）论述原始世界观时用以表示象征形象的"集体表象"（représentations collectives）。

集体无意识可谓所有原型的集合，是原型得以发生的源泉和动力，而原型则是集体无意识的具体内容。不过，"集体无意识"是一种建立在假设基础上的心理分析法，正如荣格所说："集体无意识（collective unconscious）的假说属于这样一种观念，即人们起初会觉得它陌生，但很快便把它作为熟悉的概念来掌握和使用。就一般的无意识概念而言，这已然是事实。"②除了将原型置于集体无意识的论述中，荣格还注意到，原型还具有另一种表达方式——神话与童话。众所周知，不论是神话还是童话，均属于广义文学的范畴，是民间文学的重要组成部分。据此而论，"'原型'这一术语仅间接适用于'集体表象'，因此为它仅仅表示那些尚未经过意识加工，因此是心理体验直接基点的心理内容。从这个意义上讲，原型与已经演变的历史法则之间存在着巨大的差异。尤其是在更高的秘传教学层次上，原型显形的形式清楚无误地显现出意识加工的批评性、评估性影响"，所以"从本质上讲，原型是一种经由成为意识以及被感知而被改变的无意识内容，从显形于其间的个人意识中获取其特质"③。

在周永明看来，"荣格所说的原型具有多义性。一方面原型指的是某些具体的意象，这些意象本身代表一种原型，它们以象征和隐喻的方式，反映出所谓的集体潜意识。……另一方面，原型又是抽象的，无具体内容的，它只是一种先天的塑造能力和形式组织力。……第三，原型通过遗传的方式代代相传，可以在任何时间任何地方出现，所以它是超越时空而存在的。第四，原型具有巨大的心理能量，具有先验的规范作用，是决定人们一切活动的最根本因素"，并认为荣格的原型理论存在一个致命的弱点——"过分强调了原型的超越时空性、超越感觉性和生理遗传性，而忽略了原型与历史及文化发展的关系"④。不可否认的是，荣格所提出的四种精神原型——人格面具（是人在社会中为了适应社会的群体生活、获得社会认同或实现

---

① 叶浩生主编，郭本禹、彭运石、杨韶刚副主编：《西方心理学的历史与体系》，北京：人民教育出版社，1998年，第324页。
② ［瑞士］卡尔·古斯塔夫·荣格：《原型与集体无意识》，徐德林译，北京：国际文化出版公司，2011年，第5页。
③ ［瑞士］卡尔·古斯塔夫·荣格：《原型与集体无意识》，徐德林译，北京：国际文化出版公司，2011年，第7页。
④ 周永明：《原型论》，《文艺研究》1987年第5期，第112页。

个人目的而公开展示的一面)、阿尼玛(男性心目中的女性意象)、阿尼姆(女性心目中的男性意象)以及阴影(在人格面具背后最真实的人类心灵面孔,包括最原始的生理诉求和欲望等)的巨大影响力一直延续至今。

其实,荣格的原型理论已与作为文学组成部分的神话和童话相连,不过这种论述只是对文学元素的利用,所以"莫德·鲍特金在《诗歌中的原始类型》一书中率先运用荣格的理论来探讨文学作品,开了原型批评的先河。1957 年,N. 弗莱《批评的解剖》的出版,标志着原型理论在文学中的运用走向成熟,并且有所突破和创新。他们和注重于仪式和神话的剑桥学派——主要受文化人类学进化学派理论及弗雷泽《金枝》的影响———道构成了本世纪重要的一个文学批评流派——神话原型批评的主体"①。由此可知,在原型的发展路径中,人类学"不仅为原型的出现提供了原因,即原始人类对自然的认识及原始思维模式,也为后来人们拥有相似行为和思维模式寻找到了原型点——神话、原始宗教"②。但原型并未在人类学中占据重要位置,相反"神话—原型批评"却成为文艺学有关原型论述的基础,并在文艺学中得到最有利的发展。

诺斯洛普·弗莱(Northrop Frye)将原型理解为"一种典型的或重复出现的意象",而其目的就在于借"指一种象征","把一首诗和别的诗联系起来从而有助于统一和整合我们的文学经验"③。也就是说,为了达到客观评价文学作品的目的,而为整个文学制定一个或多个固定标尺,并由此对文学作品作出具有针对性的分析。神话-原型批评学派同样认为"原型(archetype)是'无数同类经验的心理凝结物'",并说"'原型是一些联想群(associative clusters)',是指'那种在文学中反复使用,并因此而具有了约定性的文学象征或象征群'"④。在这里,"原型"涉及两方面的意义:一是"原型具有内隐的属性,它需要通过意象、人物、象征、细节描写、情节主题等多种形式表达出来,这些形式被定义为原型意象";二是"每一个文学作品中都贯穿着反复出现的原型模型——结构,正是这些原型模型使整个文学发展史成为一个整体"⑤。而随着文艺批评的发展,原型的概念理解不断得到深化或重构。

---

① 周永明:《原型论》,《文艺研究》1987 年第 5 期,第 111 页。
② 刘琪瑶、魏皓严:《"原型"概念溯源》,《室内设计》2012 年第 1 期,第 4 页。
③ [加]诺斯洛普·弗莱:《批评的剖析》,陈慧、袁宪军、吴伟仁译,天津:百花文艺出版社,1998 年,第 99 页。
④ "神话-原型批评学派"亦可参考万建中《民间文学引论》,北京:北京大学出版社,2006 年,第 10 页。
⑤ 刘琪瑶、魏皓严:《"原型"概念溯源》,《室内设计》2012 年第 1 期,第 4 页。

在我国现代文艺学中，有人认为"原型是对人类基本生存状态的反映，是在人类社会历史实践中形成的，是人类文化积淀的结果。原型中蕴涵着大量的民族观念和情感，具有丰富的心理容量和强烈的感情色彩，在无意识中广泛为人们所理解，但却不是任何一种具体的观念和情感"，并且"原型具有很强的稳定性和导向性，也具有比较强的可塑性和变异性"，因而"文学原型就是特定的文化无意识倾向（原型）在文学领域的表现"①。换言之，原型是人们观念与情感的交融体，并且是一种无意识的表现，具有很强的定位性和可变性的基本文学形态。丁玲在《〈孟姜女〉故事的原型批评》中认为："原型"的实际意义有以下几点：1.人类集体无意识中有着种族的经验和社会经验的继承。其以"母题"——"原型"的方式反复出现在作品中，象征着某种意义和经验，使"原型"成为一种"典型的意象"，发挥着"可交际"的作用，从中可以看到一个民族或一种文化的基本价值观；2."原型"作为一种集体潜意识，"是一种从不可计数的千百亿年来人类祖先的经验的沉积物，一种每一世纪仅增加极小极少变化和差异的史前社会生活经历的回声"（援引自《人格心理学》）。因此，我们可以从原型中找到人类远古时期面临的生活状态及相适应的情感要素，并且也可以从中找到一种共鸣。②这一论断虽是从顾颉刚的"孟姜女故事"研究（民间文艺学）中得出的"原型"结论，但与文艺学上的认识有着异曲同工之处，并充分体现了荣格有关心理学的原型解析。

在荣格的研究中早已提出有关原型的"共时性"与"历时性"问题，而杨丽娟认为"无共时性"和"恒久历时性"的提法则更能凸显原型的本质。荣格在论述原型的共时性时以中国人的"道"为基础，并与西方人的思维相较，从而将"道"与"共时性"等同，意为"整体观念"，而"'原型'一词的这种整体观念实际上所描绘的是蕴含一切的原初状态"，所以原型的共时性本质就在于"原初的状态，蕴含一切又能幻化为一切"。恒久历时性则指"'原型'能与各个不同历史时期的具体环境、具体条件和具体的个体事物结合在一起，从而形成种种不同的具体表现形态，即形成它的置换变体"。与周永明对荣格的批评不同，杨丽娟认为包括弗莱在内，他们虽然"都在'原型'内涵的阐释上给了我们巨大的启示"，但"他们也犯了性质相同的错误。一方面，他们意识到'原型'一词所独具的无限深广性，另一方面却狭隘地把它纳入某个学科领域"，由此她提出"'原型'本质上是人类早年

---

① 夏秀：《原型理论与文学活动》，山东师范大学博士学位论文，2007年，第24页。
② 丁玲：《〈孟姜女〉故事的原型批评》，《青海民族学院学报》1993年第2期，第98页。

经历中所蕴含着的后世一切文化的基因","是一种尚未明确整理的非抽象非概念的感觉世界,因而更多地体现为无意识状态"。而她赋予"原型"这样一种新的阐释,目的就在于"区分'原型'与'象征''意象''模式''神话母题'和'仪式'这些相关概念,以及原型批评和神话批评,乃至世界文化圈的划分",同时展现"'原型'批评的独特价值"[①]。尽管杨丽娟的理论基点同其他文艺学家一样依然来自荣格与弗莱,但她已然脱出两者的理论束缚,并于其中提炼出原型的本质属性——原初的状态——后世一切文化的基因,笔者对此深表赞同。正是这一来自文艺学领域的论述,为笔者探索"图腾原型"奠定了可资借鉴的理论基础。

笔者在本章第一节中就已对图腾做出过综述性分析,但不得不承认的是,图腾概念的出现以及在后世的发展,无不建立在现实生活中依然存在的图腾形象基础之上,而这些形象是否就是原初状态的图腾,也就是首度创立图腾时的形象,我们已无法得知,故只能依据所谓现代"原始"("野蛮")民族的图腾"遗迹"加以逆推,并从不同民族的图腾信仰中析出具有共性的学理认识。不过,人类的信仰发展史已然昭示,集体性是信仰的基本特点之一,而来自人类初年的信仰则是基于人类对人本身与自然的综合性认知。也就是说,在人类初年,人们的衣食完全依赖于自然的赐予,并在渔猎采集的基础上实现人类的自然繁衍与代际更迭。童年时期的人类尚未形成具有现代意义的理性思维,因此面对自然带来的种种威胁或奇特现象,人类只能将之视为被某种神秘力量掌控的超自然存在,故而进一步在集体无意识的原始思维中赋予它们"神"的意志。尽管这种信仰的"自然崇拜"来源说曾受到尖锐批评,但不可否认的是自然崇拜对图腾信仰的发生起到了极为重要的推动作用。现有学术成果告诉我们,图腾形象基本以各民族所依赖、畏惧或崇拜的动、植物或无生物等为主,它们构成了现代图腾民族的主要象征性标志。不过,图腾信仰的发生并非一蹴而就的集体行为,而是经历了长久的思维积淀,并在人类对自然的自主选择中完成。

人类最初崇拜的图腾形象就是自然物本身。正如何星亮所说:"人们崇拜星神的对象,最初是夜空中的星辰本身,人们朝着星辰祭祀、跪拜。"[②]换句话说,图腾的最初形态也许仅是一个意念,只是在后世的自然类比(模拟)中,逐渐形成艺术化的图腾形象。随着人类对周围世界观察的深入以及农牧业的发展,人类开始对自身展开系列阐释,但自然规律直到今日也未为人类所完全掌握,更何况是原始初民,

---

① 本段中的引用均来自杨丽娟《"原型"概念新释》,《外国文学研究》2003年第6期。
② 何星亮:《中国自然崇拜》,南京:江苏人民出版社,2008年,第204页。

因此对自然的依赖依然是人类得以生存的主要物质来源。而人类的精神生活则随着人类自我认识的加深逐渐丰富起来，并在"万物有灵"观念的作用下，使"灵魂说"成为人类图腾信仰的重要源泉，而一切族员也成为图腾的一份子，即后世所谓"亲族血缘观"。不过，图腾的发展并非到此结束，而是随着时间的流逝，其血缘理念开始淡化，逐渐为特定族群的文化标志所代替，甚至仅是某种指示性象征物。这在北美西北太平洋沿岸的印第安图腾柱上表现得最为明显，且在那些土著民族中也非仅有一个图腾形象，而是多个不同图腾形象的集合，这种现象在我国少数民族中同样存在，如苗族的牛图腾、枫树图腾、犬图腾等。上文所谓民族图腾、氏族图腾、胞族图腾、家族图腾、性别图腾以及个人图腾等并非都是集中在一个时期出现，更非所有民族中都有这些图腾形式，甚至有些民族中至今尚未发现图腾的痕迹。因此，图腾并非僵死的静态模式，而是动态的文化创造。

图腾与其他文化表现形式一样，甚至和有生之物一样，都有一个进化过程，即出现—发展—高潮（定型）—灭亡。如汉族以龙为图腾，但对其原初状态的解读，却众说纷纭——有人认为是鳄鱼，有人认为是蛇，有人认为是马，有人认为是猪，有人认为是鱼，有人认为是蛙，甚至有人认为是人之胚胎[①]，但不论龙的原初形态为何，龙形象的发展却结合了诸种形态于一身，并在后世发展中出现"龙生九子，子子不同"的十类官方形象。民间之龙更是多样，并出现超过自然形态的人类形象（帝王以真龙天子自称，帝王子孙则称为龙子龙孙），而这些后世形象无不是原初之龙的形象变异。

总之，上文告诉我们，图腾是人类文明的历史见证，但如今的图腾形象远非图腾的原初形态，其经历千万年的发展得以存续至今的事实足以表明：图腾的原初形态也许仅是建立于自然物象的臆想。随着原始群落的多元融合以及人类思维向理性方向的发展，自然物象才被固化并形成艺术造型，进而在解释（图腾神话）中逐渐被蒙上神圣色彩，于是在集体无意识膜拜中得到来自人们共同体的元素（人与自然）附加，最终定型为一种血缘象征或（和）文化象征的标志物。依此而论，图腾是在逐步进化中得以延续的，这正符合英国进化论学派所主张的理论核心——"人类的社会文化和生物进化一样，也是由简单到复杂，由低级阶段向高级阶段逐渐地发展。这种循序的进化过程是全世界所有文化的普遍发展规律，造成这种普遍性的原因在

---

① 参见王小盾《中国早期思想与符号研究——关于四神的起源及其体系形成》，上海：上海人民出版社，2008年。

于人类心理的一致性。"①因此，原型在图腾研究中的概念可以概括为：初始的形体构型、变异形象的发展前提。

二、神话母题研究与盘瓠神话的原型构拟

在现代民间文艺学领域，民间故事具有两种不同的理解方式，一种被称为广义民间故事，一种被称为狭义民间故事。就广义概念来说，民间故事是指"把民众所有口头讲述的散文故事都叫作民间故事"②，而这种认识早在段宝林的《中国民间文学概要》一书中就已有表述，其文写道："民间故事是人民口头创作中叙事散文作品的总称，按题材内容及流行的不同情况可分为神话、传说、生活故事、笑话、寓言、童话等六类。"③随着20世纪80年代"民间文学三套集成"的陆续出版，我们不难发现，民间故事的搜集标准便是"广义民间故事论"。《中国民间文学集成·总序》中讲道："《中国民间故事集成》所使用的'民间故事'这个名词，是一个广义的概念，它包括中国各族人民群众口头散文叙事文学的各种题材和形式，其中有神话、传说，还有其他各种样式的故事，如动物故事、幻想故事、生活故事、笑话、寓言，以及某些民族或地区特有的口头散文叙事文学题材等等。"④就狭义民间故事而言，其主要是指"民众口头创作的内容具有泛指性、虚构性和生活化特征的散文叙事作品，是指神话、传说以外的散文叙事作品"⑤。在现代故事学研究中，人们还是比较倾向于狭义理解。

其实，广义与狭义的两种理解方式，在很多情况下根本无法截然分开，从而令许多学者只能在一种理想性的状态下设立"神话学""传说学""故事学"等。《简明不列颠百科全书》中就将"民间传说"（folklore）和"民间故事"（folktale）并提：

以口头方式代代相传的，有传统内容的散文体故事。民间故事具有常常不带宗教意义的神话成分，但许多学者并没有在神话和民间故事之间做出严格的划分。在各种类型的民间故事里，都有主题（如受人喜爱的动物、介壳、死者的还魂）和情节梗概（类型）两部分。民间故事在各种文化中互相交流并能转化成书面文学，或

---

① 林耀华主编：《民族学通论（修订本）》，北京：中央民族大学出版社，2011年，第118页。
② 刘守华：《故事学纲要》，武汉：华中师范大学出版社，1988年，第5页。
③ 段宝林：《中国民间文学概要》，北京：北京大学出版社，1985年，第41页。
④ 中国民间文学集成全国编辑委员会：《中国民间文学三套集成·总序》，载华士明主编《中国民间故事集成·江苏卷》，北京：中国ISBN中心，1998年，第1页。
⑤ 黄涛编著：《中国民间文学概论》，北京：中国人民大学出版社，2004年，第208页。

从书面文学变成口头流传形式。民间故事的种类有童话和家庭故事、地方传说、圣者传奇、动物故事、恶作剧故事、英雄故事、笑话及解释某一自然现象、动物特点,或社会习俗何以如此的起因故事。①

我们对民间故事进行广义与狭义的简单论述,并非闲来之笔,而是重在引出有关民间故事研究的特殊形式——母题与原型构拟,而它对神话学的发展起到了至关重要的推动作用。

在现代学科发展史中,尽管民俗学起源较早,并为民族文化的复兴作出过巨大贡献,但很容易发现的是,民俗学的大部分基础理论无不来源于其他相关学科,如人类学、民族学、社会学、心理学等,而19世纪在芬兰出现的一种研究方法,则冲破民俗学理论匮乏的局限,建立起属于民俗学自身的理论体系——"历史地理"研究模式(方法),并被后人称为历史地理学派或芬兰学派,其中以芬兰民俗学家科隆父子(J. Krohn; K. Krohn)、A. 阿尔奈(Antt Aarne)、W. 安德松(Walter Anderson),以及美国民俗学家斯蒂思·汤普森(Stith Thompson)、丁乃通(Nai-Tung Ting,美籍华人)等为代表。随着西学东渐,在我国民俗研究的开创期,同样深受这一学术理论和研究方法的影响,从而诞生了《孟姜女故事研究集》这一开创我国"历史地理"研究方法的不朽之作②。在我国现代民间文艺学领域则有刘守华、陈建宪及黄永林等新一代中国"历史地理"研究学者。

就历史地理学派的理论追求而言,其"最根本目的是对民间故事生活史的探寻,它要求尽可能广泛搜求故事异文,然后用代号排列,再对异文的叙述要素分解提取作为最小叙述要素的情节单元(母题),综合归纳成各种亚型;接着把它们置于一定历史地理背景上进行考察,在纵向的历史演变中构拟历史原型,从横向地理传播中追寻故事的发祥地,从而勾划出它完整的生活史"③。这是刘守华在其《比较故事学》中一语道破的历史地理学派的研究方法及其终极目标。刘魁立曾说:这一派的

---

① 刘守华《故事学纲要》,武汉:华中师范大学出版社,1988年,第5页。
② 顾颉刚:《孟姜女故事研究集》,上海:上海古籍出版社,1984年。
③ 周北川:《故事比较的艺术与趣味——评刘守华〈比较故事学〉》,《外国文学研究》1997年第3期,第126页。

"AT体系①确实对世界民间故事的发展起到了极大的推动作用，为世界民间故事资料的整理编类，提供了一个便于操作的或者可以借鉴的方法和原则。为观察分析不同国家、不同民族的民间故事的一致、相似或相异，开辟了一个简便的门径"②。同时，在民间故事的比较研究中，历史地理学派提供的母题和类型运用也起到了重要作用。对此，周福岩认为："母题索引和类型索引十分便于对故事做发生学研究，它能够小心地剥离出故事的古代成分和近世成分。"③由此可见，历史地理学派的理论基础与研究起点都在于母题概念的提出与应用。不过，"历史地理"研究方法也不是一劳永逸，且有诸多不足（附录三）。

"母题"，"来自于对英文'MOTIF'的音译。它的词根为'MOTI'，意为运动、能动的意思，'MOTIF'在英文中主要有三种意义。1.它是某种事物（特别是艺术作品）的基础和主要组成部分，常常给予（或从中发展出）某种特定的意义。2.它是一种独特的或重复出现的模式或颜色。3.它是形成一个音乐作品的主干，并围绕其发展的一种特意安排，是一种具有独立性格的最小音乐结构"④。在国际民间文艺学界，人们对母题概念较为统一的理解则要归功于美国民间文艺学界斯蒂思·汤普森（Stith Thompson），其于1932—1937年出版了六卷本《民间文学母题索引——民间故事、歌谣、神话、寓言、中世纪传奇、轶事、故事诗、笑话和地方传说中的叙事要素之分类》，而在1946年出版的理论专著《民间故事》中，他对母题的内涵进行了界定：

一个母题是一个故事中的最小元素，它具有在传统中延续的能力，为了有这种能力，它必须具有某些不寻常的和动人的力量。⑤

随着母题研究的深入，人们已经不再将之局限于民间故事，而是将之置于更为广阔的文学天地，更何况历史地理学派正是在遵循进化论的基础上以比较研究的方式来勾画故事的生活史。因此，在比较文学家看来，"母题"指的就是：

---

① 简而言之，AT分类法是民间故事分类方法之一，又被称为阿奈尔-汤普森体系。它是由芬兰民族学家阿奈尔所首创，由美国民间文艺学家汤普森补充修订的一种民间故事的分类方法，它的特点是把题材类型和母题情节索引结合在一起，是当今世界流传最广的一种分类法。
② 刘魁立：《关于中国民间故事研究》，《北京师范大学学报（社会科学版）》1994年第6期，第20页。
③ 周福岩：《民间故事研究的方法论》，《社会科学辑刊》2001年第3期，第159页。
④ 陈建宪：《神话解读——母题分析方法探索》，武汉：湖北教育出版社，1997年，第19页。
⑤ 陈建宪《神话解读——母题分析方法探索》，武汉：湖北教育出版社，1997年，第22页。

畲族星宿信俗研究——关于盘瓠形象传统认识的原型批评

　　一个主题、人物、故事情节，或字句样式，其一再出现于某文学作品里，成为利于统一整个作品的有意义线索；也可能是一个意象或原型，由于一再出现，使整个作品有一脉络，而加强美学吸引力；也能够成为作品里代表某种含义的符号。①

　　尽管在现代文艺学的研究中母题已被广泛运用，并在不同学者的阐释中得到不同类型的重构，但其作为文学样式中最基本的元素并未发生根本性的改变。更重要的是，"作为民间叙事文学作品内容的最小元素，母题既可以是一个物体（如魔笛），也可以是一种观念（如禁忌）；既可以是一种行为（如偷盗），也可以是一个角色（如巨人、魔鬼）；或是一种奇异的动、植物（如会飞的马、会说话的树），或是一种人物类型（如傻瓜、骗子），或是一种结构特点（如三叠式），或是一个情节单元（如难题求婚）。这些元素有着某种非同寻常的力量，使它们能在一个民族文化的传统中不断地延续。它们的数量是有限的，但是它们通过各种不同的组合，却可以变化出无数的民间文学作品"②。换言之，母题或可成为民间故事之异文得以产生的本质性影响因素。

　　作为广义民间故事的一员，神话在当代的学术研究中，同样被赋予广义与狭义两种解释，而对神话概念的阐发也因学者研究取向的不同而有所不同。笔者为避免概念冗杂，暂取黄涛所提概念以作进一步分析：

　　作为一种文学体裁，神话就是人类在远古时期所创造的反映自然现象和社会生活的高度幻想性的故事。或者说，神话是以原始思维为基础的关于神的行为的故事。这种定义，是着眼于神话的文学特质。如果将神话作为一种特定语境中发生的文化现象来全面地看待，那么神话就不仅仅是一种文学体裁或语言艺术，它还有着更为丰富的内涵。它不仅是一种融文学、音乐、舞蹈等为一体的综合性的艺术形式，而且还是上古初民的世界观和信仰的主要表达形式。神话的创作和讲述则是人类在蒙昧时期试图探索世界、解释世界、征服世界的一种社会活动或民俗生活。③

　　其实，早在荣格论述集体无意识与原型的过程中，就提出过有关"神话母题"的概念，并宣称："神话母题（mythological motifs）在文学艺术创作中的不断复现，有力地证实了集体无意识的原型的存在。"而在此之前，弗洛伊德曾借意大利画家达·芬

---

① 李达三：《比较文学研究之新方向》，台北：联经出版事业公司，1982年，第391页。
② 陈建宪：《神话解读——母题分析方法探索》，武汉：湖北教育出版社，1997年，第22页。
③ 黄涛编著：《中国民间文学概论》，北京：中国人民大学出版社，2004年，第90页。

奇的著名画作《圣安娜与圣母子》阐释了他的"无意识"理论,并"将圣安娜与圣母玛利亚解释为达·芬奇的两位母亲(达·芬奇有一位不合法的生母和一位合法的养母),意指这幅画中隐藏着所谓的'恋母情结'"。然而,荣格对此提出批评意见,并指出"这不是什么恋母情结,而是古老的神话母题——双重母亲(dual-mother)的再现"[①]。尽管后人在论述母题以及神话母题时摒弃了荣格有关集体无意识的论述,从而形成一种纯文学范畴的阐释方式,但神话母题早已成为民间文艺学界不断追求的方向之一,并在AT分类法的指引下"结出"累累硕果。就"神话母题"的概念而言,笔者较为认同陈建宪在《神话解读——母题分析方法探索》一书中所给出的定义:

神话母题是构成神话作品的基本元素。这些元素能在文化传统中独立存在,不断复制;他们的数量是有限的,但通过不同的排列组合,可以构成无数的作品,并能组合入各种文学体裁及其他文化形式之中;它们表现了一个人类共同体(氏族、民族、国家乃至全人类)的集体意识,其中一些母题由于悠久的历时性和高度的典型性而常常成为该群体的文化标识。[②]

民俗学的历史地理学派以母题与类型构筑起属于民俗学的理论体系与研究方法,它的根本目的虽在探寻民间故事的生活史,但这种溯源性研究却是建立在民间故事的"原型构拟"这一核心前提上。刘守华等表示:"构拟原型是历史地理方法的关键所在。以原型为依据,再回头来同相关异文作比较,并结合故事所含历史地理因素进行分析,就可以看出这个故事在不同时间空间背景上流行并发生变异的情况,从而展现出它的生活史。"[③] 从这句话中我们可以看出,原型构拟是进行民间故事溯源的一个中间阶段,只有通过原型构拟,并将异文与之比较,才能找出民间故事流传分布及变异的基本状况,才能认识到故事的"原初"所在。

故事学为民间文艺学的一个重要分支学科,但其对"原型"的界定却相当模糊,我们该如何理解呢?笔者基于"原型"在心理学与文学两大领域中的概念理解,认为故事学上的"原型"应为:

---

① 胡苏晓:《集体无意识—原型—神话母题——荣格的分析心理学与神话原型批评》,《文学评论》1989年第1期,第137页。
② 陈建宪:《神话解读——母题分析方法探索》,武汉:湖北教育出版社,1997年,第23页。
③ 刘守华、陈建宪主编:《民间文学概论》,武汉:华中师范大学出版社,2002年,第303页;刘守华:《故事学纲要》,武汉:华中师范大学出版社,2006年,第194页。

在早期集体无意识的作用下，由特定叙事元素秩序构成的民间故事，能够传达过去的生活文化状况以及人们的情感倾向，而这些叙事元素则是相对稳定的简单情节模式，换言之，这些叙事情节会随着时代的发展以及族群结构的变化而发生变异。古人的意识形态与今人不同，他们对自然和人类社会的认识是有限的，而人的认识是不断增加的。我们也曾提到顾颉刚的"层累结构"说，简单的解释，"层累结构"就是历史内容是在逐渐增加的丰富的。不过，我们也应该知道，并不是所有的故事从其生成就是一直在增加而不减少，但就总体而言，我们的故事在情节上还是不断增加的，否则我们就不可能看到流传到今天的精彩故事。

作为一种散文体口头叙事，神话与其他民间故事类型一样，在不同时代、不同地域的不同人群或个人的口述中都会产生不同的情节内容，甚至转变体裁类型变成韵文体的叙事长歌。因此，这种来自狭义民间故事的原型构拟同样适用于神话。就目前的研究来看，历史地理学派的原型构拟是建立在尽量搜集所有具有代表性异文基础上的一种再创作。盘瓠神话虽然并非仅流传于畲族社会（详见第五章第一节"二、盘瓠神话的多民族口述"），但基于本文的论述对象，笔者对盘瓠神话的原型构拟，除史籍记载，均选用流传于畲族社会的口述异文，其中亦包括韵文体的叙事长歌（《高皇歌》）和图像（祖图长联）。

在2010—2013年，笔者曾于丽水学院畲族文化研究所（现中国畲族文献资料中心）遍览藏于此处的浙江省蓝、雷、钟、李、吴等各宗支的宗谱60余部，其中记有盘瓠神话的宗谱40余部。在吕立汉教授和蓝炯熹研究员的帮助下，笔者有幸在福建省民族研究所看到近百种蓝、雷、钟等各姓各宗支的宗谱，而从已查阅的数量来看，就有50余部记有盘瓠神话。就目前的调查而言，流于闽、粤、浙、赣、皖、湘、黔等地的畲族祖图长联有40余幅（截至2013年3月），而笔者现已掌握的祖图长联大致有32幅，它们均是盘瓠神话的视觉表达形式。除此之外，笔者通过文献查阅以及田野调查共搜集整理散文体"盘瓠神话"3则、韵文体叙事长歌20余首。从这些文献可知，以盘瓠为核心演述对象的口传文学具有显著的民间性，而每类文献所体现的"盘瓠神话"内容基本保持一致，这一现象的产生足以说明：同一民族虽然居住于不同地域，但他们对族源史的记忆却不会因此而有质的改变。另外，笔者在电子版《四库全书》中（正文）检索到记有"盘瓠"词条的古籍文献192部，其中具有盘瓠神话之情节的就达48部，而这些记载基本都来源于晋干宝的《搜神记》或南朝宋范晔的

第一章 图腾与星宿：盘瓠原型的解读基础

《后汉书》。尽管盘瓠神话的记录文本多种多样，但其内容却显现出极大的相似性①。

据笔者分析，盘瓠神话主要由以下六个主要情节单位构成：

盘瓠神话＝盘瓠出生＋揭榜征番＋变身娶妻＋移居凤凰山＋打猎殉身＋族群迁徙

而每个主要情节又由数量不等的母题（情节单元）构成：

盘瓠出生＝三皇五帝＋高辛刘皇后②＋［夜饮凤阁］③＋［娄宿④下凡］＋皇后耳痛＋延医调治＋取出茧卵＋盘盛瓠盖＋化身龙麒⑤＋赐名盘瓠⑥；

揭榜征番＝犬戎⑦作乱＋边患危机＋高辛张榜＋盘瓠揭榜＋化龙过海＋侍戎三载＋戎王饮醉＋弑戎还朝＋封忠勇王；

变身娶妻＝按榜赐婚＋金钟变身＋结亲三公主；

移居凤凰山＝生子四人＋高辛赐姓＋［娶亲繁衍］＋［立郡封侯］＋高辛赐宝＋观礼七贤洞＋开基凤凰山＋闾山学法＋［除尽妖兽］；

打猎殉身＝［祭拜猎神］＋上山打猎＋山羊触死＋尸悬于树＋族人寻找＋做功德＋安葬凤凰山；

族群迁徙＝［土著压迫］＋族群迁徙⑧。

其实，盘瓠神话各母题得以彰显的典型代表就是祖图长联，它以连环画的方式将盘瓠神话的各个细节加以联结，几乎每个画面都可作为一个神话母题而存在。根据以上所述，笔者试对盘瓠神话的原型构拟如下：

---

① 笔者将于第二章第一节和第三节中引述具有时代和地域代表性的盘瓠神话文本加以说明。
② 在异文中，出现较多的称谓还有"大耳婆""刘后""老妇"等。
③ "［ ］"代表在一些异文中缺失的部分，尤其是在流传于广东地区的盘瓠神话和某些地区的祖图长联。除此之外，几乎所有的叙事长歌（如《高皇歌》《麟豹王歌》等）中没有这些情节，这些情节主要存在于闽、浙、赣、皖四省的畲族宗谱和祖图长联中。
④ 娄宿是大部分宗谱记载中的说法，而在一些口传神话中则有亢宿、星光一类的说法。
⑤ 此处的"龙麒"在粤、赣、闽南等地的神话记载中多取"龙犬"一名。
⑥ 在少量文本中，会出现赐名龙麒、号盘瓠的说法或盘护、盘大护等。
⑦ 在少量文本中则是西番、吴戎、番王等。
⑧ 神话中讲述的迁徙路线与现代学者的研究结论基本保持一致，因此这段讲述已不再具有神话性，而是历史事实的族群记忆，但这并未在祖图长联和大部分宗谱中出现。

畲族星宿信俗研究——关于盘瓠形象传统认识的原型批评

高辛刘皇后夜饮凤阁，见星光乍泄，娄宿下凡。皇后忽觉耳痛，延医调治，取出一茧，以盘盛之，以瓠盖之，须臾化作龙麒。高辛以为祥瑞，赐名盘瓠。时有犬戎作乱，边患危机，于是张榜纳贤，并许以三公主为妻。盘瓠揭榜，只身化龙出征，侍奉戎王三载后，趁其大醉，弑之还朝，被封忠勇王。高辛帝按榜赐婚，盘瓠于金钟变身成人，结亲三公主。夫妻二人九年生下三男一女，请高辛帝赐姓。因一子盘装，赐姓盘，名自能，娶廖氏女，封立国侯，南阳郡；二子篮装，赐姓蓝，名光辉，娶夏氏女，封护国侯，汝南郡；正遇打雷，三子赐姓雷，名钜佑，娶葛氏女，封武骑侯，冯翊郡；一女招赘钟姓婿，名志深，封敌勇侯，颍川郡。[①]高辛赐宝，封地。盘瓠携妻子儿女移居凤凰山，并于途中观礼七贤洞。盘瓠上闾山学法，归来除尽妖兽。一日祭拜猎神后，上山打猎，不幸为山羊触死，尸挂于树。族人寻得后，为其做功德，后将其安葬于凤凰山。由于当地土著侵犯，族群开始自南向北迁徙。

通过这一神话原型我们可以发现，有关盘瓠的出生，至少涉及两类神话组合，即感生神话与变形神话。感生神话，又被称为贞洁受孕神话或孕育图腾主义等，它是关于人类或民族始祖（圣人）诞生的一种神话类型，一般含有如下情节结构：某女（通常为处女）身体接触或感受到某物，或者意念涉及某物而受孕，然后产生出人类的始祖，该女性则为人类始祖之母，其主要包括"水生母题""卵生母题""垂死化生母题"等。就盘瓠神话而言，其感生母题集中表现在"星光乍泄，娄宿下凡"和"取出茧卵，化生龙麒"。所谓变形神话，主要是指以故事主角的身体在超自然力的作用下产生变形的口头演述模式。此类神话体现了人们对万物变化规律的一种无意识把握。

在盘瓠神话中，从"星光乍泄，娄宿下凡"到"金钟变身"基本都体现了变形神话的特征，而对这种变形过程的认识，恰恰体现了人类早期对人之出生到成长的一种非理性解释。更重要的是，我们于此能够发现盘瓠形象经历了以下六个阶段的演变：星宿→茧卵→龙麒（龙犬）→龙→兽首人身→人。根据这一变化，以及对图腾原型的理解，我们有理由相信，后世的盘瓠形象皆源出于星宿——或即指娄宿。所以，星宿才是盘瓠图腾的原型。而下文的论述则将围绕这一观点，进一步证实畲族星宿崇拜的存在及其由于历史原因而发生的变异。

---

① 盘、蓝、雷三姓始祖娶妻除以上所说，还有以下两种说法：一是，盘自能娶东夷女奇珍，蓝光辉娶东夷女奇珠，雷钜佑娶东夷女奇珪；二是，盘自能娶张氏女，蓝光辉娶廖氏女，雷钜佑娶夏氏女。

第二章

盘瓠图腾的星宿原型：传统认知上的新思考

在"引言"中笔者即已指出，"盘瓠神话"在现代畲族文化研究中是一项十分敏感的话题，但同样也是一个无法完全逾越的重要文化现象。在封建社会，包括畲族在内的众多南方少数民族在统治阶级与大汉族主义的欺压下，长期生活在社会底层。他们不仅在政治上处于劣势地位，在经济上受到剥削，还在文化上受到排挤，就畲族等信奉盘瓠的族团来说，汉民土著，尤其是其中的文人学士多以高傲姿态自居，他们大多不经思考、不经考证，更没有实地考察就于道听途说、相互传抄中逐渐形成对盘瓠"犬"形象的传统认识，进而在现当代畲族文化研究中成为部分学者的固化认识。不过，随着学术研究的深入，这种传统认识不断受到冲击，甚至面临被彻底摧毁的命运。这是盘瓠文化研究的必然趋势，也是当代社会重新认识盘瓠信仰集团的必经之路。要对盘瓠形象进行客观的认识，我们还是有必要对其历史发展加以梳理的，从而在传统认知的基础上做出新的阐释，以此为盘瓠的图腾信仰正名。

第一节　神兽图腾：对盘瓠原型的传统认知

畲族宗谱记载："溯我祖盘瓠公，孤身潜海至燕，不动军旅，不费兵糈能剪燕冠，非奇英奇才之祖乎？"[①] 这句话充分体现了畲族人民对始祖的敬重之情。在历史

---

① 汪华光主编：《铅山畲族志》，北京：方志出版社，1999年，第436页。

畲族星宿信俗研究——关于盘瓠形象传统认识的原型批评

的演进中,有关盘瓠的神话不绝于文人史书或野史笔记,而正是这种历史记载的传递,促成了盘瓠"犬"形象的传统认识。就目前的文献典籍来说,最早的记述可能就是《山海经》卷十二《海内北经》,其文写道:

有人曰:大行伯,把戈。其东有犬封国。犬封国曰大戎国,状如犬。①

晋郭璞(276—324)注曰:"昔盘瓠杀戎王,高辛以美女妻之,不可以训,乃浮之会稽东海中,得三百里地封之,生男为狗,女为美女,是为狗封之国也。"袁珂则于其注释中解说道:"犬封国曰大戎国:按封、戎音近,故犬封国得称大戎国。又'犬封国'者,盖以神犬立功受封而得国,即郭(璞)注所谓'狗封之国'也。《伊尹四方令》云:'正西昆仑狗国。'《淮南子·地形篇》云:'狗国在其(建木)东。'则狗国之传说实起源于西北然后始渐于东南也",而"状如犬;郭璞云:'黄帝之后卞明生白犬二头,自相牝牡,遂为此国,言狗国也。'按:郭注本《大荒北经》,卞明作弄明。白犬自相牝牡而传国,是又此一神话之异闻也。"② 又,郭璞在其神话式作品《玄中记·狗封氏》中写道:

狗封氏者:高辛氏有美女,未嫁。犬戎为乱,帝曰,有讨之者,妻以美女,封三百户。帝之狗名盘护,三月而杀犬戎,以其首来。帝以为不可训民,乃妻以女流之,会稽东南二万一千里,得海中土。方三千里,而封之,生男为狗,生女为美女。封为狗民国。

就目前研究来看,我们尚不能确定是郭璞所注《山海经》在前,还是所著《玄中记》在前,但通过上文之引述我们已然能够看出,郭璞对盘瓠的理解具有明显的矛盾性。也就是说,郭璞将犬封国和犬封氏的始祖定位为高辛时代的盘瓠,但在注释"状如犬"时,他却认为该国始祖为黄帝之后卞明所生白犬,而《山海经》原本记述则指出,犬封国即为大戎国。故此可知,郭璞在注释《山海经》时并未意识到它们之间的关系,实为主观臆断的结果。《淮南子》与《伊尹四方令》中的记载却认为犬封国位于昆仑之地(西北方),由此可见,《山海经》中的犬封国实与东南

---

① 袁珂译注:《山海经全译》,贵阳:贵州人民出版社,1991年,第253页。
② 袁珂译注:《山海经全译》,贵阳:贵州人民出版社,1991年,第255—256页。

第二章 盘瓠图腾的星宿原型：传统认知上的新思考

地区的少数民族没有任何关系，但这种记述并没有得到郭璞的正视，进而将西北转化为南方。笔者认为即使在南方地区存在有关盘瓠的神话故事，但这亦不能作为注解"犬封国"的依据，所以这很可能是郭璞的一种随意篡改。与郭璞同时代的干宝（？—336）在《搜神记》卷十四《盘瓠》中更为详细地记述了有关盘瓠的传奇生平。其文曰：

高辛氏，有老妇人居于王宫，得耳疾历时。医为挑治，出顶虫，大如茧。妇去后，置以瓠蒌，覆之以盘，俄而顶虫乃化为犬，其文五色，因名"盘瓠"，遂畜之。时戎吴强盛，数侵边境。遣将征讨，不能擒胜。乃募天下有能得戎吴将军首者，赠金千斤，封邑万户，又赐以少女。后盘瓠衔得一头，将造王阙。王诊视之，即是戎吴。为之奈何？群臣皆曰："盘瓠是畜，不可官秩，又不可妻。虽有功，无施也。"少女闻之，启王曰："大王既以我许天下矣。盘瓠衔首而来，为国除害，此天命使然，岂狗之智力哉。王者重言，伯者重信，不可以女子微躯，而负明约于天下，国之祸也。"王惧而从之。令少女从盘瓠。盘瓠将女上南山，草木茂盛，无人行迹。于是女解去衣裳，为仆竖之结，著独立之衣，随盘瓠升山入谷，止于石室之中。王悲思之，遣往视觅，天辄风雨，岭震云晦，往者莫至。盖经三年，产六男六女。盘瓠死后，自相配偶，因为夫妇。织绩木皮，染以草实，好五色衣服，裁制皆有尾形。后母归，以语王，王遣使迎诸男女，天不复雨。衣服褊褋，言语侏偶，饮食蹲踞，好山恶都。王顺其意，赐以名山广泽，号曰"蛮夷"。蛮夷者，外痴内黠，安土重旧，以其受异气于天命，故待以不常之律。田作贾贩，无关繻符传租税之赋；有邑君长，皆赐即绶；冠用獭皮，取其游食于水。今即梁、汉、巴、蜀、武陵、长沙、庐江郡夷是也。用糁杂鱼肉，叩槽而号，以祭盘瓠，其俗至今。故世称"赤髀横裙，盘瓠子孙"。①

此外，干宝在其所著《晋纪》中也有相似记述。② 郭璞与干宝究竟是谁先将盘瓠神话进行了记载，如今尚无资料能够证明，而他们之间是否存在相互借鉴的可能，同样是个疑问。但从他们的记述中，我们已然看到作为"犬"形象出现的盘瓠。郭

---

① 〔晋〕干宝撰，汪绍楹校注：《搜神记》，北京：中华书局，1979年，第168—169页。
② 《晋纪》载："吴武陵蛮叛，武陵长沙郡夷，盘瓠之后，杂处五服之内，凭土阻险，每常为猰杂鱼肉而归，以祭盘瓠，俗称赤髓横裙子孙。"〔晋〕陆翙撰：《邺中记》，〔清〕汤球辑：《晋纪辑本》，上海：商务印书馆，1937年，第2页。

璞与干宝对盘瓠神话的记述尚属文人笔记小说，并未上升到"信史"层面。不过，南朝宋范晔却将这一故事当成历史事实写入被后世称为"前四史"的《后汉书》卷八十六《南蛮西南夷列传第七十六》中。其文记载：

> 昔高辛氏有犬戎之寇，帝患其侵暴征伐不克，乃访募天下能得犬戎吴将军头者，赠黄金千镒，邑万家，又妻以小女。时帝有畜狗盘瓠。下令之后，盘瓠遂衔人头，造阙下，群臣怪而诊之，乃吴将军首也，而计盘瓠不可妻之以女又无封爵之道，议欲有报而未之所宜。女闻之，以为帝皇下令不可违之，因请行。帝不得已，乃以女配盘瓠。盘瓠得女，负而走入南山，止石室中。所处险绝，人迹不至。于是女解去衣裳，为仆竖之结，著独力之衣。帝悲思之，遣使寻求，辄遇风雨震晦，使者不得进。经三年，生子一十二人，六男六女。盘瓠死后，因自相夫妻。织绩木皮，染以草实，好五色衣服，裁制皆有尾形。其母归后，以状白帝，于是使迎致诸子。衣裳斑斓，语言侏㒧，好入山壑，不乐平旷。帝顺其意，赐以名山广泽。其后滋蔓，号曰蛮夷。外痴内黠，安土重旧。以先父有功，母帝之女，田作贾贩，无关梁符传，租税之赋。有邑者长，皆赐印绶，冠以獭皮。名渠帅曰精夫，相呼为姎徒。今长沙武陵蛮是也。①

通过这一引述我们可以看出，范晔与干宝对盘瓠神话的记载基本相同，明显具有借鉴的痕迹。而北魏地理学家郦道元（约470—527）在其《水经注》卷三十七《沅水》中亦有记载，其文有言：

> 武陵有五溪……水源石上有盘瓠迹犹存矣。盘瓠者，高辛氏之畜狗也。其毛五色，高辛氏患犬戎之暴，乃募天下有能得犬戎之将军吴将军头者，妻以少女。下令之后，盘瓠遂衔吴将军之首于阙下，帝大喜，未知所报。女闻之，以为信不可违，请行，乃以配之。盘瓠负女入南山，上石室中。所处险绝，人迹不至。帝悲思之，遣使不得进，经二年，生六男六女。盘瓠死，因自相夫妻，织绩木皮，染以草实，好五色衣，裁制皆有尾。其母白帝，赐以名山。其后滋蔓，号曰蛮夷。今武陵郡夷，即盘瓠之种落也。②

---

① 〔南朝宋〕范晔撰，〔唐〕李贤等注：《后汉书》，北京：中华书局，1965年，第2829—2830页。
② 〔北魏〕郦道元著，陈桥驿、叶光庭译注：《水经注全译》，贵阳：贵州人民出版社，1996年，第1273页。

第二章 盘瓠图腾的星宿原型：传统认知上的新思考

除以上所列，尚有唐欧阳询（约557—641）编《艺文类聚》①、唐释道世（？—683）撰《法苑珠林》②、唐徐坚（659—725）等著《初学记》③以及北宋李昉（925—996）主编的《太平御览》④等典籍都对盘瓠神话进行了记录，而其描写也与以上四则引述基本一致，甚至可以说是一字不漏地照抄《搜神记》或《后汉书》。在明清时期，这种认识进一步得到强化，在不少地方志中亦有这样的记载，如嘉靖《惠州府志》在专门记述"畲族"的条目中写道："瑶（此指畲）本盘瓠种，……椎传跣足，随山散处，……自信为狗王后，家有画像，犬首人服，岁时祝祭。其姓为盘、蓝、雷、钟，自相婚姻。"⑤从这些历史文献记述中我们不难看出，盘瓠神话具有悠久的历史传统。自汉朝建立以来，汉民族不仅得以确立族性，更在社会地位上占据绝对优势，从而在与外族的交流中，无不表现出"大汉族"的高傲姿态，所以大多数汉族文人学士在不加考证与调查的情况下，对盘瓠神话进行描述，甚至只是把前人的文字进行抄袭，以此充实自己的文著。殊不知，这种记述行为正是不断强化盘瓠"犬"形象的推手，并在历朝历代的文人士大夫，甚至贩夫走卒的感性认识中形成定式，更以不可估量的气势迫使现代学者接受并不断阐释这种记述的"可信性"。这俨然是将一则具有历史影子的神话强行转化成"信史"的行为。由此可见，将盘瓠视为"犬"是部分汉民土著所不能正确认识历史与自以为是的传统认识。

实际上，将"犬"视为畲族图腾的最早记述，应当追溯到东汉应劭（约153—196）的《风俗通义》，其文有这样的记载：

高辛之犬盘瓠，讨灭犬戎，高辛以女妻之，封盘瓠氏。

昔高辛氏有犬戎之寇，帝患其侵暴，而伐不克，及访募天下有能得犬戎之将吴将军之头者，赐黄金千镒，邑万家，又妻以少女。时帝有畜狗，其毛五彩色，名曰

---

① 《艺文类聚》[附索引]第九十四卷《兽部中·狗》引《玄中记》。〔唐〕欧阳询编，汪绍楹校：《艺文类聚》，上海：上海古籍出版社，1982年，第1637页。
② 《法苑珠林》卷六《第五畜生部·感应缘 略引其七·高辛氏时有狗怪》。〔唐〕释道世撰，周叔迦、苏晋仁校注：《法苑珠林》，北京：中华书局，2003年，第221—222页。
③ 《初学记》第二十九卷《兽部·狗第十》引《后汉书》。〔唐〕徐坚等著：《初学记》，北京：中华书局，1962年，第712页。
④ 《太平御览》第七卷之卷七百八十五《四夷部六·南蛮一·盘瓠》。〔北宋〕李昉等编，孙雍长、熊毓兰点校：《太平御览》，石家庄：河北教育出版社，1994年，第314—316页。
⑤ 〔明〕姚良弼、杨载鸣修，杨宗甫纂：《惠州府志》卷十四《外志·瑶蛋》，嘉靖三十五年（1556），刻本。

盘瓠。下令之后，盘瓠遂衔人头，造阙下，群臣怪而诊之，乃吴将军首级也。帝大喜，而计盘瓠不可妻之以女，……。女闻之，……，因请行。……。盘瓠得女，负而走入南山，止石室中，生子十二人，六男六女，盘瓠死后，自相夫妻。①

尽管今本《风俗通义》中并无此篇记述，但其却为后世诸多文人所征引确是不争的事实。正如唐李贤在为《后汉书》之《南蛮西南夷列传》作注时所说："此已上并见《风俗通（义）》也。"②既然《后汉书》的作者都能将应劭所记文本纳入"信史"范畴，而郭璞与干宝虽然较之范晔距离应劭时代为近，但亦不能保证他们的记述不是对应劭之文的借鉴。但是，应劭记述的可信性很值得怀疑。应劭，字仲远，汝南郡南顿县（今河南省周口市项城市）人，曾官拜泰山郡太守，后依袁绍，卒于邺。可以说他的一生基本都是在北方渡过的。应劭博学多闻，《风俗通义》就是他的一部博采群书，记录所见所闻的志怪类书籍。应劭的祖父、父亲都曾任武陵太守，而应劭在《风俗通义》中记述的盘瓠神话，很可能就是采录其祖父或父亲的口述。

在历史文献的记载或口述历史的记忆中，都能找到高辛氏所征战的对象为北方崇拜"犬"的犬戎国。《说文解字·犬部》认为："狄，北狄，本犬种。"郭郛在《山海经注证》中亦指出："北狗国，人身狗首，……生男为狗，女为人，自相婚嫁。"③范文澜在编著《中国通史》时更直接地指出，"犬戎族"即以犬为图腾④。此外，我们从目前依然留存的，对除中原以外的其他少数民族称谓，如东夷、西戎、南蛮和北狄，以及历史上的契丹等曾以犬科动物"狼"为图腾的事实来看，不得不让我们怀疑，应劭对"盘瓠族"的记述是否误听、误传、误记呢？对此，历史上已有不少人提出了反驳意见，唐刘知几在《史通·内篇》第八卷《书事第二十九》中说："范晔博采众书，裁成汉典，观其所取，颇有奇功，至于《方术篇》及《诸蛮夷传》，乃录王乔、左慈、廪君、盘瓠，言虽迂诞，事多诡越，可谓美玉之瑕、白圭之玷。惜哉！无是可也。"在刘知几眼里，这种记载不仅损害了正史的可信度，

---

① 王岚：《论苗族盘瓠崇拜属于图腾崇拜》，《西南民族学院学报（哲学社会科学版）》1990年第4期，第15页。
② 《后汉书》卷八十六《南蛮西南夷列传第七十六》。〔南朝宋〕范晔撰，〔唐〕李贤等注：《后汉书》，北京：中华书局，1965年，第2830页。
③ 郭郛：《山海经注证》，北京：中国社会科学出版社，2004年，第711页。
④ 范文澜编著：《中国通史》，北京：人民出版社，1978年，第4页。

甚至是不可取的。另外，宋罗泌在《路史·发挥二·论盘瓠之妄》（四库备要版）中也指出："盘瓠……非犬也"，又言"所谓盘瓠者，非欤曰非也。何以言之，予稽夏后氏之书知之也。伯益经云：卞明生白犬，是为蛮人之祖。卞明，黄帝氏之曾孙也。白犬者，乃其子之名，盖若后世之乌鵰、犬子、豹奴、虎狌云者，非狗犬也。……而应劭书遂以为高辛氏之犬名曰盘瓠，妻帝之女"。与此，罗泌独具慧眼地发现，"白犬"实为人名，且为黄帝玄孙之名。后经范文澜考证，"白犬"实为（西）北方"狄人"的始祖，而这恰与《伊尹四方令》和《淮南子》的记述相符。据此来看，"犬"形象的盘瓠并非南方蛮人的始祖。① 总之，从这些历史的疑问或史实的反驳中，我们已然看到盘瓠非"犬"的本质，而后文的论述就是围绕这一论点展开的。

第二节　水獭形象：盘瓠原型的另类解读

2009 年郭志超在其畲族文化研究的代表作《畲族文化述论》中提出："盘瓠的图腾原型非'犬'，而是在水如龙，在陆如小豹的神秘动物，据特征分析应是水獭。"② 从这一论述我们可以确定，郭志超是将盘瓠图腾的原型定位为"水獭"的，但这种说法有待进一步商榷。

郭志超等学者通过对晋干宝《搜神记》《晋纪》及南朝宋范晔《后汉书》等对东汉应劭《风俗通义》的转引，即"……冠用獭皮，取其游食于水。……用糁杂鱼肉，叩槽而号，以祭盘瓠，其俗至今"，来表明"盘瓠的图腾形态不是犬而很可能是水獭这种入水如'龙'、上路似'小豹子'的神秘动物"③，似乎证据不足。因为水獭这种动物主要生活于河流湖泊一带，尤其喜欢生活在树木繁茂的溪河两岸。《孟子》卷七《离娄上》记载："故为渊驱鱼者，獭也。"《吕氏春秋·孟春纪第一》写道："獭祭鱼。"而《说文解字》中则更直观地表明了水獭的习性和形貌——"獭，如小狗，水居食鱼。从犬，赖声。"从这些记述中我们可以看到，水獭从水而居，喜食鱼类，因而在民间常被称为"獭猫"或"鱼猫"，有时也被称为"水

---

① 范文澜编著：《中国通史》，北京：人民出版社，1978 年，第 14 页。
② 郭志超：《畲族文化述论》，北京：中国社会科学出版社，2009 年，第 16 页。
③ 郭志超：《畲族文化述论》，北京：中国社会科学出版社，2009 年，第 20—21 页。

狗""水毛子"等。虽然"把一种什么样的自然对象作为本氏族的图腾，这有很大的偶然性。不过，它在氏族图腾的有关传说中，都可以找到一些线索或蛛丝马迹。一般是由于某种特殊的境遇，氏族群体在形成和繁衍过程中同某种自然对象发生特殊的关系，而给其氏族祖先和群体留下了极深刻的印象"①。就目前的研究来看，尚无可靠证据能说明畲族先民曾有"渔"的生产方式，而多依山而居，靠山而食，刀耕火种，距水遥远，即便晋干宝《搜神记》中写道："盘瓠死后，自相配偶，因为夫妇。织绩木皮，染以草实，好五色衣服，裁制皆有尾形。……田作贾贩，无关繻符租税之赋；有邑君长，皆赐即绶；冠以獭皮，取其游食于水。……用糁杂鱼肉，叩槽而号，以祭盘瓠，其俗至今。"此亦无法证明是畲族先民祭祀盘瓠的情形，更有可能是长居武陵山区的苗、瑶等民族成员。因为现有研究表明，苗、瑶等民族先民较之畲族先民或更近水而居。因此，如果要认定这就是畲族先民对祖先盘瓠的祭祀行为，也只能说明这种祭祀只是采用了"糁杂鱼肉"的祭品而已，又怎能证实这就是对畲族先民近水而居并以獭为衣的崇拜之意？南朝宋范晔《后汉书》之《南蛮西南夷列传》虽延续了这种说法，但我们似乎也能感受到，这本身就是对南蛮氏族的一种笼统性概述，并没有指明其中的描述对象是否为畲族先民，所以笔者看不出水獭与畲族先民有怎样的直接联系。

尽管水獭在我国分布广泛，但依然是以水网密布处为多，而且如若从"作为图腾祖先的动植物，集团中的成员都加以崇敬，不敢损害毁伤或生杀，犯者接受一定的处罚"来理解，那么畲族先民"冠獭皮"不正是对崇拜对象的"猎杀"吗？虽然有人会说，这可能是出于畲族先民对图腾崇拜的一种模仿行为，但这种模仿一定要以牺牲所崇拜之物为代价吗？在美国—加拿大西太平洋沿岸的印第安土著等民族中，也曾以模仿的形式表达对某些动植物或图腾徽记的敬奉之心，但这种行为并没有以崇拜的真实对象的肉身作为模仿材料。所以，水獭作为畲族图腾的原型有待进一步考证。另外，郭志超还以赣东北铅山县发现的《重建盘瓠祠铁书（勒赐开山公据）》为依据，阐释了盘瓠图腾的原型，其文记述："大唐皇帝治国为霸。燕王结集英勇，吴将军流党作乱，侵害国界。旨勒招烈士，收伏者分国共治，及赐第三宫女为妻。众臣不敢奉令，惟有盘瓠，游来殿前……七日不食。帝问何意不食？群臣奏明，奉敕出朝。盘瓠口称：'我去必然收伏番王。'群臣口呼'万岁'。有云：'汝能助

---

① 刘文英：《从原始思维看图腾之谜》，《哲学研究》1995 年第 11 期，第 72 页。

国安邦,便将朕第三宫女赐为妻。'盘瓠游至殿前……即辞而去。飞过海洋,七日七夜,随波逐浪,直至燕王殿前,会集百僚欢乐饮宴,迄王沉醉,被盘瓠口咬断燕王头,复奔回本国,呈上皇帝,龙颜大悦。"①在郭志超看来,这一引文所呈现的盘瓠动态是"'游(至殿前)',这并不是两处连续的笔误,而是准确地描述盘瓠原生形态这种神秘动物的行为特征。而'飞(过海洋)',则是形容迅速的神话语言"②。在此,既然认定"飞"为神话语言,那么"游"字又为何不能是一种"神话用词"?就像我们常说的龙,它"上天可飞,下海可游"一样,均是神话讲述。更何况在论证盘瓠的"水獭"原型时,郭氏仅以此孤例为证,显然不足以说明盘瓠的原型就是"水獭"。

  有学者指出:"民间文学是活的语言艺术,它保存在人们的记忆里,流传在人们的口耳间,永远没有定稿。纵然有时被整理成文、出版、发表,也非最终定稿,不过处于暂时的稳定状态,一旦回到民间,又继续处于不断变化状态。"③而上文有关盘瓠之"游形"状态的记述,也许正是由口述记忆的变异带来的。所以,尽管这一记述已形成固定文本,但也不足以说明这就是盘瓠形象的原始形态。另外,这种认识无疑给畲族来源的"徐夷说"或"河南夷说"带来巨大挑战,而这两种"族源说"也有一定的理论依据,故而一旦承认水獭是盘瓠图腾的原型,那么就在很大程度上否定了"两夷"说,而肯定了"武陵蛮"说或"闽越后裔"说,同时也对以谢重光为代表的"福佬客家转变说"形成一定冲击。

  除此之外,我们还需补充说明两点,即认为盘瓠原型是葫芦或熊虎。如何光岳在《论盘瓠氏的起源、分布与迁徙——兼议盘瓠与葫芦的关系》一文中即已表明盘瓠原型的葫芦特性,就此笔者已在"绪论"中做过引述。与此相似,肖孝正《再论畲族图腾及其高辛夷史源——兼与"盘瓠即犬""畲族狗图腾"说商榷》同样表达了这一观点。在他看来,所谓"盘瓠即犬""畲族狗图腾"是历史阶段的误会。畲族图腾实际是母系氏族社会早期葫芦图腾崇拜的遗留。他认为:"因盘瓠长期错位为狗",有人故意在畲族人面前说"狗"或"盘瓠",才引起畲族民众的反感,甚

---

① 施联朱、张崇根、娜西卡调查整理:《江西铅山县太源、贵溪县樟坪畲族情况调查》,载《中国少数民族社会历史调查资料丛刊》福建省编辑组编:《畲族社会历史调查》,北京:民族出版社,2009年,第252页。
② 郭志超:《畲族文化述论》,北京:中国社会科学出版社,2009年,第25页。
③ 刘守华、陈建宪主编:《民间文学教程》,武汉:华中师范大学出版社,2002年,第34页。

至出现对骂为"狗"的现象。另外，肖孝正还从东夷凤图腾和汉族龙图腾对现存畲族图腾加以分析，并认为这是远古多氏族交流融合的必然结果。也就是说，畲族图腾早在远古时期就已从原初形态的葫芦向凤凰与龙的方向转变，但在畲民的口述中却保留着葫芦崇拜的印记。所以，他的结论是："畲族，在高辛夷中形成的一支共同族体，其图腾是直接继承当时高辛夷人存在的凤凰（鸟、太阳）、葫芦（原始葫芦崇拜传承下来的）和龙（不是原始图腾，是多种图腾混合的特殊象征）的崇拜。高辛'盘瓠即狗''畲族狗图腾'谬误矣！"①

陈元煦在《畲族研究回顾》一文中提出了盘瓠信仰之原型的"虎熊说"。对于这一说法，他于1995年在宁德举行的"畲族民俗讨论会"上就述及过。他从文字学、训诂学的角度以古文献记载为依据，以"犬"的另类含义——"虎子"或"熊子"来解释盘瓠原型，并引述《尔雅》有关"熊虎丑，其子狗"的记载，兼及晋郭璞之"注"——"虎购钱三千，狗半之"加以佐证，而《左传》中也说"熊虎之类，其子名狗"。由此认为"'狗'本为'熊虎之子'，不是我们今天所认为的家犬之类"。另外，他还从畲族"做西王母"习俗入手，并用传说加以辅证。他说："现在已知道的畲族有做'西王母'的习俗，传说西王母最初是一个原始部落名，这个部族领袖也叫西王母，虎是这个部族的图腾物，畲族做'西王母'，是不是也崇拜虎呢？"这些证据似乎很充分，但正如他本人所说："这只是作者思考的问题提出来罢了，有待进一步研究。"②

以上提法虽比郭志超的盘瓠原型"水獭说"要早，但它们却未能得到学术界的广泛认可，这不仅是由于其论据材料的匮乏，同时也未能以连续的文章或长篇论证加以持续关注。因此，这些说法只能作为后学佐证自我论述的材料而已。

第三节　星宿图像化的氏族标志：盘瓠原型的新思考

在对畲族图腾的研究中，学者们无不将注意力盯在"盘瓠"或"凤凰"上，

---

① 肖孝正：《再论畲族图腾及其高辛夷史源——兼与"盘瓠即犬""畲族狗图腾"说商榷》，《福建学刊》1995年第4期，第76页。
② 陈元煦：《畲族研究回顾》，载福建省炎黄文化研究会主编《畲族文化研究》，北京：民族出版社，2007年，第758页。

而以"盘瓠"最为集中,不少学者对此都提出了卓有见地的理论依据和结论,有些学者"或以《博物志》卷七所载的《徐偃王志》与粤东畲族祖图中的'卵化生'和'犬变龙'的细节相印证,从而得出'畲人和徐夷同源于东夷民族'的结论;或从盘瓠神话与鸟图腾之间的关系,推断出'盘瓠图腾是鸟与犬合二为一的图腾,而不是单一的犬图腾';或在此基础上从畲族妇女服饰习俗等角度,提出'畲族的凤凰崇拜';或明确提出'畲族的图腾是凤凰',否定狗图腾"。① 甚至有人认为"盘瓠的图腾原型非'犬',而是在水如龙、在陆如小豹的神秘动物,据特征分析应是水獭"②。虽然这些分析都有一定的道理,但在笔者看来,它们并没有抓住盘瓠图腾最原初的形态,只是特别注意到盘瓠图腾的发展形态,而对盘瓠图腾与凤凰图腾的论述,学者们也只是过于注重两者的关系,并未注意两者在畲族社会中相对独立的特点。

一、盘瓠原型的民族记述

相较于历史记载的文人之词,畲族民众的口述记忆、宗谱记录和祖图刻画虽然显得有些零散,但却更加凸显了畲族始祖崇拜的历史沿袭和虔诚心理,同时也给予我们理出一条盘瓠形象演变脉络的可能。

(一)民间口述的历史记忆

"民间文学是劳动人民的口头创作,它在广大人民群众当中流传,主要反映人民大众的生活和思想感情,表现他们的审美观念和艺术情趣,具有自己的艺术特色。"③ 尽管这一概念已历经40余年,但如今的学术讨论依然沿用这一传统认知,如刘守华、陈建宪主编《民间文学教程》一书就认为:"民间文学是一个民族集体创作、口耳相传的语言艺术。它既是该民族人民的生活、思想与感情的自发表露;又是他们关于历史、科学、宗教及其人生知识的总结;也是他们的审美观念和艺术情趣的表现形式。"④ 这种具有延续性的传统认知指出,民间文学作为"小传统"的民间文化"更具稳定性",它"是经过漫长的历史积淀下来的,和民众的心理、思

---

① 邱国珍、姚周辉、赖施虬:《畲族民间文化》,北京:商务印书馆,2006年,第216页。
② 郭志超:《畲族文化述论》,北京:中国社会科学出版社,2009年,第16页。
③ 钟敬文主编:《民间文学概论》,上海:上海文艺出版社,1980年,第1页。
④ 刘守华、陈建宪主编:《民间文学教程》,武汉:华中师范大学出版社,2002年,第5页。

畲族星宿信俗研究——关于盘瓠形象传统认识的原型批评

维及性格特征有密切的关系","下层的民众文化由民间的风土人情、风俗习惯、思维方式和道德观念等等组成,不是可以随意改变的,也不是哪个人能够改变的,它具有相对的独立性和自在性"①。由此可见,民间文学是传承民族历史文化的重要载体。在20世纪50年代初期,郭沫若就曾指出:"民间文艺给历史学家提供了最正确的社会史料。过去的读书人只读一部二十四史,只读一些官家或准官家的史料,但我们知道民间文艺才是研究历史的最真实、最可贵的第一手的材料。因此要站在研究社会发展史、研究历史的立场来加以好好利用。"②民间文学不仅是民族史的一种记录载体,也是人们对大千万物的一种说明方式。就图腾信仰的对象而言,民间文学中的多种体裁,如神话、传说及歌谣等对之都有所阐释。

2003年7—9月,石奕龙等在福建罗源县八井村调查时,就从村民雷德明、雷可华口中搜集到一则名为《龙麒传说》的故事:

> 古时候有个高辛皇帝,他的正宫娘娘刘德成皇后是娄金星下凡。高辛帝在位四十五年的五月初五日,刘皇后夜里梦见娄金星降凡,因此人惊醒,并觉得耳痛,于是宣太医院的医官治疗,但一直医不好,三年后从耳中取出一物如蚕虫,模样稀奇,就将它放在盘里养着。一日,虫变成了一条满身花斑的龙,高辛帝认为不祥,想把它驱逐出去,但在大臣的劝阻下,还是把它留在宫中饲养,并取名龙麒,号曰盘瓠。……③

这一口述显示,在福建省罗源县八井村村民的心目中,高辛氏的正宫娘娘是一位姓刘名德成的女性,且为娄金星下凡。与此相同,作为民族始祖形象出现的盘瓠,不仅拥有华丽伟岸的外部特征,同样也是娄金星转世。笔者在田野调查中也曾于畲民口中搜集到类似的故事,如居住在丽水市莲都区城西民族村的蓝阿公如是讲道:

---

① "大传统"与"小传统"是美国人类学家罗伯特·雷德菲尔德(Robert Redfield)提出的一种理论模式,所谓"大传统"的文化,指的是一般所说的占统治地位的文化,即精英文化或高层文化,尤其是都市文明的文化模式;"小传统"的文化则主要指民间或基层文化,是底层民众所代表的生活文化,尤其是指复杂社会中具有地方社会或地域性特色的文化模式。参见万建中《民间文学引论》,北京:北京大学出版社,2006年,第3页。
② 郭沫若:《我们研究民间文艺的目的——在中国民间文艺研究会成立大会上的讲话》,苑利主编:《二十世纪中国民俗学经典·民俗理论卷》,北京:社会科学文献出版社,2002年,第43页。
③ 石奕龙、张实主编:《畲族:福建罗源县八井村调查》,昆明:云南大学出版社,2005年,第344页。

第二章 盘瓠图腾的星宿原型：传统认知上的新思考

据说当时是高辛坐朝。俺们的祖先是天上的娄金星下凡，下凡后就落到了高辛帝刘皇后的耳朵里。刘皇后的耳朵又痛又痒，吃不下饭，喝不下水，也睡不着觉，就这样一过就是三年。你不知道，那是因为神仙在刘皇后的耳朵里慢慢长大哩。有一天，刘皇后实在受不了了，就让高辛帝找医生来治，高辛帝知道宫里的太医都不管用，就让大臣从宫外找来了一个医生，你说他厉害不厉害，他就用一根长长的挖耳勺在刘皇后的右耳朵里边挖三下挑一下，过了没一会儿就挑出来一个蚕茧样的东西，金光闪闪的，刘皇后就命人把它放到一个金盘子里，用个葫芦瓢扣上。连续三天也没人去看看这个茧子到底是什么。高辛帝的三公主知道母亲的耳病被个民间郎中治好了，就把那个郎中找来封赏，谁知那个郎中早就不见了，听说他也是天上的神仙。三公主第三天来到母亲住的地方，就看到了那个用葫芦瓢扣住的金盘，于是就把它打开了。这一打开不得了，金盘里一下子光芒四射，那个茧子里蹦出来一只麒麟模样的动物，这事惊动了朝廷上下，大家都认为是麒麟现世，是好兆头。高辛帝来到皇后宫中，看到了这只麒麟也十分欣喜，就赐名龙麒，号盘瓠，而龙麒连忙叩谢君恩。……①

2012年5月24日，笔者只身一人来到位于福建省宁德市金涵畲族乡的上金贝村，该村时年86岁的钟嘉楠老人向笔者讲述了一则他从老辈人那里听来的盘瓠故事：

话说高辛帝坐朝的时候，西番王觉得自己有能力来打高辛帝，于是就派大军前来。高辛帝的将士看到来势汹汹的西番王，都十分害怕，就让人上报朝廷。高辛帝听了以后大吃一惊，不知道该怎么好。他有个手下就给高辛帝出主意说：谁要是能打退西番王就将三公主许配给他。说来也巧，高辛帝的皇后刘君秀娘娘这时正在皇宫里喝酒。由于夜深，她正要前往大殿去请高辛帝休息，她猛地一抬头就看见一道星光从自己眼前闪过。没过多久，皇后的左耳朵就疼了起来，于是就请太医前来治病。太医从皇后娘娘的耳朵里挖出一个蚕茧样的东西，还闪闪发光，于是就把它放到了盘子里，用瓠盖上，没一会儿就听到瓠底下有响动，打开一看原来是一条像龙不是龙，像麒麟又不是麒麟的神兽。它跑到高辛帝面前就说：我是玉皇大帝身边的

---

① 讲述者：蓝阿公（1921— ），男，畲族，文盲，务农；翻译者：蓝明玉（1939— ），男，畲族，小学，务农；采录时间：2012年3月6日，星期二；采录地点：丽水市莲都区城西民族村周畈村蓝明玉老人家中；调查者：孟令法（1988— ），男，汉族，时为温州大学民俗学硕士研究生。

娄金星，特地前来帮助高辛帝平乱。说着来到城门处就把皇榜揭了去。高辛看它器宇不凡，就赐名龙麒，号盘瓠。……①

以上三则神话在叙事的情节布局上虽有些许差异，但总体上都将盘瓠的出生过程定位在"星宿下凡"，并且都指明了盘瓠形象的"娄宿"原型。除此之外，笔者在资料的查阅中还发现了盘瓠乃亢金龙（二十八星宿之东方青龙系亢宿）下凡的说法（详见第五章第一节"二、盘瓠神话的多民族口述"）。

畲族素有"以歌代言"的传统。在千百年的迁徙生活中，畲族民众以其智慧创作出具有历史性的民歌作品，并于代际传递中为集体所认同。作为畲族历史文化全程记录的史诗，《高皇歌》虽有多种版本，但对盘瓠出生与形象的描述却如出一辙，如流传于浙江地区的《高皇歌》唱道：

贤皇高辛在朝中，刘氏君秀坐正宫。正宫娘娘得一病，三年头昏耳又痛。高辛坐天七十年，其管天下是太平。皇后耳痛三年久，便教朝臣呺先生。先生医病是明功，取出金虫何三寸。皇后耳痛便医好，金虫取出耳勿会痛。取出金虫三寸长，便使金盘银斗装。一日三时仰其大，变作龙孟丈二长。变作龙孟丈二长，一双龙眼好个相。身上花斑百廿点，五色花斑朗毫光。丈二龙孟真稀奇，五色花斑花微微。像龙像豹麒麟样，皇帝取名呺龙麒。龙麒生好朗毫光，行云过海本领强。人人目太见心欢喜，身长力大好个相。②

从这一口述中我们可以看到，盘瓠出生于高辛帝正宫刘皇后的耳中，被高辛帝赐名为"龙麒"，实可谓具有奇特的身世。盘瓠成长迅速、相貌奇伟，并身兼异能，这也为后续的擒番王、结亲三公主、金钟变身等传奇情节打下了坚实基础。

在流传于闽东的《高皇歌》中唱道："玉皇上帝圣旨来，龙王接旨落凡尘。变作金龙凡间落，钻入皇后耳朵内。"③这一歌词点明了盘瓠是以龙王的身份听命于玉皇大帝而降凡人间的，并已带有星宿下凡的意味。尽管在大多数神话传说歌中，都

---

① 被调查者：钟嘉楠（1926— ），男，畲族，文盲，务农；采录时间：2012年5月24日，星期四；采录地点：宁德市金涵畲族乡上金浿村钟嘉楠老人家中；调查者：孟令法（1988— ），男，汉族，时为温州大学民俗学硕士研究生。
② 浙江省民族事务委员会：《畲族高皇歌》，北京：中国广播电视出版社，1992年，第3—4页。
③ 钟雷兴主编：《闽东畲族文化全书·歌言卷》，北京：民族出版社，2009年，第3页。

第二章 盘瓠图腾的星宿原型：传统认知上的新思考

未言明玉皇大帝降下圣旨让龙王下凡的原因，但我们似乎可以从高辛帝所遭遇的番王作乱入手进行探察。对此，我们于钟嘉楠老人的讲述中已见端倪，虽然在他口述中的盘瓠并非"龙王转世"，但闽东畲歌《高辛氏》中对"龙王转世"一说给予了如下阐释：

玉皇那（哪）管十二生，管落五百二七年，轮透高辛坐朝位，燕王造反闹转天。燕王造反好惊人，要来中国夺朝廷，亦有云头伶双打，亦有水内伶藏兵。天上玉皇听知风，又拨一头方金龙，放分娘娘耳朵内，高辛娘娘耳朵痛。娘娘耳朵痛三年，把出金虫放金盘，把出放分金盘内，一夜身长百二斑。一夜身长百二斑，三夜过了就伶行，高辛看见多欢喜，金銮殿上山居环。①

由此可见，不论是娄宿下凡还是龙王转世，他们的目的都是"助高辛平乱"。除此之外，我们在其他畲族民歌中同样发现了有关盘瓠为星宿下凡的实证。如叙事长歌《草龙盘王歌》中唱道：

传下就是高辛皇，武后正宫刘娘娘，朝内太平多快乐，星宿降落扶朝纲。降分娘娘耳朵边，娘娘耳痛二三年，耳内把出一条虫，全身生甲似龙边。把出金虫朗毫光，又讨金盘拿来养，白米酱来分居食，后来又变草龙王。二十八宿降凡间，嘴中牙利自然生，日夜都在皇宫内，娘娘亦随居身边。回言又讲下西番，燕王造反夺江山，手下雄兵几十万，又生翅膀飞上天。②

在《龙皇歌》中亦有：

皇帝名字是高辛，出巡看我百姓人，出来游行看天下，回转京内管朝廷。玉皇上帝对旨来，龙皇接旨下凡来，变作金龙凡间落，钻入皇后耳朵内。皇后耳朵痛又痒，先生来看无用场，耳朵痛痒三年久，取出金龙三寸长。取出金龙三寸长，就用金盘银斗养，一日三时真会大，变作金龙丈二长。变作金龙丈二长，五色龙鳞闪艳光，五色龙身真生好，皇帝圣旨召金龙。③

---
① 钟雷兴主编：《闽东畲族文化全书·歌言卷》，北京：民族出版社，2009年，第20页。
② 钟雷兴主编：《闽东畲族文化全书·歌言卷》，北京：民族出版社，2009年，第10页。
③ 钟雷兴主编：《闽东畲族文化全书·歌言卷》，北京：民族出版社，2009年，第16页。

畲族星宿信俗研究——关于盘瓠形象传统认识的原型批评

我们知道，在畲族社会一直流传着一副"功建前朝帝誉高辛亲勒赐，名传后裔皇公子孙免差徭"①的对联。从其内容上看，此联语充分体现了畲族民众对始祖（盘瓠）功绩的歌颂，同时也是一种始祖崇拜的展现方式。更重要的是，在畲族社会中还流传着一则名为《功建前朝》的历史传说歌，它不仅展示了畲族始祖（盘瓠）不平凡的一生，而且表现了畲族民众不忘民族历史的民族认同意识，该歌唱道：

一虫人性变龙王，功夫本师去番邦，力强斩丢番头转，功劳封官忠勇王。三寸金虫实无蛮，实是天上降凡生，走落朝内出世事，投分娘娘耳朵边。②

畲族自称"山哈"，意为山里的客人，这是千百年迁徙催生的一种称谓。畲族从何时开始迁徙，又是何种（或哪些）原因导致迁徙，一直都是学界不断追寻的问题之一，而这一问题的解答对研究畲民群体的形成则是至关重要的一环。在笔者看来，从畲族民众的认知角度出发，是解决这一问题的主要途径之一。畲族民歌《山哈迁基》认为：他们的迁徙与汉族的欺压有着密切的关联，从而促使他们对宗谱、敕书（又称开山公据或盘瓠券牒）的珍视，因为这对畲族人民的认祖归宗、民族凝聚有着不可替代的重要作用。在该歌中就有如下诗行：

各州各县有石碑，流传后世子孙知，联谱敕书分你管，千万不通失落去。千万不通失落去，名垂后裔做（作）古记，山哈势头第一大，莫分阜佬欺负去。莫分阜佬欺负去，有话莫讲阜佬知，阜佬那会甲的熟，老虎亦俭做马骑。③

而在同一民歌中，作为星宿原型的始祖形象同样得到表现，其歌中唱道：

一条唱起二条回，先情根基讲出来，二十八宿先变虫，以后变人结头对。以后变人结对头，二十八宿降凡来，天气变化真厉害，安平番国保万岁。④

通过这些引述我们可以看到，对畲族民众来说，以星宿形象作为盘瓠的原型已

---

① 雷先根主编：《景宁畲族自治县志》，景宁畲族自治县民族事务委员会编印，内部资料，1991年，第41页。
② 钟雷兴主编：《闽东畲族文化全书·歌言卷》，北京：民族出版社，2009年，第23页。
③ 钟雷兴主编：《闽东畲族文化全书·歌言卷》，北京：民族出版社，2009年，第26页。
④ 钟雷兴主编：《闽东畲族文化全书·歌言卷》，北京：民族出版社，2009年，第26页。

经成为一种传统的认知。尽管我们很难通过这些带有解说性的民歌看到盘瓠原型所对应的星宿形象究竟指的是什么，但这种认识却于畲族民众的口头长久地流传，并在代际间的传递中形成一种具有历史性的共识，从而在畲民日常的民族史教育中扮演了重要的角色。在笔者看来，畲族民众没能以具体的星宿形象代指盘瓠原型，理应是一种更为朴素而精确的星宿崇拜观念。人们肉眼所能看到的星宿不计其数，关于远古时代的先民是否已将它们逐个命名，我们很难定论，而图腾大致形成于母系氏族时代的一般认识告诉我们，只有与氏族部落发生紧密关系的自然物或自然现象，才有可能作为一种图腾受到氏族成员的祭祀。因此，究竟是哪一颗或哪几颗，哪一类或哪几类星宿与畲族先民发生过密切关联已很难确证。更重要的是，随着时间的流转，人们的记忆也在选择性的遗忘中重新组合，从而促使人们在对后世星宿观念（如二十八星宿）的接受中形成模糊的历史阐释模式。

（二）家族谱牒的文字记载

民间文学是民族历史得以记录的一种思维表达方式，它于民众的口头传承中必然会发生各种变异现象，以至同一题材的不同作品在内容上会发生截然相反的表述形式或评价体系，由此带来历史复原的困难。由于畲族是一个只有语言而无文字的民族，故而借鉴民间文学以复原民族史则是一条必经之路，但明清以来，畲族逐渐在闽粤浙赣皖湘黔等省的百余个市县形成定居之势，而在与汉民族共荣相处的千百年间，宗族文化（尤其是谱牒和祠堂）成为畲族社会普遍借鉴的文化表现形式。因此，修谱造祠也就成为畲族社会一项十分重要的群体活动。以汉文书写或刻印的谱牒则成为畲族历史文化得以固化记载的主要方式，而这恰为学术研究提供了不可或缺的文献参考。

"谱牒又称宗谱、族谱或家谱。谱牒、方志、正史是一国历史的三大支柱。修谱之风始于北宋，欧阳修《欧阳氏谱图》、苏洵《苏氏族谱》、曾肇《曾氏谱图》和朱熹《茶院朱氏族谱》是较早出现的谱牒，其中以欧阳修和苏洵所创立的编修体例最为典型，史称'欧苏谱例'。纂修谱牒原为汉族习俗，而这一习俗的扩布则在明清时期，不论达官显贵还是贩夫走卒都会以血缘观念为基础编修族谱，以记述家族历史和家教伦理。而这一时期，谱牒体例已然脱出'欧苏'的束缚，变得更加多元，使得修谱规模日盛一日，时空渐大，使得原本的小家谱成为大宗谱。于是，谱牒便成为溯本清源、认祖归宗、联络血亲的主要手段。"① 就目前发现的畲族谱牒而言，盘瓠神话则是其中最为重要的组成部分之一。在畲族民众看来，有关盘瓠生平的记载并非历史的变异形式——神话传说，而是民族得以发扬光大的基础——民族核心凝聚力的直接体现及民族真实历史的另一种反映。当我们翻开这些尘封于民间的谱牒时就会发现，不同地区的畲族民众对盘瓠原型的记述显现出基本一致的内容，即认为盘瓠乃二十八宿中的娄宿降世。

如福安穆云畲族乡溪塔村《蓝氏宗谱·敕封祖图公据》中记载：

高辛即位之元年为甲辰，四十有一载五月初五，正宫皇后刘君秀夜梦娄宿降凡除妖，娘娘惊醒，陡然耳痛，宣令太医院调治，取出一物如茧，形样稀奇美秀，以盘贮养数日，变为龙麟。②

又如宁德蕉城区八都镇新楼村《蓝氏宗谱·敕书》写道：

自昔盘古分天地，伏羲画八卦、造书契，神农艺五谷、尝百草，黄帝设井分州、调音律、备器用，爰及高辛氏正宫皇后夜梦娄金星降凡。上界星光临凡都有异瑞，于是皇后惊醒，忽然耳痛，中似有物，宣令太医诊治，取出其物，果然形样希（稀）奇，养以玉盘，变为龙麟。③

对大多数畲族谱牒而言，记述盘瓠为娄宿下凡是十分普遍的现象，但这并不是说具有类似记述的文字材料都认为盘瓠是娄宿下凡，甚至在同一地域内的不同宗支中产生了"娄"与"亢"的分歧。

如福鼎佳阳双华村《蓝氏宗谱·广东盘瓠氏铭志》有言：

帝嚳高辛黄帝刘皇后夜在凤阁中饮宴，移席望月对饮，忽觉瑶光贯娄，其宿即光芒灿，身耳感疾痛，宣医挑取，物大如茧，以瓠盛之，以盘覆之，须臾象如龙身，长一丈二尺一百二十四点花文（纹），牙齿似剑龙鳞火珠，因盘贮覆，遂名曰

---

① 吕立汉、蓝岚、孟令法：《浙江畲族民间文献资料价值初探》，《浙江社会科学》2014年第4期，第110—111页。
② 福安市穆云畲族乡溪塔村《蓝氏宗谱》，清光绪十九年（1893）修，复印件藏福建省民族研究所。
③ 宁德蕉城区八都镇新楼村《蓝氏宗谱》，民国八年（1919）重修，复印件藏福建省民族研究所。

第二章 盘瓠图腾的星宿原型：传统认知上的新思考

盘瓠。①

福安市康厝畲族乡牛石坂村《雷氏宗谱·广东盘瓠王铭志》则为：

帝喾高辛黄帝刘皇后夜在凤阁中饮宴，移席望月对饮，忽觉瑶光贯亢，其宿即光芒灿，身耳感疾痛，宣医挑取，物大如茧，以瓠盛之，以盘覆之，须臾象如龙身，长一丈二尺一百二十四点花文（纹），牙齿似剑龙鳞火珠，因盘贮覆，送（遂）名曰盘瓠。②

与此相似，景宁鹤溪街道敕木山村《蓝氏房谱》如是说：

高辛氏者前天文曲帝星君也；刘君秀者后天禄存星君也；盘瓠王者刘隆娄金龙宿也；乌戎者土雉也。③

景宁东坑镇吴山头村《雷氏宗谱》则认为：

高辛氏者前天文曲星君也；刘君秀者后天禄存星君也；盘瓠王者刘隆娄金狗宿也；乌戎者土雉也。④

由此可见，上述四部宗谱虽然出自两组地域十分相近的畲族村落，但不论是"瑶光贯娄"与"瑶光贯亢"，还是"刘隆娄金龙宿"与"刘隆娄金狗宿"，两组概念之间的一字之差，却让我们感受到四地畲族民众对待始祖形象时存在的不同态度，而这种不同认知的出现，定与畲汉文化间的冲突有着密切的关联（详见第五章）。

在对盘瓠形象的认知中，星宿原型的民族记忆得到部分畲族文人的认可。笔者于上文曾引述福鼎佳阳双华村《蓝氏宗谱·广东盘瓠氏铭志》对"盘瓠"形象的描述，而其落款表明，此文乃礼部左侍郎浙江督学部院雷鈜（1696—1760，字贯一，号翠庭，福建宁化人）于清乾隆五十二年丁未桂月（1787年农历八月）所写。在同一宗谱中，还收录了乾隆丙午（1786）科乡进士候选县正堂钟李期（生卒年不详，

---
① 福鼎佳阳双华村《蓝氏宗谱》，清光绪三十一年（1905）重修，复印件藏福建省民族研究所。
② 福安市康厝畲族乡牛石坂村《雷氏宗谱》，共和癸亥年（1983）修，复印件藏福建省民族研究所。
③ 景宁敕木山村《蓝氏房谱》，清光绪三十四年（1908）修，复印件藏丽水学院畲族文化研究所。
④ 景宁东坑镇吴山头村《雷氏宗谱》，宣统己酉年（1909）修，复印件藏丽水学院畲族文化研究所。

89

广东博罗新铺镇蕉岭村人）于道光十二年孟秋月（1832年农历七月）所写的《广东重建祠序》。其文写道：

> 我姓之源，原天星下降于高辛帝后，变生于耳，后因燕王日侵疆土，难以收伏，我祖潜至番邦，斩断吴将军首级，收伏疆土，帝遂以女招为驸马，而生三子一女。

除此之外，在这一宗谱中，还有一则署名嘉庆戊午年（1798）恩进士候选儒学左堂蓝玉钟的《广东重建祠序》。其文亦言：

> 我姓之源，天星下降，出自高辛帝后，变生于耳，后因番国燕王作乱，侵害国家，我祖先收复疆土，帝以宫女招为驸马，遂生我祖光辉兄弟焉。

以上两则《广东重建祠序》明显具有相似之处，并且显现出互相模仿的印记。虽然两位作者没有像雷鋐那样进一步指明"天星"即为"娄宿"，但"天星下降"与"娄宿降世"却都指出在畲族社会中曾经存在星宿崇拜的事实。

民间文学作为一种特殊的文献资料是具有一定历史价值的，但对其形成年代的考证却是一件很难完成的工作，但就家族谱牒而言，其修缮大多有年代记述，因此也就得到更多学者的重视。也许正是因为现存畲族谱牒大多形成于明代以后，从而让学者们对关于盘瓠神话的记载产生怀疑，或认为这是在原有民族记忆的基础上采借汉族神话的一种改编；或认为这是畲族民众为了避免外族歧视而做出妥协的附会之作；或认为这根本就是一种杜撰，属于无稽之谈。总之，这种记载是不可信的"假史"。然而，谱牒的修撰并非一人所为，它所经历的过程相当复杂①。因此，谱牒中的内容至少应该得到参与修谱者（尤其是族内德高望重的长者，或也有一些普通村民）的认可（据笔者调查，畲族民众在祭谱时还有宣读谱牒内容的习俗②），否则这

---

① 据《闽东畲族文化全书·祠堂谱牒卷》记载，畲族修谱大致要经历"设谱局""订章程""筹措资金""征集资料""取谱式""定谱例""取谱名""分行第""祭谱封谱""保管"等十个步骤。参见钟雷兴主编《闽东畲族文化全书·祠堂谱牒卷》，北京：民族出版社，2009年，第1—24页。

② 被调查者：雷玉明（1939—　），男，务农；调查时间：2012年3月6日；调查地点：丽水市莲都区城西民族村周畈村；调查者：孟令法（1988—　），男，汉族，时为温州大学民俗学硕士研究生。

样的谱牒将无法成为一个家族（宗族）共同的精神支柱并得到延续。

传统社会（特指封建时代）中的畲族民众无法得到与汉族同等的教育机会，尤其是对居住在偏远山区的畲族民众来说，读书认字对他们来说确实是一件十分奢侈的事。所以，对民族史的记录几乎全凭口述记忆的代际传承。畲族民众有自己的修谱师，他们遵循二三十年修谱一次的基本规程，并以"欧苏谱例"为基本范式加以修订，但谱牒的内容却有着鲜明的民族特色，尤其是对始祖神话的记述则体现了畲族民众追本溯源的民族意识。通过上文的引述我们可以看到，闽浙地区的畲族谱牒具有明显的传抄性，但从内容的细节可知，它并非一字不差地抄袭，而是一种带有记忆性的摹写。在笔者看来，这种记录文本的出现与汉族文人于史籍中的记载应属两种不同的"创作模式"。对于谱牒这种民间文献来说，它的修订尤其是有关民族（宗族、家族）史的叙写，是经过多数族人深思熟虑后的智慧结晶，而这种记述的大部分来源则是对民众口述的整理。由此笔者认为，有关盘瓠神话的记载并非空穴来风，更非畲族民众的刻意杜撰，而是传承千百年的族群记忆。

（三）祖图长联的图像刻画

"畲族祖图是以畲民族自身特有的文化传统和宗教信仰为基础，具有特殊的功能和象征意义的艺术形式。"①具体来说，"畲族祖图是畲族百姓举行'学师'祭祖和'做功德'等宗教仪式时必备的彩绘图像系列，包括畲族祖图长卷（笔者注：即长联）、三清图、左右营兵马图、金鸡玉兔图、阴阳洞形象图、猎神图、祈求雨泽与镇煞度关图、五代容（畲族各支族'大小百千万'祖公、祖婆神像）等图像，在举行宗教仪式时悬挂于特定的位置，各有各的功用。祖图长卷一般张挂于大门外两侧的墙壁上，其他图像则张挂于正堂或'师爷间'。畲族祖图系列最珍贵的莫过于祖图长卷。畲族祖图长卷，俗称长联，以图像形式演绎该民族口耳相传的图腾故事，是具象化了的《高皇歌》。"②截至2013年3月，笔者通过各种途径发现的畲族祖图长联约44幅（其中浙江省13幅、福建省25幅、广东省2幅、中央民族大学1幅、中南民族大学2幅、国家文物局1幅）③。绘制于明崇祯七年（1634）的《盘瓠

---

① 蓝岚：《畲族祖图长联的地域风格及审美理想探析》，《丽水学院学报》2012年第6期，第22页。
② 蓝岚：《畲族祖图长卷艺术价值初探》，《文化艺术研究》2011年第1期，第218页。
③ 据《中国少数民族古籍总目提要·畲族卷（稿）》统计所得。未刊，吕立汉教授提供，2012年12月。"幅"，指一幅画，包含上下卷（多轴型）卡联，下同。

王开山祖图》则是目前发现的有明确纪年的图像中年代最早的一幅。这些祖图描绘了大同小异的盘瓠神话，但每一幅祖图长联的表现技法、人物形象、色彩线条以及画面布局却有一定不同，这充分说明各地祖图长联的绘制并非简单地复制或模拟，而是在畲民口述的基础上做出具有地方特色的固化"族源史"。

上文表明，口头表达与文字记录中的盘瓠原型是具有些许认识上的差异的，但祖图长联对之的刻画却显现出较为趋同的一面，即认为盘瓠乃娄宿下凡。如乾隆二十年（1755）罗源白塔乡白塔村祖图长联上有："上帝敕令御前金狗降生，护国征番"（图2-1）；咸丰二年（1852）罗源霍口价洋村祖图长联写着："上界娄金狗下降授刘皇后耳朵内"（图2-2）；光绪四年（1878）丽水联城胡椒坑村祖图长联上写有"娄金犬降下凡救度高辛高辛王梦中得见"（图2-3）；清时宁德九都柴坑村祖图长联上则写道："玉皇勒赐娄宿降生"（图2-4）；光绪十六年（1890）武义宣平祖图长联上标有："娄金狗宿降凡除妖"（图2-5）；庚子年（清光绪二十六年，1900）景宁鹤溪镇周湖村祖图长联上注有："龙狗是二十八星宿中娄金狗是也，又号龙宠"（图2-6）；咸丰年绘制的罗源洪洋乡车溪村长联上写有"上界娄金狗降生"（图2-7）；乾隆五十六年（1791）罗源起步镇廷洋坂村祖图长联上写有："上界金狗来托世"（图2-8）；清末绘制的宁德前岐镇向阳村祖图长联中书有："玉帝命娄宿下凡投皇后耳内降生"（图2-9）……由于年代久远，部分祖图早已破烂不堪，但隐约可见有此类字样的祖图有30余幅。从这些图文并茂的长联上，我们分明看到，在畲族从南到北的千百年的迁徙中，畲族民众对图腾崇拜的意识却保持着基本的一致性，而这也是一个民族核心凝聚力得以彰显的证明。

实际上，不论是宗谱记载还是长联刻画，无不源自畲族民众传承了千百年的口述记忆。正如万建中所说：口述记忆（或称民间文学）的"这些范本与其他类型的文化遗产共同构筑了民族的文化传统，成为一种绵绵不绝的文化原型。这种文化原型只会不断被'当代人'所继承和丰富，而不可能被超越和摒除。"[①]但也有学者指出："在口传文化阶段，面对面的在场交流形式与语境，既使得交流是双向互动的，又使得传统的权威得以维持；印刷文化阶段，信息不再依赖于在场，它贮存在可移动的媒介（印刷物）中，使得不在场的交流成为可能。印刷文化出现，在跨越时空

---

① 万建中：《民间文学引论》，北京：北京大学出版社，2006年，第4页。

限制的同时,也动摇了传统的权威。由于读者和作者不在同一时空里,阅读活动较之于面对面交流,更加带有批判、怀疑和'改写'原本的倾向。"① 可是,大部分印刷物仅是个人或少数人的见解(情感)抒发,并非民众集体意识的展现。当今社会,数字科技正在挑战传统印刷物的权威,而面对面在场交流似乎早已成为现代社会的一项奢侈品。不过,无论科技如何发展,纯机械也不可能完全替代作为人类基本生物机能的"话语权",更无法阻断人类的思考与记忆。如今,畲族民众的受教育程度虽然在不断提高,但对现代信息资源的使用依然无法全面覆盖,而那些久远的民族历史是否可以通过纯科技手段予以还原,我们尚不得而知。随着现代人文社会科学的发展,民众口述史逐渐成为历史学、文化学、民族学、人类学、社会学、文学、经济学以及政治学等诸多学科不断"追捧"的对象,这不仅在于民众的口述承载着民族文化的表象,更体现了民众对历史与现实的深层认知。所以,对盘瓠星宿原型进行描述或阐释的畲民口述史不论是以何种形态加以表现,都是值得我们深入探讨的珍贵史料。

图2-1 罗源白塔乡白塔村祖图

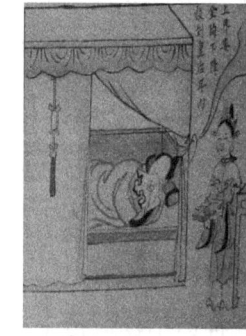
图2-2 罗源霍口价洋村祖图

图2-3 丽水联城胡椒坑村祖图

图2-4 宁德九都柴坑村祖图

图2-5 武义宣平祖图

图2-6 景宁鹤溪周湖村祖图

---

① 周宪、许钧主编:《文化和传播译丛(总序)》,北京:商务印书馆,2003年,转引自万建中《民间文学引论》,北京:北京大学出版社,2006年,第2页。

 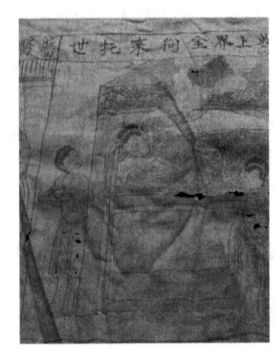 

图2-7 罗源洪洋乡车溪村祖图　　图2-8 罗源起步镇廷洋坂村祖图　　图2-9 宁德前岐镇向阳村祖图

二、盘瓠原型的星宿考述

丽水市民族科畲族史源研写委员会编著的《畲族史源》写道："龙麒是高辛氏第五个妻姓刘名君秀亲生的儿子，他出生时间，是高辛帝在位四十一年五月五日，即公元前二千三百六十七年。……特别是龙麒诞生的那天夜里，据史料记载也闹得不安，原因有三个：1. 五月五日都是属龙的；2. 天空出现扫帚星；3. 出生的婴儿生相奇怪，头像豹头又像麒麟头，全身斑点一百二十多处，像龙身上的花纹。其父高辛看后为龙日出生的婴儿命名龙麒（龙与虎相斗，龙与麒麟相合，符合《易经》命名法）。"[①] 在这里，研究者将盘瓠出生时间卡得过于精准，似乎无法让人信服，而且其中的"史料"究竟是何史料，我们根本无法查询，并且整个阐述明显具有神话色彩，所以它并不具有说服力。不过，该条引述中讲到的"扫帚星"，即彗星临地的现象，也许真的出现过。作为畲族民众集体记忆中的祖先形象，盘瓠在千百年的历史发展中并未发生太大变化，其神话不仅流传于畲族民众的口头赞颂，同时被记录在宗谱内，刻画于祖图长联中，而这些历史事实既展示了畲族祖先崇拜的虔诚心理，更显现了畲族曾经存在的最原始宗教信仰——星神崇拜。这种文化遗存为我们还原作为崇奉主角的盘瓠原型奠定了坚实的基础。因此，通过上文之述，笔者认为盘瓠之原型实乃源自星神崇拜的自然天体，而其理由又可从以下几个方面给予更准确的认定。

（一）二十八宿与天文历法：天象观测在盘瓠氏集团中的应用

笔者于第一章第二节对二十八宿与天文历法做了粗略描述，从中了解到日、月、

[①] 转引自邱国珍、姚周辉、赖施虹《畲族民间文化》，北京：商务印书馆，2006年，第221页。

第二章 盘瓠图腾的星宿原型：传统认知上的新思考

星（二十八宿）及天文历法间的密切关系。在此，笔者不再细谈。就畲族的族源来说，我们早已讲过，其中基于畲、瑶、苗三族共存的盘瓠信仰①，则让"武陵蛮说"成为较早为学界所接受的一种族源说。所以，畲、瑶、苗三族被公认为盘瓠氏集团中最主要的成员。在目前的历法学研究中，对畲、瑶、苗等盘瓠氏集团关注最多的是苗族，但这并非说畲、瑶二族就不曾存在历法。从三族当下的分布范围与人口数量来看，苗、瑶二族无疑数倍于畲族，但在与汉族的接触度上，畲族则远高于瑶、苗，从而加速了畲族传统文化的大量流失，其中也许就有来自盘瓠氏族时代的历法元素。瑶、苗二族由于久居西南深山，与外界汉族的交流相比较少，故而直到当代其来自原始时代的文化元素依然能够较好地得到保存，而天文历法就是其中之一。就笔者所掌握的资料来看，对瑶族历法的研究尚未出现专门的文章，但对苗族历法的研究尽管文献不多，却已出现些许专题论文与专著性文本。作为盘瓠氏集团的重要组成部分，畲、瑶、苗等现代民族已经独立的历史事实，并不能阻碍我们通过苗族历法窥探畲族先民亦有掌握天文历法者的可能。

在《中国古代天文与历法》一书中，陈久金等写道：

传说苗族古历原称子历，后改称苗历。实地调查发现，在200多年前，湖南西部的苗族居住区不用汉历而用自己的苗历。

古苗历以冬至为岁首，平均含12个月，其中头两个月有专门的名称，分别叫做动月和偏月。第三个月开始，从一到十排序，比如第三个月叫一月，第四个月叫二月……第十二个月叫十月。每个月有确定的日数：动月和偏月各28天，其余10个月均为30天。古苗历每三年设置一个闰月，用置闰的办法来调整与季节的关系。这样平年日数为356天，闰年日数为384天，平均年长为365.3天，所以苗历基本上属于阴阳历。

苗族还另有一套以月亮朔望为周期的简易纪日法，主要用于年轻人的社交活动。②

由此可证，至少在清朝末年，部分苗族依然在使用属于自己的历法。而这种说

---

① 实际上，信奉盘瓠的瑶、苗二族，并非全族信奉，而仅是某些支族，如瑶族的过山瑶、盘瑶等和主要分布在贵、川、桂等省东部地区的部分苗族。而畲、瑶、苗三族的所有支族也并非都源出一处，而仅是其中的个别支族通过族群分离，再经族群整合（与其他氏族融合）最终形成一个独立民族。也就是说，现代畲、瑶、苗三族，也许仅有某一或某几部分属于原始盘瓠氏集团。

② 陈久金、杨怡：《中国古代天文与历法》，北京：中国国际广播出版社，2010年，第150页。

法得到了吴心源的证实，他在《中国苗族古历考》中写道："中国苗族古历的使用时限，上溯至少可达一万年，下限是光绪三十三年（公元1907年）。据《永绥直隶志》记载：'父子递传，以鼠年虎马记年月，暗与历书合。'（清人杨瑞珍撰，同治七年刻本）清人董鸿勋撰，光绪三十三年铅印本《古丈坪厅志》也有同样的记载。"① 雷安平则从考古发现论证了这一点，他认为："21 世纪初，在酉水的汇聚地——湖南花垣茶峒发掘的旧石器时期考古遗址证明：人类在此活动至少 10 万年以上，定居 1 万年以上，这充分证明了苗族以房屋方位记载太阳历的正确性和悠久的历史。"② 与世界其他民族的历法相似，苗族历法同样经历了烦琐的发展过程。正如李国章所言：

苗族历法从信风历、斗柄历、连山历、天索易历、候虫历、候鸟历、物候历、星象历发展到太阳历、太阴历和阴阳合历，一脉相承，但信风历、斗柄历、连山历、天索易历、候虫历、候鸟历、物候历是历法的初始形式，星象历、太阳历、太阴历和阴阳合历是历法的高级形式。太阳历、太阴历、阴阳合历在一定意义上也是星象历。③

在苗族社会，人们普遍称历法为"诶进"（Gheib Jit），是专指以苗族十二生肖或十二地支配苗族二十八宿的历法形式，而在依据某星制定的历法中则指该行星绕日公转的周期。尽管苗族历法经历了烦琐的发展过程，但就苗语"诶进"来说，大体有以下六类：陶尧诶进（Dol Yel Gheib Jit）、排莫该局（Bil Mos Gheib Juk）、排月干金（Bil Wel Ghab Jongk）、咱刀嘎炅（Zeib Dob Ghab Jongf）、杨武嘎进（Vangl Wouk Ghab Jenf）、总奖嘎煛（Zongk Jiangk Ghab Jongk）等，其中该局（Gheib Juk）、干金（Ghab Jongk）、嘎炅（Ghab Jongf）、嘎进（Ghab Jenf）、嘎煛（Ghab Jongk）是诶进（Gheib Jit）以汉字记音的苗族土语。④ 实际上，前文

---

① 吴心源：《中国苗族古历考》，吴心源：《苗族古历》，北京：民族出版社，2007年，第2—3页。
② 雷安平：《序》，载吴心源《苗族古历》，北京：民族出版社，2007年，第4页。
③ 另一种历法称谓，苗语叫"Jax Dongd Lil ot"（贾同理古），又叫"Jax Ghab Niangx"（贾年历）、"Lil Ghab Hniut"（理年历），均可译为"历法贾理"，是苗族先民圣人通过议榔约定与祭祀过节俗成。李国章：《简述苗族天文历法》，《盘古》2020年第2期。
④ 李国章：《论苗族历诶进就是天王星历》，http://www.360doc.com/content/12/0720/00/2636978_225344042.shtml，2012-07-20 访问日期：2022-3-18 访问。

第二章　盘瓠图腾的星宿原型：传统认知上的新思考

曾经论述的"太昊龙历""太昊虎历""少昊凤历"均与苗族历法有着密切的关系，因为在如今的研究中，不少学者认为蚩尤（氏族）乃源出于东夷部落，属于太昊、少昊氏族的一支，而苗族所崇奉的始祖中即有蚩尤，正如吴一文所说："蚩尤曾寓于少昊之墟，少昊乃东夷首领，蚩尤也是东夷之辰"，曾"为炎帝之臣"，实"乃苗族之远祖"，所以"苗族之源亦在东夷"。① 这种说法又同后来的畲族族源"东夷说"不谋而合。因此，从现存的苗族历法研讨遗存至今的畲族星宿崇拜则是十分可行的途径。

早在20世纪40年代，我国著名民族学家石启贵就在《湘西苗族调查报告》中记述了有关苗族历法的情况，如在十二月与十二地支的对应中，他就指出："正月建寅月，二月建卯，三月建辰，四月建巳，五月建午，六月建未，七月建申，八月建酉，九月建戌，十月建亥，冬月建子，腊月建丑。"② 这里的冬月即指动月，腊月即指偏月。由此可见，在20世纪40年代，湘西苗族依然在使用以鼠月为首的民族历法。在苗族的天文历法中，还存在一种特殊的历法形式，即所谓"天王星历"或称"八十四年历"，从其名称上即可知道，这一历法是根据天王星的运行规律制定的。

众所周知，在天文学领域，作为八大行星之一的天王星是由英国天文学家威廉·赫歇尔于1781年3月13日发现并公告于世的，从而在太阳系的现代史上首度拓展了已知界限。尽管天王星在太阳系八大行星中位列第七，但体积第三的天王星距地球较远，但自16世纪以来的观测与计算，天文学家已经掌握了天王星绕日公转的周期，即84.323326个地球年。在"天王星历"中，"诶进"之"进"即指天王星，是为向上缓慢爬行的行星之意。实际上，在"天王星历"出现之前，"木星历"或称"十二年历"就已在苗族先民中得以应用。"木星历"是以木星为参照制定的，它是伏羲太昊历的一种表现形式，历元为公元前7617年，为苗历鼠宿螺蛳年。③ 在苗语中，"木星历"被称为"埃蒐"，而木星绕日公转一周为11.86个地球年，与12个地球年存在误差，所以"有必要寻找一个环绕太阳公转一周与若干个地球年相等的观察星与木星校正。天王星每84个地球年环绕太阳公转一周，是苗族先民通过数代人坚持不懈长期观察的结果，苗族八十四年历进制由此产生。因而可称苗族八十四年历进制为天王星历。相对公元纪年世纪而言，也可简言苗族八十四年立进

---

① 吴一文：《从苗族古歌看苗族的天文历法》，《常州工业技术学院学报》1999年第2期，第84页。
② 石启贵：《湘西苗族调查报告》，长沙：湖南人民出版社，1986年，第547页。
③ 李国章：《简述苗族天文历法》，《盘古》2010年第2期。

制为苗族世进"①。由此可见，苗族，或说盘瓠氏集团的先民们，在制定历法的过程中已经注意到以多星宿为参照以减少计时误差的方法。尽管相较于金、木、水、火、土五大行星而言，天王星距地球较远、亮度不足、运行缓慢，但这并不意味着古人没能发现到它，如今以苗族历法来看，早在数千年前，天王星就已被我国先民所观察，只是由于原始时代对之的称谓未能延传至今，否则，我国将成为包括天王星在内的众多星辰的第一发现者，从而将我国的天文史向前推进数千年。

1996年10月号的《收藏》杂志刊登了一篇有关《孙武兵法（八十二篇）》在西安发现的文章，此文曾在学术界引起巨大反响。在这八十二篇文章的末尾有一段关于盘古历法的记载，对此有评论称："在古历法方面，记载：'昔者盘古开天国，称天皇，因以阴纪，家以母贵，'当时实行的阴历纪年，一修（年）为13个月，一月为28天，一年只有364天。后女娲氏提出24年一修下之，即每24年多加一月（28）天，这样就把天补全了。"②雷安平则说："苗族史诗《古老话》关于盘古（濮戎濮忾）开天、女娲（娘羲娘忾）补天的传说，就是盘古制定历法，女娲调整历法。女娲补天，以'芦灰止淫水'，实际是治月经不调；因盘古历法以女性生理周期为基准，所以也引申为调整历法。……星制期缘于对女性生理周期和对太阳、月亮等星球运转规律的认识。……苗人认为，太阳和月亮是不动的，人走了，太阳和月亮才跟着人走。大业（水牛）、大能（鼠）、大姬吴（乌龟）等带大的词一般表示能行走的动物，也是可以称王的动物。所以，苗历以十二种动物记岁、月、时，相对固定不动；记日也固定循环使用。"③这一论述显示，在盘瓠氏集团发展的早期，人们制定历法的依据不仅来源于对自然天体运行规律的观察，同时还有对人类（女性）身体变化的关注，而这完全体现了母系氏族社会以女性为中心的时代特点。所以，天文历法的最初形式很可能发生于母系氏族时代（中前期），并经父系氏族时代不断完善，逐渐成为当代社会仍在使用的"农历"——阴阳合历。

有学者认为："苗族先民崇拜'日、月、星'，视三光为纯洁之至。苗族先民

---

① 李国章：《论苗族历诶进就是天王星历》，http://www.360doc.com/content/12/0720/00/2636978_225344042.shtml，2012-07-20，访问日期：2022-3-18。

② 陈久金、杜升云、徐用武：《贵州少数民族天文学史研究》，贵阳：贵州科技出版社，1999年，第104—108页。

③ 雷安平：《序》，载吴心源：《苗族古历》，北京：民族出版社，2007年，第1页。

认为组成宇宙万物的原生物质为雷、龙、夔三种（意译为火、水、气），记为三；'五行'以此为光、气、水、土、石。大尧（亦称鬼谷先生）归顺黄帝（自称天子），大夔妹嫘祖嫁给黄帝为妻后，大尧为讨黄帝之好改九卦为八卦（汉书称伏羲制八卦，大尧是盘瓠氏族，伏羲即盘瓠）。"① 这一论述具有明显的神话色彩，但所体现的历法来源——星宿则成为古代先民的信仰对象却是历史事实。在现代学者的研究中，尚未明确究竟是历法先行还是信仰在前。如果从先民的生活状况来看，信仰似乎是人类在自然界获取生活资料的过程中出现的，而四季轮转、气候变化在无人时代已在左右一切自然生命的生存与发展。正如马克思所说"物质基础决定上层建筑"，所以笔者认为，在实现足以供给族群生活的物质资源之前，一切信仰模式都只是一种力量的积聚，是处于萌芽阶段的人之心理需求。因此，原始人类以一种类似集体无意识的行为方式观测星象以制定的历法，基本是建立在获取物质资源的前提上，并由此实现人类种群的正常繁衍。只有完成这一阶段的发展，人类才有可能发展到真正的信仰时代，从而在膜拜自然物或自然现象的基础上进一步对这些自然物与自然现象作出具有科学性的解释，而这一时代的起点很可能就在旧石器时代或母系氏族时代早期（以前）。

正如雷安平在解释"盘古历法"时所说的那样：

盘古历法与古代苗民"跳星跳月"活动有关，"跳星跳月"汉语简称为"跳月"，起源于母系社会的男女社交活动。盘古历法以"月圆"之时为初一，此时女子"月事"已毕，最适于"跳月"偶合，繁衍人类。"跳月"之俗，据《续文献通考》载："苗人仲春刻木为马，祭以中酒，老人并马箕踞，未婚男女吹卢（芦）笙以和歌词，谓之'跳月'。"罗绕典在《黔南职方纪略》中载："蚩尤代炎帝为政，尚利好杀，不耻淫奔，民间化之，于是'跳月'之风起矣。""跳月"之俗在苗族《古老话》中有记载。"生界""跳月"活动《永绥厅志》（今湖南花垣县）也有记载："蜡花锦袖摇铁铃，月场芦笙侧耳听；芦笙婉转作情语，铃儿心事最铃（玲）珑。"清朝诗人杜仲曾作诗颂道："苗姑细眉如新月，黑裤蓝边飘柳叶。青帕重叠台重岭，十五跳月燕飞来。"（此处为寅正农历十五）苗民进入种植农业阶段后，发现盘古阴历不便于指导农业生产，于是逐渐改为使用阳历和阴阳四季历，只保留

---

① 吴心源：《中国苗族古历考》，载吴心源《苗族古历》，北京：民族出版社，2007年，第2页。

"跳月"的遗俗。①

唐段成式在《酉阳杂俎》卷四《境异》中记载：

峡中俗，夷风不改，武宁（陵）蛮好着芒心接篱，名曰芒绥。尝以稻记年月。葬时，以竿向天，谓之剌北斗。相传盘瓠初死，置于树，以竿剌其下，其后为象临。

在这一历史记载中，我们不仅看到了武陵地区盘瓠氏族曾有的头饰，更重要的是，一句"尝以稻记年月"则明确指出，此一时期的武陵盘瓠氏族已经在发展稻作种植，而它们对四季年月的计算方法已经转移到对农作物生长周期的观察。这也许正是从渔猎采集转移到农耕生产的真实写照，而这也正应和了雷安平论述"盘古历法"转为"阴历和阴阳四季历"的观点。其实，在畲族的发展历史中，以星宿入题得出的生活经验亦不在少数，如畲族谚语"六月日头落山割担柴，十一月日头落山就拖鞋""冬节在月头，雪雨远遥遥；冬节在月尾，雪雨后面随""十一月初三见月，不是年底就是正月雪；十二月初三见月，初四就落雪""天星密密雨渍渍，天星疏疏晴日多""日晕三更雨，月晕午时风"②等。

正如上文所述，历法制定也许发生在民间信俗产生之前。就图腾信俗来说，学界基本已有定论，即发生在母系氏族时代中期。这一时期正是人类思维茁壮发展的重要阶段，而人类对自然现象的迷惑与畏惧在逐渐加强。由历法制定而产生的星宿崇拜，在不同民族中因参照不同星系或星宿命名的差异，导致不同民族在星宿崇拜对象的选择上也会出现差异。有研究表明，"苗族二十八宿以雷宿（角宿）为序头，十二月建以虎月为岁首，八十四'诶进'以虎宿雷为进首，是图腾崇拜、祖先崇拜与英雄业绩的结合。……虎宿雷序首，为十二生肖入皇帝天鼋二十八宿，为黄帝使臣大尧氏采信羲和氏、嫦羲氏历创制。猪宿（室宿）小龙（壁宿）序首，当是最早驯养野猪，并以野猪为图腾的河姆渡文化的创造者豨韦氏、防风氏接受诶进历法后改以本氏族的图腾序首。"③不少学者从苗族之"苗"

---

① 吴心源：《〈孙子兵法〉中的盘古历法辨析》，刘冰清、周光烈主编：《盘古文化研究》，北京：中国文史出版社，2005年，第198—199页。

② 雷德宽、王嘉棣主编：《中国民间文学集成浙江省温州市文成县畲族卷》，浙江省温州市民间文学集成办公室，浙出书临（88）第113号，1988年，第59—360页。

③ 雷安平：《序》，载吴心源《苗族古历》，北京：民族出版社，2007年，第1页。

第二章 盘瓠图腾的星宿原型：传统认知上的新思考

加以训释，认为古时称苗族一支为"猫族"，是以"猫"为图腾的苗族支系，如果对应汉族二十八宿，那么"猫宿"则为"房宿"。如按此说，那么从畲族现今依然普遍记述的"娄宿"来看，畲族先民似乎也曾以"娄宿"为观察对象，并制定出指导民族生产生活的历法。然而，这一历法也许早已湮没于历史大潮，而自隋唐以来的畲汉共处，促使畲族民众在历法的应用上实现彻底转型。也就是说，在隋唐以前，居住于闽、粤、赣三省交界地的畲族先民不可能不存在指导生产生活的计时方式。

盘瓠氏集团是远古时代重要的部族群体之一，而在作为这一群体重要组成部分的畲、瑶、苗等现代民族中，某些原始氏族的因子不论是源于苏鲁等地的东夷部族，还是被后世称为九黎、三苗或蚩尤族后裔的武陵蛮或南蛮，它们曾于同一个自然空间中创立出共同的文化元素。历法得以制定的根本依据之一就在于对自然天象的观测。上文的论述已然告诉我们，包括盘瓠氏集团在内的上古华夏族群，早已掌握日、月、星（五星及二十八宿）的运行规律，甚至实现对距地遥远直到17世纪才被命名为海王星的观测。在我们所熟知的神话中，如"后羿射日"（十月太阳历）、"嫦娥奔月"（十二月太阴历）及"牛郎织女"等都透露着星宿观测与历法制定之关系的科学信息。不过，历法能够成功制定并较为准确地指导人类的生产生活是一个长久而不间断的动态过程，但其原初形态似乎并未真正建立在心理慰藉上，而是从人类最基本的生理需求出发，在原始思维的作用下将天、地、人三者相连，从而在追索自然对人类社会的影响中转化为原始宗教（图腾崇拜），最终在人类自身的解密中转向祖先崇拜和氏族标志。总之，畲族先民具有观测星宿以定历法的能力，所以建立在历法基础上的星宿崇拜亦是情理之中的历史事实。

（二）天体运行与氏族生活：图腾选择的自然因素

在现代天文学概念中，恒星被定义为是由炽热气体组成的，是能发光的球状或类球状天体。古代社会由于没有用以天文观测的现代设备以及现代科学理念，故而无法定性何谓恒星、行星、卫星、小行星、流星、彗星和陨星等自然天体，所以在制定天文历法时，将之统筹在相对固定的界面之上，并划分出东苍龙、西白虎、南朱雀、北玄武四个自然天区，进而以二十八个星座对四大天区加以细化定位。因此，包括五大行星在内的诸天星辰在古人眼中具有基本相似的物理特性，只是由于距地远近、亮度高低、运行快慢等因素才决定了古人选择某些具有特殊意义的星宿以指引人类的生产生活。不过，这些星宿相对来说是"温和"的，它们对人类的影响是综合性与整体性的，也就是说，在制定天文历法时，日、月、五星与二十八宿等是缺一不可的参照条件。除以上位置相对固定的自然天体，在浩瀚的宇宙中还有一些存在突袭性的不速之客，如流星、彗星和陨星等。现代意义的天文学观测虽然掌握了某些（星座）流星（雨）和彗星的运行规律，如狮子座流星雨、双子座流星雨、哈雷彗星、海尔—波普彗星等，但是即便在科技发达的当代社会，人类所能掌握的也仅是极小部分天体的运行规律，更何况是在科技并不发达的古代社会。

神话中的盘瓠具有奇特的出生过程，其中有关"星光降世""天星下降""瑶光贯娄（宄）"的讲述似乎正在告诉我们，在高辛时代，甚或更早的年代，盘瓠氏集团生活的地域发生过一次或数次彗星临地或陨星袭地的天文现象，从而严重影响到整个原始民族的正常生活，及至有可能成为导致民族迁徙或分立的"罪魁祸首"，而"盘盛瓠盖"的"茧卵"或许就是天体坠地后的遗留物——陨石。这种说法并非无源之水，我国作为最早以文字形式记录天体运动的国家，早在先秦史书《竹书纪年》卷上就记载了公元前十六、七世纪的流星奇观，其文曰："夜中，星陨如雨。"除此之外，在历朝历代的官、私典籍中都有关于各类天象奇观（如太阳黑子、极光、陨石、日食、月食、彗星以及流星等）的记录，这在庄威风、王立兴总编的《中国古代天象记录总集》中得到了最为全面的反映。与一般自然天体相比（其中也包括历法制定所依据的漫天星辰），笔者更为相信的是，没有比降临地球的天体更能引发人类早期天体崇拜的现象了，因为这些飞越星空的自然天体以一种突发而显著的神秘形式与人类生活发生了最为直接的联系。一切自然奇观都会引起人类的遐想，而那些穿越地球大气，降临人间的流星（雨）、陨石及彗星等，不仅会让人类浮想联翩，更能引起人类对自然天象的恐惧，并在思想上敬畏自然带来的"惩罚"。不过，在古人的意识中，天降异物并不一定都是坏事，甚至成为后来者歌颂民族英雄的重要辅助。

《竹书纪年》卷上记载："夏禹八年夏六月（约公元前21世纪），雨金于夏邑。"北宋司马光主编的《资治通鉴》卷二《外纪（夏纪）》中则有："夏禹时，天雨金三日。"综合这两种说法，我们可以知道，在公元前2000年前后，在夏邑

（今河南东部）地区就发生过流星奇观。而《资治通鉴》卷三《外纪（周纪）》中写道："商周末年（约公元前11世纪），天雨石，大如瓮。"这里明确描述了（降落中的）陨星形状——（椭）圆形，正与"茧卵"相似。从历代典籍记载可以看到，陨星坠落的地点可谓遍及全国，它不仅出现于乡间、城市，甚至可直接降至宫廷，如《述异记》卷下记载："汉惠帝二年（前193），宫中雨黄金、黑锡。"《通志》卷七十四《灾祥略》中则有"隋文帝仁寿二年（602），宫中再雨水银花"的记述。很多陨星的残骸——陨石都为人所得，如《史记》卷六《秦本纪》记载："秦始皇三十六年（前211），有坠星下东郡，至地为石，黔首或刻其石曰：'始皇帝死而地分。'始皇闻之，遣御史逐问，莫服，尽取石旁居人诛之，因燔销其石。"这一记载明显具有附会性，始皇暴政，导致民不聊生，各地起义不断，因此人们借天之陨石附会始皇之亡也是情理之中的事，由此可知，在秦时即有"天人对应说"——星陨而人亡。

除此之外，《汉书》卷二十五《郊祀志》记载："汉武帝征和四年（前89）二月丁酉，雍县无云如雷者三，或如虹气苍黄，若飞鸟集械阳宫南，声闻四百里。陨石二，黑如黳，有司以为美祥，以荐宗庙。"此处不仅记述了陨星坠落时的状态，如发出巨大的声音，与大气摩擦时发出的苍黄之气等，此次为人所发现的陨石有两颗，并被认为是美祥之物，从而被置于宗庙中加以祭拜。

"后赵石勒末年（333），星陨于邺东北六十里，初赤黑黄云如幕，长数丈，交错，如雷震声，坠地，气热如火，尘起连天。时有耕者往视之，土犹然沸，见一石方尺余，青色而轻，击之，声如磬。"（元马端临《文献通考》卷二百九十一《象纬考》）这一描述表明陨石自天而降时，不仅声震如雷，并且托着一条长达数丈的黑黄尾带（实是与大气摩擦发生燃烧所致），坠地之后周围尘烟四起，而陨石则呈青（黑）色方形石块，敲击时还会发出悦耳的声音。《宋史》卷六十二《五行志》写道："宋孝宗乾道五年七月己亥（1169年8月15日），武宁县龙斗于复塘村，大雷雨，二龙奔逃，珠坠，大如车轮，牧童得之。"在笔者看来，所谓"龙斗"实是陨星在下落过程中与大气摩擦发生迸裂导致的，而"二龙奔逃"则反映了一分为二后的陨星向不同方向运行的轨迹，牧童所得之"珠"实是两块陨石中的一块。乾隆《兴平县志》卷六记载："王通《元经》：陨石槐里一。《晋书》穆帝纪同。通志：色黄白，形如瓮，高五尺。唐韩琮为兴平令移置县斋。"于此，陨石为地方长官所得，除色泽外，其形其状皆与前述相同。《元史》卷五十一《五行志》则有"元顺帝至正十年（1350）正月甲戌，棣州白昼空中有声，自西北而来，距州二十里，陨于地，化为石，其色黑，微有金星散步其上。有司以进，遂藏之司天监"的记载。于此，陨石为官方天文机构所收藏，为天文学家研究天体物质提供了重要参考。

通过这些记述，我们不难发现，不论是陨石的坠落过程，还是陨石的色泽形状都得到了古人的详细记载，而能得到陨石的人则涉及各个阶层。总之，陨石在古代并不罕见，且是一种经常发生的自然现象。由此出发，我们亦不难推测，在上古高辛之时，陨石坠地并为人所获是可以存在的历史事实。毫无疑问，陨星进入地球后的运行轨迹并不会因为人的意志而发生任何改变，因而其落入人类聚居区从而给人类的生命财产造成危害也是很正常的事。这种现象在我国的古代典籍中同样有所记载。

《陈书》卷六《本纪》中写道："南朝陈后主祯明二年（588）五月甲午，东冶铸铁，有物赤色，如数斗，自天坠熔所，有声隆隆如雷，铁飞出墙外烧民家。"《南史》卷十《陈本纪》与《隋书》卷二十二《五行志》对这一时间做了相似的记述，其文曰："南朝陈后主祯明二年（588）五月甲午，东冶铁铸，有物赤色，大如数升，自天坠熔所，有声隆隆如雷，铁飞出墙外烧民家。"（《南史》）；"南朝陈后主祯明二年（588）五月，东冶铸铁，有物赤色，大如斗，自天坠熔所，隆隆有声，铁飞破屋而四散，烧人家。"（《隋书》）由此可见，这一天文事件并未造成人员伤亡，但民房却受到巨大破坏。与此相似，宋代著名科学家沈括在其《梦溪笔谈》卷二十《神异》中记载："治平元年（1064），常州日禺时，天有大声如雷，乃一大星，……坠在宜兴县民许氏园中，远近皆见，火光赫然照天，许氏藩篱皆为所焚。"与这种仅仅破坏房屋、藩篱的天象记载相比，以下记载则更显陨石不可抵挡的巨大威力。《隋书》卷二十一《天文志》记载："隋炀帝大业十一年（616）十二月戊寅，大流星如斛，坠贼卢明月营，破其冲輣，压杀十余人。"《元史类编》卷四十二《大理》写道："元顺帝至元元年（1335），云南天雨铁，民舍山石皆穿，人物值之辄毙。"清康熙《云南府志》卷二十五《杂志一》中则有："元顺帝至正二年（1342），晋宁雨铁，伤禾苗，人物触之多毙"。在清夏燮《明通鉴》卷二十八《英宗》中写道："明英宗天顺四年（1460）二月，陕西庆阳陨石，大者四五斤，小者二三斤，击死人以万计，又有传石能言，可骇"。与此记载有所差异，

第二章 盘瓠图腾的星宿原型：传统认知上的新思考

《野获编》卷二十九《祺祥》中载道："明孝宗弘治三年（1490）二月，陕西守臣奏：陕西庆阳县陨石如雨，大者四五斤，小者二三斤，击死人数万。"与此相同，明施显卿《奇闻类纪摘抄·天文纪》引《寓园杂记》曰："国朝弘治庚戌岁（1490）二月，陕西庆阳县陨石如雨，大者四、五斤，小者二、三斤，击死人以万数，一城之人皆窜他所。"以上历史记载已然表明陨石对人类具有十分强大的破坏性，甚至一城之人于瞬间即可为其所灭。

其实，在现代科学研究中，有一种说法认为：恐龙灭绝于小行星撞击地球，而其陨石坑就在如今的墨西哥湾。在近代历史上，虽然未能发生造成巨大人员伤亡的天文事件，但1908年发生在俄罗斯通古斯的大爆炸再次证明了天体运动[①]对人类世界的影响。据报道，2007年10月至2008年4月的半年时间里，波黑的一家房屋连续被陨石击中5次[②]；而2012年3月11日，一颗陨石击中了挪威奥斯陆中部的一幢房屋[③]。由此可见，在现代社会，自然天体依然威胁着人类生存，所以天文学家亦在密切监视一切可能撞击地球并带来毁灭性灾难的近地小行星、彗星、流星等自然天体。这些历史事实让我们有理由相信在高辛时期甚至更为久远的年代，盘瓠氏族所居住的地域不止一次看到和发现陨石，但他们也许并不知道这种天外来客究竟如何产生，只是于观察中认识到这一现象发生的频繁性。随着人类对陨石现象的关注不断加深，包括陨石在空中的形态、声音，坠地后的色泽、质地、形状以及所造成的破坏，无不得到古人悉心记载，但这并不代表人们对陨石已有科学认识，相反在不少典籍记载中则显现出其神话色彩，从而为人所供奉。

如上文所引《汉书》卷二十五《郊祀志》就曾将陨石置于宗庙中加以祭祀，俨然是将这种"美祥"之物视作祖先之灵的化身。与此相似，清雍正《广安州志》卷八《祥异》记载："明神宗万历二十二年（1594）有星陨于西关田中，入土数尺，王希泉公庄人掘出，其色深黑，奇形异状，俨然石也，置之祖先阁"。在清世宗雍正八年（1730）正月，"清水堡夜半天有红光一道，随霹雳一声落地，下入四尺，掘之得黑石一块，如碗状，送供神师庙，尚存"（清乾隆《府谷县志》卷四《祥

[①] 关于"通古斯大爆炸"的形成有多种假说，而陨石撞击说仅是其中之一，但也是其中提出最早的一种说法。
[②] 《波黑：一间房屋半年内5次被陨石击中》，《洛阳日报》2008年4月12日，第3版：国内国际新闻。
[③] 孟湘君编辑：《陨石从天降砸穿挪威小屋 屋主卖陨石或发财》，http://www.chinanews.com/gj/2012/03-14/3742142.shtml，2012年3月14日，访问日期：2022年3月22日。

异》）。从这些记载中，我们不难看出人们已然将陨石视作一种神奇之物，甚至亦有因此而对簿公堂者——清世祖顺治八年（1651），"上下阴山界，有赤光从天入地，两村以为奇宝，互相争讼。启视之，乃碧石一块，形如纱帽，文如蝌蚪，人莫能识。今存上阴山龙王庙"（清乾隆《天镇县志》卷四《古迹（天落石）》）。以上记载还仅限于对陨石来历的神性赋予，而另外一些典籍记录则更显奇特，这里的陨石不仅能够生长缩小，还能言人语。唐杜光庭《录异记》卷七《异（陨）石》记载："唐（昭宗）天复十年（910）庚午夏，洪州陨石于越王山下，昭仙观前……有石长七、八尺，围三尺余，清碧如玉，堕于地上。节度相国刘威命异入昭仙观内，设斋祈谢。七日之内石稍下，长三尺。又斋数日，石长尺余，今只及七、八寸留在观内。""元泰定帝泰定四年（1327）十月，有大星陨于（磔）嘉县志虚初山，（化）为黑石，状如东瓜，上有点如星，击之锵然有声。人不言举之则动，言则弗动。"（《续文献通考》卷二百一十四《象纬考》）《广文录》卷一《天文部》、明陈洪谟《治世余闻录》卷一《上篇》及明冯梦龙《古今谭概·妖异部》都记载了陕西庆阳的陨石现象。正如上文所述，此次陨石造成了巨大的人员伤亡，而由此引发的奇想于此三书得到相同描述——"陕西庆阳雨石无数，大者如鹅卵，小者如鸡头实，能作人言，说长道短，刺刺不休，奏词云云。"清孙之騄《二申野录》卷三（弘治戊申至正德辛巳）则写道："陕西庆阳府雨石无数，皆作人言。"明谈迁《国榷》卷四十二（孝宗弘治三年庚戌至七年甲寅）写道："庆阳雨石，如卵如芡，作人语刺刺不休。"这些记述明显带有抄袭痕迹，而这种现象的出现很可能是当地人因恐惧而产生的臆想，认为这是上天之惩罚，因此陨石本身便被赋予了人性。

在我国古人对陨石形象的观察中，不仅赋予这一天体以现代意义的"陨石"之名，同时还为之取以富含联想性的神话之名——"天狗"，而这一名称多在民间出现，并带给世人以灾变之义。《元史》卷五十一《五行志》写道："元顺帝至正十六年（1356）十一月，大名路大名县有星如火，自东南流，尾如曳彗，坠入于地，化为石，青黑光莹，状如狗头，其断处类新割者。有司以进，太史验视云'天狗也'，命藏于库"。其实，类似记载于汉代即已出现，并不断为世人所神化。东汉班固《汉书》卷二十六《天文志第六》记载："天狗，状如大流星，有声，其下止地，类狗。所坠及，忘之如或火光炎炎中天，其下圜如数顷田处，上锐见则有黄色，千里破军杀将。"南朝梁沈约《宋书》卷七十九《文五王传》写道："有流星大如

第二章 盘瓠图腾的星宿原型：传统认知上的新思考

斗杆，尾长十余丈，从西北来坠城内，是谓天狗。占曰：'天狗所坠，下有伏尸流血。'"北宋句延庆《锦里耆旧传》卷二（起天成二年至广政二十五年）记载："五代前蜀永平二年（912）五月二十三日丑时，天上忽震一声，有电光飞数丈，或明或潜灭，皆云天狗也，占其下杀万人。" 明王兆云《白醉琐言》卷上《天狗兆灾》则言："万历十六年（1588）九月中旬天初明时，西南忽见有红白气如龙，亦如犬，长竟天，其光下扫地及拂人面，皆惊倒，良久方不见。寻考《天官书》，以为天狗星见，扫民间也。次年果赤旱数千里，民至采榆皮买麻饼充饥，饿死者不知几千万人。又继以大疫，死者无算，至有灭门者。"其实，这类记载于历代文人典籍中均有存在。总体看来，人们对陨石的认识不再局限于普通民众的生活，而是将之上升到国家、战争的层面（详见本节第四点）。

从以上描述中，我们已能清晰地看到，陨石在人类社会中不可忽视的重要作用，它能杀人于无形，有时却又令人惊喜，而人们赋予其"天狗"之名，并非随意为之，而是人们数千年的经验总结。对于陨石现象的记录文本，上文的引述对象早已为我们指明方向，除文人笔记，大部分则是官修史志。据此可知，作为一种天象的"陨石"对历朝历代的统治是多么重要，而这也说明自古就有陨石坠地一旦发生必将上报朝廷的规定，从而为减少人员伤亡、减少财产损失做出人为对策。由此出发，我们不禁会联想到有关盘瓠神话的记载，其中的"茧卵"似乎就是陨石的象征，而众多的历史典籍中亦有关于陨石呈卵形的记载。如明嘉靖《兰阳县志》卷九《遗迹（异闻）》记述道："明宪宗成化十一年（1475），有车行，夜过兰阳道者，有星坠于车中，化为一石，大如鸡卵"。《明史》卷二十八《五行志》记载："明宪宗成化二十三年（1487）五月壬寅，束鹿空中响如雷，青气坠地，掘之得黑石二，一如碗，一如鸡卵。"明嘉靖《德庆州志》卷二《事纪》写道："明正德五年（1510），日中雨石。其日倏然天变，南方一条青烟之气自下腾空，震动有声，天略阴暗，顷间落石城之内外，大如拳，小如卵，其色赤而黑，人皆拾之。"《清史稿》中也有类似表述，其卷四十《灾异志》有："清德宗光绪二十年（1894）正月二十二日，皋兰陨星如火球，土人识其处，掘之，得一铁卵。"虽然陨石的形状并非仅有卵形一种，但通过这些记载，我们分明能感受到盘瓠神话中"盘盛瓠盖"之"卵"或为对发现之陨石的神话化解说。

福安市康厝畲族乡牛石坂村《雷氏宗谱·广东盘瓠氏铭志》有言：

因盘贮覆,送名曰盘瓠。刘皇后以为不祥,抛弃于外,适殿内保驾将军王守道觉见之,考其原因,乃刘后感受。入朝一一面奏。帝闻奏,惊曰:感瑶光星辰投降,或祸或福,上帝陟降置之,惟恐致殃无二,尔身勿违天命,收留宫中,抚养越七日,化一男子,容貌俊伟,声音响亮。①

景宁大均伏叶半山村《钟氏宗谱·钟氏封郡源流序》中写道:

刘后……夜步观天,忽觉瑶光贯娄,宿光茫灿,身遂感而孕生下一子。不夫而育,刘后以为不祥,抛弃道路。路人遇装之,篮以瓠裹,贮金盘抚育,因号盘瓠。殿内王守道将军出游,亦适得见。考其根由,乃勾龙之女所生,及闻其声音响亮,想异日长大必可有为。因回奏帝,帝曰:是盘瓠也。因瑶光贯娄宿而生,可号瑶人。养诸宫中。②

杭州临安《蓝氏房谱·广东盘瓠氏铭志》则有:

帝喾高辛氏皇帝勒赐盘护(瓠)王(字迹淡)《开山公据》《祖图券牒》。缘因中国有勾龙之女曰刘后,时夜观天,忽觉瑶光贯娄(圈掉,左旁重写"亢",字迹不同),其宿即光芒灿身,遂感而孕,生下一子,不天而育,刘后以为不祥,抛弃都路。人遇收之,茧以饱裹,将金盘抚育,因号盘瓠。殿内王守道(字迹淡)将军出游,亦旁得见,考其根由,乃因勾龙之女所生,及闻其声音响亮,想异日长大,必可有为。即转身,一一回奏。帝见奏,喜曰:是盘瓠也。出之无父,因瑶光贯娄(圈掉,右旁重写"亢",字迹不同)宿而生,即可号为瑶人也。③

这三则神话文本显示,盘瓠被认为是"未合先孕"的不祥之兆,但结合上文之述可知,陨石在后人意识中已经进入"不祥"之列,这不仅在于它对人类生活生产破坏性影响,更来自天人感应与占卜之术的兴起。其实,这种讲述是对人类认识陨石过程的倒置还原,也就是说,远古先民为了赞美民族英雄为本氏族发展所作出的重要贡献,而将其本属人性的特点通过不寻常的自然现象加以神性附会。笔者已经

---

① 福安市康厝畲族乡牛石坂村《雷氏宗谱》,共和癸亥年(1983)修,复印件藏福建省民族研究所。
② 景宁大均伏叶半山村《钟氏宗谱》,同治丙寅年(1866)修,复印本藏丽水学院畲族文化研究所。
③ 杭州临安《蓝氏房谱》,丙辰年(1856)修,复印件藏丽水学院畲族文化研究所。

说过，陨石坠地后的残骸可为任意阶层的民众所获得，但就所发生的这一自然事件而言，它必须为朝廷所知，否则这些官修史志中的记载就将成为无头"假说"。所以，因"不祥"而弃子，实际是对天坠陨石的变相解说，而"为人所收""蓝以瓠裹""将盘养育"等叙事情节则隐含了拾取陨石者以最古老的实用器——葫芦盛之以报宫廷的生活状况。不过，为了扭转因陨石带来的"不祥"之义而附会于民族始祖或称民族英雄的神奇出生，人们必须转变思维以将"不祥"至于"祥瑞"之列，以便称颂其人，引出后续内容。另外，在诸多讲述中，我们早已发现有关"娄宿"的记载，正如《晋书》卷二十八《五行志》所言："刘聪建元元年（314）正月，流星起于牵牛，入紫微，龙形委蛇，其光照地，落于平阳北十里，视之则肉，臭闻于平阳，长三十步，广二十七步。"由此可知，古人通过天象观察后发现了流星（陨石）的起止方位，而这种发现亦如当今所谓的某某星座流星雨一样。就畲族先民（形成氏族之前的原始族群）所观测到的星象而言，是否就是以"娄宿"为起始，对此我们虽不能得到确切答案，但神话中遗留的科学印记却显示了它存在的可能性，从而为母系氏族时代的盘瓠氏集团选择图腾崇拜的对象提供了坚实的自然依据。

与历法相似，天体运行仅是人类选择自然崇拜对象的重要因素之一，而自然天象的发生在图腾崇拜兴起之前甚至可以说自地球诞生之日起就在不断出现，所以它并不会因为人类的起源而减少与地球接触的次数，更不用说消失或停止。正是因为这些自然力量的存在，早期人类于懵懂中了解到自然天象的存在，但其神秘与威力促使原始先民以一种懵懂的神话思维加以解释，并随着人类自身的发展以及对自然掌控的扩大，本无逻辑的讲述逐渐被看似逻辑的说法替代，而夹杂在原始自然天象中的主角则成为人类自己——民族英雄——具有神性的自然天体的化身。

（三）姓氏起源与感生神话：两个畲族姓氏——"娄"与"盘"

20世纪50年代，我国开展了大规模的民族识别调查和少数民族社会历史调查，而畲族也于1956年正式成为我国民族统一大家庭中的独立一员。在民族识别过程中，畲族姓氏的组成也成为众多学者所关注的重要对象。就目前的社会事实而言，畲族共有蓝、雷、钟、李、吴、罗、杨七姓，如果算上畲族广泛认同但似已消失的盘姓①，共计八个，其中盘、蓝、雷、钟四姓为畲族姓氏，而李、吴、罗、杨四姓则为汉姓畲化的结果。

作为一种独具民族特色的文化表现形式，"姓氏"在我国的发展已历经数千年，并在母系氏族社会向父系氏族社会的演进中构筑起一条令人揭示原始氏族状态的通道。正如张淑一所说：

> 姓与氏都是氏族社会的产物。姓源于氏族组织的名称，在母系氏族社会，姓往往是母系氏族所崇拜的图腾物的名称；而在进入父系氏族社会之后，由于祖先崇拜的大大发展，姓多与氏族的男性祖先相联系。氏是氏族内家族组织的名称，产生于母系氏族时代后期，但只有在父权制确立以后，氏才开始以独立的面貌在社会历史舞台上出现。②

由此可知，姓与氏并不相同。姓乃母系氏族社会在图腾崇拜基础上形成的文化模式；氏乃父系氏族社会因父权制的确立而出现的称谓符号。在现代学者的研究中，姓氏概念不尽相同，有人认为"姓氏，是标志家族系统的称号，其功能是说明某人某族的来历"③，而现代人类学认为姓氏"是指按照一定社会关系沿续的血缘亲属关系的标志，它的核心内容有两个，一是血缘，一是世系"④。在古代，姓氏不仅存在不同的理解方式，其重要性更是不言而喻，如南朝宋裴骃在《史记》卷一《五帝本纪》集解中说：

> 郑玄《驳许慎五经异议》曰：春秋左传"无骇卒，羽父请谥与族。公问族于众仲，众仲曰：'天子建德，因生以赐姓，胙之土而命之氏。诸侯以字为氏，因以为族。官有世功，则有官族，邑则如是。'公命以字为展氏"。

对于这一出自《左传·隐公八年》的记述，裴骃评道：

---

① 盘姓在现代畲族中并未消失，经20世纪50年代及80年代的民族识别，部分居住于广东博罗、增城等地的盘姓族群被确定为畲族，而杭州市沈塘亦有盘姓畲族十余人，但其来源尚不确定。
② 张淑一：《姓氏起源论略》，《贵州民族研究》2000年第3期，第28页。
③ 王以宪：《中国原姓与感生神话》，《中国文化研究》2005年第4期，第130页。
④ 张淑一：《姓氏起源论略》，《贵州民族研究》2000年第3期，第28页。

第二章 盘瓠图腾的星宿原型：传统认知上的新思考

以此言之，天子赐姓命氏，诸侯命族。族者，氏之别名也。姓者，所以统系百世，使不别也。氏者，所以别子孙之所出。故《世本》之篇，言姓则在上，言氏则在下也。

由此可见，姓氏在古代具有划分社会等级的作用，而这也是魏晋及此之后的封建社会出现"门阀"或"豪门"的一大原因。对于姓氏是如何出现的问题，古人同样有所探讨。《白虎通·姓名篇》认为：

人所以有姓者何？所以崇恩爱，厚亲亲，远禽兽，别婚姻也。故纪世别类，使生相爱，死相哀，同姓不得相娶者，皆为重人伦也。

其实，这一论述仅显现了姓氏作为一种文化现象所蕴含的社会功能，而未从根本动因上探索姓氏的真正起源。与此相似，南宋郑樵在《通志》卷二十五《氏族略（氏族序）》中也有类似解读：

三代之前，姓氏分而为二，男子称氏，妇人称姓。氏所以别贵贱，贵者有氏，贱者有名无氏……姓所以别婚姻，故有同姓、异姓、庶姓之别；氏同姓不同者，婚姻可通；姓同氏不同者，婚姻不可通。三代以后，姓氏合而为一，皆所以别婚姻，而以地望明贵贱。

另在诸如《风俗通·姓氏篇》（东汉应劭）、《古今同姓名录》（南朝梁萧绎）、《姓氏急就篇》（宋王应麟）、《古今姓氏书辩证》（宋邓名世、王力平）、《姓氏谱纂》（明李日华）以及《姓韵》（清张澍）等专论中，亦未从根本上厘清姓氏的起源。那么姓氏究竟源于何处？搞清这一问题，对我们认识畲族的图腾原型具有不可忽视的重要意义。

有学者指出，"姓氏是随着图腾名称的产生而产生的，最古的姓氏就是图腾名称；姓氏渊源于图腾名称，是姓氏形成的一条重要途径"[①]。这样的论述早在19世纪中期就已有出现，如美国人类学家摩尔根在《古代社会》中引述了英国学者罗伯

---

① "所谓图腾名称，就是某氏族、胞族、部落、民族或家庭等社会组织，以动物、植物、无生物或自然现象为图腾，并以其名称作为群体的名称。"何星亮：《图腾名称与姓氏的起源》，《民族研究》1990年第5期，第31、38页。

特·哈特有关中国图腾的发现：

> 中国人称民众为百姓……，意指"一百个家族的姓"，"……现在，在这个国度里约有四百个姓，我发现其中某些姓与动物、果实、金属、自然事物等有关，可以译为 Horse（马）、Sheep（羊）、Ox（牛）、Fish（鱼）、Bird（禽）、Phoenix（凤）、Plum（李）、Flower（花）、Leaf（叶）、Rice（米）、Forest（林）、River（江）、Hill（丘）、Water（水）、Cloud（云）、Gold（金）、Hide（皮）、Bristles（毛）等等。在中国许多地方遇到很大的村庄，全村只有一姓，比方说，在一个地区见到三个村庄，每一个村庄住着两三千人，第一个村庄全姓马，第二个村庄全姓羊，第三个村庄全姓牛。……正如北美洲的印第安人夫与妻不属同一部落[氏族]一样，中国人的夫与妻也总是属于不同的家族，即不同姓。①

法国社会学家涂尔干也说：图腾群体"自信出自图腾，图腾既做徽帜，亦做他们共有的姓。若图腾为狼者，各员皆信他们曾有过狼祖，他们亦各有狼性。于是他们就自称为狼"②。自此以后，我国学者相继提出了诸多类似观点，从而将我国姓氏的起源纳入图腾文化的研究中。如郭沫若在《甲骨文字研究》中就曾表示："卜辞风字均作凤，盖古代神话以大风为大风神，庄子逍遥游之大鹏，传说即其子遗。大风即大凤，故下云：'缴也'。又谓古有风姓之国，春秋时有任宿须句颛臾皆风姓，古云，伏羲氏之胤，案其实乃以凤为图腾之古民族也。"③黄文山则说："中国古姓，多为四腾之遗留，如秦姓嬴，是瑞兽之名，周姓姬，是鳄鱼的意义，季札之姓狸，夏姓姒，为妊娠的药草，鄢之姓嫚，乃云之古文……。"④李玄伯也认为："姓实即原始社会之图腾"，由此他指出风姓的图腾是凤，姜姓的图腾是羊，姬姓的图腾是芑，己姓的图腾是虫类，董姓的图腾是龙，彭姓的图腾是鼓，斟姓的图腾是桑椹，曹姓的图腾是枣，芈姓的图腾亦为羊，尧下祁姓，以"示"（天上的某种自然现

---

① [美]路易斯·亨利·摩尔根：《古代社会（下）》，杨东莼、马雍、马巨译，北京：商务印书馆，1981年，第361—362页。
② 转引自李玄伯《中国古代社会新研》，上海：开明书店，1949年，第82页。
③ 转引自何星亮《图腾名称与姓氏的起源》，《民族研究》1990年第5期，第35页。
④ 黄文山：《对于〈中国古代社会的图腾文化〉之我见·跋》，《新社会科学季刊》1934年第1期，第65页。

第二章 盘瓠图腾的星宿原型：传统认知上的新思考

象)为图腾；舜下姚姓，以桃为图腾；禹下姒姓，以薏苡为图腾。① 此外，吕振羽、董家遵、钟道铭、孙作云以及丁山等学者亦有此类论述。

姓氏"图腾起源论"的提出，并非仅是姓氏代号所能独立完成的，归根结底在于"感生神话"对学者的巨大启发。东汉许慎在《说文解字》中说道："姓，人所生也。古之圣人，母感天而生子，故称天子。因生以为姓，从女生。"《白虎通·姓名篇》则说："姓，生也，人所禀天气所以生者也。"由此可见，"感生神话"在我国早有先例。就"感生神话"的概念来说，上文已有所述。简而言之，感生神话就是有关某族群之始祖因其母感应某神之灵或某种异数而使之孕育并得以出生的神奇故事，是原始初民不了解男女媾和而孕生的生理秘密，从而把氏族祖先与氏族繁衍归功于图腾的意志与行为，这不正体现了图腾起源"妊娠说"吗？

《诗经·大雅·生民》记载："克禋克祀，以弗无子，履帝武敏歆，攸介攸止。"此为对"姜嫄履大人迹而生稷"的神异讲述，这在《史记》卷四《周本纪》中亦有所载，其文曰："周后稷，名弃。其母有邰氏女，曰姜原。姜原为帝喾元妃。姜原出野，见巨人迹，心忻然说，欲践之，践之而身动如孕者，居期而生子。"另，《史记》卷三《殷本纪》记载："殷契，母曰简狄，有娀氏之女，为帝喾次妃。三人行浴，见玄鸟堕其卵，简狄取吞之，因孕生契。"此为对"简狄吞燕卵而生契"的神奇记述，而这早在《诗经·商颂·玄鸟》中即有记录："天命玄鸟，降而生商。"这一记载是典型的"卵生神话"，这在《史记》卷五《秦本纪》中同样有所记述："秦之先，帝颛顼之苗裔孙曰女修。女修织，玄鸟陨卵，女修吞之，生子大业。"对于更久远的华夏始祖，后学之载亦然众多。《史记》卷一《五帝本纪》写道："虞舜者，名曰重华"，其《正义》则曰："(握登)见大虹，意感而生舜于姚墟，故姓姚。目重瞳子，故曰重华。"东汉王符在《潜夫论》卷八《五德志》中记载："有神龙首出常羊，感任姒，生赤帝魁隗，身号炎帝，世号神农。"而《史记·五帝本纪》"正义"引《帝王世纪》云："神农氏，姜姓也。母曰任姒，有乔氏女，登为少典妃。游华阳，有神龙首，感生炎帝。人身牛首，长于姜水，有圣德，以火德王，故号炎帝。"据北魏郦道元《水经注》卷十七《渭水》记载："故渎东经成纪县，故帝太皞庖牺所生之处也。"唐司马贞《史记索隐》卷三十三《三皇本纪》则曰："皞庖牺氏，风姓。代燧人氏，继天而王。母曰华胥，履大人迹于雷泽

---
① 李玄伯：《中国古代社会新研》，上海：开明书店，1949年，第34、53—108页。

而生庖羲于成纪。"以上这些神话人物早已被后世汉民尊奉为"无可争辩"的华夏始祖。而在少数民族中,这样的例子并不稀见。如晋常璩《华阳国志》卷四《南中志》记载:"有竹王者,兴于遁水。有一女子浣于水滨,有三节大竹流入女子足间,推之不肯去。闻有儿声,取持归,破之,得一男儿,长养有才武,遂雄夷狄,氏以竹为姓。"除此之外,在满族、阿昌族、彝族、赫哲族、白族以及纳西族等少数民族中屡见不鲜,并且还多与姓氏相通,如满族姓氏"萨克达"汉译为"野猪"、"尼玛哈"汉译为"鱼"、"钮祜禄"汉译为"狼"、"索绰罗"汉译为"桃子"等。

上文引述表明,"感生神话"所"感生"的对象主要有以下三种类型,"一曰'履迹'感生。即圣处女与图腾身体或其他附属物品、派生物发生直接、间接(幻想、摹拟)的'神秘接触'而导致受孕,这类图腾皆系动物。二曰'吞物'感生。即圣处女无意中吞食某种图腾而导致受孕,此类图腾多为植物或动物的卵(蛋)。三曰'遇异'感生。即圣处女与怪异之图腾事象发生接触或受其'干扰'而导致受孕,此类图腾多为无生物或自然气象(如雷、电)。"①从感生神话所讲述的内容来看,它们大多是有关民族始祖"只知其母,不知其父"的原始状态,凸显了母系氏族社会的诸多特征。然而,就其所叙主角而言,却完全是对氏族男性不平凡的出身以及社会贡献的歌颂,彰显了父系氏族社会的本质。因此,"感生神话"足以被看作图腾信仰向祖先崇拜过渡的中间阶段。

盘瓠神话,尤其是畲族的"宗谱神话",则是典型的感生神话,并且体现出第三类"感生"神话——"遇异"的特征。可以说,夏禹之母吞薏苡而生禹,故姓姒氏;殷契之母吞燕卵而生契,故姓子氏;周稷之母履巨人迹(实为大熊足迹)而生稷,故姓姬氏,而要说明的是"这些女性始祖曾同薏苡、玄鸟和熊发生过一种特殊关系,而薏苡、玄鸟和熊都是神灵的化身,扮演着男性始祖的角色。所以'姒氏'即以薏苡为图腾的氏族,'子氏'即以玄鸟为图腾的氏族,'姬氏'即以熊为图腾的氏族"②。那么,同为感生神话的盘瓠神话,在原始时代,理应具有同样的解释,即畲族以星宿为图腾,以星名为姓氏。但就现实情况而言,在畲族八大姓氏中,并未出现以"星""娄"或"亢"等为姓氏的现象,甚至于盘瓠氏集团的瑶、苗二族中也未能得见,这不免让人生疑。如果姓氏来源于图腾信仰,或说来自氏族的图腾

---

① 王泉根:《论图腾感生与古姓起源》,《民间文学论坛》1996年第4期,第19页。
② 刘文英:《从原始思维看图腾之谜》,《哲学研究》1995年第11期,第72页。

第二章 盘瓠图腾的星宿原型：传统认知上的新思考

名称——"就是某氏族、胞族、部落、民族或家庭等社会组织，以动物、植物、无生物或自然现象为图腾，并以其名称作为群体的名称"①。那么，作为中间阶段的"感生神话"无疑正确解释了这种社会现象（姓氏文化）。然而，盘瓠氏集团的姓氏现状却给予我们这样一种信息——"感生神话"并不能作为解释姓氏起源的唯一来源。果真如此吗？在笔者的资料搜集中，青田县令吴楚椿的《畲民考》中如下记载：

（畲民）顺治间，迁琼海之民于浙，名畲民。而处郡十县尤多，在青田者，分钟、雷、蓝、盆（盘）、娄五姓。力耕作苦，或佃种田亩，或扛抬上山舆，识字者绝少，土民以异类目之，彼亦不能与较我。②

无独有偶，在清光绪《遂昌县志·畲民附》中则有以下文字：

畲民有雷、蓝、钟、盘、娄五姓。本盘瓠遗种，其后蔓衍为五溪蛮。……③

由此可知，清朝末年的青田与遂昌等地都曾存在一支"娄姓"畲族。不过，在论述畲族"娄姓"前，仍需通过分析除盘瓠"因星而生"外的其他同类神话，方能解释这一神话类型的普遍性，进而为深入研究畲族"娄""盘"二姓之间的关系打下基础。

晋王嘉《拾遗记》卷一"少昊"条记载："少昊之母皇娥，于穷桑沧茫之浦遇神童，称为白帝之子，即太白之精，于是而生少昊。"意为"皇娥感太白星（金星）而生少昊"。清马国翰《玉函山房辑佚书》辑《春秋纬元命苞》记载："黄帝时，大星如虹，下流华渚，女节梦接，意感而生白帝朱宣。"又引北魏宋均注曰："朱宣，少昊氏。"也就是说，"女节感流星而生少昊"。尽管二者存在一定差异，而这也许正是口传文学在流传过程中发生变异而带来的，但不论怎样，二者均说明，"天之异象"也是人们用来解释上古名人出身的一种题材。北宋类书《太平御览》

---

① 何星亮：《图腾名称与姓氏的起源》，《民族研究》1990年第5期，第31页。
② 〔清〕卓昇侯、陆元和、潘绍诒主修：《处州府志》（卷二十九《艺文志中·文编三》），光绪三年（1877）重修，刻本。
③ 〔清〕胡寿海、史恩纬修：《遂昌县志》（卷十一《风俗·畲民附》），清光绪二十二年（1896），刻本。

卷四引《遁甲开山图荣氏解》时写道："女狄暮汲石纽山下泉，水中得月精，如鸡子，爱而含之，不觉而吞，遂有娠，十四月，生夏禹。"如此说来，大禹乃月精降世。《拾遗记》卷八《吴》中记载："孙坚母妊坚之时，梦肠出绕腰，有一童女负之，绕吴阊门外，又授以芳茅一茎。童女语曰：'此善祥也，必生才雄之子。今赐母以土，王于冀、轸之地，鼎足于天下。百年中应于异宝授于人也。'语毕而觉，旦起筮之。筮者曰：'所梦童女负母绕阊门，是太白之精感化来梦。'"在这里，吴国之君孙坚成为太白（金星）之精。唐段成式《酉阳杂俎》则记载了"老子"的奇异出生，其前集卷二中写道："李母本元君也，日精入口，吞而有孕，七十二年而生老子。"另在《晋书》卷一百一《载记第一·刘元海》中记载："匈奴左贤王刘豹，妻呼延氏，魏嘉平中祈子于龙门，俄而有一大鱼，顶有二角，轩鳍跃鳞而至祭所，久之乃去。其夜，梦旦所见鱼变为人，左手把一物，大如半鸡子，光景非常，授呼延氏曰：'此是日精，服之生贵子。'自是十三月而生元海，左手文有其名，遂以名焉。"由此可见，不仅在汉族社会中存在感星而生的神话，在古代少数民族中同样存在。在我国东南沿海诸地，戏曲界通常尊奉田公元帅为行业神，这位戏神则被认为是唐玄宗时的宫廷乐师雷海清，而这一地域的畲族民众则将之奉为民族英雄。就雷海清的出生来说，同样存在星宿投生说。据清乾隆二年（1737）完成的《福建通志·坛庙志》记载："一说田元帅为天上翼宿星君，故其神头插双鸡羽，象翼之两羽，田姓象翼之腹，共字象两手两足，故其神擅技击。羽又为五音之一，故其神通音乐。"[①]于此，作为二十八宿之一的翼宿也成为下凡托生的对象。

　　以上所引述的神话故事，虽然并非都显现出姓氏与图腾之间的关系，且不少故事内容显得牵强与怪诞，但不可否认的是，除盘瓠神话，以星宿入题的感生神话亦不在少数，并且打破了时间与民族的界限，成为一个广泛存在的民族记忆。其实，就这些来自史书记载的感生神话来说，它们的成型年代也许在其被记载之前就已存在，但就它们在现实中的流传状态而言，大多数早已湮没于历史的大潮中。不过，相较于此，盘瓠神话的流传正如上文所述，不仅被固化于宗谱和祖图之中（在畲族民众看来，它们亦是世代相传的家族之宝），更在全民族的日常生活中得以广泛传颂，并以民族图腾的形式被现代学者所认可。所以，通过感生神话研究畲族最古老姓氏的来源，并以此窥探畲族图腾崇拜的原初对象是较为合理的重要途径。

---

① 栾保群主编：《中国神怪大辞典》，北京：人民出版社，2009年，第633页。

第二章 盘瓠图腾的星宿原型：传统认知上的新思考

笔者于上文曾言，在《处州府志》与《遂昌县志》中都记载畲族曾经存在"娄姓"的事实，但这两条记载并未言明该"娄姓"畲族的真正来源。就笔者所掌握的畲族材料而言，仅于福鼎岭兜村《冯翊郡雷氏宗谱·冯翊郡雷氏修谱源流序》中看到如下文字：

蓝雷钟李总同支，赘婿娄吴识肇基。庙镇广东山笋峙，祠分港北水涟漪。兰孙桂子行无乱，近族远宗叙不移。秋水蒹葭人会晤，读君序传和君诗。①

这本宗谱由浙江平阳贡生雷云等主持纂修，莒溪（现属苍南县）陈启拔撰文，是谱以雷永祥为鼻祖，以明万历八年肇基于平阳桥墩（现属苍南县）的雷永祥长子雷仰宇为第一世，其族在明中后期由福建罗源迁至浙江温州、平阳等地，清顺治年间又有分支移居泰顺、福鼎。由此可知，这本宗谱的修订实乃该支雷姓畲民自平阳带往福鼎。而自此可知，在明清时期的平阳地区同样存在"娄姓"畲族，但该诗则明确将娄姓畲族作为汉族"赘婿"。就目前的资料显示，在现今的遂昌县、苍南县、青田县、平阳县等地依然存在大量的娄姓民众，不过相较于当地大姓来说，娄姓依然显得较少，故而在这些县志中均未言明该地娄姓源于何处。② 一般认为，现代娄姓主要有七种来源：1.源于姒姓，出自大禹后裔的封地杞地（东楼公），属以邑（封号）为氏；2.源于姒姓，出自大禹之臣犁娄氏，属以祖名为氏；3.源于姬姓，出邾娄国，属以国为氏；4.源于姜姓，出自齐国隐士赣娄子，属以祖名为氏；5.源于姜姓，出彭祖弟子离娄，属以祖名为氏；6.源于鲜卑族，属汉化改姓为氏；7.源于满族，属汉化改姓为氏。③ 由此可见，尽管"娄"字也以"女"字为旁，但现实的研究成果告诉我们"娄姓"实乃后起之姓，并不具有母系氏族时代图腾崇拜的原始性。

结合具有同源共祖关系的苗、瑶两族来看，包括历史文献、口头演述在内的资料均未显示她们曾有娄姓，而两族于现代社会出现的娄姓很可能是由民族通婚后以父取姓、以母定族造成的。不过，我们依然要问，为何在畲族历史上会有关于"娄

---

① 福鼎岭兜村《雷氏宗谱》清同治五年（1866）修，复印件藏福建省民族研究所。
② 参见刘宗鹤总纂《遂昌县志》，杭州：浙江人民出版社，1996年；萧耘春主编：《苍南县志》，杭州：浙江人民出版社，1997年；陈慕榕主编：《青田县志》，杭州：浙江人民出版社，1990年；郑立于主编：《平阳县志》，上海：汉语大词典出版社，1993年。
③ 何光岳著：《中华姓氏源流史》，长沙：湖南教育出版社，2003年，第1411—1412页。

姓"的记载，并与姓氏起源图腾说如此弥合？难道果真来自畲汉通婚？但就目前的资料来说，对之记载仅限于上述引文，即福鼎岭兜村《冯翊郡雷氏宗谱》。另外，是何原因使这一通婚导致的族姓变化被记录于地方史志？较之因通婚而改变族属的李、吴、罗、杨等汉族姓氏，为何未能得到（笔者所掌握的）地方史志纂修官或文人学士的关注？而娄姓在畲族中究竟存在了多长时间？畲族的姓氏难道仅由包括盘姓在内的八姓组成？这一切的疑问均需日后进一步研究。就本文的论述而言，笔者依然倾向于把娄姓暂时作为畲族姓氏组成的古姓看待，这不仅是姓氏图腾说带来的猜测，更在于大量现实史料将"娄姓"与畲族的古老信仰相连。不过，在畲族史的发展中，畲族"娄姓"不仅被湮没于时间的大潮，更没有在畲族民众的记忆中留下半点印记，但在清末的典籍记载中，"赘婿"之因使沉默已久的"娄姓"再度浮现在我们面前。

根据姓氏起源图腾说，笔者认为以"星宿崇拜"而得姓氏，在畲族先民社会中发生的可能性很大，只是原初形态的畲族"星宿"姓氏在特定的历史条件下发生了姓氏转移——盘姓。

有关畲族"盘姓"的来源，畲族民众的自我解释是"以盘盛子""高辛赐姓"，而盘瓠自出生到化身龙麒的过程就是以"盘盛瓠盖"，进而得名"盘瓠"。因此，畲族"盘姓"的来源实是借盘瓠之名以为姓，是盘瓠氏集团最典型的姓氏。根据原始氏族的发展理论来说，"盘瓠"理应同"伏羲""炎帝""女娲"等一样，并非仅指一人，而是一个氏族部落的整体称号。所以，在进入父系氏族时代之前，畲族先民所在的部落体系也许就曾被称为"盘瓠"。从感生神话作为母系氏族社会向父系氏族社会转变的中间阶段而论，"盘瓠"也许正是在这个阶段中该氏族得以分化自立的核心成员，而其后的"盘姓"也许正来源于此。

尽管包括畲族（先民）在内的盘瓠氏集团早已掌握天文历法的基本知识及应用规律，但这并不能说明盘瓠氏集团已经率先命名了二十八宿，而作为盘瓠氏集团中人口最众的苗族对二十八宿的称谓虽为动物（表1-1），但与战国中后期最终定名的汉族二十八宿是完全不同的两类称谓体系。对流星、彗星、陨星这些后世文献中才出现的名称概念而言，母系氏族时代是否已有认识，我们现在尚无证据予以说明。就盘瓠神话中的"茧卵"来看，上文的分析似乎已经给出这样的信息：茧卵或为陨石。在原始社会（母系氏族）时期，人类的生活来源注定无法脱离自然的束缚，

第二章 盘瓠图腾的星宿原型：传统认知上的新思考

而各种用具的制作无不以自然材料为基础。从当下还在流传的神话来说，洪水神话中的葫芦母题在很多民族中都存在，而瓠即是葫芦的一种。至于盘，在古代曾写作"槃""鏊""盤"，据东汉许慎《说文解字》卷六《木部》解释："槃，承槃也。从木，般声。古文从金，籒文从皿。"我们有理由相信，最早的"盘"应是就地取材，以木质材料为主，而以"瓠"制作的实用器直到现在还被用作盛水器（如徐州沛县等地称之为"瓢"，又有俗语"按下葫芦起了瓢"）。

据《史记》卷二十七《天官书》记载："瓠瓜，有青黑星守之，鱼盐贵。"唐司马贞索隐按："荆州占云：'匏瓜，一名天鸡，在河鼓东。匏瓜明，岁则大熟也。'"唐张守节正义："匏瓜五星，在离珠北，天子果园。占：明大光润，岁熟；不，则包果之实不登；客守，鱼盐贵也。"而明陈士元在《论语类考》卷二十《瓠瓜》中写道："临川（今属江西省抚州市）人应抑之天文图有瓠瓜星，其下注云：论语，吾岂匏瓜，正指星言，盖星有瓠瓜之名。"由此可见，瓠瓜星曾在临川地区出现，实属楚地，乃武陵蛮所在。另据宋欧阳修撰《新唐书》卷六《本纪第六》记载："（唐大历）三年（768）十二月已亥有彗星出于瓠瓜。"这一自然奇观虽然出自唐代，但我们亦不能否定它在远古时代出现的可能，而其（彗星）碎片是否成为陨石而为畲族先民所得，并以盘瓠装载，从而成为畲族始祖得名的起因，我们同样不能随意否定。也许正是基于这种情形的存在，才有学者认为畲族的图腾原型为"葫芦"，并指出"盘瓠其实不过是首先用瓠能制成盘、瓢之类器物的人，便以其初创之功而得名为盘瓠"①。其实，这种说法恰恰表明，原始社会时代的盘瓠氏集团在认识星宿并定名星宿之前，人们只能根据诸星所形成的意象，以现实存在的实物加以对应性模拟，进而将之神圣化，成为氏族集团成员共同崇奉的图腾。所以，即便畲族先民曾把葫芦作为氏族的标记，但其信仰的实际对象却依然是星宿。

上文之述已足以证明畲族曾经存在星宿崇拜，而星宿本身所指向的始祖之名"盘瓠"却成为盘瓠氏族最典型的姓氏——盘的来源。这种转移虽与图腾起源论之转嫁说有所差异，但它依然表明，图腾的形成并非仅是单一理论所能完全解释的，而图腾原型也会随着人类思维以及人类文明的进步而发生各种形式的变异，甚至完全变形或被彻底抛弃，从而适应人类生产生活的需要。在笔者看来，畲族

---

① 何光岳：《论盘瓠氏的起源、分布与迁徙——兼议盘瓠与葫芦的关系》，《中央民族学院学报》1989年第2期，第26页。

（先民）对星宿的信奉实际上已经超出对单一星宿的崇拜，而是对包括二十八宿、流星、彗星等各类自然天体的整体性神化及信奉，这也许正显示了旧石器时代中期（母系氏族时代）图腾信仰的一般特点——象形模拟的"类"崇拜。不过，我们必须明白，同一类崇拜对象并非仅存在于某一个原始氏族部落，因此为了区分氏族部落的集群性特点，必须以更准确的图腾标志描述自己的部族性质。尽管进入父系氏族时代以来，图腾的血缘性被逐渐淡化出人们的思想体系，但部族间的兼并战却越发激烈，因此以更明晰的族徽标志来区分不同氏族间的关系，从而发展"合纵连横"以保持自己得以生存的独立地位。从现有的畲族文物以及口述记忆来看，畲族早已把二十八宿之一的"娄宿"看作自己曾经信奉的图腾原型，而这一选择虽然改变了星宿信仰的整体性，但其星宿信仰的根本特质却未发生任何变化。

（四）族群斗争与生产习俗：族星崇拜的心理积淀

自人类诞生的那天起，人口数量便在自然承载力的作用下不断增加，而人类又是一个群居性的动物种群，就此而论人类与大多数群居性动物并无二致。人类之所以为人类，关键就在于人类对工具的制造与使用，而由此发展起来的人类社会文化则成为彻底区分人类与动物的标尺。在人类的进化历程中，集群生活造就了男女并无明显分工的早期劳作模式，但随着男女性别意识的逐步觉醒，以女子为采集主力和以男性为狩猎主体的初级分工渐趋完善，从而使人类进入母系氏族社会。这一时期最为典型的特点就在于人类族群较为分散且数量并不庞大，而自然所赋予的食物能够基本满足这些人口的需要，因此各个人类群体间相对保持"老死不相往来"的和谐局面。不过，人类的繁衍与生活资料的季节性变化让来自同一原始群体的人们不断迁徙，以获得足够的糊口之物，这样来自不同地域的人类群体在互相接触中逐渐融合，变成一个更大的人们共同体，进而形成氏族。我们可以想象，在人类初期的融合中，肯定也发生过类似于后世的战争过程，但那时的争斗也许并不十分激烈，因为群体数量较少，独立群体所占有的自然资源也相当有限。

不断融合的人们共同体肯定不止一个，在人口越来越多的情况下，就需要更多的食物予以补充，但当这些人们共同体走到一处，却由于争夺自然资源而发生较过去更为激烈的斗争也是在所难免的事情，而这种斗争的人员因素则是以氏族成员的

第二章 盘瓠图腾的星宿原型：传统认知上的新思考

互相认同为基础。直到现在，我们尚无法解释人类的信仰究竟发生于何时何地，但就图腾崇拜来说，基本被定格为母系氏族中（后）期。鉴于图腾信仰的心理作用，同一个氏族以自己相对独立的行为方式举行图腾仪式。在何星亮看来，人类最早的图腾标志可被称为"原生型图腾标志"，即"根据图腾的本来面目，雕刻、塑造或绘画而成的形象"①。正如岑家梧在《图腾艺术史》一书中指出的那样：在一些旧石器时代的洞穴艺术创作中，有许多具体而形象的动物画，其中不乏全象型的动物图案，如海豹、山羊、巨象、鱼、鸟、鹿、马、熊、犀牛、冰熊和狼等。有人据此认为，这就是人类早期的图腾动物形象。②然而，在现存的畲族图腾形象中，并未出现真正意义上的星宿画面，而一些史书的记载，则被后人认定为畲族所信奉图腾的"原生型图腾"，如《后汉书》卷八十六《南蛮西南夷列传》注曰：

今辰州泸溪县西有武山，黄闵《武陵记》曰："山高可万仞，山半有盘瓠石室，可容数万人，中有石状盘瓠行迹。"案山崖前有石羊石兽，古迹奇异犹多，望石窟大如三间屋，遥望一室，仍似狗形，蛮俗云：是盘瓠像也。

然而，这一记载的可信度值得怀疑。尽管湘西地区溶洞众多，但就目前的考古发现与自然探险来说，尚未发现与上述记载之洞穴相同或相似的自然存在，更未发现盘瓠氏族所供奉的图腾实物，甚至连遗迹都未曾有所报道，而似狗形难道就真的是狗吗？正如对陨石形象的描述中就有"天狗"之说，但它却不是"狗"。基于这种分析，我们又怎能认定盘瓠氏集团是信奉"犬"图腾，从而将之附会于畲、瑶、苗等族群？在笔者看来，畲族民众口中的动物图腾——龙犬或龙麒——仅是对星宿形象的变相模拟。星宿本身并无具体形象，只要观察一下星空就可发现，我们根本无法用一个确切的图像描绘闪烁于天穹的星宿。仅仅通过诸天星斗的点线相连，根本无法创制出如今还在使用的二十八宿和四方神兽，同样也无法出现所谓的现代星座。所以，人们只能根据模糊的天体形象以现实中出现的动物来模拟。那么畲族先民是基于怎样的考虑而绘制出"龙犬"或"龙麒"图腾呢？欲找到这一问题的答案，还是有必要从氏族间的互动关系入手。

自母系氏族时代以来，氏族间的交流不断增多，但彼此间的争斗同样逐渐增多。

---

① 何星亮：《图腾与中国文化》，南京：江苏人民出版社，2008年，第262页。
② 岑家梧：《图腾艺术史》，上海：学林出版社，1987年，第71—76页。

母系氏族时代的开始正处在旧石器时代晚期，而进入新石器时代的母系氏族在与自然的斗争中掌握了"观天制历"的法则，但氏族部落的大量增多与频繁交流必定导致人类思维的转变，从而为确立本氏族的独立性打下基础，并由此逐渐孕育出图腾标志。在原始社会，人类所能遇见的动植物种类远远超过现代，但图腾动植物并非随意为之，而其定型似乎也经历了数千年的时间，所以在这漫长的历史长河中，氏族图腾因氏族本身的发展而产生变动，或因被其他氏族所吞并而彻底改变也是情理之中的事。因此，以现存图腾形象还原某一氏族图腾的最初形象则是远远不够的。在很多学者看来，原始初民对图腾的选择大致源于以下三种因素：一是出于感恩；二是出于畏惧；三是出于图腾对象的神秘①，但就特定族群的具体图腾来说，以上三种因素或都存在，或仅有其中一种。不论怎样，人类创制图腾并以图腾为身份象征，是原始人类的智慧结晶。明罗贯中在《三国演义》中写道：天下之事，合久必分，分久必合。原始时代的氏族同样如此，否则以畲、瑶、苗等为代表的南方少数族群的部分原始成员就不会走进现代社会。这些从原始母体分离出来的族群成分，有些延续了母体图腾以作本氏族的图腾，有些则通过重新选择制定民族身份。氏族成员的生存必须建立在一定的自然空间内，那么其原始时代的居地划分又以何为据，除了坐落于地球表面的江河山系，就是我们于第一章第二节所论述的"星宿分野"，而这种区域划分的方式直到民国时代的地方志中依然有所体现。

在我国的历史发展中，分野并非仅是为了地理划分，生活于固定分野中的民众则通过分野所对应的星宿来观察当地的吉凶祸福。这实际上也是源自星宿崇拜的一种模式，而"族星"观念则是这种崇拜模式的高级阶段。所谓"族星"，是指某一原始氏族为了占卜吉凶祸福，而把所在区域对应的星宿作为氏族的象征，并加以崇拜的一颗或数颗自然天体。在上文的论述中，我们早已看到二十八宿所对应的分野状态，而另有一些记载则显现了这种族星崇拜的印记。《左传·昭公元年》记载："昔高辛氏有二子，伯曰阏伯，季曰实沈，居于旷林，不相能也。日寻干戈，以相征讨。后帝不臧，迁阏伯于商丘，主辰。商人是因，故辰为商星。迁实沈于大夏，主参，唐人是因，以服事夏、商。……及成王灭唐，而封大叔焉，故参为晋星。由是观之，则实沈，参神也。"辰，即指心宿；参，即指参宿。由此可见，"这段记述，反映了夏、商两族的斗争，也反映了夏、商两族的族星是参宿和心宿"，而

---

① 何星亮：《图腾与中国文化》，南京：江苏人民出版社，2008年，第61—69页。

第二章 盘瓠图腾的星宿原型：传统认知上的新思考

"春秋时的宋国，就是被周消灭了的殷商的后裔，故曰'心宿，宋分野也'，宋仍以心宿为其分野，分明是其不忘先祖之意。周成王封弟唐叔虞于夏旧址，就是后来的晋国，故曰'参为晋星'"①。又如《晋书》卷十一《天文志上》记载："自柳九度至张十六度为鹑火，于辰在午，周之分野，属三河。"鹑火，即指柳、星、张三宿，它既是周族的分野，也是该族的族星。《春秋左传·僖公三十一年》写道："乃免牲，犹三望。"西晋杜预注曰："三望，分野之星，国中山川，皆郊祀，望而祭之。"此言即已说明，古人已将对应于本地区的自然天体作为崇奉对象，其下民众的祭拜方式则为"郊祀"，而所祈内容则是"农时"，这正与唐颜师古注《汉书》卷二十五上《郊祀志上》所言："龙星左角曰天田，则农祥也，（晨）[辰]见而祭之"一致。

早在《周礼·春官·保章氏》中就记载："保章氏掌天星，以志星辰日月之变动，以观天下之迁，辨其吉凶。以星土辨九州之地所封，封域皆有分星，以观妖祥。"东汉郑玄注："大界则曰九州，州中诸国中之封城，于星亦有分焉，其书亡矣。堪舆虽有郡国所入度，非古数也。今其存可言者，十二次之分也。星纪，吴越也；玄枵，齐也；娵訾，卫也；降娄，鲁也；大梁，赵也；实沈，晋也；鹑首，秦也；鹑火，周也；鹑尾，楚也；寿星，郑也；大火，宋也；析木，燕也。此分野之妖祥，主用客星彗孛之气为象。"由此可见，《周礼》所载实乃古代占卜的开端，郑玄所注明确昭示各地各族均有属于自己的族星，且其变化则对应着下界居民以及国家的祸福安危，而人们所依据的占卜对象则以岁星（即木星）的运动轨迹为主。明周祈在《名义考》卷一《天部（分野）》中就说："古者封国，皆有分星，以观妖祥。或系之北斗，如魁主雍；或系二十八宿，如星纪主吴越；或系之五星，如岁星主齐吴之类。有土南而星北，土东而星西，反相属者，何耶？先儒以为受封之日，岁星所在之辰，其国属焉。吴越同次者，以同日受封也。"于此可知，古代诸侯的受封成为各氏族选择"族星"的依据。

其实，当人类群体进入母系氏族社会晚期时，氏族部落间的征战已很频繁，而战争的硝烟在整个父系氏族社会则更是不断上演。不过，那时的人们除了因抢占自然资源而发生摩擦，更在于"疆域统一思想"的萌发。然而，战争并不是随意发生的，在古人眼中，它具有明显的征兆，这就是以自然现象为依据的占验，而星宿的

---

① 徐传武：《"分野"略说》，《文献》1991年第3期，第240页。

变动则成为战争是否要发动的重要因素之一。据《史记》卷二十七《天官书》"正义"引《天官（占）》云："岁星者，为东方木之精，苍帝之象也。其色明儿内黄，天下安宁。夫岁星欲舂不动，动则农废。岁星盈缩，所在之国不可伐，可以罚人；失次，则民多习历；见，则喜。其所居国，人主有福，不可以动摇。人主怒，无光，仁道失。岁星顺行，仁德加也。岁星农官，主五谷。"由此可见，岁星不仅成为主管五谷的农业神，更是掌控兴兵罚人的战争之神。《晋书》卷十二《天文志中》记载："孛星，彗之属也。偏指曰彗，芒气四出曰孛。孛者，孛孛然非常，恶气之所生也。内不有大乱，则外有大兵，天下合谋，暗蔽不明，有所伤害。"孛星本是一种自然天象，常与彗星并提，但在此处，它已然成为主管杀伐的"凶星"。除此之外，我们于上文所述的陨星（石）或称"天狗"则同样具有这方面的功能。如明郎瑛在《七修类稿》卷四《天地类（天狗星）》中写道："元至正六年，司天台奏称：天狗星坠地，始于楚，终于吴，遍及于齐、赵诸地，但不及于两广，当血食人间五千日也。时云南玉案山忽生小赤犬无数，群吠于野。占者曰：此天狗坠地，有大军覆境。"在这里，"天狗"以其巨大的威力不仅伤人无数，还促使外族大军压境。明谢肇淛《五杂俎》卷一《天部一》有："《周书》谓天狗所止地尽倾，余光烛天为流星，长数十丈，其疾如风，其声如雷，其光如电。吴、楚七国反时，吠过梁者是也。然梁虽被围，未有陷军败将之衄。略地屠城之惨，而七国不旋踵即亡，则天狗亦恶能为福祸？俗云：'天狗所止，辄夜食人家小儿。'故妇女、婴儿多忌之。"这一记载或可说明，"天狗"在主管兵事的同时还是妇孺的克星。清东轩主人《述异记》卷中也说："康熙壬子（1672）四月二十二日黎明，钱塘西北乡有孙姓者，家方育蚕，门尚未启，邻人采桑过其居，见孙屋脊上有一物，似狗而人立，头锐喙长，上半身赤色，腰以下青靛，尾如彗，长数尺。惊呼孙告之，甫开门，其物腾上云际，发声如霹雳，委蛇屈曲，向西南而去，尾上火光迸裂，如彗之扫天，移时乃息，数十里内皆闻其声，亦有仰见其光者。所谓'天狗堕地，声如雷'也。甲寅，有逆藩之变。按：此皆凶煞天狗所敷演者。"虽然东轩主人以较为传奇的色彩描述了陨石坠地过程中人们的惊恐反应，但事件发生的具体时间以及与之相合的"逆藩之变"或可表明天体运行对下界兵事具有一定的影响。

回过头来看盘瓠神话，我们不难发现的是，盘瓠的出生过程以及出生后发生的"犬戎（番王）之乱"不得不让我们与星宿主兵事或主杀伐的历史认识相联系。若

第二章 盘瓠图腾的星宿原型：传统认知上的新思考

从这一点出发，我们也能理解高辛氏之刘皇后（刘后）之所以会认为盘瓠为不祥之兆而把他弃于野的做法。也就是说，至迟在母系氏族时代晚期，人们就已经能够通过观测天象运动来映照人世间发生的事件。不过，就盘瓠神话的后续发展来看，盘瓠已然成为"力拔山兮气盖世"的民族英雄，而这种讲述恰恰表明进入父系氏族时代的各个原始民族已经认识到人类自身的力量，并逐步接受以男性为主体的社会格局。与此同时体现了在男性占领整个社会后，人们并未彻底忘记女性为整个人类发展所作出的贡献，因而才会出现以"子"之伟大反衬"母"之伟大的民族记忆——"母以子贵"和现实做法；才会产生"高辛氏以盘瓠为之祥并赐以公主为婚"的口述表达，进而在剔除附会于星宿之上的"不祥印记"后，成为氏族成员得以信奉的祖先神。更何况在某些记载中，陨石成为国家得以建立或巩固的假借对象。如《南史》卷四《齐本纪》记载："荥阳郡人尹千于嵩山东南隅见天雨石，坠地石开，有玉玺在其中，玺方三寸。"《南齐书》卷十八《祥瑞》篇中则更详细地写道："南朝宋顺帝升明三年（479）四月，荥阳人（尹午）于（嵩高）山东南涧见天雨石，坠地石开，有玺在其中，方三寸。"玉玺是国家与皇权的象征，而天降之不正预示着改朝换代新君将出吗？郭沫若曾说："民间文艺给历史学家提供了最正确的社会史料。过去的读书人只读一部二十四史，只读一些官家或准官家的史料，但我们知道民间文艺才是研究历史最真实、最可贵的第一把手的材料。因此要站在研究社会发展史、研究历史的立场来加以好好利用。"①此话难免拔高了民间文学作为历史资料的价值，但不可否认的是其中夹杂着真实历史的因子。盘瓠神话是变形了的族源史，通过对它的逐层分析，我们已经看到留存于包括畲族在内的盘瓠氏集团的各个分支的始祖神话的真实一面，当这些民族成员在讲述盘瓠神话或祭拜以盘瓠为核心的始祖群体时，他们实际上依然在崇拜源自远古时代的星宿（星神）。

在畲族族源史的探讨中，东夷（徐夷）说虽然较后兴起，但从星宿分野的角度来说，也是讲得通的。如前文郑玄对《周礼》的注解，其中就有"降娄，鲁也"的描述，而《史记》卷二十七《天官书》中则在把二十八宿与九州相对应时写道："角、亢、氐，兖州；房、心，豫州；尾、箕，幽州；斗，江湖、牵牛、婺女，扬州；虚、危，青州；营室至东壁，并州；奎、娄、胃，徐州；昴、毕，冀州；觜觹、参，益州；东井、舆鬼，雍州；柳、七星、张，三河；翼、轸，荆州。"而《淮南

---

① 郭沫若：《我们研究民间文艺的目的——在中国民间文艺研究会成立大会上的讲话》，载苑利主编《二十世纪中国民俗学经典·民俗理论卷》，北京：社会科学文献出版社，2002年，第43页。

子》卷三《天文训》则将十二星次与二十八宿相对照："角、亢，郑；氐、房、心，宋；尾、箕，燕；斗、牵牛，越；须女、吴，虚、危，齐；营室、东壁，卫；奎、娄，鲁；胃、昴、毕，魏；觜觽、参，赵；东井、舆鬼，秦；柳、七星、张，周；翼、轸，楚。"由此可知，娄宿所照临的分野为徐鲁之地，而在远古时期，徐、鲁均是东夷部落的活动范围，高辛氏族则是东夷部落中实力较强的一支。因此，在畲族的神话传说中，选取徐鲁分野所对应的星宿作为自己的"族星"也是情理之中的事。不过，徐鲁分野所对应的星宿并非仅有一个，它包括奎、娄、胃三个星宿，而现代畲族社会中所流传的崇拜对象则多为"娄宿"。究其原因，则在于畲族先民的生产方式。

在现代学术研究中，畲族虽然广布于闽、粤、浙、赣、皖、湘、黔等省的百余个市县，但在古代社会，各地畲族先民基本从事较为一致的生产方式——以刀耕火种为主的、狩猎为辅的游耕模式。不过，回溯人类早期的生产方式，渔猎和采集是原始先民获取生活资料最主要的行为方式，而这种生产方式延续的时间之久着实令人难以想象。直到进入母系氏族社会，人类生产开始出现价值剩余，也就是开始出现畜牧养殖，但渔猎与采集并未完全失去它的社会效用。直到如今，某些民族依然以此为获得生活资料的重要手段。在流传至今的神话传说中，"神农尝百草""教人植百谷"则反映出人类社会至早于母系氏族社会中后期或说直到父系氏族时代才逐渐发展出农业种植，但这种方式在生产力低下的原始时代并非一次性就在所有氏族社会中得以完成。对于那些居住在不适宜农业耕作地区的先民而言，狩猎与采集依然是他们最为依赖的生产方式。如20世纪50年代以前，生活于我国东北的鄂温克族、鄂伦春族等依然"以森林为家""以狩猎为活"。在流传于闽东地区的畲族史诗《高皇歌》中唱道："……做好心场事就空，龙王思量去打铳，山章麋鹿打来食，龙王打铳顶明工。龙王背铳上山去，又落山里打野猪，山上野猪无千万，太着山羊就去追。一直追到石壁前，石壁山里崎当当，碰着山羊动手打，分居斗死在岩前。"① 在流传于浙南的畲族《高皇歌》同样有："凤凰山上是清闲，日日擎弩去上山，乃因岩中捉羊羔，龙麒斗死在岩前。"② 这种情形也被描绘于祖图长联中，甚至专门创绘了"狩猎图"（图2-10）以展现狩猎记忆。更重要的是，就连盘瓠之死亦与狩猎具有直接的关系。在明清以来的地方志中同样存在大量有关畲族狩猎作业的

---

① 钟雷兴主编：《闽东畲族文化全书·歌言卷》，北京：民族出版社，2009年，第6页。
② 浙江省民族事务委员会编：《畲族高皇歌》，北京：中国广播电视出版社，1992年，第10页。

记载,如明隆庆《潮阳县志》写道:畲民"依山而处,出常挟弩矢,以射猎为生,矢涂毒药,中猛兽,无不立毙者"①。清道光《新修罗源县志》记载,明万历三十九年(1611)"群虎伤人,知县陈良谏祷于神,督畲民用毒矢射杀四虎,患方息"②。清同治《景宁县志》则有:"畲民……自粤而闽以暨处(州)之松(阳)遂(昌)云(和)龙(泉)诸邑,皆有其人,习畋猎,少生产……佃耕以活",而在该志的卷六《武备·兵制和保甲》中还有"惟善猎,畲民犹为习者"③。另据《丽水地区畲族志》记述:"清末丽水县永丰赤坑村一带众虎伤人,雷明瑚兄弟组织全村射虎,除虎有功,曾受宣平县(永丰乡1958年划归丽水管辖)陈知县奖给银制《射虎牌》十六枚。"④《福安畲族志》则载有:"畲村多处于山高岭陡、林深草密的偏远地区,这里飞禽走兽出没频繁,20世纪50年代以前,狩猎是畲家男子的第二职业。"⑤总之,分居于各地的现代畲族民众继承了盘瓠氏集团来自远古时代的生产方式,并在历史的发展中形成民族固有的生产习俗。

图2-10 松阳县象溪镇南坑源西坑口左营·狩猎图(左)、咸丰七年(1857)罗源县新岩头村祖图(长联)狩猎图(右)

人类在掌握星宿运行规律的同时,逐渐发展出的占星术也赋予了各个星宿具有神性的各种含义,从而为远古时代的先民选择属于本民族的族星奠定了基础。尽管从分野角度看,奎、娄、胃三宿均分布于西方白虎系(图2-11)中,但它们在天空中的具体位置决定了古人所要赋予它们的特定含义:

---

① 〔明〕黄一龙主修:《潮阳县志》(卷八《风俗》),隆庆六年(1572),刻本。
② 〔清〕卢凤琴主修:《新修罗源县志》(卷二十九《祥异》),道光九年(1829),刻本。
③ 〔清〕周杰、严用光等修:《景宁县志》(卷十二《风土·风俗(附畲民)》),同治十二年(1873),刻本。
④ 浙江省丽水地区《畲族志》编纂委员会编:《丽水地区畲族志》,北京:电子工业出版社,1992年,第56页。
⑤ 蓝炯熹总纂:《福安畲族志》,福州:福建教育出版社,1995年,第695页。

图 2-11 西方白虎系七星宿

奎《说文》："两髀之间，从大圭声。"圭声《文始》一："跨谓之胯，服也。旁转支则为赵，半步也。所以起卦赵谓之奎，两髀之间也。"段注《说文》云："两髀之间，人身宽阔处，故从大。"《庄子·徐无鬼》："豕虱择疏鬣自以为广宫大囿，奎蹄曲隈乳间股脚，自以为安室利处。"《广雅》："胯，奎也。"庄子的奎蹄，就是猪的胯与蹄。《说文》大，象人形；金文大本人形。这是奎的本义。奎十六星，恰如两髀形。星象与字义适相符合。徐锴注《说文》因云："天文奎亦取象也"。《汉书·天文志》曰："奎曰封豨。"《晋书·天文志》曰："一曰天豕，亦曰封豕。"封豕即大豕。①

依上所见，"奎"之本意在于言人，而后发展成为"豕"即猪。尽管在后世的道教神话体系中奎被赐予"奎木狼"的雅称，并成为管理"天之府库"的神祇，主吉祥，然而，在道教兴起前，奎宿早已成为"贪婪""祸患"的代名词：

《艺文类聚》卷九十五引《山海经图赞》云："有物贪婪，号为封豕"。《方言》："猪南楚谓之豨。"《天问》："封豨是射"。《淮南子》："尧时封豨长蛇，皆为民害。尧使羿断修蛇，禽封豨。"扬雄《上林苑令箴》说："帝羿射封豨。"《离骚》："又好射夫封狐。"姜亮夫先生云："狐当为豨字之形误也。"②

---

① 刘操南：《二十八宿释名》，《社会科学战线》1979 年第 1 期，第 155 页。
② 刘操南：《二十八宿释名》，《社会科学战线》1979 年第 1 期，第 155 页。

第二章 盘瓠图腾的星宿原型：传统认知上的新思考

我们虽然不能确定古人赋予自然天体以特定含义的具体年代，但或可肯定的是，这些为具体星宿附加的特定含义在被记载之前就已流传于民间，是来自过去的一种思维创造。自古以来，人类就有"趋利避害"的心理特征，那么谁又会故意选择一个具有贬义色彩的星宿作为自己的族星，并以现实存在的动物模拟成氏族图腾？就畲族而言，直到现在我们也未曾发现在畲族社会中存在有关"奎宿"的历史记忆，这也许并不能以历史遗忘来解释，因为"娄宿"就是一个很好的证明。不过，在分析"娄宿"前，有必要再谈下"胃宿"。

胃：《说文》："谷府也。从肉，囤象形。"《白虎通德论》卷八："胃者，脾之府也。脾主禀气。胃者，谷之委也。"《素问》："脾胃者，仓廪之官，五味出焉。"《春秋元命苞》："胃者，谷之委也。"胃是谷委，故朱骏声云："天文西方胃宿，三星，鼎足河之次，下有天廪天囷诸星。"《天官书》云："胃为天仓。"《正义》曰："胃三星，……谓主仓廪五谷之府也。占明则天下和平，五谷丰稔；不然，反是也。"胃宿的取名，是取于谷委的。胃鼎足三星，星形适与图形是相似的。①

由此可知，胃宿本意为"谷仓"。尽管进入父系氏族时代，人类的生产方式逐渐由渔猎采集转变为农耕畜牧，但我们已经说过，并非所有原始民族都在同一时期进入农耕畜牧时代，而畲族先民也许就是后起的一支。在史诗《高皇歌》中唱道：

皇帝圣旨好来分，亲问女婿怎么分，六个大仓由你拣，龙王自愿去广东。六个大仓作一行，仓仓都会朗豪光，五仓都是金银宝，龙皇开着是铁仓。六仓都是金钥匙，五仓都是好宝器，金仓银仓都不爱，自愿开着是铁器。问你纱帽爱不爱，钥匙分你自己看，龙袍纱帽都不爱，自愿拣个尖笠戴。不愿做官去作（做）田，不愿作（做）田去种山，开山种食无粮纳，不要纳粮心着闲。②

由此可见，畲族先民在自力更生的过程中一直处于游耕的农业生产状态，他们以山为业，即便从事农耕生产也是依山而作，采取刀耕火种的"烧畲"方式种植农作物。这种生产方式下的农作物产量低下，因而在古代社会中，狩猎成为他们生活

---

① 刘操南：《二十八宿释名》，《社会科学战线》1979年第1期，第156页。
② 钟雷兴主编：《闽东畲族文化全书·歌言卷》，北京：民族出版社，2009年，第6页。

资料的重要来源，所以选择"胃宿"作为族星的可能性也很小。那么"娄宿"为什么会成为畲族自古以来都在崇拜的自然天体，进而成为他们图腾崇拜的原型？这依然需要我们从古人赋予"娄宿"的意义出发，如此方能有所理解。

娄，《公羊》昭公二十五年："牛马维娄。"注："系马曰维，系牛曰娄。"搂：《说文通训定声》："曳，聚也。从手娄声。"《尔雅·释话》："搂，聚也。"《孟子》："而搂其处子。"注："牵也。"娄是搂的省文，有牵系的意思。《左传》定公十四年："既定尔娄猪。"《释文》："亦作㺔①，求子豕也。"《集韵》："㺔，求通。"《天官书》云："娄为聚众。"是娄宿取义，是娄的搂聚一义的引申。系牛曰娄之说推衍，《史记·正义》就有"娄三星，为苑，牧养牺牲，以共郊祀"的说法。《隋书·天文志》娄旁有左更、右更各五星，说："娄东五星，'曰：左更，山虞也；主泽薮竹木之属。……娄西五星，曰：右更，牧师也；主养牛马之属。"②

在这里"娄宿"不仅具有"聚众"之意，同时还兼具"畜牧"之说，并引申为"牺牲"。尽管在《史记·天官书》《汉书·天文志》《晋书·天文志》等历史典籍中尚未出现有关"娄东""娄西"二宿的记载，但"娄宿"已然具有"巡狩"的内在含义，这正应和了畲族自古以来即已存在的生产方式——狩猎。除此之外，从聚众引申出来的"吉祥"寓意同样在民间流传了数千年，俗语云：娄宿之星吉庆多，婚姻祭祀主荣华，开门放水用此日，三年之内主官班。未从官，季神也，娄星神主之。季神十三人，姓竺，名远来。衣流荧，单衣，娄星神主之。上治太一君，下治平盖山。

我们虽然不能把后世的记载认定为远古时代的既存事实，但历史的发展、人类的文明无不在前代的积累上形成，这与我国著名历史学家、民俗学家顾颉刚先生所提出的"古史层累说"有相似之处。所以，我们有理由相信，在数千年前的高辛时代或更久远的时代，盘瓠氏集团的先民们就已经意识到"娄宿"对民族生存的重要作用，从而在现代社会的口承神话、宗谱记载及祖图刻画中得以长时间保存。其实，古人并非没有用点线相结合的方式绘制星图，如东汉南阳画像石上的"虎像参宿伐宿

---

① 此字为上"豕世"，下"娄"。
② 刘操南：《二十八宿释名》，《社会科学战线》1979年第1期，第156页。

星图"、南阳白滩画像石"觜参虎像图"、西安交大汉墓"毕网捕兔"星图、唐吐蕃"二十八宿星图"以及辽天庆六年（1116）"宣化星象图"等[①]。然而，这种描述方法贵在体现包括二十八宿在内的全天星宿于天幕上的分布情况，并以此作为模拟人间生活状态的依据，可这种描绘基本上不带有图腾信仰的成分。正如上文所说，星宿本身并无固定的形象特征，人们只能通过对星宿的观察并对现实存在的动植物形象加以创作，从而形成来自原始氏族社会时期的图腾形象。之所以会出现犬形动物形象以代"娄宿"，而成为畲族社会延续至今的图腾标志，不仅在于畲族先民对类似"狗形"陨石的观察，更在于人们对娄宿三星（图2-12）所组成形象的臆想。对于犬形动物来说，其种类亦是多种多样，但畲族先民所选择的原始模拟对象现已很难确定。在笔者看来，历史上所记述的以及为现代大多数学者所认同的"犬"也许是受道教文化影响的衍生形象，因为不论是应劭、干宝还是范晔，在他们所生活的年代已经出现道教。而春秋战国时就已兴起并延续至汉代的"寻仙""求长生"的思想或许在道教对二十八宿进行塑造的过程中就使用了"娄金狗"之名，故在后世的记述中才产生了本非"狗"却成"狗"的误解。

图2-12 水獭与娄宿三星

在何星亮等学者的研究中，图腾标志的发展过程经历了三个阶段[②]，除了上文所述的"原生型图腾标志"还有"次生型图腾标志"和"再生型图腾标志"两种。所

---

① 参见陈久金《斗转星移映神州——中国二十八宿》，深圳：海天出版社，2012年，第7、20—21、25—26页。
② 何星亮：《图腾与中国文化》，南京：江苏人民出版社，2008年，第262—278页。

谓次生型图腾标志，是在原生型基础上发展而来的，其形象是虚拟的，是自然界中不存在的生物形象，其中就包括半人半兽型和复合型两类。这一阶段的图腾形象彰显了人的作用和氏族分化与细化的特征。就畲族图腾来说，此一阶段的图腾形象是盘瓠形象演变的第四个阶段即"兽首人身"。"再生型图腾标志"则被认为是图腾演化的最后一个阶段，呈现了人兽分离和以纯艺术形式绘制的简单或复杂的动植物或人的形象，并用以标注氏族的象征物。依此而论，畲族图腾的末阶段形象也即转化为人形始祖的样貌，而这也正是盘瓠形象演变的最后阶段。既然我们认定"龙麒"形象并非畲族图腾的原生形态，那么作为盘瓠形象演变的第三个阶段，它又属于图腾标志发展的哪一阶段呢？在笔者看来，这一阶段理当属于"拟生型图腾标志"。也就是说，原始人类为了把原本并无实际形态的崇拜对象形象化，而借用真实存在的动植物或实用器物加以模拟，以此作为本民族区分他民族的文化象征，因而是位处"再生型图腾标志"和"次生型图腾标志"之间的一个阶段。

图腾的形成是一个十分复杂的过程，尽管学者的研究认为母系氏族时代中期是图腾得以兴起的初始阶段，但我们并不能认定所有族群的图腾都于这一时代实现从选择到定型再到延续的整个过程。在现代社会中，部分民族依然在既有图腾形象的基础上不断地重塑或创制属于自己的族群标志。就畲族图腾形象而言，同样如此。通过上文之述可知，畲族图腾的形成的确经历了漫长的生长期——自母系氏族时代中期的萌发；到父系氏族时代早期的发展；再到父系氏族时代中后期的定型；再到后世社会的重塑，显现出一条从未间断的清晰脉络。然而，畲族图腾的一系列发展并未泯灭原初形态的信仰对象——星宿，而星宿崇拜的对象也经历了从整体到单一的选择过程。这种选择不仅来自人类早期对星宿运行规律的观察（制定历法），也来自以星宿进行地理划分（分野）以及据星占卜吉凶的心理作用（族星），更在于人们共同体生产生活方式的左右。总之，在笔者看来，畲族图腾的原型并非古籍记载、现代学者以及普通汉民所认为的"犬"，也非何光岳所说的"葫芦"，或是郭志超所考证的"水獭"，而是自然天体——星宿。

（五）刻星示族：华安"仙字潭"的图像文字？

相较于上文所列论据，尽管民国以来针对华安"仙字潭"的研究并不多，且至今都未出现学术专著，但数量有限的研究成果却彰显了一组难以调和的矛盾和一个

第二章 盘瓠图腾的星宿原型：传统认知上的新思考

不易解决的问题，即由族属难定和文图难分带来的符号解读困境。① 面对这一现状，以华安"仙字潭"论证星宿（尤指娄宿）乃畲族盘瓠图腾之原型或力度不足，但部分学者将之认定为畲族先民"刻字"以"记功"的说法，依然可在"不确定"中提供一些"确定性"的思考，而这恰与从畲、瑶、苗"同源说"展开的"历法"推测具有相似之处——畲族起源"本土说"，即某些现代畲族乃由古越人或古闽人演变而来。不过，面对华安"仙字潭"的族属争议及其难以明确的叙事内容，笔者于此仅将之视为一个潜在证据，并基于现有研究成果给出简要说明，以求诸方家。

华安仙字潭摩崖石刻位于福建省漳州市华安县沙建镇西坑村境内，因岩壁符号难以辨识，当地居民俗称之为"仙字""仙书"或"仙篆"，又因九龙江北溪支流汰溪流经此地时突转南下形成一深潭，故地名称"仙字潭"，字名"汰溪古文"。针对仙字潭的历史记载，自唐代以来就络绎不绝，而相关文献表明，最早对这些"仙字"加以解读的乃唐代大文豪韩愈。《太平广记》卷三百九十二《铭记二》所引《唐宣室志》从神话角度解释了"仙字"来历，而韩愈则识读出"诏示黑水之鲤鱼，天公卑杀牛人，壬癸神书急急"19字，是为"上帝责蛟螭说"；而《太平广记》卷三百九十三《雷一》所引《录异记》同样讲述了"崩山出字"神话，但唐人李协却于贞元年间（785—805）提出了"漳泉分界说"，并辨识出"漳泉两州，分地太平。永安龙溪，山高气清。千年不惑，万古作程"24字。此后，很多文人学士都曾尝试解读，但均不甚为人所满意。

不同于上述古籍及地方志（如《漳州府志》《龙溪县志》等）的描述性记载，民国四年（1915）黄仲琴对"仙字潭"做了考察，并于民国二十四年（1935）完成开启"仙字潭"科学研究的《汰溪古文》，且于文中首次界定了"仙字潭"的文字属性和畲族归属——"汰溪古文，形有类似科斗者，与近人法国牧师费亚所述苗文有相同之处，疑即古代蓝雷民族所用，为爨字，或苗文的一种。"② 福建省人民委

---

① 目前对"仙字潭"的研究存在"字说"与"画说"两种认识。前者认为崖刻乃文字雏形，基本具备文字功能，至少也是图画文字，而字的属性主要有古篆、大篆、爨文、苗文、吴文、彝文、象形文字、图像文字以及图画文字等多种说法；"图画说"则认为崖刻是经过夸张、浓缩并符号化的原始图画。多数学者认为，崖刻表现了某种功利目的，有图腾（族徽）说、生殖崇拜说、祭祀说、娱神说、征战说、纪功说、舞蹈说、事件说以及宴饮说等多种解释。崖刻的族属有畲、越、吴、番、蛮、闽、夷、彝、苗以及高山族等说法。至于崖画的年代，其最晚基本被定在唐以前，而最早则有新石器时代中晚期、殷商时期及秦汉时期等说法，相对年代则认定为商周时期。

② 黄仲琴：《汰溪古文》，《岭南学报》1935年第4卷第2期，第3页。

员会在 1963 年 12 月立"仙字潭摩崖"碑,从官方层面将这些符号定性为"少数民族遗存的图像文字",并言:"仙字潭摩崖刻石五处,为图像文字,字体近似殷周青铜器铭文,是古代居民活动记事的遗迹"。1982 年刘蕙孙在《福建华安汰溪图像文字初研》中对福建文管会曾凡和林钊于 1957 年所拓图像做了解读,他认为拓片中共计 17 字,其中可识者 10 个半,存疑者 2 个,无法识认者 5 个,可连读者为"昱,馘夷俘越,吴王昱,吴战越,战番、番"①;而 1984 年林蔚文在《福建华安仙字潭摩崖石刻试考》中亦据这一拓本,将"仙字潭"除第二"营头至九龙山南安县界"外的五方崖刻解读为"😊部落)二师(征)伐(敌)酋(首)俘伏(敌)酋(首)"②。可以说,在"仙字潭"有文字记载的千年中,几乎一致地认为这些符号乃文字,直至 1986 年才有盖山林等提出"岩画说"③,此后对此类研究开始逐渐增多,从而对"文字说"提出了挑战。然而,不论是哪种认识,学者们对崖刻的解读却未彻底远离"征战""祭祀"或"图腾"等传统意涵。虽然黄仲琴在《汰溪古文》中没有直接表述上述内容,但却写道:

> 闻之汰内乡人陈君,石蠔山洞有古剑,劃岩隙中,制与今殊,拔之弗出,疑为古蓝雷所遗?洞又有古书,清宣统间,汰内邻乡,上坪村郭某得之。是蓝雷盛时,已知用铁,岂制五兵之遗教欤?盖三苗之区域,虽云:左有洞庭之波,右有彭蠡之水,衡山在其难,汶山在其北。实则古时,闽中亦属其范围也。惜郭某云亡,书无可考,否则或可为汰溪古文印证之资料。又汰内乡,至今尚擅巫术,亦苗俗也。④

据此可知,被黄仲琴认定为畲族先民的"汰内"古人已具备与中原地区相媲美的冶金技术,而由此我们不仅能够想象时人是拥有较高战斗力的,也能推测其生产生活水平不会太过低于周边社会乃至中原地区。更重要的是,"汰内乡至今尚挟巫术"的表述则凸显了闽粤交界地所秉持的古老"信俗"传统,而中古以来的各类史

---

① 刘蕙孙:《福建华安汰溪图像文字初研》,《福建文博》1982 年第 2 期,转引自福建省考古博物馆学会编《福建华安仙字潭摩崖石刻研究》,北京:中央民族大学出版社,1990 年,第 56 页。
② 林蔚文:《福建华安仙字潭摩崖石刻试考》,《福建文博》1984 年第 1 期,转引自福建省考古博物馆学会编《福建华安仙字潭摩崖石刻研究》,北京:中央民族大学出版社,1990 年,第 72 页。
③ 盖山林:《福建华安仙字潭石刻新解》,载福建省考古博物馆学会编《福建华安仙字潭摩崖石刻研究》,北京:中央民族大学出版社,1990 年,第 163—174 页。
④ 黄仲琴:《汰溪古文》,《岭南学报》1935 年第 4 卷第 2 期,第 5—6 页。

第二章　盘瓠图腾的星宿原型：传统认知上的新思考

书和方志也多将这一区域视为"信鬼神，重淫祀"的"化外之地"。正如上文所言，不论"仙字潭"的族属为谁，不论将之解读为何种具体文本，一个为大多数学者所公认的研究方向便是"祭祀"，而这又与"征战""记功"等"学说"密切相关。通过阅读既有研究成果以及勘察"仙字潭"现存摩崖石刻（拓片），笔者逐渐意识到这些图像的背后或许隐含了某种星宿信息，而"ꧬ"符号的"图腾"解说则为这种理解提供了一定可能。

在《福建华安仙字潭石刻试考》中，林蔚文根据上述 1957 年所拓崖刻图像中字数最多的第一刻（图 2–13）所示符号认为，"从整个图面来看，似乎作者作了一定意识的编排。石刻正中央，抚膝而坐着一个󰀁，在它的旁边，是一个ꧬ从整个画面看，那居中而坐的似乎是一个首领，或是王。古代蛮夷部落各次邑落自聚，在他们自己部落里，酋长就是统率部落的最高统治者，有如王者，胡厚宣《说󰀂》一文说：'在早期的甲骨文中，王字作󰀃……其字乃象一个最高的奴隶主，站在正位当中，端拱而立，以朝见群臣之形。'由于此字正踞中央，与众不同，且与胡之说可合，因此把它解为酋长或王似较妥当。紧挨着王的身边的ꧬ，似乎是某一兽首的象征图案。从整个画面看我们认为这个可能是代表这个酋长或王的氏族或部落的图腾符号。"在这五幅崖刻中，除ꧬ，还有"⁝"和"ꧬ"两个相似符号，对此林蔚文认为它们是ꧬ变体，亦即ꧬ族的图腾，而结合表示"师"的"∞"可知"ꧬ"乃"代表ꧬ落率有前后有二师征战"。[①]

图 2–13 1957 年"仙字潭"拓片第一刻（采自《福建华安仙字潭摩崖石刻研究》）

---

① 林蔚文：《福建华安仙字潭摩崖石刻试考》，《福建文博》1984 年第 1 期，转引自福建省考古博物馆学会编《福建华安仙字潭摩崖石刻研究》，北京：中央民族大学出版社，1990 年，第 66—72 页。

畲族星宿信俗研究——关于盘瓠形象传统认识的原型批评

由此可见，这五幅崖刻所反映的是一幅由出征前的祭祀、出征后的战斗及战胜后杀俘以献祭组成的部落画面，而👹部落所征伐的对象则是以"𓀀"为象征的"越族"。具体而言，对这五幅崖刻所讲述远古战事的起因、经过及结果，林蔚文叙述道：

第一刻，表现👹部落酋长（王）率领人马出征讨伐某个（越）部落前的情景。👹王端坐中央，旁边悬以图腾，上方左右兵戈纵横，旗旄飘扬，警鼓正振。王的下方两兵士擎戈押俘，跃跃欲动。第三刻，表现👹王在出征前杀戮俘虏以为牺牲（祭祀神明祈求保佑战争胜利）的场面。以钺杀早先被俘的敌方酋长，以箭镞穿首悬于旗架之上，弃尸于下，一士执另一俘虏令其趴下执行刖刑。第四、五刻，表现👹王披挂齐整，秉钺而进，率众亲征的场面。第六刻（右刻）表现👹部落二师在征伐中（征伐敌酋首俘伏敌酋首）的场面。（左刻）表现了👹部落以巨兽般的神力吞噬（消灭）了越某一部落（氏族）的情境。它形象地告诉我们，此次征伐以👹部落的胜利而告终。至此，石刻的全部内容可以初步使人明白了，这是记载👹部落征伐越某一部落（氏族）的一次战斗纪功石刻。它形象地告诉人们当时发生在福建南部的这场征战。而作为记载胜利者战绩的纪功石刻，我们就不难推测，华安摩崖石刻的作者即👹部落他们自己。①

既然象征某类动物之"首"的👹，可以标示居住于闽南地区的某一原始部落，但👹究竟是哪类动物形象的符号化，却未在林蔚文的论述中得到确认。毫无疑问，林蔚文的"图腾说"并未得到大多数学者跟进。然而，这种理解虽有许多漏洞，但该符号在整个崖刻的文字解读中仍处空白，故从象征符号的纯图像角度对👹和•̇加以识别，也是一种极为可行的路径。那么，这两个符号所代表的兽首形象具体所指为何，在笔者看来，它们即为娄宿三星的艺术化描绘，具有一定的变形意味。正如上文所言，不同族群在选择集体徽记时，可以是实物亦可是虚拟物，而与史籍，如《列子》卷二《黄帝第二》所载："黄帝与炎帝战于阪泉之野，帅熊罴狼豹貙虎为前驱，雕鹖鹰鸢为旗帜"②，乃至现代某些民族所遗存图腾原型不同，畲族存续至今的图腾

---

① 林蔚文：《福建华安仙字潭摩崖石刻试考》，《福建文博》1984年第1期，转引自福建省考古博物馆学会编《福建华安仙字潭摩崖石刻研究》，北京：中央民族大学出版社，1990年，第74页。
② 〔晋〕张湛注：《列子》，上海：上海书店出版社，1986年，第27页。

第二章 盘瓠图腾的星宿原型：传统认知上的新思考

原型则更趋虚拟化，而上文之述已然表明这种虚拟化得以实体变现的对象来自以娄宿为代表的自然星体。

虽然从古至今大部分二十八星宿图并未将娄宿三星图绘成❤或∴，而是如图2-11或图2-12所示的"↘"布局。然而，我们并不能否认古人在观测并图绘娄宿三星及其附属星座（"天仓""左更""右更""天庚"以及"天大将军"）时不会受观测角度、观测地点、星等（星宿亮度）绘制技法的影响。世界上现存最古老的根据实测绘制的苏州石刻"天文图"之所以会将娄宿三星刻绘成"▽"布局（图2-14），其原因很可能与观测角度、观测地点及绘制技法有关。此外，某些标示四象与二十八星对应关系的图像，则直接将娄宿三星绘制成类似于"∴"的样子（图2-15），而其形成原因或也跟观测角度、观测地点及绘制技法的不同有关。故而笔者认为，❤或∴当为娄宿三星在刻绘时为适应岩壁空间而出现的一种变异——简化模式。其实，能够影响古人乃至今人绘制星象图的原因是多样的，而具象化的星宿图示（神兽）与抽象化的星宿图示（点状）在社会发展的过程中并不矛盾，相反作为特定族群之集体智慧的产物，这些含义并无二致的人为创造不仅对该族群的分化及再聚合具有显著的推动作用，且在某些特殊活动，如在战争中发挥着聚合族群成员并引导前进方向的社会功能。

虽然我们并不能将"仙字潭"的图像完全等同于岩画，也不能将之简单认定为原始文字，但相关研究已然表明，这些图像是具有史事记录和解释功能的，只不过人们并不能确定其所呈现之史事的具体所指。然而，既然相关图示在部分学者的考证中被认定为部落徽记，那么这种由自然物象简化而来的视觉指示符号，显然体现了特定区域之古人的集体认同意识。正如上文所言，现代畲族的形成是多元族群互动交融的结果，而闽南地区则充分彰显了这种族群多元性特征。纵然古闽越人现已无处可寻，而分子人类学也未能确证现代畲族与古闽越人在遗传上所具有的共同特征，但我们并不能轻易否认现代畲族没有与古闽越人在文化上产生继承关系，特别是在信俗方面。因此，哪怕以娄宿为徽记的❤族群曾与以钺为代表的♂族群发生惨烈战争，且终结于❤族群的胜利，然闽粤交界处的社会文化史研究表明，❤族群在后续的发展中却未因占据优势地位的军事实力而将其他族群同化，相反则在自觉吸收周边族群文化的基础上，在闽粤赣交界的凤凰山一带塑造了包含现代畲族前身在内的"新"人们共同体。

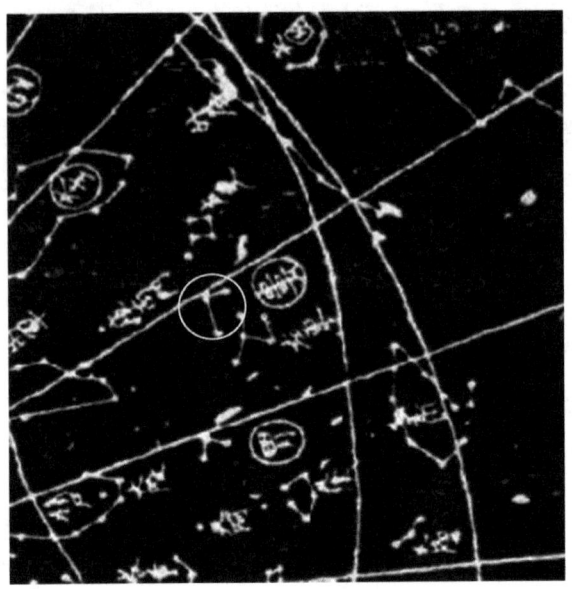

图 2-14 苏州石刻天文图局部

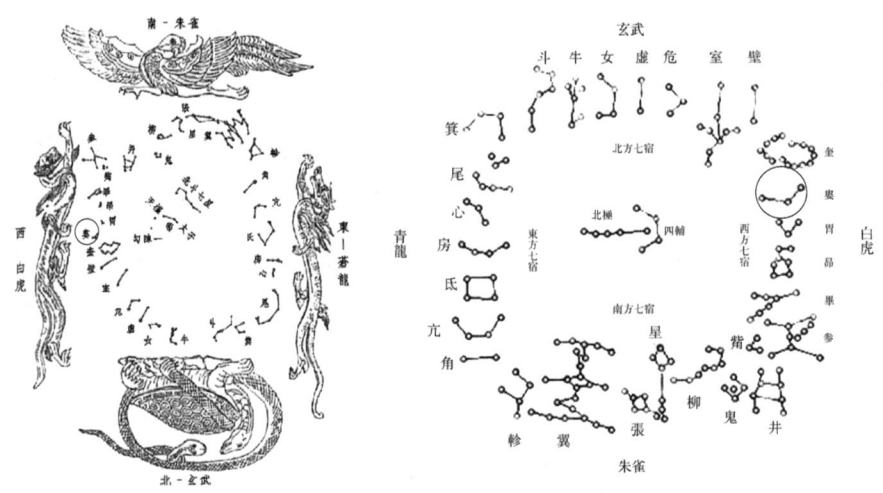

图 2-15 四象与二十八宿图（图片来自网络）

从本质上讲，笔者并不能根据"图腾说"确认"☒"即为娄宿，因为即便这一图像象征某一"二十八星宿"，但"胃宿""心宿""危宿"也具有这种形态。对胃宿何以未被畲族先民塑造成具有图腾意义的族群徽记，上文已有述及，故此不再赘言。那么，如果排除方位对畲族先民选择星宿以定位自我的影响，心宿和危宿又出于何种原因而未被选择呢？我们还是要从二宿被赋予的价值理念出发，方能有所体认。

心宿又称商宿或商星，是东方苍龙系第五宿，是为"龙心"，乃今商丘一带分野之星，其主要由三颗恒星构成①，而其中最引人注目的则是心宿二——在天文学上，心宿二不仅是全天第十五亮的恒星（一等星），也是与一颗蓝矮星组成目视双星系统的著名红超巨星。正如有学者据《左传》《史记》等所言，颛顼时有命南正重黎来观测火星在昏中出没的情形，而火星在甲骨文中既已见，由此可知古人对心宿认识极早。②此外，古人还从心宿二散发的耀眼红光出发，称之为"大火星"，既用以指代心宿三星，又用以确定季节。就后者来说，《诗经》相关篇目早有记载，如《七月》写道："七月流火，九月授衣"③；《四月》则言："四月维夏，六月徂暑"④；《左传·昭公三年》亦有："譬如火焉。火中，寒暑乃退"⑤。总体来看，心宿（尤指心宿二）的升降在古人眼中起到了划分寒暑的重要标志。不过，与心宿配合出现的积卒二星则作为军队的象征⑥，也令心宿三星在古代被置于军队建制的隐喻中——心宿一，又名"太子星"或"心前星"、心宿二除"大火星"，还有"天王"或"帝"的称谓，而心宿三则为"庶子星"，又称"心后星"，由此形成"太

---

① 另据〔清〕戴进贤等编《钦定仪象考成》卷一《一十八宿·心宿》记载："心宿三星外，增八星，黄道、赤道俱在寅宫。积卒二星，黄道在寅宫，赤道在卯宫。右共二座五星外，增八星。"故心宿共计13星。

② 刘操南：《二十八宿释名》，《社会科学战线》1979年第1期，第153页。

③ 对此，〔西汉〕毛苌《正义》云："火，大火也。流，下也。九月霜始降，妇功成，可以授冬衣矣。"〔东汉〕郑玄笺云："大火者，寒暑之候也。火星中，而寒暑退，故将言寒先著火所在。"〔唐〕孔颖达疏则认为："于七月之中有西流者，是火之星也，知是将寒之渐。至九月之中，云可以相授以冬衣矣。"〔清〕阮元校刻：《十三经注疏（附校勘记）》，北京：中华书局，1980年，第389页。由此可见，"七月流火"虽与物候有关，但绝非形容暑热，相反表示天气开始转凉。

④ 对此，〔西汉〕毛苌《正义》云："徂，往也。六月，火星中暑盛而往矣。"东汉郑玄笺云："徂，犹始也。四月立夏矣，至六月，乃始盛暑。兴人为恶，亦有渐，非一朝一夕。"〔唐〕孔颖达疏则认为："郑（玄）以徂为始，六月始暑，喻王乃始酷，余同。……月令季夏，昏大火中。是六月，火星中也。火星中而暑退，暑盛而往矣，是取暑盛为义，喻王恶盛也。"〔清〕阮元校刻：《十三经注疏（附校勘记）》，北京：中华书局，1980年，第462页。由此可见，对心宿季节位置变化的观察，也成为讽喻君王施政不良的代名词。

⑤ 对此，〔西汉〕毛苌《正义》云："火，心星"，"心孳夏昏中而暑退，季冬旦中而寒退"。〔唐〕孔颖达疏云："注心以至寒退。正义曰：'月令：季夏之月，日在柳，昏心中，旦奎中。季冬之月，日在婺女，昏娄中，旦氐后，即次房心。是季冬，旦火中也'。"〔清〕阮元校刻：《十三经注疏（附校勘记）》，北京：中华书局，1980年，第2030页。

⑥ 正如明何良臣所撰《阵纪》卷三《阵宜》所言："天之积卒，阵之宗也。内外方圆，左右顾应，曲折参连，互隐奇正，备而简，固而整。虽神圣握兵，不外乎是。故伏羲氏观积卒而立五军九营……轩辕氏又发积卒之秘……吕望变轩辕之制，画为九区，方诸井字，而作三才五行阵也……周公立伍两卒旅师军之法，以六军为正……"

子—天王—庶子"的五营八阵（前左右二营、后左右二营、中垒共为五营，八阵为鸟、蛇、龙、虎、天、地、风、云）统治格局。

尽管心宿与娄宿一样都带有军事功能，但正如《诗经·四月》所隐喻的那样，心宿还具有讽刺不良施政的社会意义。更重要的是，古人还常以"荧惑守心"的天文现象作为大凶之兆。所谓"荧惑"，乃火星别称，喻义战争和死亡，故又名赤星、罚星或执法星，如《逸周书》卷八《史记解第六十一》就记载："昔者绩阳强力四征，重丘遗之美女，绩阳之君悦之，荧惑不治，大臣争权，远近不相听，国分为二"①，而《史记》卷二十七《天官书第五》则言："荧惑为勃乱，残贼、疾、丧、饥、兵。反道二舍以上，居之，三月有殃，五月受兵，七月半亡地，九月太半亡地。因与俱出入，国绝祀。"②古人之所以认为"荧惑守心"是凶兆，或与心宿二之"天王"或"帝"的别称相关。如果火星"守"——徘徊或逆行在心宿二（大火星）周边，必将形成二"火"相争的危局。对此，《开元占经》卷三十一《荧惑占二》引《石氏星经》云："荧惑守心，大人易政，主去其宫"，又引《甘氏星经》云："荧惑守心，大臣为变，谋其主，诸侯皆起"③，即指会发生君亡和臣乱等社会灾难。尽管黄一农对历史记载中的 23 次"荧惑守心"事件做了考证，并发现其中 17 次并未发生，而西汉以来实际发生的近 40 次该类天象却多未见诸典籍，④然而这并不影响古人对"荧惑守心"的危机认识，而"心宿恶星元非横，起造男女事有伤，坟葬不可用此日，三年之内见瘟亡"的民间谶语或也与此有关。再有，随着道教的兴起，心宿被赋予了全新的神格，并被命名为具有女性特质的"心月狐"，而武则天在《镜花缘》中即被认为是高傲的心月狐下凡。综上所述不难发现，心宿被赋予了多重文化属性，但其周期性运行却在指示季节的同时，带来了更多不祥。因此，不论对心宿的观测是否在颛顼时代既已发生，以畲族先民为主体的古代族群未能将带有"不祥"因素的心宿选为自身标记则是有迹可循的。

与文化属性较为复杂的心宿有所不同，位居北方玄武系第五宿的危宿虽有三星，

---

① 黄怀信、张懋镕、田旭东撰，黄怀信修订，李学勤审定：《逸周书汇校集注（修订本）》，上海：上海古籍出版社，2007 年，第 969 页。
② 〔汉〕司马迁撰，〔唐〕司马贞索引，〔唐〕张守节正义，〔宋〕裴骃集解：《史记》，北京：中华书局，1959 年，第 1317—1318 页。
③ 〔唐〕瞿昙悉达撰：《开元占经》，常秉义点校，北京：中央编译出版社，2006 年，第 342 页。
④ 黄一农：《星占、事应与伪造天象——以"荧惑守心"为例》，《自然科学史研究》1991 年第 2 期，第 120—132 页。

第二章 盘瓠图腾的星宿原型：传统认知上的新思考

且呈现出三角形布局，但其意涵却较为单一，即与建筑有关——屋脊（顶）。有学者对危宿作了如下解释：

> 危，《丧大记》云："栋上也。"《史记·魏世家》云："痤因上屋骑危。"《集解》："危，栋上也。"《索引》："《礼记》：'中屋履危，盖升屋以避兵也。'"《论衡·说日篇》云："如屋上之人，在东危，若西危上。"危是古器物名，好象今人说的屋脊。《天官书》云："危为盖屋。"《晋书·天文志》云："危三星，主天府市架屋。"《隋书·天文志》云："危三星，主天府天库架屋。"《宋书·天文志》云："危三宿，在天津东南，为天子宗庙祭祀，又为天子土功，又主天市架屋受藏之事"。危宿三星，一高两垂，其形适如屋脊。因此，危宿取名，星象与字意是相符合的。①

由此可见，在历代古籍文献中，"危宿"所象征的对象均指向房屋主体构架——屋脊。从星占学的角度看，危宿也是具有一定不祥之意的，虽然从危宿所代表的意象上看不到"不祥"，但从"危"字的本义以及"危宿"的命名上即可有此感知。在《说文解字》中，"危"被解释为"在高而惧也"，而这种意义至今犹存。在北方玄武系中，危宿居于龟蛇尾部，是如战争中常有危险的断后者，故先民将此三星合名曰"危"，并在道教兴起后被赋以神名"危月燕"。由此可见，危宿是具有多凶之意的。或许流传于民间的谶语——"危宿值日不多吉，灾祸必定注瘟亡，一切修营尽不利，灾多吉少事成灾"即源于此。据此而论，危宿同心宿相似，也被人为赋予了"不祥"或"灾难"的文化属性。笔者认为，不论是个体的人，还是由个体的人构成的族群，均具有趋吉避凶的向好心理，而以被赋予美好意蕴的自然物或人造物作为个体或集体的象征，则是这种向好心理的重要表现。因此，相较于未曾标示"不祥"却彰显"聚众"并暗含"畜牧—狩猎"之意的娄宿，危宿和心宿未能成为个体乃至集体的标识也是可以理解的。顺便说一句，如果从现代学术所基本确立的畲族迁徙路线，特别是有关族群发源的东夷（徐夷）说出发，危宿和心宿所定位的空间——分野更无法与畲族关联。

通过上文之述可以知道，华安"仙字潭"是一处仍待解密的远古遗存，而其究竟记录了怎样的区域社会史或族群史，则是未来需要重点研究的内容之一。然而，

---

① 刘操南：《二十八宿释名》，《社会科学战线》1979年第1期，第155页。

无论"仙字潭"的符号是文字还是岩画，都反映了其刻绘主体与周边族群乃至相隔千里之外的其他族群的文化关联。虽然笔者基于相对单一的研究成果并从特定岩刻符号出发，拟定了该符号的星宿图腾属性，但不可否认的是，其作为一种可能性猜想仍需寻找更为多元的材料加以佐证。不过，畲族先民以及当代畲族民众之所以会在各类口述、文字、图像以及仪式中，将盘瓠的诞生之源定位于星宿（特别是娄宿）下凡，则说明被赋予社会文化史意义的星宿（娄宿）不仅助推了"畲"族群的发展，也成为"畲"族群（成员）记忆族群经历的核心符号。此外，以"征战"为叙事重心的盘瓠神话已然凸显"畲"族群的"忠勇"精神，而这正表明"畲"族群是一个能征善战的人们共同体。据此有理由相信，被我国学者确认为与当代畲族具有密切关联的"仙字潭"，其所刻绘的"⚬⚬"或"•.•"即是符号化且变形的娄宿三星。总之，不论立足于二十八宿与天文历法的关系、天体运行对氏族生活的影响，还是站在姓氏起源与感生神话的结合、族群斗争与生产模式的信俗选择，乃至从华安"仙字潭"所示图像符号的图腾解说出发，都可看到盘瓠作为图腾形象的星宿（娄宿）原型。因此，多元一体的星宿崇拜是畲族古老信俗的直接反映。

第三章

民族文化的交流与遗存：盘瓠原型的两种重塑

在长期的北迁过程中，畲汉两族民众在日常生活的诸多方面形成了紧密的互动关系。我们应该知道，不论是政治、经济，还是文化，畲族总是处在劣势地位，面对来自封建统治阶级、地主恶霸以及汉族文人学士的歧视与压迫，畲族先民不得不做出相应妥协，而这种行为并非泯灭族性的彻底被同化，而是在族际文化交流中，于被涵化①的基础上做出了自主性选择。我们早已讲过，在大部分汉族仕宦认识中，总以"犬"形象定位盘瓠原型，并以此作为欺辱畲族民众的资本，这种现象自东汉末年就已初见端倪，并在魏晋南北朝时得以发酵，而自隋唐时起更是得到广泛认同，时至今日，这种认识依然有所存续。

对畲族，乃至整个信奉盘瓠的族群集团来说，盘瓠形象的"犬"认识在很大程度上重塑了畲、瑶、苗等南方少数民族的核心精神文化，并深深阻碍了畲、汉（同时也包括汉族与其他南方少数民族）之间的情谊。面对这种认识的持续，畲族民众并非"坐以待毙"地甘受欺辱，但为了保持对始祖文化和图腾文化的虔诚心理与族群认同，畲族民众在历史传述的基础上对图腾标志进行了再造，并希求以此削弱畲汉之间因文化差异而带来的隔阂，从而进一步促进畲汉两族民众在政治、经济及文化诸方面

---

① 所谓"民族涵化是各民族之间的文化因素在长期接触交往过程中，发生某种文化变异现象。民族涵化的结果可表现为接受、适应、抗拒。接受，就是一民族对另一民族文化因素的认同。适应，就是在认同的前提下，民族间的协调、调适、融合。抗拒则意味着不认同，各民族仍保持自身文化相对的特性"。而"民族同化是指一个民族在交往过程中，接受另一个民族的特征，丧失本民族特征，最后变成另一个民族的现象"。刘吉昌：《民族认同与中华民族的发展》，《贵州民族学院学报》（哲学社会科学版）2003年第4期，第35页。

的和谐交流。这是畲族民众自主融入汉民群体的一种生存措施，但这种策略性选择并未失却族群文化的基本特性。我们虽然不能确定这种策略性选择发生的具体年代，但从畲汉文化形成普遍交流的历史状况来看，这种族群文化的转型，理应形成于隋唐之后，并且表现出以下两种主要倾向——"龙麒"塑造与"凤凰"回归。

第一节 龙麒：民族文化的他（汉）族趋同

龙，作为意识形态的虚拟产物，在汉族社会中一直具有较高的神圣地位，它不仅被视作一种神兽，成为十二生肖中唯——个找不到真实形象的动物，更在后世的发展中，成为汉民族引以为豪的图腾标志。随着封建集权文化的高涨，龙作为不断被鼓吹的文化对象，作为华夏民族精神的核心象征，深深烙印在汉族广大人民的心中。随着畲、汉两族民众的频繁接触，龙文化也深入畲族社会，借着汉族对龙形象的虚拟构想，盘瓠图腾得以"类龙形"塑造，但这种形象并非龙形的全真模拟，而是一种变形性的民族创造。我们应该知道，在神话传说中，与龙具有比肩地位的虚拟形象还有麒麟，而这一形象也成为畲族图腾塑造的原型来源之一。为了区分畲、汉之间的族群徽记，大部分畲族民众则将结合了汉族文化因子的盘瓠形象称为"龙麒（期）"。实际上，这种族群标志的形象改变是对盘瓠原型发展"六阶段"的第三个层次的重塑。

一、盘瓠形象的"龙麒"塑造

在盘瓠形象的塑造中，"龙麒"并未在所有畲族聚居区得到全面使用，除该词之外，尚有"龙孟""龙王""金龙"等称谓，但与"龙麒"相比，它们的使用范围与频率相对较窄（少），有时仅与龙麒同时出现。畲族民众把对龙麒形象的塑造诉诸口传史诗畲族《高皇歌》、民间史籍"宗谱"、始祖画卷（祖图长联）以及龙首师杖。

在口传史诗《高皇歌》中唱道："正宫娘娘得一病，三年头昏耳又痛……先生医病是明功，取出金虫何三寸……便使金盘银斗装。一日三时仰其大，变作龙孟丈二长。变作龙孟丈二长，一双龙眼好个相，身上花斑百廿点，五色花斑朗毫光。丈二龙孟真稀奇，五色花斑花微微，像龙像豹麒麟样，皇帝取名嗬龙麒。龙麒生好朗

第三章　民族文化的交流与遗存：盘瓠原型的两种重塑

毫光，行云过海本领强，人人肽（目太）见心欢喜，身长力大好个相……"①据此可知，龙麒在初生之时，是以龙之形态（龙孟）降临人世，但他并非真正意义上的龙，而是身长丈二，身着一百二十处花斑的似龙非龙、似豹非豹，却长有麒麟的样貌，而且掌握着行云过海的非凡本领。在闽东地区流传的畲族《高皇歌》中也有类似的描述，其文唱道："玉皇上帝圣旨来，龙王接旨落凡来，变作金龙凡间落，钻入皇后耳朵内。皇后耳朵痛又痒……取出金贝三寸长……就用金盘未装养，日夜太居怪会大，变作金龙丈二长。变作金龙丈二长，五色龙鳞朗毫光，五色龙身真生好，皇帝号居叫金龙。金龙住在龙宫庭，保卫朝廷不离身，皇帝肽见心欢喜，文武百官来谢情……"②从这一记述中，我们虽然看不到"龙麒"之名，但总体而言，这种对变异形象的描述还是表现了与上一文本（史诗）较为一致的龙麒特征。而在流传于闽东地区的《麟豹王歌》中却认为龙麒乃天上麒麟下凡，其歌唱道："笔头落纸字来真，祖公麒麟来变身，当初娘娘耳朵痛，后来又变英花明。那因娘娘耳朵痛，请尽先生开药方，百般草药都食尽，后来挖出一条龙。龙仔掏转金盘装，皇帝日夜也来养，二十四味养他食，后来变作麟豹王……高辛皇帝有天时，天上麒麟隆落梨，总是天运过未满，麒豹落凡保驾伛……"③这首歌言虽然没有像以上两则畲族《高皇歌》那样给予龙麒体型相貌上的细致描述，但我们亦能通过"麒麟""麟豹"等名词臆想龙麒之貌。除此之外，几乎所有的史诗性歌言中都讲述了龙麒平番立功、金钟变身、娶三公主、迁居凤凰山以及打猎殉身等故事，这些历史记忆无不体现了畲族民众对始祖龙麒的赞颂之情。

笔者在论述盘瓠原型时，就曾以畲族宗谱为依据，而从笔者所引述的内容看，其中也有些许文字能展现我们对龙麒形象的认识。如苍南莒溪西厅村《钟氏宗谱·广东盘瓠氏铭志》中就如是写道："帝喾高辛皇帝刘皇后夜在凤阁中饮宴，移席望月对饮，忽觉瑶光贯娄，其宿郎（朗）光茫灿，身耳感疾痛，宣医挑取，物大如茧，以瓠盛之，以盘覆之，须臾象如龙身，长一丈二尺，一百二十四点花文（纹），牙似剑，龙鳞火珠，因盘贮覆，遂名曰盘瓠。"④于此，我们不仅看到了作为星宿原型的盘瓠描述，同时也从中了解到盘瓠乃"龙身，长一丈二尺，一百二十四点花文

---

① 浙江省民族事务委员会编：《畲族高皇歌》，北京：中国广播电视出版社，1992年，第3—4页。
② 钟雷兴主编：《闽东畲族文化全书·歌言卷》，北京：民族出版社，2009年，第3—4页。
③ 钟雷兴主编：《闽东畲族文化全书·歌言卷》，北京：民族出版社，2009年，第12页。
④ 苍南莒溪西厅村《钟氏宗谱》，共和庚午年（1990）修，复印件藏丽水学院畲族文化研究所。

145

（纹），牙似剑龙鳞火珠"的形象。金华坦洪乡大西畈村《蓝氏宗谱》则记载："高辛正宫皇后刘君秀夜梦娄宿降凡除妖，娘娘惊醒，忽然耳痛，当令大诏召医调治，耳中取出一物，其形如蚕，美秀非常，以盘贮之，养至数日变为龙犬，毫光显电，金鳞珠点，遍身锦绣，牙利如剑，时即能言。"①这一记述将盘瓠称为"龙犬"，与瑶族称谓如出一脉②，但其形象却与普遍认识的龙麒有相似之处。这两则记述都是我们曾经引述的浙江畲族宗谱，而在福建福鼎市白琳镇牛埕下村《雷氏宗谱·敕书》中有同样记述，其文曰："忽然正宫王妃陈铎氏耳生一疾，痛苦之尤。帝命太医调治，取出一茧虫，豪光万丈，微烈灿烂。廷臣上奏，以盘瓠果盖之，金盆供养数日，须臾变化如龙，身长一丈二尺，一百八十落（花）点，左右青黄齿牙如银，似虎珠龙鳞，极美，即封盘瓠龙麒镇国将军。"③其实，我们在畲族宗谱中看到的龙麒形象与民间歌言实属同源，但这并不能让我们于直观中看到龙麒形象，甚至有些宗谱中对其只字未提。因此，我们也只能通过现有语言和文字材料加以想象，因而也显得过于模糊。不过，畲族祖图长联却给予我们较为直观的龙麒印象。

绘制于明崇祯七年（1634）的遂昌井头坞村畲族祖图长联，是目前发现的有纪年的祖图长联中年代最早的一幅，在该图内绘有身着鳞片的龙麒形象（图3-1）。此图虽是目前发现最早的畲族祖图长联，但其中的龙麒塑造是否为闽、浙、粤、赣、皖等地祖图长联提供了范本，我们尚不能下此定论。在松阳县西坑口村蓝氏族人有一幅并未标明绘制年代的祖图长联，但从村民的介绍中可知，此图亦有300余年历史，也就是说大概绘制于清康熙时期。此图描绘着通体青蓝、龙头麟身的龙麒形象（图3-2）。在绘制于清康熙三十六年（1697）的古田县大栋村雷氏祖图长联中，龙麒则是红脊麟身（图3-3）。乾隆二十四年（1759）绘制的罗源白塔村雷氏祖图长联，则绘制着驾白龙、着鳞甲的龙麒形象（图3-4）。在绘制于庚子年（道光二十年，1840）的景宁暮洋湖水碓村雷氏三房祖图长联中，就绘制着身着五色斑纹的龙麒之相（图3-5）。金华宣平（今武义八都二赤坑）蓝氏祖图长联中的龙麒则身着排列整齐的灰色斑点（图3-6）。在浙江省少数民族师范学校（今

---

① 金华坦洪乡大西畈村《蓝氏宗谱》，民国癸酉年（1933）重修，复印件藏丽水学院畲族文化研究所。
② 参见李祥红《瑶族盘瓠龙犬图腾文化探究》，北京：民族出版社，2010年。
③ 福鼎市白琳镇牛埕下村《雷氏宗谱》，光绪己亥年（1899）修，复印件藏福建省民族研究所。

第三章　民族文化的交流与遗存：盘瓠原型的两种重塑

丽水学院，下称浙少师）于1980年复制的一幅祖图长联上绘有龙头麟身的龙麒形象（图3-7）。宁德柴坑村钟氏祖图长联未表明它的绘制年代，但图上所绘龙麒形象却是布满金色斑点的麒麟（图3-8）。与松阳县西坑口村蓝氏祖图相似，在中南民族大学民族博物馆展有一幅畲族祖图长联，它绘有蓝体、麟身及红腹的龙麒（图3-9）。从这些世代流传于东南各地的畲族祖图长联来看，龙麒形象的塑造虽有不同，但总体都带有龙或麒麟的形体特征，而且具有与之相似的神奇本领。与宗谱一样，我们不能说这种现象是互相抄袭或复制而来的，如果存在这种现象，又怎会出现这种因地域差异而导致的不同描绘，更何况这一被模拟的祖图长联，又是出自何时何地的。由此笔者认为，这种现象很可能源于畲族民众较为统一的口传记忆。与以上情形相似，为了彰显族群信仰或"权力"而制作的图腾象征物——祖杖，亦是有关龙麒形象的一种塑造。

图3-1　龙麒变身前（崇祯七年绘）

图3-2　龙麒过番（约康熙年间绘）

图3-3　龙麒斩番过海（康熙三十六年绘）

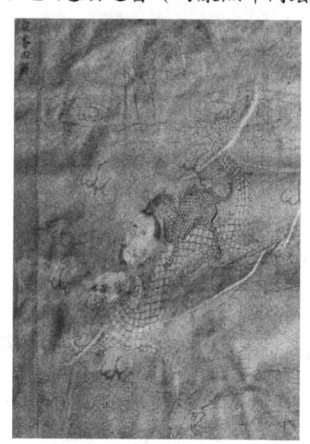

图3-4　龙麒斩番回朝（乾隆二十四年绘）

147

图 3-5 龙麒点三公主（绘制时间不详）

图 3-6 龙麒斩番王过江（光绪十六年）

图 3-7 龙麒揭榜（1980年浙少师复制）

图 3-8 龙麒揭榜（年代不详）

图 3-9 娄宿降世龙麒出生

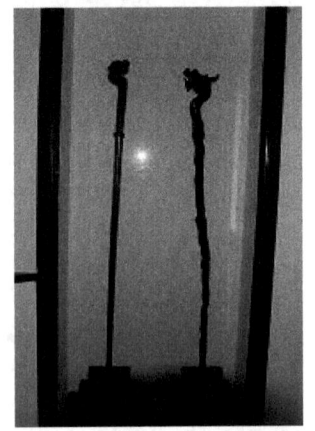

图 3-10 中华畲族宫藏畲族祖杖（民国）

祖杖，又称龙首师杖、龙头祖杖、法杖等（图 3-10）。在笔者看来，祖杖所体现的不仅是具有和祖牌一样的始祖象征性，更具有远祖权威的象征意味。据福安市坂中畲族乡林岭村《雷氏宗谱·龙首师杖记》记载：

第三章 民族文化的交流与遗存：盘瓠原型的两种重塑

按：盘瓠王生于帝喾高辛氏时也，至帝尧陶唐氏二十一年六月二十七日，游山畋猎，不料皇天降祸，二十二年正月十四日，被山羊角伤其左肋，登树岔（杈）而卒，十七日得尸而归，彼时文武言员奏上帝尧，帝思功臣生不怀于人胎，死不归乎中土，即命将士将树砍回，召青州范氏雕匠刻盘瓠王颜像，名曰师杖，每朔望焚香致祭。四月初八日丑时，赐葬广东潮州凤凰山，龙虎双会坐卯向酉，立有石人、石马、石麒麟为记。帝舜有虞氏加封赠句云："荣显后世，彰著前功。"①

从这一记载中我们可以看出，祖杖的来历与盘瓠有着密切的联系，具有盘瓠真身的象征意义。除此之外，在《崇儒乡畲族》一书中收录了一篇极其相似的《龙首师杖志》，其文曰：

按：盘瓠王降生于帝喾高辛氏时，至帝尧陶氏二十一年六月二十七日，盘瓠王游山伏猎，二十二年正月十四日，登树岔（杈）而卒，十七日得尸而归，同朝奏上。帝思功臣生既非怀于人胎，死复不归乎中土，命将士将树砍回，召青州范氏刻盘瓠王颜像，名曰师杖，谥为盘瓠王，每朔望焚香致祭。四月初八日丑时，赐葬于凤凰山，坐卯向酉，立有石人、石马、麒麟为记。②

而在畲族民众的口述记忆中则流传着一则名为《盘瓠杖》的民间故事：

盘瓠王在凤凰山狩猎，被山羊斗下山崖，摔死后挂于一棵栎树之上。人们依照三公主的吩咐把盘瓠王葬在凤凰山上。一天三公主做了一个梦，梦中盘瓠告诉她在他的墓地上长出了一棵黄檀树。只要把这棵树砍下来做成手杖，它就会指点子孙离开凤凰山后的迁居方向。果真，人们发现在盘瓠王的墓上长出了一棵十分高大的黄檀树。这棵树的东、南、西三面无枝桠，只有一枝大桠伸向北方，好像是盘瓠的一只大手在指明子孙的迁移方向。三公主把子孙召集到盘瓠墓地旁，向大家说了盘瓠王梦中的灵示，要大家把这棵黄檀树砍下，做成1024根顶端雕刻着盘瓠王头像的祖杖。三公主告诉大家，祖杖是祖公盘瓠王的精灵化身，是子孙世代万古相传的圣物，

---

① 钟雷兴主编：《闽东畲族文化全书·谱牒祠堂卷》，北京：民族出版社，2009年，第52—53页。
② 陈国强、蓝孝文主编：《崇儒乡畲族》，福州：福建人民出版社，1993年，第13页。

要牢记祖公生前的圣示:"山哈四姓出高辛,团结和睦莫离心。"[1]

　　这则故事虽与宗谱记载有所差异,且没有具体时间,更无高辛帝的士官前来吊丧,但它却从民间文学的角度向后人透露了畲族民众迁徙方向的原因,同时也是强化了畲族民众团结友爱的精神。20世纪40年代,凌纯声就在《畲民图腾文化的研究》中对畲族祖杖进行描述,其文写道:"畲族每一宗族有一祖杖,取一树根,略加雕刻状如狗头,亦有讳言其祖为犬,而改称龙犬,祖杖雕刻作龙头。……祖杖之上挂有红布条数十或多至百余,每条上书写族人已祭祖者的姓名。同族较富有之家轮值保管。轮到保管者年中逢过节时,必请出祖杖,供奉在堂屋中,举行祭奠。"[2]通过这一描述我们或可知道,祖杖同祖图、宗谱一样,是平时秘不示人的民族圣物。祖杖有长、短两种形制,长的四尺左右,短的二尺余,由红布袋盛装,并放入祖担中保存,非大型祭祀活动绝不对外示人。凌纯声所说的"已祭祖者"即参加过"传师学师"的畲家弟子,他们将写有自己法名的红布条系在祖杖上(图3-11),恰恰体现了他们对人们共同体的族群认同意识。虽然对参加"传师学师"的畲家子弟在不同的地域中有不同的要求,但这种名义上的"成年礼"早已演变为某些人获取社会地位和权力的途径。因此,正是由于日常生活(为族民主持丧葬等仪式)的需要,以"传师学师"为代表的各种祭祀活动才能延续千年而不衰。不过,我们不得不承认,祭祀活动的延续在畲族凝聚力的形成中起到了不可替代的积极作用。

图3-11　丽水市南明山街道沙旺村蓝氏祖杖(左)景宁县渤海镇上寮村雷氏祖杖(右)

---

[1] 转引自雷国强《畲族盘瓠传说的原始文化内涵及其社会功能初探》,载福建省炎黄文化研究会主编:《畲族文化研究》,北京:民族出版社,2007年,第252页。

[2] 凌纯声:《畲民图腾文化的研究》,载厦门大学人类学系:《畲族研究论文集(油印本)》,内部资料,1985年。

在对盘瓠图腾演变的研究中，朱洪与姜永兴就曾这样记述他们的发现：

始兴县顿岗镇乌泥塘和澄江镇暖田村雷氏宗祠、南雄县黄坑镇许村和乌迳以及乳源县的洛阳乡深洞村的蓝氏宗祠的厅堂横梁上的两侧，各安放着一对精致的木刻鱼龙，鲤身龙头，欲跳跃状，形象逼真。许村蓝姓祠堂供奉的鱼龙全长 55 厘米，宽 24.5 厘米，其中，龙头长 23 厘米，宽 17 厘米。头顶竖一对角，头部正中有羽翅三片，全身布满鳞状。据老人介绍，相传是他们的祖先传下来的神物，有的说，这是盘瓠的化身。在相邻的汉族祠堂中未发现有类似的鱼龙木刻装饰，县志和族谱中也寻找不到确凿的记载。①

而江西兴国县宋代手抄本雷氏族谱记载："帝喾以木德代天下，肇基于辛……帝后姜嫄大耳夫人，左耳……骤出一物，飞蚕虫，见星光灿。……""姜后曰：此物吾身所生，恐是护国之宝，将其盘盛之，用麋肉煨之，待他出处，不觉之七夤夜，乌云黑暴，鱼龙变化一犬，名曰盘瓠，其毛五色。"（《南雄文史资料》第七辑，1988 年）这则记载和凤凰山区盘瓠的身世传说如出一辙，不同之处是"鱼龙变化一犬"。据此，朱洪与姜永兴认为，鱼龙亦是盘瓠的化身。鱼龙形象，与闽、浙、赣等省畲族相传的龙 证据。另外，两位学者还在连平县贵东乡蒲田村蓝屋发现一条用浅灰色花岗岩打制而成的石狗。对此，他们描述道：

这条石狗呈平卧式，头略高，从头顶至脚约高 35 厘米，身长约 52 厘米，躯体肥胖健壮，腰围约 45 厘米，两耳紧贴头部，尾巴翘起弯曲在背脊，脊背从头至尾有对称的八面三角旗，嘴巴突长，已有明显被打断的痕迹。据当地老人叙说，此崇拜物从他们 200 年前开基始祖时就安放在老屋祠堂里，作为保护子孙平安的神物，谁也不敢搬动。民国时老屋破烂，搬迁新屋，又把石狗安放在新屋的大门口，"文革"期间作为"四旧"被打断嘴巴。现在被遗置于屋檐之下，一些人把它当作劈柴的垫石。②

于是他们认为，这是畲族对石狗的崇拜。就目前的资料显示，在广东省河源市东源县仙塘镇热水村，蓝姓畲族尚保存着一尊花岗岩雕刻的三公主石像，像高 62 厘

---

① 朱洪、姜永兴：《广东畲族研究》，广州：广东人民出版社，1991 年，第 100—102 页。
② 朱洪、姜永兴：《广东畲族研究》，广州：广东人民出版社，1991 年，第 100—102 页。

米，底座 11 厘米，胸围 55 厘米。头发椎髻，身穿右衽大襟衣、宽袖、衫长及膝。脚穿尖嘴上翘的船形鞋。右手托着一个男婴，放在右肩上。据当地居民介绍，这个男婴就是三公主的第二个儿子"蓝大将"——蓝光辉。然而，三公主石像的刻制年代却很难确定。有村中老者指出，中华人民共和国成立前该村有座庙用以供奉驸马王（盘瓠）和三公主两个石像，但在"文化大革命"期间盘瓠石像被毁，人们为了保护三公主石像，而将之埋入地下，该石像才幸免于难①。就盘瓠石像而言，有村民表示：它是一尊狗头人身、手持宝剑的男性石像。据此，朱洪与姜永兴推测到，虽然这些都发现于粤东地区，但"若置于畲族图腾文化进行考察，可以大胆地设想，之间存在一条从石狗—三公主与驸马王石像——狗头人身画像（《祖图》）—鱼龙—龙麒等系统演化的序列。这个演化序列是从原生的犬图腾，逐步向更高层次演进，使盘瓠图腾的形象更加神化，更加完美，并逐步向龙图腾靠拢。使之不断强化民族内聚的魅力。'鱼龙'是畲族人民的智慧结晶。并以此向人们展示了一幅完整、和谐的畲族民俗文化的历史画卷。从而不得不使人钦佩这个民族的文化创造能力"②。这种理解也许可以相互牵连成一个演化的整体，但在笔者看来，这种说法过于牵强，因为这些历史文物大多出现于明清时期，即便是标记为宋朝的《雷氏宗谱》也有待于进一步考察其真实性。狩猎一度成为畲族生活资料的重要补充，而此处的石狗崇拜，也许仅是猎神崇拜的简化，所以我们不能因为一只石狗而认为畲族的图腾就是犬，虽然村民曾表述盘瓠神像为"犬首人身"，但口述史亦有其不准确的地方，所以未见到实物之前，我们不能轻易下此结论，更不能将其扩大到整个畲民群体，也许这仅是畲族组成部分的某一宗支的图腾遗存。虽然畲族祖图长联保留了某一动物与始祖合体的印记，但这很可能是在畲族形成过程中基于多族群统一而做出的集体选择，但为了维持图腾信仰的"原始性"，才在身体实践的具象化中保留了族群文化的"本真性"。

二、"龙麒"形象的生成动因

盘瓠不仅是畲族信奉的始祖神，也是畲族图腾的名称。对于盘瓠的形象，大部分学者根据神话史诗、族谱记载及祖图长联等材料认定其为"犬"；另有一些学者

---

① 广东省地方史志编纂委员会编：《广东省志·少数民族志》，广州：广东人民出版社，2000 年，第 293 页。

② 朱洪、姜永兴：《广东畲族研究》，广州：广东人民出版社，1991 年，第 102 页。

认为盘瓠的原型是水獭,而就笔者研究可知,畲族所信奉的图腾原型乃是星宿。关于畲族的族源,一直都是现代学者不断追寻的问题之一,就目前的学术成果来说,主要有四种:一是根据祖图长联、民间宗谱及神话史诗等对高辛氏族的记忆,认为畲族与上古时期位于东夷(徐夷)地区的高辛氏部落有密切关系,故而判定畲族起源于徐夷;二是根据畲族神话史诗及宗谱记载中所讲的"河南祖师"和四姓郡望(盘姓"南阳"、蓝姓"汝南"、雷姓"冯翊"以及钟姓"颍川")认为畲族来源于河南夷;三是根据图腾崇拜及其与瑶、苗等南方少数民族相似文化表现形式的比较,认为畲族来源于曾经居住在湘鄂地区的武陵蛮;四是根据畲族先民与古代闽越人的交互来往,认为畲族是闽越族的后裔。进入 21 世纪,又有学者认为部分畲族也与客家福佬人有些许关系[1]。虽然每一种说法都有其合理性因素,但都无法说服另一派学者的主张,所以在有关畲族的族源研究中,学者们越来越倾向于"多元说"。正是这种认识的转变,让学者们意识到畲族图腾形象并非单一的固化存在,而是于多形象的动态发展中得以塑造。具体而言,这种动态发展的影响因素主要表现在以下三个方面。

(一)"龙"文化的强势影响

邱国珍等说:"无论盘瓠子孙当年的迁徙,还是后来汉族(如客家)的进入,都会带来文化的碰撞与互动。以畲族为例,当畲汉文化发生接触,两个文化圈的激烈碰撞和相互影响就不可避免。一般情况下,不外乎以下三种结果:(1)两种文化独立发展,各自保持自己的特色,迁入文化往往在迁入地形成自己的文化群落;(2)两种文化相互影响和交融,进而形成杂交;(3)强势文化战胜甚至冲垮弱势文化,并有可能取代弱势文化的价值观。从业已发生的情况看,畲文化虽然也曾对汉文化产生一些影响,但更多的是作为强势文化的汉文化对畲文化的影响。盘瓠形象的变形,是畲族民俗文化变异的一个明显例证。"[2] 笔者曾言,盘瓠图腾的最原初形象乃星宿,只是在特定人们共同体的形成过程中,不同氏族的融合促进了盘瓠图腾的最终定型。虽然畲族先民选取了犬形动物作为多氏族融合后的族群徽记,但这并不代表畲族乃至信奉盘瓠的所有族团都是以犬为图腾的。更何况不论是神话传说、

---

[1] 参见谢重光《畲族与客家福佬关系史略》,福州:福建人民出版社,2002 年。
[2] 邱国珍、姚周辉、赖施虹:《畲族民间文化》,北京:商务印书馆,2006 年,第 217—218 页。

族谱记载还是祖图长联刻画，无不保留着远古星宿崇拜的痕迹，而且这种印记在几乎所有畲族聚居区都有遗存，这不可能是无中生有的杜撰，必定有其原型予以加持。犬形图腾代替星宿图腾是"畲民"共同体在形成过程中产生的自发行为，作为整个人们共同体的标志，犬形图腾自其形成开始就一直延续到隋唐时期，直到唐初，这种情况才在统治阶级的压迫下发生改变，再加上迁住地汉民群体的歧视与嘲笑，更加速了盘瓠形象的演变。

对汉族来说，虚拟的"龙"一直被视为集体象征，并一直以"龙的传人"自居，自认为是"高贵"的，殊不知，这是一种生活假象。龙图腾的演变是个漫长的过程，但它的演变却也成为统治者的专享物，并以龙爪的多少划分出不同的社会等级。我们在民间看到舞龙、龙舟和某些建筑上的龙形动物，不禁要问，这些究竟是不是龙。正所谓"龙生九子，子子不同"，而这"九子"究竟是不是真正的龙，依然需要进一步研究。因此，汉族以"龙"自居的心态，实是一种带有"自卑"心理的自我麻痹，而"龙"的最显著作用就是统治与融合。对此，闻一多《伏羲考》早有论述[1]，而施爱东所著《16—20世纪的龙政治与中国形象》则从他者角度打破了我们对"龙"的想象[2]。就现在发现的图腾标志来说，基本都是现实生活中能够观察到或曾经存在的实在物，可像汉族这种以虚拟形象作为民族标志的实属罕见，但龙图腾早已在汉民群体中形成定式，所以为了改善汉族对自身的看法，"龙"逐渐深入畲族的图腾崇拜中。何星亮认为：

一些部落或民族在吸收了龙文化之后，并不是简单地以它代替自己原有的图腾文化，而往往是两者有机地结合，融为一体。他们在自己原来的图腾的基础上加上龙的某些特征，或把自己的图腾也称之为龙。例如，畲族曾崇奉犬图腾。在较早的传说中，图腾始祖盘瓠形象是犬或犬首人身。由于客观的历史原因，汉文化的影响不断深入畲族地区，畲族长期保留的图腾信仰必然会与汉族对"狗"的鄙视观念发生矛盾。于是，畲族在接受汉文化观念的过程中，自觉或不自觉地修改盘瓠祖先形象。把盘瓠祖先形象由犬或犬首人身形象改变为龙头狗身形象。畲族年代稍早的祖图，保留着较原始的古典风貌，盘瓠形象大多是犬首人身。但年代较晚的祖图完全失去了原来的图腾形象，以龙形象代替。例如，福建霞浦水门雷姓畲族族谱中，盘

---

[1] 闻一多：《伏羲考》，上海：上海古籍出版社，2006年。
[2] 施爱东：《16—20世纪的龙政治与中国形象》，北京：生活·读书·新知三联书店，2014年。

第三章　民族文化的交流与遗存：盘瓠原型的两种重塑

瓠形象被描绘成"身长一丈二尺"的龙；宁德八都猴墩村的祖图上所描绘的盘瓠形象为"龙头公"，古老的祖宗牌位上雕刻着须长目突、口含明珠、颔朝前弯的龙头；祖杖也雕刻为龙头，高大一米的盘瓠神像也是泥塑的龙头人像，称为"龙头公像"。浙江畲族也有类似的现象，有些畲族"讳言其祖为犬，而改称龙犬，祖杖雕刻作龙头"（凌纯声语）。畲族图腾形象自犬演变为龙，主要是受汉民族龙文化的影响形成的。①

就何星亮的说法，笔者较为同意畲族图腾改变的汉文化影响，但对"犬图腾"的认识笔者并不赞同。因为这种形象只是学者从图腾表征形象出发得到的认识，并未深入畲族文化的细节进行考察，其实汉对犬或猪的鄙视，实是对自身的鄙视。自古就形成的生肖观念，实与图腾崇拜有相似之处，虽然各民族的生肖数量和对象有所不同，但在汉族的十二生肖中，犬与猪是根本无法摒弃的重要形象。在人们的意识中，生肖属于这一年出生者的保护神。用图腾理论来理解，就是该年出生的人必与所对应的生肖产生直接的亲缘或血缘关系。那么，如此说来，我们对犬或猪的蔑视，不就是对狗年或猪年出生者的蔑视吗？所以，在文化差异的大背景下借此蔑视他者，其实就是对自己的蔑视。

面对龙文化对盘瓠形象的影响，畲族学者蓝炯熹曾言：

时至今日，对盘瓠传说仍然持两种态度。闽东、浙南、浙西南的广阔山区，是目前畲族人口最多、分布最广泛、民族特点最明显的地区，在封建时代，这个地区的民族歧视较严重，畲族的心理创伤较重，他们对盘瓠传说最敏感。对畲族的历史与盘瓠传说有自己独特的阐述。……在闽南、闽西、闽中，畲民对盘瓠传说的理解与以上的观点有较大的不同，他们对原初态的盘瓠也较不忌讳。②

这一论述告诉我们，畲族民众对"盘瓠"的认知态度主要有两种倾向，即敏感忌讳与宽容理解。不过，畲族民众的主要聚居区就是闽东与浙南，而正是这一区域中的畲族民众（特别是知识分子和地方官员）对盘瓠神话产生的排斥心理，导致盘瓠形象发生了巨大变化。对此蓝炯熹认为，这种现象的发生主要在于汉族文化的畲

---

① 何星亮：《中国图腾文化》，北京：中国社会科学出版社，1992年，第385页。
② 蓝炯熹：《畲民家族文化》，福州：福建人民出版社，2002年，第29—30页。

族渗透。他说：

> 汉族强势文化的逼迫与深入，畲民家族对盘瓠传说进行了针对性的重新改造、理会与解说，家族的人们对原有的纯动物的原型，进行了顺应汉文化的重塑，盘瓠遂成了龙与麒麟的组合，并命名为"龙麒"；或者，以麒麟与凤凰的组合，而命名为"麟凤"。经过重新编码与结构性遗忘后的盘瓠传说中，突出了高辛帝和河南传说的内容。①

这一论述中虽然出现了"纯动物的原型"的说法，但这一原型究竟是什么，蓝炯熹也未能言明。在笔者看来，这种纯动物的原型是在星宿原型的基础上形成的犬形动物，而正是这种模糊的形象，被汉族人误认为是"犬"，从而出现诋毁畲族的言行。"高辛帝和河南传说"则点明了畲族民众希求本民族的文化与汉族文化进行融合的心态，因为不论是在汉族还是畲族，三皇五帝的神话传说都广为流传，而这也恰恰表现出畲族与汉族同属远古的某一民族或族群，只是在历史的作用下，渐趋分化成不同的族群（民族）而已，所以畲族改变被误认的"犬"图腾，也是向汉族发出的一种民族大融合的信号。

（二）歧视与压迫下的龙麒塑造

封建统治阶级的压迫与歧视迫使畲族民众进行图腾原型的"龙麒"塑造。畲族在政治、经济及文化等诸多方面受到封建统治阶级的压迫与歧视，这不仅体现在官僚地主与地痞恶霸对畲族民众生产生活资料的盘剥，同时也体现在汉族文人学士擅自剥夺畲族士子一体参加科举考试的权利。② 现有资料显示，畲族民众受阻科举，早在清乾隆（1736—1795）时就有发生。清乾隆年间，龙游县大街石桥村雷振启（1739—1817）半生苦读，为求功名，多次赴城报考，只因姓雷，考官即认为其"身家不清白"，不予报名，后他改为陈姓，才准应试，并考取监生。至今石桥村雷振启的后裔，尚未复姓，成为汉姓畲族。自此以后，因汉族士子而阻碍畲民科举考试

---

① 蓝炯熹：《畲民家族文化》，福州：福建人民出版社，2002 年，第 28 页。
② 就此笔者已有他文详述，参见孟令法《畲民科举中的"盘瓠"影响——以清乾道时期（1775—1847）浙闽官私文献为考察核心》，《贵州民族大学学报（哲学社会科学版）》2017 年第 3 期，第 168—184 页。

的事件屡有发生。

清嘉庆年间（1796—1820），青田县培头村（现文成县黄坦镇培头畲族村）钟国肇（名正芳）、丽水县（今丽水市）朱坪地村雷起龙联合松阳、宣平、云和等地畲民上书府院，要求参加科考，从省府告到吏部。由于畲族民众的斗争，迫使浙江巡抚阮元①于嘉庆八年（1803）会同学使文宁咨准畲民与平民一体报名赴考。不仅如此，嘉庆八年修订的《学政全书》也补入了"浙江畲民准与一体报考"的条文。至清末，培头村就出了钟正芳、钟永梅、钟永娇、钟建献、钟大带以及钟大儒等生员九人，且分别考取了贡生、业儒、廪生以及庠生。此外，还有清嘉庆十一年（1806），丽水雷起龙考取庠生；丽水上井村蓝仁芳于咸丰九年（1859）入泮，同治五年（1866）补取庠生。不过，这种科举权利并没有在畲族民众手中得到长期的保障。换言之，此后屡有剥夺畲族仕子参加科考的权利的现象。如清道光二十七年（1847），温州府颁布的《禁阻考告示》称，经省衙"详查，平阳县畲民雷云应准予考，该县各童阻挠显违定例，自应严行查禁……惟现在县府两试均已考过，该童雷云并请准其分别补考。倘该县廪生及各童等再敢阻挠，即由该县照例究办"。雷云考试受阻诉讼三载，因案奔波，惋惜落第，后于咸丰十年（1860）遵例授"贡元"。清光绪三年（1877），丽水富岭童生蓝帮光到处州府考秀才，竟遭遇侮辱，畲民童生愤愤不平，集合了丽水、青田、松阳等县畲民二三百人，在丽水城大水门外和对方殴斗，一直闹到衙门。府城考官见畲民童生理直气壮，怕事态扩大，只得让步，蓝光帮此次考取了光绪丁丑科试秀才第十名。清光绪八年（1882）处州会考，景宁县张春乡东弄村蓝培开、蓝廷福及暮洋湖村（两村现均属景宁县鹤溪街道）蓝炳水三人前去应试，步箭、马箭皆中（依此看，他们参加的应为"武考"），但景宁汉民童生向考官报告，说他们是"小姓人"不能参加考试，致使蓝培开等三人未被录取。蓝培开回乡后便召集村民十余人到处州府与汉民童生殴斗。丽水县（今丽水市莲都区）乡下畲族民众到城里卖柴，闻讯助战，打伤汉民童生十余人。后经调解，处州府官公开承认，畲族民众可以参加考试，才了却此事。此后才有云和县杉

---

① 阮元（1764—1849），扬州仪征人，字伯元，号云台、雷塘庵主，晚号怡性老人，谥号文达，曾任山东学政、浙江学政、户部左侍郎、浙江巡抚、江西巡抚、湖广总督等。他是著作家、刊刻家、思想家，在经史、数学、天算、舆地、编纂、金石、校勘等方面都有很高造诣，被尊为一代文宗。其代表作主要有《十三经注疏》《石画记》等。

坑岭村蓝宝成中恩贡；丽水新合雷有高、高溪雷宝田、北埠蓝成友等人相继考取秀才；云和县赤石垟田村蓝应东于光绪二十八年（1902）得中秀才，宣统二年（1910）入贡。①

在闽东畲族聚居区，流传着一则名为《钟良弼》的小说歌，其以真实事件为基础，以艺术手段展现了钟良弼科举受阻的经过，此歌的"故事虽然情节简单，但畲族人民演唱时却眉飞色舞，非常激动；听者也津津有味，无比快慰，认为他给自己的民族出了一口气，表达了畲族人民对反动统治阶级的民族歧视与压迫的强烈反抗情绪"②。据《福鼎县志》记载，钟良弼事件发生在清嘉庆八年（1803）。福宁府（今霞浦县）举行府试，福鼎畲民童生钟良弼到福宁府准备考秀才，却遭到汉民考生王万年的侮辱，说他为"犬"种，"不准考秀才"，并纠集一些汉民童生阻止钟良弼考试。后来，钟良弼在家乡畲族民众的帮助下，到福州府院告状，并得到福建巡抚李殿图的仗义执言，为畲族民众讨回了公道（详见后文第五章第三节之"二、盘瓠'犬'形象的正反两认识"）。钟良弼以自己的真才实学一举及第，成为福宁府畲民考生中第一个考取秀才的人。

总之，自清中期以来，畲族文人在科举道路上一直处于被压迫的状态，而其根本原因就在于周边汉族文人对盘瓠神话及其形象的传统认识。从上文之描述我们或可看到，尽管当时有部分汉族知识分子或官员以正统史实对盘瓠神话及其形象进行辨识，从而为畲族民众"辩护"，但这种事件层出不穷恰恰说明，周边汉民并未真正认识到盘瓠神话及其形象的虚拟性，更没有认识到这种信仰的原型所在。这些不明就里的普通汉民受此影响不自觉地仅以表面现象妄自揣测，并借此对畲族民众加以侮辱。更重要的是，这种认识还体现了汉族仕、宦不求甚解的浅薄认识，但这已然成为畲族心头难以愈合的创伤。所以，面对如此残酷的历史事实，畲族民众对盘瓠神话及其形象讳莫如深，故而在畲汉日益频繁的交流中，龙与麒麟得以进入畲族民众的视野，进而成为重塑盘瓠原型的模拟对象。

---

① 以上浙江地区的"科举事件"。参见浙江省少数民族志编纂委员会编《浙江省少数民族志》，北京：方志出版社，1999年，第170—171页；浙江省丽水地区《畲族志》编纂委员会编：《丽水地区畲族志》，北京：电子工业出版社，1992年，第195—196页；雷先根主编：《景宁畲族自治县畲族志》，景宁畲族自治县民族事务委员会编印（内部发行），1991年，第121页。

② 邱国珍、姚周辉、赖施虬：《畲族民间文化》，北京：商务印书馆，2006年，第219—220页。

(三)畲族学者的矫正性认知

畲族学者对民族始祖与图腾形象的矫正性认知,也在盘瓠原型的"龙麒"演化中扮演了一定的角色。福安市穆云畲族乡溪塔村《蓝氏宗谱》"序"的作者——民国时期的知识分子雷一声就曾对盘瓠神话不以为然,他对畲族宗谱中均将盘瓠传说书于谱端,是颇有感慨的。故而他在《蓝氏宗谱》"序"中认为盘瓠之说"历代典籍均无考,所仅见者,止出于《汉书》,为汉扬子云所著,汉距高辛已隔贰千余载,杨氏何所本而云焉,目犬亦未传其姓氏,不过等诸蜗角斗蚁睫鹊巢之滑稽耳。腐儒因之,遂以弁诸谱首作鼻祖,并杜撰三代以下之官职,而指为三代上之头衔,与历朝敕赠封诰俚言鄙词一串,迂腐卑劣,令人喷饭不已。斯谱之作,本拟删之,但以误传误已深入脑根,牢不可破。姑依原谱存之,虽属鲁鱼亥豕,不胜其弊,然夏五郭公仍阙其文,以符初秋之遗旨。于是,有感而为之,构缀数语,以弁其首云"①。从雷一声的记述中我们可以看出,他的心情十分矛盾,但也无可奈何,他本想在这本《蓝氏宗谱》中删去有关盘瓠神话的内容,但他的想法并未得到蓝氏宗亲的允许。因此,盘瓠神话在畲族民众的传统心理中已经根深蒂固,是不可能轻易改变的。也就是说,尽管口述记忆中的民族历史在传承中总会发生不同程度的变异,但在普通民众的意识中,民族的历史就是如此发生的。

作为人们共同体的集体记忆,即便是具有神话的特点,也无法阻碍族群成员对之信以为真,因为它是整个族群得以认同的精神之根,是整个族群得以凝聚的根本力量。即便是畲族中的有识之士想正本清源,也不敢对此进行彻底的打破,只是在某种程度上进行一定程度的矫正。

在当代畲族文化的研究中,不少畲族学者对盘瓠神话持否定态度。在浙南畲族学者雷先根《也谈畲族盘瓠图腾信仰》等文中就体现了这种看法。他写道:"盘瓠神话传说""实是"汉人的"杜撰"②。对于雷先根的这种说法,郭志超认为:"说盘瓠是'犬'乃汉人所杜撰是精辟的,但说盘瓠传说为汉人杜撰,就难以解释为什么畲、瑶、苗诸族都流传盘瓠传说。"③尽管雷先根对盘瓠神话之虚妄有着独到的见解,但也无法改变盘瓠神话在畲族社会存在的事实,而由他主编的《景宁畲族自治

---

① 福安市穆云畲族乡溪塔村《蓝氏宗谱》,民国丁丑年(1937)重修,复印件藏福建省民族研究所。
② 雷先根:《也谈畲族盘瓠图腾信仰》,载施联朱、雷文先主编《畲族历史与文化》,北京:中央民族大学出版社,1995年,第349页。
③ 郭志超:《畲族文化述论》,北京:中国社会科学出版社,2009年,第18页。

县畲族志》也还是对盘瓠神话进行了客观介绍。书中写道："在畲家的祠堂里、家谱中都有这一针对盘瓠写的对联：'功建前朝帝喾高辛亲敕授，名垂后裔皇子王孙免差徭。'"在介绍畲族丧葬习俗时，其文说："据畲族群众传说以及祖图介绍，畲族始祖盘瓠是用铁链捆着棺材吊在七贤洞里的，这是悬棺葬法。"而这本志书中还收录了一篇长达二百四十四句，共计一千七百零八字的畲族史诗《高皇歌》①。很显然，这种认识转向是有时间积淀的，而为何会发生这种转向或许跟畲族知识分子间的彼此交流有关，还跟他者研究的话语表述密不可分。与雷先根相似，文成县原人大副主任钟金莲也曾历经这种思想转变，她曾在20世纪80年代主持"文成县民间文学三套集成畲族卷"的搜集整理工作，是时她不仅采录了《高皇歌》，还将之编入《中国民间文学集成·浙江省温州市文成县畲族卷》②，且未对盘瓠问题产生过质疑。然当与雷先根、雷少卿等畲族学者交往逐渐增多后，她对盘瓠的认识发生了根本性变化，并多次向笔者表示"后悔"将《高皇歌》等史诗编入《中国民间文学集成·浙江省温州市文成县畲族卷》。另外一位畲族学者雷弯山，也曾以较为温和的态度长期对待盘瓠问题，但其看法却于近年发生了根本性改变，而《畲族源流研究》一书的出版则更凸显了他借助基因测序以"摒除盘瓠"的决心③。和上述与笔者近距离接触过的学者不同，雷少卿或许是笔者访谈过的畲族学者中自始至终都未曾发生认知转变的地方学者，而其自编文集《畲族文化考》④《清末畲民报考之路》⑤则是其"否定盘瓠"的最核心表述。

然而，正如蓝炯熹所言："盘瓠传说在畲族家族信仰和家族文化中的能量是巨大的，盘瓠传说与畲族民族的发展史有着千丝万缕的联系。""几乎畲族重要的家族行动多有盘瓠信仰的痕迹。在畲族传统文化中，盘瓠传说是抹煞不了的。"⑥

我们虽然无法找到一条畲族图腾演化的完整轨迹，但这种演变却实实在在地展现在我们面前。随着盘瓠图腾的被误解，龙图腾便成为畲族民众寻求异文化共生的

---

① 雷先根主编：《景宁畲族自治县畲族志》，景宁畲族自治县民族事务委员会编印（内部发行），1991年，第41、109、191—197页。
② 文成县民间文学集成编委会编：《中国民间文学集成·浙江省温州市文成县畲族卷》，浙江省温州市民间文学集成办公室，1988年。
③ 雷弯山编著：《畲族源流研究》，北京：中共中央党校出版社，2016年。
④ 雷少卿：《畲族文化考》，香港：国际炎黄文化出版社，2012年。
⑤ 雷少卿：《清末畲民报考之路》，自编（未刊），2020年编印。
⑥ 蓝炯熹：《畲民家族文化》，福州：福建人民出版社，2002年，第26页。

突破口，但畲族民众并不希望彻底泯灭本民族的文化，便智慧地做出"犬"形动物与龙有机结合，而在畲族的神话传说中，这一"犬"形动物身披五色衣，身附五彩斑，与麒麟相像，所以畲族民众把这一文化交流的产物命名为"龙麒"，而象征始祖和权力的祖牌及祖杖，也被刻成龙形。进入21世纪，这种意识得到了普遍认同，所以为了展示畲族民众对龙图腾的追求，中华畲族宫门外就竖起一根高五六米、直径约有三十厘米的石质"祖杖"，它的最上端精雕细琢着一个长须昂首的龙头，而其下部则雕刻了一根古木（图3-12）。笔者早已说过，畲族也曾以凤凰为图腾，而这更与汉族的龙凤崇拜相合，所以在盘瓠形象的演变中，一度隐化为女性象征的凤凰图腾也被畲族人民重新搬上历史的舞台。我们虽然不能确定凤凰信仰得以复苏的具体年代，但我们可以肯定的是，凤凰图腾只是畲族文化得以外显的一种形式，而且在现实的信仰行为中，盘瓠图腾依然凌驾于凤凰之上，但就目前的调查来看，凤凰图腾在畲族社会中随处可见，甚至在各种有关畲族的出版物（封面）上也可见到。总之，畲族是一个以盘瓠为核心图腾的民族，在与异族文化的交流中，畲族人民既保留了民族自身文化的特点，又具创造性地对民族文化进行包装，这种民族文化的异族趋同，不仅是生存策略的智慧选择，更是融入华夏一体的展现。

图3-12 中华畲族宫外龙首师杖图腾柱

第二节　凤凰：畲族女性集团特殊的品德标志

"龙凤呈祥"的吉利语在我国早已流传了千百年，并且常用于婚庆场面，以此表达对新婚夫妇的祝福，而在百姓的意识层面，龙多是男性的象征，而凤凰则多表现为女性，并且在后世的发展中成为与龙比肩而立的美好意象。其实，这种意识是在长久的历史积淀中形成的。与龙的塑造相似，凤凰同样是人为的虚构物。在最初的神话叙事中，凤与凰是独立的个体，体现了雌雄（凤为雄，凰为雌）分离的特征，只是在与龙图腾的结合中，逐渐退却独树一帜的性别区分功能，凰成为辅助于男性标识（龙）的女性代表，并于封建时代作为女性集团最高的权力象征存在。据目前的研究来看，凤凰图腾大约起源于新石器时代，是母系氏族晚期的一种图腾标志，它与畲族先民曾经建立起十分密切的关系。随着父系氏族时代的到来，凤凰图腾在氏族文化中的地位不断下降与转型。如今畲族社会依然保有这一图腾文化的遗存。凤凰崇拜是畲汉两族共有的文化因子，在族际文化的差异面前，凤凰则成为两族民众得以深入交流的一个重要桥梁。因此，在面对因盘瓠信仰带来的不利影响时，凤凰图腾则成为畲族民众再次关注的对象。不过，凤凰的"涅槃重生"并未取代盘瓠信仰，成为畲族的核心信仰对象和族群徽记，只是于日常生活中，借助畲族女性的外在形象传达出一种特殊的族群品德。

一、凤鸟图腾的畲族存续

盘瓠图腾在畲族社会有着极其重要的族群认同与族别区分的作用，尤其是在隋唐以后，由于汉文化的强势地位对畲族文化的明显冲击，更强化了盘瓠图腾的凝聚作用，因而此时的图腾崇拜实质上已成为族员标记自我身份的外显与内隐的综合体。

图腾形象的社会组织和社会心理功能就是通过这一象征物或象征性符号，确认氏族成员在集群文化上的同一性，并在思想和感情上强化了氏族组织的一体化。① 据相关文献记述，在不少畲族村落，畲族民众对盘瓠图腾的信奉是一种较隐秘的行为。据浮云先生（魏兰）记述："相传夜半人静，畲客取木刻狗头，置之几上，罗拜之。

---

① 刘文英：《从原始思维看图腾之谜》，《哲学研究》1995 年第 11 期，第 72 页。

移时,依狗头即盘瓠像,为畲客之鼻祖,羞为人见。故祭时比在深夜,屏去旁人。黠者假为寐况,窃窥之,始见狗头。"① 民国《龙游县志》中也写道:"祭时,悬其画像,别以绳,系木板两端而悬之,置香炉于其上,至夜神人尽,始取出器红布袋所储之犬头,罗拜之。恶为他人所见也。"② 德国学者哈·史图博在景宁敕木山的调查成果也说:"祖先崇拜和与它有密切联系的氏族组织指引我们追溯到宗教思想的图腾阶段。根据传说,畲民的始祖是盘瓠……住在周围的汉人声音,在绝对秘密举行的宗教节庆中,如今盘瓠对畲民仍起重要作用,而被模仿。可惜关于这事我们没有能打听到什么。随同我们的银匠严格禁止我们提到这个话题。对此,凯洛克③曾从福建报道过一些情况,尽管并不一定确实,他说,欢庆春节时,他们把盘瓠的画像挂起来,每一个家庭成员依次把一块猪骨头含在嘴里叫唤着,围着桌子行走。接着就向盘瓠朝拜并唱歌。据沃茨(Woods)④说,在福建 to-guan⑤,土人妇女戴的银质头饰中段就雕有盘瓠的画像。不管怎样,直到今天,狗在某种程度上还是忌讳的,说话时严禁用'家狗''家狗骨'这种词语。"⑥ 这种现象正是在强势汉文化的压迫下才出现的一种民族信仰的自我保护性策略。在笔者看来,这些文字并不是真实的历史描述,而是汉族文人或其他调查者在没有躬身或细致观摩畲族祭祖活动的情况下作出的主观臆测。对此,魏兰也曾表示:"畲客用树根一枝,长约二尺,一端刻以形象,似龙头,又非龙头,似犬头,又非犬头,其旁系以红色布条数十,呼之曰龙头。此物置在香炉右侧,最为尊重。"⑦ 也许是由于龙头祖杖刻制年代的久远,让

---

① 〔清〕浮云先生(魏兰):《畲客风俗》,上海:上海虹口顺成书局,光绪三十二年(1906),第30—31页。
② 〔清〕余绍宋:《龙游县志》(卷二《地理考·风俗(畲民风俗附)》),民国十四年(1925)修,铅印本,北京:京城印书局。
③ 凯洛克(Kellog),即克立鹄(C.R.Kellog),曾于汪鼎伊合写《福建原住民再考》("Further Notes on the Aborigines of Fukien"),载《中国科学艺术杂志》(*The China Journal of Science and Arts*)1927年第5卷第2期,第94—100页。
④ 沃茨(Woods),即亨瑞特·A.伍兹(Henriette A. Woods),其曾写《福建畲族》("The San Tak of Fukien"),载《中国科学艺术杂志》(*The China Journal of Science and Arts*)1925年第3卷第1期,第2—3页。
⑤ to-guan,即福州北岭黄土岗,今福州市晋安区宦溪镇黄土岗畲族村。
⑥ [德]哈·史图博、李化民:《浙江景宁敕木山畲民调查记》,周永钊译,张世廉校译,中南民族学院民族研究所编印,1984年,第52页。
⑦ 〔清〕浮云先生(魏兰):《畲客风俗》,上海:上海虹口顺成书局,光绪三十二年(1906),第32页。

魏兰难以看清其本来面貌，但他还是尊重了畲族民众对之的称谓，所以说在不少畲族村落中出现的隐蔽性祭祖活动，无不与汉族的歧视有关。

通过上文的分析我们已经知道，盘瓠图腾原型的"犬形"转变乃是原始星宿（娄宿）崇拜在多氏族融合的过程中出现的历史选择，并且它只是"犬形"动物，而非"犬"。因此，为畲族图腾崇拜正本清源，还其以原型，是所有畲族文化的研究者、爱好者都须竭力去做的，并给予汉族传统话语系统中的"犬"之污蔑、歧视与压迫以荡涤。

与盘瓠图腾在畲族话语系统和行为实践中的隐秘性相比，另一图腾信仰则直接显露在世人的眼前，这就是凤凰图腾信仰。其实，盘瓠图腾具有明显的父系氏族社会的特点，而这也是人类社会发展到一定程度时出现的必然结果。也就是说，"随着氏族社会的发展，原始农业和牧畜业的出现，男子在生产活动和向自然界作斗争中的作用的突出，他们的社会地位也跟着提高，特别是父系氏族社会建立之后，对男性的尊崇和男性的祖先崇拜也迅速确定和发展起来"①。然而，相关研究和记载表明，至迟到隋唐时期，畲族还停留在较为原始的生产生活中②，所以此前的盘瓠图腾崇拜也许仅是作为族群认同的标志，尚未形成以始祖崇拜为核心的血缘概念，这也就是为什么李亦园认为盘瓠图腾是在汉族这个以男性为核心的强势文化群体的压迫下形成于唐的原因。③蒋炳钊曾言："图腾崇拜是一种原始宗教的图腾信仰，固然表现出民族的共同心理状态，但也应该注意到，图腾信仰产生于氏族，作为氏族的族徽。民族是由氏族、部落发展形成的，因此，一个民族中可能同时存有几种图腾信仰。"④然而，在畲族的发展史上，盘瓠图腾已然奠定了其不可替代的社会作用。不过，凤凰图腾又与之有怎样的关系呢？

《山海经·南山经·南次三经（丹穴山）》写道："丹穴之山……有鸟焉，其状如鸡，五采而文，名曰凤皇，首文曰德，翼文曰顺，背文曰义，膺文曰仁，腹文

---

① 田光辉：《从贵州少数民族原始宗教看原始思维的特点》，《贵州民族研究》1988年第4期，第152页。
② 不过，黄仲琴《汰溪古文》表明，隋唐时期畲族先民的生产水平已与当地甚至中原汉族基本持平。黄仲琴：《汰溪古文》，《岭南学报》1935年第4卷第2期，第1—6页。
③ 参见李亦园《章回小说〈平蛮十八洞〉的民族学研究》，《中央研究院民族学研究所集刊》1993年第41期。
④ 蒋炳钊：《畲族史稿》，厦门：厦门大学出版社，1988年，第64页。

曰信。是鸟也，饮食自然，自歌自舞，见则天下安宁。"从这一记述我们可以看出，人们对凤凰的认识早已超越单纯图腾崇拜的吉祥之鸟。晋葛洪《抱朴子》中认为凤凰具有"五行"属性，其文言道："夫木行为仁，为青，凤头上青，故曰戴仁也。金行为义，为白，凤颈白，故曰缨义也。火行为礼，为赤，凤嘴亦，故曰负礼也。水行为智，为黑，凤胸黑，故曰向智也。土行为信，为黄，凤足下黄，故曰蹈信也。"晋郭璞注《尔雅》卷十《释鸟》时指出，凤凰的特征是"鸡头、蛇颈、燕颔、龟背、鱼尾、五彩色，高六尺许"。而《宋书》卷二十八《符瑞志》中则记载："凤凰者，仁鸟也。不刳胎剖卵则至。或翔或集。雄曰凤，雌曰凰。蛇头燕颔，龟背鳖腹，鹤顶鸡喙，鸿前鱼尾，青首骈翼，鹭立而鸳鸯思。"在这里，凤凰已经不再是一种具体的自然物，而是一只集多种动物特征于一身的且具有高尚品德的虚拟动物，而其各个组成部分则对应着崇拜不同"鸟"图腾的氏族部落。换言之，"凤凰"的构建经历了一个十分复杂的生长过程。也就是说，"原始凤凰是一个由多种鸟（如鸢、鹊、鳗鹏、玄鸟、踆乌、皇鸟、天鸡、鹊青鸟等）共同组成的鸟族称谓集团。这些不同的鸟都具有图腾的身份，代表着不同的氏族、部落或部落联盟"①。据王大有研究，凤凰的形象（人们对凤凰的认知）大致历经了三个发展阶段，即商周的玄鸟期—秦汉至隋唐的朱雀时期—宋元明清的凤凰期，但凤凰的形象并未在这一具有线性特征的发展脉络中有根本性（彻底）的分离，相反存在很多不变成分：一是凤凰与太阳（火）密不可分，二是凤冠多作三羽，凤尾拖巡舒卷，呈难翎状或孔雀翎状，其他特征都是混化过程中产生的衍生特征。②

在对畲族文化的研究中，凤凰崇拜曾引起不少学者的关注，而正是凤凰的出现，给予学者们研究畲族渊源以辅助，从而出现了畲族族源"徐夷说"。这一认识主要从畲族与作为东夷主体的高辛氏集团的关系出发，并结合凤凰（鸟）崇拜做出的论述。据研究，东夷是活跃于新石器时代晚期的东方大族，先秦古籍常称东夷各部为"九夷"，而徐杰舜认为东夷可分为蚩尤（太昊、少昊、羲和）、帝俊、莱夷、徐夷和淮夷五大部落联盟，各部均以鸟为图腾。③据《左传·昭公十七年》记载："我高祖少皞（昊）挚之立也，凤鸟适至，故纪于鸟，为鸟师而鸟名。"相关研究表明，

---

① 黄向春：《畲族的凤凰崇拜及其渊源》，《广西民族研究》1996年第4期，第96页。
② 王大有：《龙凤文化源流》，北京：北京工艺美术出版社，1988年，第140—144、13页。
③ 徐杰舜：《汉民族发展史》，成都：四川民族出版社，1992年，第37—42页。

少昊集团内曾有二十五个部落，它们分工明确，各司其职，且均以其图腾之鸟命名，如凤鸟氏、玄鸟氏、伯赵氏、青鸟氏、丹鸟氏、祝鸠氏、鸤鸠氏、鹘鸠氏、爽鸠氏、鹘鸠氏以及五雉、九扈等。具体而言，在这25个鸟族中，包括鸷类8个、凤类8个和扈类9个，其中凤族在少昊集团中地位最受尊崇，掌管天文历法，且指导农桑。[①]有学者从畲族祖图中的"金鸡玉兔图"（图3-13）出发，认为"畲族的凤凰崇拜不是最初的形式，而是经历了一个从鸟图腾发展到凤凰崇拜的历史过程。鸟图腾是凤凰的前身，畲族口碑、实物所示'凤凰'实质上代表的是对其祖先鸟图腾崇拜的古老记忆"[②]。对鸡来说，它与凤凰有着相似之处，都为"鸟类"，且在文化意蕴上，鸡与凤凰也具有相似性。西汉韩婴在《韩诗外传》中有一句名言："鸡有五德：头戴冠者，文也；足搏距者，武也；敌在前敢斗者，勇也；见食相呼者，仁也；守夜不失者，信也。"这正与《山海经》中记述的鸡的形象一脉相传，所以鸡可以作为凤凰的替代物。

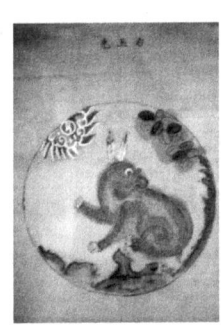
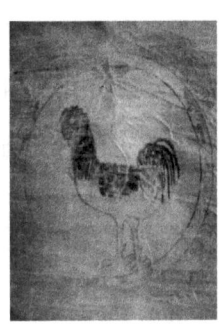

图3-13 景宁郑坑乡半岭村钟氏金鸡、玉兔（左） 松阳南坑源西山口村蓝氏金鸡、玉兔（右）

通过图3-13，我们很容易发现"金鸡图"是"鸡"与"日"的结合体，体现了畲族日、鸟信奉的双重特点。黄向春认为："少昊也崇拜太阳，这可以从'昊'字的结构来源以及连云港云台山将军崖岩画中日与鸷的并存得到印证；山东龙山文化中独具特色的器物——陶鬶，其造型不能不令人联想到一只昂首鸣日的雄鸡。由此可推测，畲族凤凰崇拜的来源应与东夷，特别是凤族的鸟图腾有一定联系。"[③]神话中的畲族始祖盘瓠不论是出生、成长、揭榜，还是出战、变身、婚配以及拓荒凤凰山，无不与高辛帝发生直接关联。

[①] 黄向春：《畲族的凤凰崇拜及其渊源》，《广西民族研究》1996年第4期，第100页。
[②] 黄向春：《畲族的凤凰崇拜及其渊源》，《广西民族研究》1996年第4期，第98页。
[③] 黄向春：《畲族的凤凰崇拜及其渊源》，《广西民族研究》1996年第4期，第100页。

如果把盘瓠集团视为一个氏族，那么盘瓠氏族与高辛氏族之间必定具有某种血缘或姻亲联系，所以盘瓠的原始身份是具备鸟图腾性质的。通过上述梳理不难判断出畲族族源徐夷说在畲族族源探索中产生较大影响的原因。其实，鸟崇拜与日崇拜有着密切的渊源关系。人类对太阳的敬畏由来已久，从现在依然流传于民众口头的射日神话、羲和神话等，以及四川三星堆出土的太阳星轮等历史文物即可见一斑。鸟崇拜在一定程度上也是缘起于日崇拜。在笔者看来，这是由于远古先民并不知道太阳的东升西落是宇宙运动的自然现象，而鸟的"日出而作，日落而息"恰与此相合，故在原始先民（尤其是东夷族群）的思维世界中便产生了二者的互渗等同，从而将日神崇拜转化为鸟崇拜。此外，我国鸟崇拜的原始形态也许正是先民在观察太阳运动时发现了"太阳黑子"，并由此将之与现实中的飞鸟比拟，进而神化为"三足鸟"。从而在后世的信仰发展中，逐渐演化出"玄鸟""凤凰""朱雀"等神鸟形象。所以，畲族的"凤鸟"图腾实为"日"崇拜的固化转型。就此而论，畲族图腾不论是"盘瓠"还是"凤凰"，其本源都是自然天体。

二、凤鸟图腾的女性象征

畲族对凤凰的崇拜可谓无处不在，畲族妇女的头髻叫"凤头髻"，全身装束叫"凤凰装"，衣饰花纹叫"凤挑"，花鞋上有"凤尾纹"，居住的是"凤凰巢"，女子自称"凤凰姑娘"。在茶艺表演中还有"凤凰茶道"，婚礼中有"取凤凰蛋"仪式以及发祥地"凤凰山"等。而逢年过节，畲族民众总是会在厅堂里贴上"功建前朝帝喾高辛新敕赐，名传后裔皇子王孙免差徭"的对联，横额"凤凰到此"或"凤凰来仪"（更多的是用在婚礼上，见后文），有的则挂有"丹凤朝阳"的图画，而且还有不少家庭的木雕装饰上也同样以凤纹表现（图3-14）。

图3-14 景宁县鹤溪街道敕木山村蓝氏老宅凤凰木雕构建（左）
文成县黄坦镇呈山底村钟氏老宅凤凰木雕装饰（右）

与盘瓠相比，凤凰可谓畲族图腾崇拜中的显性标志，而这种"显性"在女性服饰中表现得最为突出。潘宏立曾把福建畲族服饰分为罗源式、福安式、霞浦式、福鼎式、顺昌式、光泽式和漳平式等七种类型①，而《浙江省少数民族志》则说浙江畲族妇女的服饰主要有"景宁式、丽水式、平阳式、泰顺式"②四种。据《福州市畲族志》记载："福州地区畲族女子的衣服……其造型美观，色彩斑斓，风格独特，称'凤凰装'。上衣为古典交叉服装，衣长至膝，衣袖较短，袖口较窄。领、袷部位用红、白、黑、蓝、绿、黄等色布缝'捆只颜'和机织或自绣花边。'捆只颜'以六种颜色为一组。盛装、礼服的'捆只颜'多的缝三组，并列宽度达十厘米，袖口亦缝'捆只颜'和花边。老年妇女和少女只缝一至两组，不论是盛装、礼服和平装衣衩内缘皆套缝白添条，穿着时白添条向外。畲族女子的裤子较宽大，长至小腿，俗称'半长裤'。"③其实，早在1926年，福建协和大学生物学教授克立鹄（C. R. Kellogg）就在《福建山哈》中描述过福州地区畲族女性服饰，并重点描述了"凤凰冠"。其文写道："妇女的服饰却与她们的汉族姊妹有些不同。尽管它们都是粗布蓝衣，同一种裁剪模式，但显而易见的不同就在于上衣红白相间的窄边"，而"在所有服饰中最具区别性特征的就是只为妇女所戴的头饰，而它在任何地方都能引起人们的注意"。

头饰的最主要部分好像是由一根竹筒构成，其上覆着的白镴片或银片从头部边缘一直延伸到头部中央，而一块被蒙在上面的红粗布则被折叠成了锥形。红布锥的一边向前伸出，并从它的外部末端悬荡出一条红色流苏。四到六根鲜亮的蓝珠链由中间竹筒的两旁垂挂而下，穿过耳朵，被牢系在脑后的一卷头发上。一个抔在一片直角形红布上的大木发夹从脑后水平地凸显出来。当远距离观看时，头上的蓝珠链和红布以及脑后的饰品共同营造出一幅十分引人注目的图景。……一些头饰的装饰品是白镴的，而那些最好的则使用了白银。虽说头饰的价值约为六美元……金属制品的细部显示其中必有一些含义……竹筒前部的结构可能代表某种矛状物或者象征某种神奇动物的面相……这种头饰是父母在其女儿成为一名新娘时赠送的，此后就

---

① 潘宏立：《福建畲族服饰研究（油印本）》，厦门：厦门大学人类学系（内部资料），1985年，第6页。
② 浙江省少数民族志编纂委员会编：《浙江省少数民族志》，北京：方志出版社，1999年，第292页。
③ 张天禄主编：《福州市畲族志》，福州：海潮摄影艺术出版社，2004年，第408页。

将一直佩戴下去。以前,一个已婚妇女从未有过不带这种头饰就到邻居家去的想法,但如今她们在自己的村庄内似乎放弃了这种习惯。①

总体来说,衣服固然是对凤凰崇拜的显性表现之一,但在学术研究中并未引起学者过多关注②,而畲族妇女的头饰则在众多畲族文化研究者的关注下成为凤凰崇拜最显著的标志,但畲族大分散、小聚居的特点,也使得畲族妇女的发饰出现地域性的不同。

另有学者指出:"罗源式……少女头即将长发梳拢于脑后,用一红色毛线从左往右将头发分成二部分拢于脑后,并分别按反时针方向卷成股状,接上一根竹木或铁丝类硬物,而后两股头发交叉缠绕,裹住头发饰并扎紧,在发饰前端用红毛线束缚于额顶成一前突状,当地称这种头髻为'凤凰髻',相传头顶上的红髻,象征凤凰头上的丹冠。福安式特点是头髻需添加假发,显得宽厚,从外形看,少女头仿佛像戴着红边黑帽。妇女头要求发髻外形上下呈筒状,并稍向后倾,宛若头顶黑色大缎帽,显得庄重。……霞浦式少女头饰与福安式大致相似,妇女头则云鬓高髻,颇具特色。"③(图3-15)罗源畲族民众还有一整套生动而形象的"说法",即幼年、成年、老年的不同妇女头式,分别是依小凤凰、大凤凰和老凤凰的模样打扮的。服装各部分都有象征意义,如已婚青年妇女的装扮,头饰象征凤冠,衣领、襟、袖所绣花边,象征凤凰的颈脖、腰和翅膀,围裙象征凤腹,身后的两条绣花飘带象征凤尾,花绑腿及绣衣鞋象征凤爪。④《崇儒乡畲族》则对闽东地区畲族女性的头饰做了更为详细的描述:

凤冠,原称"荟"(畲语音 gěi,或写作髻),又称"公主顶",是畲族妇女结

---

① C.R.Kellogg, "The San Tak of Fukien Province", *The China Journal of Science and Arts*, 1926,Vol. Ⅳ, No.5, pp. 238—242.
② 随着畲族文化研究的深入,近年有关畲族服饰的研究逐渐多了起来,如闫晶、陈良雨《畲族服饰文化变迁及传承》,北京:中国纺织出版社,2017年;张娟:《福建霞浦畲族服饰文化与工艺》,北京:中国纺织出版社,2018年;闫晶《畲族服饰史》,北京:中国纺织出版社,2019年;陈敬玉《浙闽地区畲族服饰比较研究》,北京:中国社会科学出版社;2019年;陈栩《福建畲族服饰文化研究》,北京:科学出版社,2020年;等等。
③ 蓝雪花:《畲族凤凰崇拜及其源流初探》,《闽西职业大学学报》2005年第2期,第54—55页。
④ 潘宏立:《福建畲族服饰研究(油印本)》,厦门:厦门大学人类学系(内部资料),1985年,第79页。

婚和随葬的专门冠戴。其结构特殊、复杂。冠体内层竹箬圈制，外蒙黑布或深色布，正中上部装一精致银框小方镜，并配微型剪、尺、书、镜等物件，传说是高辛皇后凤冠遗制，能趋吉避邪，冠顶以竹篾编制成金字塔形骨架，外蒙红布，各面贴缀大小不一银片，上部后侧及前两侧各缀挂一蝶形银饰，上各缀挂五串各式小银片，两端饰玻璃料珠串；尖端装饰二片三角银片和红缨络。冠体下还有遮面银饰，俗称"线须"（畲语音：lāng xū）：由以长方形银牌（"大牌"）和九串银饰薄片组成，整体若帘，垂于面前。凤冠上的银饰，均錾凿吉祥纹样。①

图 3-15 罗源式凤冠衣着（采自《闽东畲族文化全书·民俗卷》）

对浙江地区畲族女性发饰的描述，明清以来的一些地方志中就有记载，如同治《景宁县志》中写道："厥妇女跣足椎结，断竹为冠，裹以布。布斑斑，饰以珠，珠累累（皆五色椒珠）。"②光绪《处州府志》中有"畲妇戴布冠，缀石珠，赤足负载"③。光绪《遂昌县志》中记载：畲族"妇女椎髻跣足，以斑蓝布包竹筒，缀以珠玑，蒙其首"④。魏兰则较详细地记述道：丽水地区的"畲妇额顶，带以竹筒，筒外

---

① 陈国强、蓝孝文主编：《崇儒乡畲族》，福州：福建人民出版社，1993年，第62—63页。
② 〔清〕周杰、严用光等修：《景宁县志》（卷十二《风土·风俗（附畲民）》），清同治十二年（1873），刻本。
③ 〔清〕卓异侯、陆元和、潘绍诒主修：《处州府志》（卷之二十四《风土志·风俗》），光绪三年（1877），刻本。
④ 〔清〕胡寿海、史恩纬修：《遂昌县志》（卷十一《风俗·畲民附》），清光绪二十二年（1896），刻本。

包以花布,镶以银,筒后又饰红布,其旁缀以石珠。(竹筒大寸许,长约二寸有奇。竹筒外,以赭色柳条布包之,又镶以银。筒后又有大红標布一条,长约尺余,阔一寸五分。石珠如绿豆大,其色或白或蓝或绿,以线贯之,每串长约二尺。)畲妇之头不髻,仅旋于后焉。(畲妇之发,旋绕于后,遥视之,仿佛绳索然,但蓬松耳。)畲女不带竹筒,仅以花布为帽(花布亦系赭色柳条。)"①。在景宁敕木山蓝姓畲族村做过调查的德国学者哈·史图博、李化民则更细致地描述道:

畲民和住在附近的汉人最明显的不同之处是妇女的引人注目(的)头笄。直到几年前止,这种头饰还是很普遍的,如今你在路上偶而(尔)也会碰到一群带着这种头饰的畲族妇女,这时你对这个特殊民族的原始装饰艺术定会留下深刻的影响。……只有已婚的妇女才带头饰,姑娘的头发是两边分路,中间编成一条辫子,从后面向前盘在头上。……头饰是由一个三边为棱柱体形状的十厘米长的木支架构成的,它的长轴是放在正中面上的。支架上罩着黑色棉布,其前面和两边镶上薄银片,银片的两个纵面都用浮雕细工饰着简陋的图案和两个拱手的人的简陋画像。有两根银制的棒状物以向上往后的方向安在木架上。后面那一根饰有一个马蹄形状的末端。这个半园(圆)形把手的上端是用一条细长的红布同棱柱体支架的前面的饰有薄银片的底连在一起的。支架前端挂着一排十一串约二十厘米长的、用白色玻璃珠做成的链子,看去像一种面纱似的。每根链子的末端都饰有一块薄银片。此外,支架前端是用四根约一米长的白色玻璃链子同银制半园(圆)形把手的上端连在一起的。这些链子以弧形盘绕着脑袋两边的头发。头饰上还用一根红黑玻璃珠的链子安上一个笨重的两个尖头的银质头抓,头抓旁边还系着一个银质牙签和一个银质耳挖子以及好些银链子和小银片。在那块悬垂的大银片上用浮雕细工画着一只鸟儿。那头抓是牢固地插在头顶上的,而银链子连同耳挖子和牙签是挂在脑袋右边的。……最后一件是一对厚实的银耳环。关于这种装饰术以及两个拱手的人和那只鸟儿的含意,谁也不能给我们说明。那个银匠只对我这么说:头饰一定要按照自古流传下来的方式制作,畲民不能容忍丝毫改变。②(图3-16)

---

① [清]浮云先生(魏兰):《畲客风俗》,上海:上海虹口顺成书局,光绪三十二年(1906),第27—28页。
② [德]哈·史图博、李化民:《浙江景宁敕木山畲民调查记》,周永钊译,张世廉校译,中南民族学院民族研究所编,1984年,第22—24页。

畲族星宿信俗研究——关于盘瓠形象传统认识的原型批评

图 3-16 丽水式凤冠衣着（采自《丽水地区畲族志》）

从这些记述中我们可以发现，不论是闽东还是浙南，畲族女性的头饰都表现出极其相似的特点，而就史图博所提出的问题，笔者认为，两个拱手之人，似乎是在做祭祀之礼，而鸟儿则是凤凰冠的缩影，总体来说则是对凤凰的崇拜。其实，在对畲族凤凰崇拜的研究中，曾有汉族学者一度不明就里地将凤凰冠说成"狗头冠"。这种认识以凌纯声为代表，他在20世纪40年代发表的《畲民图腾文化的研究》[1]一度引起较大的反响。然而现在看来，凌纯声的研究或不符合事实，即便他以丽水、景宁、福州等地的凤凰冠为例加以说明，但仅以福州罗源式凤凰冠来说，就已能将其论断推翻。罗源式畲族女性的发饰高盘隆起，颜色艳红，很明显是对凤凰冠的模拟，而其衣饰则是缀有五条花边的长衫，俨然就是凤凰的形象。尽管凌纯声等的研究发生在20世纪40年代，但上文之述已然表明，畲族凤凰冠的基本形制是不容改变的。因此，即便半个多世纪前曾似"狗头状"，但其改变不可能在这短短半个世纪时间内就蔓延至整个畲族社会，并且表现出地区不同的各种样式，就此笔者认为这是在周边汉民对盘瓠图腾传统理解上的误判，是不可取的认识。

在畲族民众中，流传着众多有关凤凰的神话传说。如《凤凰姑娘》讲述了一个关于从凤凰山来的凤凰姑娘帮助畲族民众除去地方官僚恶霸后又到别处除害的故

---

[1] 凌纯声：《畲民图腾文化的研究》，载厦门大学人类学系《畲族研究论文集（油印本）》，内部资料，1985年。

事^①;《凤凰到此》讲解了畲族女性出嫁时为何要贴"凤凰到此"的原因^②。除此之外,流传最多也是最广的则是与三公主有关的凤凰故事。如《三公主的传说》讲述了高辛帝正宫刘皇后将凤冠交给自己的女儿三公主时,高辛帝说:"凤冠是高辛国的国宝呵,只有你才配得到它;让这顶凤冠在你的子孙中代代相传吧,你们的子孙永远是高辛王御封过的高贵民族。"而当龙麒和三公主带领子孙来到凤凰山后,便开疆拓土。在阻挡士官攻打时,是凤凰驮着三公主回到高辛处(封金山)采来草药治好了龙麒之伤,并取来弓箭打退了敌人。龙麒去世后,三公主在报晓鸡的引领下带领子孙开始迁徙,当他们来到景宁三都后,三公主升仙离去,而那顶凤冠就留给了她的后人,成为畲族女性代代相传的宝物。^③《凤凰装束的由来》不仅讲述了畲族凤凰装按照年龄不同可有不同形制,同时将凤凰装的由来定位在刘皇后与三公主身上,认为正是由于刘皇后将凤凰冠交给三公主,并在三公主的传递下,才形成了畲族妇女的凤凰装。^④《"山哈"为何爱凤凰》则讲述了盘阿龙在凤凰山捉住了一只凤凰,后因母亲的慈悲,又将其放了,凤凰在走之前留下了三根羽毛(在他们需要帮忙时点燃羽毛,凤凰就会来帮助他们)。后来,盘阿龙家由于无粮可吃,就点燃了一根凤毛,凤凰为他们衔来了三粒种子;当盘阿龙家无衣可穿时,又点燃了一根凤毛,凤凰为他们衔来了苎麻种;当想夫妻和美时,盘阿龙点燃最后一根凤毛,凤凰为他衔来了鲜花、绿叶和虎牙,并将自己的凤冠和尾羽割下来,最终制成了凤凰衣。所以畲家常说"谁家有了凤凰,谁家就有衣穿有饭吃,就会娶到好媳妇"。从此畲族民众就开始穿凤凰装、扎凤凰髻、系凤凰尾(彩带)。^⑤从这些故事中,我们可以看出,畲族崇拜凤凰一方面在于对始祖母的追念,一方面是对曾与畲族先民发生密切关系的某种鸟类的感激,更为核心的则是畲族民众认为女性当同鸟儿那样勤俭持家,是对女性美德的一种肯定。

在神话传说中,三公主不就具有这样的美德吗?更何况凤凰(金鸡)较原初的定位不就是品德高尚的象征吗?其实,畲族民众对"凤凰"的崇敬,不仅表现于上

---

① 蒋风、陈华文等编:《中华民族故事大系·畲族 高山族 拉祜族》,上海:上海文艺出版社,1995年,第146—150页。
② 钟雷兴主编:《闽东畲族文化全书·民间故事卷》,北京:民族出版社,2009年,第172—173页。
③ 蒋风、陈华文等编:《中华民族故事大系·畲族 高山族 拉祜族》,上海:上海文艺出版社,1995年,第66—71页。
④ 钟雷兴主编:《闽东畲族文化全书·民间故事卷》,北京:民族出版社,2009年,第126页。
⑤ 钟雷兴主编:《闽东畲族文化全书·民间故事卷》,北京:民族出版社,2009年,第172—173页。

述神话传说中,更凸显于民族口传史诗《凤凰山》中。流传于浙南畲族中的《凤凰山》唱道:

海在东边渺茫茫,日月出在海当央。百鸟来朝凤凰鸟,单朝日头是凤凰。凤凰原是百鸟王,其侬日月共一乡。凤随日月天上转,飞上海边寻田场。凤凰飞落凤凰山,凤凰大山在海边。百鸟睇见来朝凤,凤凰山上闹占天。凤凰山上好田场,金坑银草来铺床。凤凰飞落生个卵,畲客故老传四方。凤凰山上好家园,百鸟朝凤转团团。乃因生个凤凰卵,畲客故老万年传。凤凰飞落好山场,生个大卵白茫茫。百鸟来孵凤凰卵,七日七夜琅和光。百鸟孵卵来得忙,凤凰山上暖洋洋。乃见天上金光影,出世一个小贤郎。凤凰山上竹叶长,小郎出世好个相。白鹤帮其来遮影,百鸟来护少年郎。凤凰山上树木青,少年郎子好名声。聪明伶俐懂世事,落地唔久便会行。天一岁,地一岁,日头一岁月一岁。乃见郎子日日大,转眼就到十多岁。少年郎子成大人,双手有力擎千斤。百花桥下去洗浴,照着颈边有个印。百花桥头水迷迷,照着花印真稀奇。花印好似蛟龙样,名字就唔是龙麒。唔是神,唔是仙,太公出世凤凰山。凤凰山头是祖地,畲客记到千万年。①

于此我们可以看到,作为畲族记忆中的神话始祖,"龙麒"出生于"凤凰卵",因而是凤凰之子。正如有学者所指出的那样,《凤凰山》"是一篇畲族祖先斗争经历的生动写照,反映出畲族人民从原始图腾崇拜发展为崇拜部族首领的经过","可见它是畲族从原始母系氏族末期发展到英雄时代的产物,是畲族信仰凤鸟图腾的图腾神话","畲族妇女的'凤冠'头饰和装束(松阳蓝火森村《蓝氏宗谱》在'龙麒'边上还注有'乳名凤源'等字),乃凤鸟图腾标志的遗迹",而"福建出版的《畲族祖先的传说》和浙江季秋枫的《畲家盘歌》(1979年出版)②与此歌互为表里,主要情节相一致,它可谓是畲族真正的'祖歌'"③。就《凤凰山》所记述的"盘瓠诞生"情节而言,我们亦可在部分畲族村落所保存的祖图长联中看到(图3-17),就此来说,祖图长联的绘制在某种程度上也受来自非《高皇歌》的其他口传史诗的影响。另外,畲族民众在举行传统仪式活动时,会使用大量神像画,其中

---

① 雷阵鸣、雷招华主编:《畲族叙事歌集萃》,北京:中国人事出版社,2002年,第9—10页。
② 据文末标示可知,此书乃根据蓝可财口述民间传说于1978年12月改写而成。季秋枫:《畲家盘歌》,杭州:浙江人民出版社,1979年,第68页。
③ 雷阵鸣、雷招华主编:《畲族叙事歌集萃》,北京:中国人事出版社,2002年,第8页。

亦有不少表现"凤凰"的图像,特别是平阳县青街畲族乡王神洞村蓝氏所保存的"九凤图"(图3-18)。

图3-17 光绪二十年(1894)绘潮安县文祠镇李工坑村雷氏长联"百鸟朝楼"图(左)

图3-18 平阳县青街畲族乡王神洞蓝氏"九凤图"(年代不详)(上)

在我国,凤鸟图腾信仰兴起很早。据考古发现可知,"浙江余姚河姆渡遗址出土的七千多年前的象牙雕刻碟形器上刻着早期的凤凰纹。这件器物两侧各有一展翅欲飞的凤鸟——圆眼,钩喙,伸颈昂首相望,拥戴着太阳,被称为'双鸟朝阳'图。湖南省洪江市高庙文化遗址出土的一个白色陶罐上,也戳印着凤凰图案,距今已七千四百多年。其上两只飞翔的神鸟凤凰有冠,非常长的喙和漂亮的长尾,姿态雄健,活灵活现"[①]。通过这一记述我们发现,畲族的凤凰冠与此有些许相似之处,可见畲族女性的凤凰头饰兴起时间相当久远。凤凰装的存在虽然在畲族社会中一直流传,即便图腾理论常说:某一民族"为了尽可能把自己打扮成图腾的样子,他们甚至不惜改变其口、唇、鼻、耳朵、头型的自然形状,以表示对图腾血缘的认同,并努力使个体同化于血缘共同体"[②],但凤凰图腾的式微在当下却是不争的事实,甚至根本没有图腾的意味。在当下的畲族社会中,我们根本无法看到畲族男性在凤凰崇拜中的表现,而且也无法从历史记载中找到畲族男性与凤凰的具体关系。据此笔者认为,凤凰图腾在远古时代的畲族先民中可能是作为母系氏族图腾崇拜的象征,进入父系氏族社会后,男性力量的崛起对女性的社会地位产生了巨大的威胁,但女性的社会作用并没有被彻底束缚成仅有的"生育工具",而从现代社会中畲族女性在日常生活中的作用也可看出(女性有时比男性还要朴素能干),所以作为女性象征的凤凰装束才被保留下来,成为畲族女性独有的标志。

---

① 吴薇薇、骆晟华:《浙江畲族凤冠凤纹及其凤凰文化探讨》,《浙江理工大学学报》2008年第1期,第52页。

② 刘文英:《从原始思维看图腾之谜》,《哲学研究》1995年第11期,第73页。

吴微微、骆晟华在景宁、云和调查时曾这样表述某些畲族民众对凤凰的态度：雷荣新讲到，先祖太公定居广东凤凰山后与当地的土皇开战，太公受伤，皇帝（笔者注：高辛帝）召唤凤凰携百鸟驮太公回京城治伤。因为凤凰对畲族有恩惠，太婆就被奉为凤凰的化身，得以与太公平起平坐。雷荣新先生承认凤凰为图腾，而他所认知的凤纹则仍然是传统的汉族凤纹。雷石连却认为，凤凰只是村民十分喜爱的普通吉祥物，并没有什么特别的传说，更别提凤凰崇拜了。他对凤凰的形象说不清楚，所指的凤纹皆为传统的凤纹。在对景宁畲族三株树村做实地考察时，畲族妇女蓝延兰表示，凤凰在她们心中与普通的雀鸟相似。不仅如此，畲族学者也不再以传统的畲族女性的凤凰头饰的模拟图案定位凤凰崇拜。"2005年4月，笔者分别走访了一些浙江畲族文化工作者（雷先根、雷光震和蓝观海先生），向他们展示从古至今上百种形态各异的凤凰图片资料，请他们指出与畲族人心中最接近的凤凰形象。三位先生所指的'凤凰'均是形象比较复杂的凤纹。"① 所以，在他们的调查中，虽然有极少数的畲族民众认可凤凰图腾，但绝大多数的畲族民众甚至学者的认识都与原始的凤凰图腾，甚至与畲族女性的凤凰头饰相去很远。这种现象的出现，并非仅是以男性为代表的盘瓠图腾的挤压，而其根本则在于自古以来畲族民众自身对凤凰的认识——凤凰乃是始祖母——三公主的化身，是代表畲族女性美德的特殊标志。

不过，正如上文所言，凤凰崇拜正以一种前所未有的形式和速度在畲族社会"全面复兴"，而这其中不仅有来自地方政府的行政干预，更有源于学术研究的推动。就前者而言，其根本目的是在民族团结的话语下，尽量弱化由历史原因带来的社会影响，从而维护地方社会的和谐稳定。对此，各畲族聚居区在发展旅游经济和展现自我形象的过程中，大都将凤凰作为一种景观装饰以美化地方旅游空间。更重要的是，在对外宣传或导游词设计中，地方政府甚至部分民众已然将这种"凤凰"图像（哪怕是抽象图案）视为畲族图腾的外显标志，而如景宁畲族自治县那样，还特别创作了一首名为《和凤凰在一起》的"县歌"。可以说，这种情形自改革开放以来就逐渐深入地方民众的心里。其实，这背后也凸显了畲族民众——特别是精英群体

---

① 雷先根，浙江景宁县鹤溪镇景宁畲族自治县民族宗教事务局民族文化研究学者；雷光震，浙江景宁县鹤溪镇景宁文化管理会研究员；蓝观海，浙江云和县畲族民族研究会副主席；蓝延兰，女，浙江丽水地区民间文艺家协会会员，景宁畲族自治县彩带工艺家。此段均参考吴微微、骆晟华《浙江畲族凤冠凤纹及其凤凰文化探讨》，《浙江理工大学学报》2008年第1期，第53页。

第三章 民族文化的交流与遗存：盘瓠原型的两种重塑

对既往"遭遇"的当代关切和对改变历史的期许。目前，针对畲族"凤凰图腾"的研究虽然不多，但已然形成持续性影响，而较具影响的如肖孝正[①]、黄向春[②]、蓝雪花[③]、李健民[④]、李凌霞和曹大明[⑤]以及方清云[⑥]等，此外近年一系列研究畲族"凤凰装"的学术成果也多涉及畲族"凤凰崇拜"或"凤凰图腾"（详见上文）。

如果从畲族社会发展的角度看，"盘瓠崇拜"的确给畲族民众带来了一定的"心灵创伤"（trauma），而这种"创伤"则在长久的历史积淀中成为一种"集体记忆"。因此，如何在新时代彻底改变甚至抹平这种源自族群交流的"伤痕"，则成为畲族民众的共同追求。有学者指出："记忆可以分为愉快记忆与创伤记忆两种，心理学研究发现创伤记忆较之愉快记忆更让人记忆深刻，能产生更加强大的行动力。"那么，何谓"创伤"，其"本是一个医学用语，用来表示对生命和身体完整性的伤害，运用到精神病学研究中，则用来指代精神上受到的伤害"。而在美国精神病协会于1994年出版的《精神病诊断与统计手册（第四版）》中，"创伤"则被解释为"亲身经历和亲眼看到涉及死亡、严重伤害和威胁的事件，并令人感到恐怖、反感或无助"。据此来看，"群体创伤记忆，是指个体创伤记忆在经过群体不断重述、传播后，随时间流逝而更加条理化和清晰化，进而超越个体记忆和个体情感体验，沉淀成一种群体对创伤的共同记忆和情感体验。群体创伤记忆往往会在群体成员自觉或不自觉的情况下，推动族群进行文化重构。群体创伤记忆的研究源起于心理学，逐渐开始走入文学、历史学、人类学、民族学等研究领域"。虽然在畲汉交往史上发生过不少"愉快记忆"，但畲族民众对创伤记忆印象深刻。方清云则做了两点总结："第一，新中国成立前畲汉愉快互动的记忆所占的比重相对偏小；第二，创伤记忆更具历史的穿透性。"[⑦]

---

① 肖孝正：《再论畲族图腾及其高辛夷史源——兼与"盘瓠即犬""畲族狗图腾"说商榷》，《福建学刊》1995年第4期，第73—76页。
② 黄向春：《畲族的凤凰崇拜及其渊源》，《广西民族研究》1996年第4期，第96—102页。
③ 蓝雪花：《畲族凤凰崇拜及其源流初探》，《闽西职业大学学报》2005年第2期，第54—56页。
④ 李健民：《畲族盘瓠与凤凰崇拜的文化意蕴》，载福建省炎黄文化研究会编《畲族文化研究》，北京：民族出版社，2007年，第264—275页。
⑤ 李凌霞、曹大明：《畲族的凤凰崇拜及其演化轨迹》，《三峡论坛（三峡文学·理论版）》2013年第3期，第46—49页。
⑥ 方清云：《论畲族"凤凰崇拜"复兴的合理性与必要性》，《民族论坛》2013年第1期，第55—59页。
⑦ 方清云：《少数民族图腾文化重构与启示——对畲族图腾文化重构的人类学考察》，《云南民族大学学报（哲学社会科学版）》2015年第2期，第30页。

总之，凤凰作为一个集合形象，反映了多民族交往的历史实际，而其不断丰富的社会价值不仅深化了畲族本就存在的"凤凰崇拜"，也为从畲族民众内部解决区域族群互动中所产生的"犬辱文化"，提供了不可多得的有效路径。毫无疑问，凤凰是中华民族极为重要的文化符号，是"中华民族多元一体格局"的重要象征。因此，在当代社会以凤凰重塑畲族信俗，既是社会发展的必然选择，也是弘扬中华民族优秀传统文化之畲族构成的时代要求。不过，在此过程中，是否要像部分畲族学者所希望的那样彻底摒弃"盘瓠文化"，或需深思。对此，笔者认为这并不一定可行，甚至不可取，因为"盘瓠"也是一个典型的多民族共享文化符号，是反映中华民族发展史的有力明证。

第四章

星宿图腾的社会功能：多民族融合的文化象征

文化是人类生产生活经验的总结，是不同时代人们共同体共同积累的成果。图腾作为人类文化的重要组成部分之一，来自远古时代，遗存于当今社会，在千百年的传承中，它被人类赋予多重社会功用。在何星亮看来，不论是何种徽记的图腾，都具有以下三种社会功能：首先，图腾是维系、联结氏族成员的精神支柱，是联结氏族成员心灵的纽带；其次，图腾具有区分群体的重要功能；最后，图腾对维护部落之间的社会安定起着奇妙作用。[1]就畲族星宿图腾的社会功能而言，以上三条同样具备，但对不同族群的不同图腾而言，在差异中存在些许共性。在笔者看来，畲族星宿图腾的社会作用可从以下三个方面予以阐释。

第一节 氏族融合与婚姻制度的统筹标志

何谓民族，马克思主义理论的经典定义认为："民族是人们在历史上形成的有共同语言、共同地域、共同经济生活以及表现于共同的民族文化特点上的共同心理素质这四个基本特征的稳定的共同体。"[2]这一概念不仅告诉我们作为一个独立民族所具有的基本条件，同时让我们看到，建立在共同文化基础上形成的民族共同心理是在内外不同因素的共同作用下发展而成的。现代民族的形成，并非全部发源于

---

[1] 何星亮：《图腾与中国文化》，南京：江苏人民出版社，2008年，第18—20页。
[2] 林耀华主编：《民族学通论》，北京：中央民族大学出版社，2011年，第103页。

一个古老的人们共同体，而是多氏族在数千年的融合中逐渐出现的一个具有共同语言、共同地域、共同经济生活以及表现于共同的民族文化特点上的共同心理素质的集群。

《史记》卷一《五帝本纪第一》记载："轩辕之时，神农氏世衰。诸侯咸相侵伐，暴虐百姓，而神农氏弗能征。于是轩辕乃用干戈，以征不享，诸侯咸来宾从。而蚩尤最为暴，莫能伐，炎帝欲侵陵诸侯，诸侯咸归轩辕，轩辕乃修德振兵，治五气，蓺五种，抚万民，度四方，教熊、罴、貔、貅、䝙、虎，以与炎帝战于阪泉之野。三战，然后得其志。蚩尤作乱，不用帝命。于是皇帝乃征师诸侯，与蚩尤战于涿鹿之野，遂擒杀蚩尤。而诸侯咸尊轩辕为天子，代神农氏，是为黄帝。天下有不顺者，黄帝从而征之，平者去之，披山通道，未尝宁居。"据此可知，作为父系氏族时代的典型代表，以黄帝为首的部落联盟已基本完成华夏族的统一，而被征战的主角之一——蚩尤，则常被视为九黎三苗之始祖，并与炎帝、黄帝并称为"中华三祖"。唐张守节《史记·五帝本纪》"正义"说："《龙鱼河图》云：'黄帝摄政，有蚩尤兄弟八十一人，并兽身人语，铜头铁额，食沙石子，造立兵仗刀戟大弩，威震天下，诛杀无道，不慈仁。'"其实，这一记载并不是说蚩尤果真有兄弟八十一人，而是意指"九黎"是一个以蚩尤为首，由九大部落、八十一个氏族所组成的族群联盟。同理，三苗作为我国古代南方重要的族群构成，同样是一个由多氏族所组成的部落集群。

在现代学者的研究中，包括畲、瑶、苗三族（某些支族）在内的部分现代南方少数民族都被认为是以蚩尤为首的古代九黎三苗的后裔。由此可见，自古以来，民族的形成就不是单一氏族所能独立完成的历史任务。不过，自然（如灾害）或人为（如战争）原因导致某个单一族群发生分裂，从而在不同氏族的重组中发展成具有"同源共祖"关系的不同现代民族。自20世纪50年代民族识别以来，我国已经确定的单一民族共计56个，除汉族外，还有55个分布于祖国各地的少数民族。进入21世纪，部分少数民族工作者提出了"第二代民族政策"，即倡导推行淡化族群意识和56个民族的观念，强化中华民族的身份意识和身份认同，推进中华民族一体化和国家认同的政策。第二代民族政策的指导思想是效仿美国的民族大熔炉模式，不容许任何一个族群生活在一块属于该族群的历史疆域内。① 换句话说，第二代民族政

---

① 胡鞍钢、胡联合：《第二代民族政策：促进民族交融一体和繁荣一体》，《新疆师范大学学报（哲学社会科学版）》2011年第5期，第1—12页。

策强调以单一民族形式取代多民族的事实。对此,大部分民族工作者提出了反对意见,而笔者也认为这一理论有待商榷,因为作为组成现代通行概念的"中华民族"的 56 个民族在此概念下又将以怎样的姿态存在,是氏族,还是支族?不过,单一民族是以多个"人们共同体"所组成的事实却真实存在于古今社会中。

通过上文的论述,我们已经知道,目前的畲族姓氏以盘、蓝、雷、钟、李、吴、罗、杨八姓组成,尽管在当代社会中,人们普遍认为畲族盘姓已不复存在,但畲族民众的历史记忆却将早就湮没于历史大潮的盘姓尊为"大哥"。就畲族盘姓消失的原因来讲,闽浙等地的不少畲族宗谱中都有记载,如平阳县青街畲族乡章山村《雷氏宗谱》中写道:

唐光启二年(886),盘、蓝、雷、钟、李有三百六十余丁口,从闽王王审知为乡(向)导官,由海来闽,至连江马鼻道登岸,时徙罗源大坝头居焉。盘王碧一船被风漂流不知去向,故盘姓于今无传。①

尽管,作为畲族第一姓的盘姓已于民间口述中消失,但自唐末以来,畲族民众并未忘记这位"老大哥"。正如畲族史诗《高皇歌》所唱的那样:"亲养三子生端正,皇帝殿里去罗姓,大子盘装姓盘字,二子篮装便姓蓝。第三细崽正一岁,皇帝殿里罗名来,雷公云头响得好,笔头落纸便姓雷。忠勇受封在朝中,亲养三子女一宫,招得军丁为驸马,女婿本来是姓钟。"即便是在四散迁徙后,依然没有忘记"盘蓝雷钟一宗亲,都是广东一路人,今下分出各县掌,何事照顾莫退身。盘蓝雷钟在广东,出朝原来共祖宗,今下分出各县掌,话语讲来都相同。盘蓝雷钟一路人,莫来相争欺祖亲,出朝祖歌唱过了,子孙万代记在心。盘蓝雷钟一路郎,亲热和气何思量,高辛皇歌传世宝,万古留传子孙唱"②的教诲。除此之外,畲族民众并未完全相信盘姓早已消失,从而为寻找盘姓埋下长远的心理因素。2011 年 3 月 16 日,"畲族网"发表了一篇名为《杭州沈塘盘姓畲族考》的文章,其署名为雷弯山(福建省党校教授)。该文显示,雷弯山曾三次前往今杭州市临安区板桥乡沈塘自然村考察,并从自然环境、宗谱记载、口述记忆、祖图刻画以及地方志书等材料对该村"盘姓"

---

① 平阳县青街畲族乡章山村《雷氏宗谱》,同治丙寅年(1866)修,复印件藏丽水学院畲族文化研究所。
② 浙江省民族事务委员会编:《畲族高皇歌》,北京:中国广播电视出版社,1992 年,第 7—8、14—15 页。

加以考证，由此认为该村盘姓即为畲族早已"消失的盘姓"①，而这一发现在《澳门日报》中也得到了报道②。随着海峡两岸"三通"的逐步开放，来大陆认祖归宗的台湾同胞越来越多，其中就有盘姓，而他们寻亲的地点则在福建罗源，并由此被人们认为是畲族的一支。③总之，作为畲族最早的姓氏（之一），盘姓是否依然存在于当今社会，是在大陆还是台湾同内地还是澳门，仍需进一步考证。④

其实，在畲族的历史发展中，盘姓也许仅是畲族得以形成的核心分支之一，而前文所引《高皇歌》已然表明畲族是在多氏族相互融合的过程中形成的单一现代民族，尤其是《高皇歌》中的"忠勇受封在朝中，亲养三子女一宫，招得军丁为驸马，女婿本来是姓钟"，则更显示了畲族早在远古时代就已出现"族外婚"的历史状况，而"图腾制"本身就在于区分氏族，并由此规避氏族成员间的内部通婚，从而用以确立不同氏族间的"族外婚"。在韦斯特马克看来："外婚规则，它所要禁止的，则是某一特定群体的成员与该群体以内的任何人通婚。外婚群体大多系由具有或自认为具有血缘亲族的人所组成。亲缘关系越近，就越成为通婚的障碍，至少在同一世系之内是这样。"族外婚产生于早期母系氏族公社时期，原始人从血缘婚发展到族外婚，是生产力发展与自然选择的结果。韦斯特马克进一步解释说："'外婚制'（exogamy）这一术语通常用来表示禁止在某一群体内通婚。这里所讲的群体，是比家庭大的群体，特别是指氏族。"⑤或自炎黄之前，我国就已在氏族部落的不断组合中成长起来，显然在高辛时代的华夏地理范畴内，以龙麒和三公主为核心的畲族先民早已处于族外婚的婚姻状态下。在我国古代典籍中，对族外婚亦有所提及："系之以姓而弗别，缀之以食而弗殊，虽百世而婚姻不通者，周道然也。（礼记大传）"，从而说明"周采族外婚制，即系以附远厚别之道自许，以远于禽兽之道见称"⑥。就此而论，畲族的婚姻形态必然经历过族外婚的阶段。

---

① 雷弯山：《杭州沈塘盘姓畲族考》，未刊稿。
② 石城：《畲族盘姓》，《澳门日报》2012年5月2日，第E05版（新园地）。
③ 王帅、林克城、郑秀杰：《台湾盘氏来寻亲畲族四姓盼团圆》，《福州日报》2008年9月20日，第1版。
④ 经"民族识别"，畲族"盘"姓在广东省广州市博罗、增城一带被确认，然其语言和大部分习俗均与粤东、闽浙赣皖等畲族并不相同，且差异很大。
⑤ [芬兰] E. A. 韦斯特马克：《人类婚姻史》，李彬、李毅夫、欧阳觉亚译，北京：商务印书馆，2002年，第551页。
⑥ 陈顾远：《中国婚姻史》，上海：上海书店，1984年，第21页。

第四章 星宿图腾的社会功能：多民族融合的文化象征

在畲族民众的口头演述中，尤其是专门讲述畲族四姓始祖的叙事史诗中，更多地展示了有关远古时期族外婚的历史记忆。除了上引《高皇歌》对畲族钟姓的来源做了简要描述，《浙江景宁敕木山畲民调查记》中的《高皇歌》则认为："当初出朝在广东，亲生三子女一宫，招得军丁为夫妇，女婿名志深姓钟"①，而流传于潮州一带的《祖源歌》也唱道："驸马出朝到广东，携带三子女留宫；女招军丁为女婿，名为志琛（深）身姓钟。"②在现代人的意识中，女子出嫁，其子女一般跟随夫姓，而在众多畲族神话传说中皆未点明龙麒之女的姓氏，唯独将女婿的姓名固定——钟志深，且点明了其身份——军丁。③从这三则材料来看，钟志深肯定不是皇亲国戚，但理应属于高辛部族中的一支，而其与龙麒之女的婚姻必定不是具有血缘关系的婚配，而是具有族外婚的性质。丽水市莲都区流传的《"祖宗"歌》唱道："三姓又何三房人，问你取来来取亲，元先又无生客女，问你取亲乃生人，三子各个取过来，姓盘取亲夫人廖，姓兰又取夏家女，姓雷又取葛家人……"④从这里我们得知，畲族三姓始祖母分别为：廖氏、夏氏和葛氏。在较早的民间文献资料中也有相关记载，如唐景龙元年（707）始编的兰溪市水亭畲族乡旺真山脚丁家畚《雷氏宗谱·雷氏源流序》中记载："畲族始祖盘瓠王作为驸马入赘于高辛帝三女儿，生下三男一女，女儿淑玉招钟至（疑为"志"误）深为婿"，"（盘）自能元配吏部尚书张敬春公之女，追封正一品夫人……光辉元配户部尚书廖上惠公之女……巨佑元配刑部尚书葛常辉公之女名珠凤，敕封正一品夫人"⑤。这里的三姓始祖母为张氏、廖氏和葛氏。

对姓氏起源的追问一直是个古老命题。一般来说，每个姓氏都有可能成为一个氏族。在原始社会，几乎每个氏族都以图腾形式作为自我象征，这也成为我国姓氏

---

① ［德］哈·史图博、李化民：《浙江景宁敕木山畲民调查记》，中南民族学院民族研究所编，1984年，第86页。
② 雷楠、陈焕钧：《凤凰山畲族文化》，深圳：海天出版社，2006年，第116页。
③ 在一些记述中有说其名为"淑玉"，如民国二十一年（1932），龙游横山镇项家村《钟氏宗谱》载："赘郡马钟志深公郡主盘淑玉"；共和庚寅年（1950）修，苍南莒溪西厅村《钟氏宗谱》载"一女赐名淑玉赘钟志深公为婿"等，有的则说为"龙郎"，如流传于闽东的《麟豹王歌》唱道："男丁三个女一宫，女宫十八好花容，名叫龙郎真伶俐，女婿名字是姓钟"；民国八年（1919）重修，丽水莲都高溪南坑（藏）惠明寺《雷氏宗谱》载："孙女龙郎宫主配与钟志清（疑"深"之误）为婚"，但皆莫衷一是，尚无定论。
④ "取"即"娶"。兰明苑收集整理：《"祖宗"歌》，复印本藏丽水学院畲族文化研究所。
⑤ 兰溪市水亭畲族乡旺真山脚丁家畚《雷氏宗谱》，复印本藏丽水学院畲族文化研究所。

最早的起源之一，而在后世的氏族变动和人口迁徙中，姓氏逐渐分化，至迟在周朝便开始定型。在帝喾时代，究竟有多少姓氏，实难计数，但在口述史中，龙麒所生的三男一女必为一"族"，他们皆与外姓婚配，或许就是与高辛部落中其他氏族联姻。这种行为的出现也许是为了维护部落氏族间的和谐，但我们更相信这是由于生产力的发展，于"自然选择"的作用下，古人逐渐认识到，以血缘婚为主的近亲繁殖是有缺陷的。正因如此，早期的血缘婚才逐渐转变为与其他氏族联姻的族外婚形式，并一度成为畲族先民婚配方式的核心。① 在对畲族族外婚的研究中，似乎可以看到畲族先民最早与其他部族和亲的情况。在搜集资料时，笔者虽然发现了关于龙麒三子——盘、蓝、雷三姓始祖婚姻记录的不同版本，但值得注意的是，流传于闽东地区的《麟豹王歌》唱道："自能妻子名奇珍，皇帝殿上来招亲，就是东夷进宫女，皇帝封他结为亲……光辉妻子叫奇珪，东夷人女来为妻……巨佑妻子名奇珠……也是东夷进宫女。"② 丽水市莲都区高溪南坑（藏）惠明寺《雷氏宗谱·雷氏统宗源流序》中记载："高辛曰：朕想驸马王三男一女乃是我朝皇子皇孙，俱有封赐，我陛下有东夷王贡献女子奇珍、奇珪、奇珠，三人美貌丰姿，将长女奇珍赐配长子盘自能……次女奇珪赐次子蓝光辉……三女奇珠赐配雷巨佑……"③ 现在看来，东夷向高辛帝贡献三女，或可视为一种族群（部落或国家）联姻的和亲政策，也可视为畲族先民最早与外族的政治联姻，而统治者在这里起到了至关重要的作用。由此可见，族群间的和亲政策由来已久，族群间的融合共生也是历史发展的必然趋势。

发展和进步是人类文明演进的总趋势，但在某些特定历史、人文及自然环境的制约下，人类的文明进程也会被迫中断、倒退甚至消失。相关研究表明，畲族早在隋唐之际就于闽、粤、赣三省交界的"漳潮"地区（凤凰山区）生活，同时有学者经过探查认为，"在闽、粤、赣三省交界的地域内，客家人的先民是后于畲族的

---

① 对于畲族外婚制，雷阵鸣设想："畲族在原始母系社会时，实行族外婚制，分别与相邻的盘、蓝、雷三姓部落的男子通婚，后来形成了四个胞族。过渡到父系氏族社会后，男权占了主导地位，就以男方名人为支族祖了。这一看法与中华文明的总体历史背景倒是相符的。那么在母系氏族时，就不是各娶'东夷美女为妻'，而应是娶'东夷三支族众男为夫'，到了父系氏族社会，由于男权思想的支配，就将嫁与娶颠倒了过来。"参见雷阵鸣《关于畲族研究的几个问题》，载福建省炎黄文化研究会主编《畲族文化研究》，北京：民族出版社，2007年，第744页。

② 钟雷兴主编：《闽东畲族文化全书·歌言卷》，北京：民族出版社，2009年，第15—16页。

③ 丽水市莲都区高溪南坑（藏）惠明寺《雷氏宗谱》，民国八年（1919）重修，复印本藏丽水学院畲族文化研究所。

居民"①。另在《浙江平阳县王神洞畲族情况调查》中写道:"本地畲族自称'前客',意思是畲族人来到此地比汉族早。"②即便如此,面对封建时代统治集团的残酷剥削以及汉文化的强势冲击,畲族人民虽然进行了大规模的反抗斗争,但均以失败而告终。自此,畲族先民开始转徙于粤、闽、赣、浙、皖等地的山区以寻求生存。

在流传了千百年的畲族史诗《高皇歌》中唱道:"当初皇帝话言真,吩咐盘蓝四姓亲。女大莫去嫁阜老,阜老翻面便无情。皇帝圣旨吩咐其,养女莫嫁阜老去。几多阜老无情意,银两对重莫嫁其。皇帝圣旨话言是,受尽阜老几多气。养女若去嫁阜老,好似细细未养其。当初出朝在广东,盘蓝雷钟共祖宗。养女若去嫁阜老,就是除祖灭太公。"这里的阜老即指汉民土著(如客家、福佬等族群),而不与汉民通婚的"警诫"则反映了畲汉两大族群在往来交流中的突出矛盾,且前者总处在弱势地位,这种情况在明清时代更加明显。而"掌在福建去开基,山哈四姓莫相欺。你女若大我来度,我女若大你度去"③正点明了畲族族内婚的状况。对此,明清以来的诸多方志、文人笔记及民族志述论等中同样存在这种记载,如明顾炎武《天下郡国利病书·广东上》写道:畲族"三姓自为婚";清浮云先生(魏兰)《畲客风俗》记述道:"土民视为异类羞与通婚,近亦有娶畲女为妻为妾者,然不过万分之一。"④民国《松阳县志》载:畲民"最好结纳,例不得与土人结婚"⑤。哈·史图博在《浙江景宁敕木山畲民调查记》指出:"国民党政府才完成了改革,虽然共处了千百年之久,畲民和汉人之间还是隔着一道鸿沟。其结果是畲汉人之间在好多地方简直没有通过婚。"⑥《浙江省少数民族志》则言:"畲族族内各姓间相互通婚,各姓内有若干支祖系,同姓者不同支亦可通婚。建国前,畲族与异族通婚者甚少。由于族内婚为祖传族规,男女找对象,老年人为子女说亲,媒人为青年男女介绍婚姻

---

① 施联珠、雷文先主编:《畲族历史与文化》,北京:民族出版社,1995年,第42页。
② 《中国少数民族社会历史调查资料丛刊》福建省编辑组:《畲族社会历史调查》,福州:福建人民出版社,1986年,第51页。
③ 浙江省民族事务委员会:《畲族高皇歌》,北京:中国广播电视出版社,1992年,第12—13页。
④ 〔清〕浮云先生(魏兰):《畲客风俗》,上海:上海虹口顺成书局,光绪三十二年(1906),第36页。
⑤ 吕耀铃、高焕然:《松阳县志》(卷六·风土·畲客风俗),民国十四年(1925),活字本.
⑥ 〔德〕哈·史图博、李化民:《浙江景宁敕木山畲民调查记》,周永钊译,张世廉校译,中南民族学院民族研究所编,1984年,第35—36页。

等都自觉遵守。"① 这在畲族宗谱中也有记录，如龙游县横山镇余岗村《蓝氏宗谱》引《遂昌县志》载："蓝雷钟盘厥姓有四世，世相为婚姻。"② 由此可见，族内婚在畲族社会中早已产生了广泛的生活影响。

所谓族内婚，又称内婚制，韦斯特马克认为：内婚制"禁止本群体中的人与其他群体中的人联姻"，而实行族内婚的原因主要"在于种族或民族的自豪感，在于对异族人缺乏同感或感到嫌恶。因此，在观念、习俗乃至整个文化上存在巨大差异的种族之间，这种内婚制尤为常见"③。上文中，我们曾讲畲族先民历经的血缘婚，而从其基本概念出发，血缘婚的范畴内理应包含族内婚。由于血缘家庭的扩大，人员逐步分化，即如畲族先民自龙麒后分化为"三男一女"四个族群，并渐趋形成以氏族为组成单位的部落群体，尽管代际更替让血缘关系有所淡化，但氏族之间依然保持一定的联系，并未形成"老死不相往来"的隔绝局面。由此可见，在这种社会状况下形成的婚姻制度理应属于比血缘婚进步的族内群婚。不过，与原始部族形成合流后的外婚制相比，这种婚姻制度依然属于较为低级的繁衍方式。在前文中我们已从多个角度说明了畲族曾经较为文明的外婚制，然而为什么"蓝雷三姓好结亲，都是广东一路人"④的内婚制会卷土重来？内婚制的大规模再现又出现于何时？要认清这些问题，畲族历史的生存状况或许是解开这一谜团的关键。

黄仲琴在《汰溪古文》中写道："石蠔山洞有古剑，剚岩隙中，制与今殊，拔之弗出，疑为古蓝雷所遗？……是蓝雷盛时，已知用铁，岂制五兵之遗教欤？"⑤据张辉煌研究："由于初唐以前统治者未将统治实力派驻于此，所以畲民在此自耕自食，其居住活动范围包括了现在的九龙江流域、汀江韩江流域、漳江流域，直至明清两代，尚有孑遗可稽"，而"从目前掌握的史料看，初唐畲民已具有一定的农业、手工业水平"。这些研究表明，畲族生产力在隋唐之前可能已经达到中原汉族的水平。史书上记载，畲族先民的反抗斗争最早是发生在唐初，规模较大的有唐仪凤二年（677年）

---

① 浙江省少数民族志编纂委员会编：《浙江省少数民族志》，北京：方志出版社，1999年，第332—333页。
② 龙游县横山镇余岗村《蓝氏宗谱》，清光绪二十四年（1898）续修，复印本藏丽水学院畲族文化研究所。
③ ［芬兰］E. A. 韦斯特马克：《人类婚姻史》，李彬、李毅夫、欧阳觉亚译，北京：商务印书馆，2002年，第516、521—522页。
④ 雷楠、陈焕钧：《凤凰山畲族文化》，深圳：海天出版社，2006年，第113页。
⑤ 黄仲琴：《汰溪古文》，《岭南学报》1935年第3期，第5—6页。

第四章　星宿图腾的社会功能：多民族融合的文化象征

畲族起义军苗子成、雷万兴组织的反唐斗争，但这次起义被陈元光残酷镇压，而在唐高宗永隆二年（681），畲族先民在广东一带发起的起义再次被陈元光领兵镇压。经两次"平蛮"后，封建王朝更加强了对这一地区的封建统治，因而所谓的化外之地就不复存在。有学者认为："从畲民'啸乱'之战争频率及规模看，初唐时的畲民力量可以说肯定大大超过汉人。"[①]在宋代，这样的反抗战争亦是不断出现。然而，唐宋时期的多次反抗斗争都以失败告终，正是封建统治者对畲族先民的多次"平叛"，迫使畲族先民从原本安居乐业的生活区不断地向闽浙山区迁徙，以躲避统治者的压迫，从而让他们从心底产生了对汉民群体的"忌惮"之感，从此进入自我封闭的阶段，并在社会、经济、文化等方面与南下汉民族群逐渐拉开距离。就此看来，畲族至早于唐时才真正进入封建时期，也是从这一时期开始，族内婚在畲族先民中卷土重来，并在日后的婚姻礼俗中占据了强有力的主导地位。

吕锡生在《畲族迁移考略》中认为，畲族一次次迁移的实质，"是一个弱小的民族，在一个强大的封建民族的迫使下，一种逃避封建化的行动，是落后的原始生产力，一时无法适应封建生产关系而产生的自发性抗拒"[②]。经历多次反抗斗争的畲族先民告别祖居地，在迁徙中过上大分散、小集中的生活，他们一般居住在半山区或城镇附近的山边上，与汉民群体杂居相处，自然条件相对恶劣，曾经过着刀耕火种的生产生活。清人徐望璋于《畲妇》中写道："衣斑斓，履苴蘆，薪担压肩走风雨……，麻布单衣着两层，朔风吹壁寒欲冰。爇来茅草蓬蓬火，促膝团坐温如春。"[③]可见，畲族先民在从广东、福建迁居浙江的过程中，经济生活条件一直处于下风。正是畲族社会经济发展的滞后，导致畲族婚姻形态也随着这种社会经济的滞后呈现"倒退"之势，走向自我封闭的阶段——由原已出现的"族外婚"又返归"族内婚"。在周典恩看来，"汉族人口众多，经济繁荣，文化发达，在畲汉接触交流中，汉族凭借强势的文化地位，居于优势，处于主动。受民族文化中心主义的影响，汉民在交往中总是潜意识地用自己的文化价值观念来评判畲族的风俗习惯、衣食住行和宗教信仰"，面对"凡是与己不合者，就藐视之，讥讽之，甚至强行干预之"

---

① 张辉煌：《陈政陈元光父子平定"啸乱"的实质与评价》，未刊稿。
② 吕锡生：《畲族迁移考略》，《浙江师范学院学报》1981年第2期，转引自邱国珍《浙江畲族史》，杭州：杭州出版社，2010年，第67页。
③ 〔清〕潘绍诒主修、周荣椿主纂：《处州府志》（卷之三十《艺文志下·诗篇》），光绪三年（1877），刻本。

的汉文化,"人口稀少,经济落后,处于绝对的劣势,在交往中几乎没有发言权,只能够被动地忍受汉民的歧视和嘲笑"①的畲族先民却依然保持着自己独特的民族性格。正是这种强势文化的影响,加剧了畲族族内婚的形成。

以上分析表明,在不同氏族的交流与融合中,民族形态渐渐出现,为了维系这种整体性,恰恰需要一个能让不同氏族产生集体认同的族徽来强化族群意识,而畲民族的形成也正是在多氏族的不断融合中形成的。因此,同样需要一个能够代表本氏族集团的标志。正如台湾学者李亦园在分析《平蛮十八洞》时所说:"书中所描述的畲族人祖先,似是一个很会利用自然界现象来分别人群的民族,他们利用不同的动物(如蝙蝠、蝴蝶、天鹅、鲤鱼等)来作为族中不同洞寨的代表标志。"②于母系氏族时代兴起的图腾制度,决定了畲族先民曾经存在的族外婚制,而族外婚制则为远古时代区分氏族部落的图腾标志提供了一个有力参照。所以,在原始社会时期(也许在隋唐之前也是如此),图腾的核心功能主要是作为多氏族文化得以统一的象征。不过,随着历史的发展,图腾在不同族群中的性质及作用发生了改变,有些族群依然保持血缘论下的图腾亲缘作用,有些族群则将之完全变成一种指示性标志。从上文的论述中我们已经看到,畲族先民由于统治阶级的压迫从而走上长达千年的北迁之路,伴随其中的则是以盘、蓝、雷、钟四姓通婚为主体(明清时代出现了招赘李、吴、罗、杨等汉族姓氏的情况)的族内婚制,而此时的图腾徽记并不仅仅作为对外区别族性的标志存在,也是联络族群成员以保证族内通婚顺利进行的重要媒介,更是彰显族群凝聚力的核心象征。

第二节 民族凝聚力得以彰显的根本动力

美国人类学家摩尔根在《古代社会》一书中曾言,同一图腾氏族的成员"无论其属于哪一个部落,都像亲兄弟般地是一个确凿无疑的亲属"③。也就是说,"图

---

① 周典恩:《清代畲汉文化冲突述议》,《贵州民族研究》2006年第1期,第74页。
② 李亦园:《章回小说〈平蛮十八洞〉的民族学研究》,《中央研究院民族学研究所集刊》1993年第41期,第14页。
③ [美]路易斯·亨利·摩尔根:《古代社会(下)》,杨东莼、马雍、马巨译,北京:商务印书馆,1981年,第131页。

第四章 星宿图腾的社会功能：多民族融合的文化象征

腾像一种黏合剂，紧紧地把氏族成员凝合在一起。不管是否有血缘关系，只要图腾相同，彼此便视为亲属。所以，图腾意识加强了氏族内部的团结，巩固了氏族组织"①。尽管畲族图腾在历史的长河中发生了多层次变化，但各个时期的图腾形象却一脉相承地来自最原初的星宿崇拜。在数千年的社会发展中，畲族民众并未泯灭源出于原始时代的图腾原型，其根本原因就在于历朝历代的畲族先民在图腾意识的作用下维持着独立的族群性格，从而并不会因为隋唐以后的四散迁徙而改变族群独立性的特点。除了流传于畲民口头的始祖神话史诗，以及以此为蓝本的祖图长联，还有大量创修于明清时代的宗族谱牒，更重要的是，畲族先民在接受汉民宗族文化的基础上于村落中修建的宗祠等，都是民族凝聚力得以彰显的证明。除此之外，畲族先民为了实现各支族的凝聚，还以建立"会馆""祖祠"，寻找传说中的"祖坟"为行动指引。

早在清末民初，闽浙畲族先民就在福宁府（今福建省霞浦县城）建立起联络各个宗支的中间机构——"山民会馆"。据俞郁田《福宁山民会馆调查报告》记述：清光绪二十五年（1899），福宁府西门外校场头创建"山民会馆"，为闽东、浙南畲族民间公益团体和多职能的公共活动场所。民国初年，"山民会馆"改名为"三明会馆"，并于1919年迁址于北门里旗下街。三明会馆设有董事会，闽东、浙南十余个县（市）各有一名董事。三明会馆的主要目的在于服务广大畲族民众，比如调节族内纠纷、为族内维权、为畲民做主、代写诉状、代打官司等。除此之外，三明会馆还作为联谊会，为来往此地的畲族民众沟通信息、商议事务，诸如办学、建祠、修路、架桥、赈灾等。不过三明会馆的鼎盛时期只维持了30余年，1927年后便中断了活动②。据《霞浦县畲族志》记载，20世纪20年代末，三明会馆曾遭叛乱洗劫，后又被平叛军队占据多年，直到1946年经当地畲族民众商议，三明会馆才得以复兴，并成为畲族民众"公益团体组织"的代表。中华人民共和国成立后，三明会馆的活动再次中止，但仍有不少畲民在逢年过节时前来拜祖。在1966年"破四旧"运动中，三明会馆的民族公益组织性彻底消失，大量的历史文物被破坏，进而变成了普通民房③。

---

① 何星亮：《图腾与中国文化》，南京：江苏人民出版社，2008年，第19页。
② 俞郁田：《福宁山民会馆调查报告》，载施联朱、雷文先主编《畲族历史与文化》，北京：中央民族大学出版社，1995年，第376—380页。
③ 俞郁田编纂：《霞浦县畲族志》，福州：福建人民出版社，1993年，第105页。

三明会馆的修建,激起了畲族民众的族群认同意识,成为闽东、浙南,甚至粤东、闽西、闽南各地畲族民众得以会聚的核心场地。在三明会馆的前落正厅中,设置着始祖灵位"勒赐盘瓠忠勇王神位",而来自各地具有代表性的畲族宗姓祖先也在此附带于盘瓠灵位之上。在畲族神话传说中,凤凰山祖祠一直都是一个虚幻且又真实的存在,但三明会馆的建立却让这个失乐园成为现实。逢年过节的祭祖,是诸姓云集的重要事务。每年清明节、中秋节多有举行祭祀的活动,而春节必有大祭。据调查,民国九年(1920)的春节是三明会馆迁入新址的第一个春节,于此畲族民众举行了一场盛况空前的祭祖活动,来自宁德、霞浦、福安、罗源、连江、福鼎、寿宁、闽侯、泰顺、云和、平阳、景宁等地的畲族民众云集一堂,祭祀活动持续了十余天才结束。不过,于此举行的神圣祭典并非个人行为而是具有仪式规程的集体活动:挂祖图、树祖杖、开启宗谱、安放神主(各宗姓支族带来的本宗具有代表性的祖先牌位,祭祀完毕留存于神龛内)、摆放供品、焚香化纸、宣读祭文、跪拜行礼等。有时还唱祭祀歌(史诗《高皇歌》)、跳祭祀舞(《祭祖舞》),此外,还有请法师设坛请神娱神。祭祀结束后,各宗亲会将写有"某处某氏裔孙叩拜"的红布条,重重叠叠地系在祖杖之上①,甚至有不少人将写有法名的红布系在祖杖上。对此,郭志超分析道:"这是将传统祭仪引进了加入会馆的仪式,说明传统文化在民族层面上凝聚群体的重要作用。将写着某处宗族后裔的红布条系于祖杖的仪式彰显出:在畲民的集体意识里,本民族就是一个庞大的宗族。"②现在的三明会馆尽管已成过去,但它曾经的辉煌却让我们感受到祖先崇拜在畲族民间信仰中的核心地位。

饶宗颐曾说:"潮州土著的畲族,从唐代以来,即著称于史册,……换句话说,凤凰山是畲族的祖先策源地。"③换言之,广东潮州凤凰山一直都是各地畲族民众所追寻的族群发祥地,而这种认识不仅得到畲族民众的广泛认可,更在学者的研究中得到部分证实。在迁徙过程中,畲族民众不断强化对凤凰山的历史记忆,而位于凤凰山的祖祠和祖坟则成为这一记忆的核心对象,并且成为畲族民众精神得以相互勾连的重要因素,同时也成为整个族群得以形成文化认同的坚实基础。

---

① 俞郁田:《福宁山民会馆调查报告》,载施联朱、雷文先主编《畲族历史与文化》,北京:中央民族大学出版社,1995年,第378—379页。
② 郭志超:《畲族文化述论》,北京:中国社会科学出版社,2009年,第264页。
③ 饶宗颐:《凤凰山时畲族的祖先策源地》,转引自雷楠《潮州凤凰山畲族祖祠祖墓考》,载马健钊主编《畲族文化研究》,北京:民族出版社,2009年,第115页。

第四章 星宿图腾的社会功能：多民族融合的文化象征

清道光年间（1821—1850），浙江建德县（今建德市）正堂雷嘉澍在其所写的《广东盘护王祠记》中对祖祠如是描述道：

是祠也，原高辛之敕建，门庭树以石柱，四周绕以墉坦，盘基巩固，结构绵深。丑山未向，计直二十四丈，横一十八丈，殆奕奕乎伟观也。……夫我祖之祠宇，镇会稽山之阴，凤凰山之下。面前诸峰，林壑尤美。锦石岩之胜景，雷公庙之神异。望之蔚然而深秀者，我雷家坊也。祠后连山绝壑，长林古木。南田硐幽怨深邃，人迹罕至，奇花异果，多不知名。振之以清风，照之以明月。此非观星顶之胜景乎！左望会稽山，冈陵起伏，草木行列，载酒堂之文士，云宾谷之学人，皆可指数，文昌阁远远在目也，右至七贤硐，幽岩石壁之处，猿啼鸟宿之方，我宗族散居处焉。①

这一记载明显具有散文化的特征。据目前的研究来看，我们尚不能确定我国最早的宗祠到底修建于何时，更不能确定民间能够修建宗祠的年代，但如果说祠堂自高辛时代就已出现，似乎过于牵强，所以这种记述也许并无实际根据。不过，为了探寻这一表述的"真实性"，畲族学者雷楠便以此为指引，多次亲赴凤凰山地区比照探察。在他看来：

祖祠的祠址位置，应该是坐落在今凤凰山主峰大髻下面一处比较平坦的地方，像如今叫金湖（也称牛寮，上世纪五六十年代曾在这里办养牛场）附近一带的山地，该处海拔为1207米，才可以建"直二十四丈、横一十八丈"，占地面积3000多平方米的祖祠。在那里，才有与《祠志》中所指的"后至观星顶"（凤凰山主峰，也叫鸟冠）、"会稽山"（培音山）、"七贤洞"（七仙紫），因为"会稽山"和"七贤洞"与畲语培音山、七仙紫谐音。同时，金湖这地方，是今李工坑村雷姓畲族和石古坪一支房蓝姓畲族的祖居地。若天气晴朗时，在凤凰山上向南鸟瞰，一望无际，可谓极目楚天舒，整个潮汕的山河尽收眼底，潮州市区就像在脚下。"文昌阁远远在目也"，我们或可认为是指今潮州城区的韩文公祠。②

---

① 平阳县青街畲族乡章山村《雷氏宗谱》，清同治五年（1866）修，复印件藏丽水学院畲族文化研究所。
② 雷楠：《潮州凤凰山畲族祖祠祖墓考》，载马健钊主编《畲族文化研究》，北京：民族出版社，2009年，第118页。

畲族星宿信俗研究——关于盘瓠形象传统认识的原型批评

通过这一考察报告我们不难发现，祖祠之位（或存在）仅是一种猜测，并没有真正的历史实物可以佐证。虽然文昌阁可与韩文公祠对应，但文昌阁供奉的乃文昌帝君，而韩文公祠则供奉着唐代大儒韩愈，两者的修建年代并不能（很难）与"盘瓠祖祠"对应。尽管雷嘉澍的家乡就在粤东，但其记述难道不会受到后世宗谱记录的影响？而从文中记述的地名来看，不论是"会稽山"还是"七贤洞"，或均为音译所得，因此这更证明了畲族与浙江会稽山以及平水王大禹几乎没有任何关系，只是在畲汉文化的接触中，部分畲族民众接受了有关平水王的信仰而已。据清道光举人、候选知县雷声华所写《重建盘瓠祠序》记载："凤凰山原有祠址与南京一脉相连，因世远年湮，祠宇倾圮祖灵未妥，今族众捐资将凤凰山旧址重修。"①如果盘瓠王祖祠确实存在，而且确已重修过，那么试问，清道光至今尚不足两百年，难道祖祠就此消失得无影无踪，甚至连一点痕迹都没有留下？尽管对祖祠的记载和考察始终疑惑重重，而且我们尚不能肯定对祖祠的记载兴起于何时，但笔者认为，畲族民众对祖祠的追溯基本是出于畲族文人对族群凝聚的一种策略性做法，并为后世子孙所沿用。

1994年，经宁德市政府规划，在蕉城区金涵畲族乡亭坪民俗村建起了中华畲族宫（图4-1）。此建筑群占地100亩，于1995年完成第一期工程——忠勇王殿、礼仪台，并由著名社会学家、人类学家费孝通题写"中华畲族宫"宫名。2000年"中华畲族宫"二期工程完成主体建筑装修，新建祭祖坛、龙头祖杖、民族大道、民族风情竹楼以及宫内绿化等。"忠勇王殿"占地656.6平方米，高13.2米，屋顶"挑角""飞檐"，形若飞龙，殿前六根玄武岩廊柱雕刻着畲族农耕图（正中两根）；殿内忠勇王、三公主座像为珍贵的红豆杉雕成，显得格外富丽堂皇。神像前的香案上放置着"妣氏三公主神位"（左）和"封敕忠勇王神位"（右）（图4-2）；礼仪台占地2200平方米，由花岗岩石板铺面，古朴凝重；汉阙大门突出汉代风格，庄严肃穆。宫门外的广场中竖立的龙头祖杖，凝结着畲族人民对忠勇王至高无上的崇敬；祭祖坛，用于再现古老的祭祖仪式；忠勇王殿内装修、大门口辟邪石雕，都体

---

① 丽水市莲都区联城镇胡椒坑村《蓝氏族谱》，民国十八年（1929）续修，复印件藏丽水学院畲族文化研究所。

现了浓郁的畲族风情特色;忠勇王殿内还陈列有畲族民间文物及照片资料。2001年实施三期工程建设畲族文物馆,开设"历史"与"现代"两个馆区,历史馆珍藏畲族传统文物以及别具民族特色的生产生活用品;现代馆区展示了闽东畲族人民的革命斗争史以及中华人民共和国成立后各个时期取得的辉煌成就。在宫外影壁的背面,用金字书写着追溯畲族历史的《中华畲族宫(记)》(附录四),而其正面则是翻江倒海的龙麒浮雕。

在忠勇王主殿,悬挂着四副对联,分别是"安邦定国功建前朝帝誉高辛亲敕赐,驸马金卿名传后裔皇公子孙免差徭"(中前);"尊之龙恭之凤五千秋先哲显灵麒麟寨,源于豫发于闽七十万后裔增辉始祖堂"(中后);"兵船助闽王原址为霍桐太姥堪栖凤,铁券赐畲田总不负官井长溪好腾龙"(边前);"歌言歌教万卷唱本聚族颂史讲酒会,畲拳畲杖千般套路会师演武招兵节"(边后)。在畲族民间有种说法,畲族祠堂有"六宝",其中一宝便是楹联(其余"五宝"为谱牒、祖牌、祖图、香炉和祖杖),而这四副对联正体现了"宝"的特性,它不仅增添了中华畲族宫的文学氛围,也展现了畲族基本的历史文化,更体现了畲族人民的祖先崇拜意识、族群向心力和自豪感。尤其是第一副联语,在畲族村落中几乎随处可见,笔者在宁德金涵畲族乡上金贝村调查时,就发现了这一现象,而且在景宁地区也有类似的联语,如《景宁畲族自治县志》中就记载了畲家祠堂中的这一副对联:"功建前朝帝誉高辛亲敕赐,名传后裔皇公子孙免差徭"①。依此可见,畲族祖先崇拜是凌驾于其他神祇信仰之上的族群心灵得以寄托的核心。随着三明会馆的衰落,中华畲族宫也许会在不久的将来成为畲族民众心目中的第二个"凤凰山祖祠",并继承"三明会馆"的社会功能而为其族人服务。②

---

① 雷先根主编:《景宁畲族自治县志》,景宁畲族自治县民族事务委员会编印,内部资料,1991年,第41页。
② "千年山哈宫"是"景宁县新景区全域化旅游发展三年行动计划(2014—2016)"的重要项目,位于鹤溪街道塔堪村,规划占地约25亩,于2015年12月正式启动,建筑群主要有祭祖坛、忠勇王殿、文化博览园以及周边景观绿化和配套设施等。景宁"凤凰古镇"又名"景畲古镇",内中畲族文化元素多样,位于景宁县城北外舍乡、鹤溪(瓯江支流)边,2014年8月通过环评后开工建设,于2017年底基本完成仿古建筑群建设并对外开放。

图 4-1 中华畲族宫大门

图 4-2 忠勇王、三公主神像及其牌位

在畲族世代相传的史诗《高皇歌》中唱道:"龙麒坟安龙口门,一年到暗水纷纷,又何真龙结真穴,荫出千万好子孙。凤凰山上安祖坟,荫出盘蓝雷子孙,山上人多难做食,分掌潮州各乡村。"① 这里点出了盘瓠就安葬在凤凰山上。在不少畲族宗谱中也有关于凤凰山祖坟的记述,如苍南莒溪西厅村《钟氏宗谱·广东盘瓠氏铭志》写道:盘瓠死后,"天定十二年六月二十七日,因游畋猎,不料命值凶星。追逐猛兽,跳过大崖,被树尖伤毙……帝闻奏,长嗟叹,曰:'奈何天其终丧?'命户部尚书梁志晖主理丧事,禁止歌唱,金鼓乐器不许諠譁(喧哗),及三年以后方可令其骸骨送葬潮州会稽凤凰山七贤洞石孔中西南隅。"② 对于这一记载,祖图(长联)给予我们更为直观的印象。绝大多数祖图长联都绘制着由左青龙右白虎环绕的祖墓,有的上书"凤凰山龙虎局",并有墓碑,上写"盘瓠王高(三)公主之位";有的上书"盘蓝雷祖墓""山明水秀",墓碑为"忠勇王墓"等(图 4-3)。总之,祖墓和祖祠一样,都是畲族民众不断追寻族群记忆的产物。

---

① 浙江省民族事务委员会编:《畲族高皇歌》,北京:中国广播电视出版社,1992 年,第 11 页。
② 苍南莒溪西厅村《钟氏宗谱》,共和庚午年(1990)修,复印件藏丽水学院畲族文化研究所。

第四章　星宿图腾的社会功能：多民族融合的文化象征

图 4-3　盘瓠王墓图　光绪十六年宣平祖图（左）

光绪二十六年景宁蓝羊湖祖图（右）

畲族人民对祖坟的存在深信不疑，但盘瓠王祖墓究竟位于凤凰山何处，历来没有定论。直到当代，在畲族学者雷楠、雷必贵等人的苦苦探寻下，终于在凤凰山顶发现一座久经风霜的坟地：

墓茔位于凤凰山主峰大髻的东侧，坐落在今凤凰镇官头辇（畲）村背后的名叫石墩山的峰顶，海拔1290米，占地面积30多平（方）米，墓坐东向西，即座乙山兼卯上（据说吉星3粒），朝辛山兼酉山（吉星3粒）。该墓不属明代的低矮圆形，也不是清代的高坟高碑型，应是宋代以前的轶卷书型。这种墓型呈现出三进式（或称三落式）状，挨近墓碑的一进深54厘米，长（宽）91厘米，接着二进深54厘米，长（宽）180厘米，第三进为墓埕，埕外围砌称弧形，长920厘米，埕中央挖一个小斗池可蓄水，埕面的一半是用泥土填成的，埕下边是乌髻主峰的万丈深壑，地势极其险峻，故用不规则的石头干砌起来，高约2米，约需石块10立方米，以此铺墓的缺陷。该墓的墓碑在用料上，是就地取材，选用山上的整块呈方形的石皮板料，厚约3厘米，然后在碑的上方和左右两边，各选用一扁平的石条板加以辅助。经丈量，碑高77厘米，宽72厘米，中央的石皮板高62厘米，宽35厘米。碑没有文字，也没有使用贝灰粘紧。但细心观察，隐约可见其实好像用什么利器在石板的四个边角各勾画一条弧形似的痕迹，构成一个图案似的模样。按堪舆的说法，在墓的左侧（俗称龙方）置后土地爷（福神）位，坐南朝北，即座丁山兼午山（吉星2粒），朝癸山兼子山（吉星5粒）。福神石碑的正中点刚好与乌髻主峰的中点连成

195

一线。这样的坐向，灵气可持续数千年。因此这一坟墓必是具有一定地位的人才能兴建的。①（图4-4）

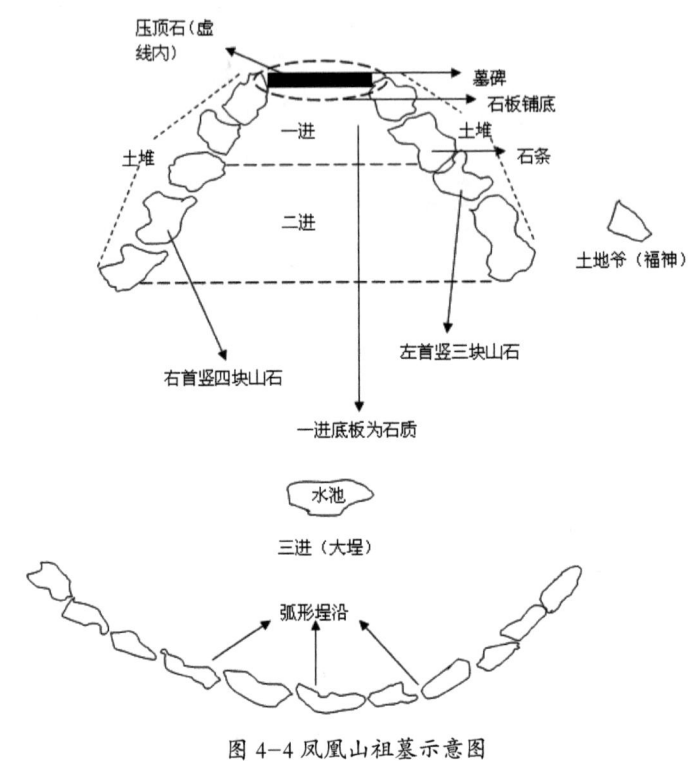

图4-4 凤凰山祖墓示意图

对于这一墓穴，不论是雷楠还是雷必贵，他们均以族谱中的祖坟图示（如图4-3）与该墓的方位进行比对，虽然不少名称与该墓所在地区相似或巧合，"如观星顶（冠星顶，因凤凰山主峰也叫鸟冠、鸟髻）、会稽山（培音山）、墩头（石墩山）、金牌山（金湖）、山羊石、雷家坊（丰顺大钱、盐坪处据说由此得名）"②，但他们依然对此产生了质疑，如雷楠就表示，这是一座年代久远的无主墓，而雷必贵则认为这根本不是畲族始祖忠勇王之墓，而是畲族某一先祖之墓。雷必贵认为："因为迁离凤凰山的畲族先民，把凤凰山先祖当作畲族始祖来记载，发生在凤凰山

---

① 雷楠：《潮州凤凰山畲族祖祠祖墓考》，载马健钊主编《畲族文化研究》，北京：民族出版社，2009年，第120—121页。"祖墓示意图"，见雷必贵《从谱牒记载看浙南畲族与潮州凤凰山的历史联系——兼谈凤凰山畲族"祖坟"与"祖祠"》，载马健钊主编《畲族文化研究》，北京：民族出版社，2009年，第75页。

② 雷楠：《潮州凤凰山畲族祖祠祖墓考》，载马健钊主编《畲族文化研究》，北京：民族出版社，2009年，第121页。

较近期的地理与人物故事被移植到始祖身上,糅合到图腾传说之中,并通过谱牒、图腾画和畲歌流传至今,以致出现谱牒所载始祖墓图中的地名与凤凰山现地名近乎吻合、某些事物相似相连、迁徙过程确有其事的情况。甚至有可能始祖因狩猎而遇难的传说,也来源于凤凰山的真实生活。"① 所以,这些论述指出,祖坟虽有其事,但并不一定就是始祖盘瓠之墓,尽管我们可以将之视作始祖之墓,但因尚无实际史料作为辅助,故仍有待于进一步考证。

总之,"祖坟、祖祠、族谱是家族血缘联系乃至民族认同的主要依据之一。畲族谱牒关于祖先迁徙、祖坟祖祠的记载,畲族民间关于祖先来源的传说,都在无时无刻地维系和强化着民族认同感,使畲族这个人口不多、居住分散的民族,历经千百年的磨难仍能自立于民族之林;也正是这些记载与传说,使广大畲族同胞笃信自己的根在潮州凤凰山"②。所以,不论祖祠和祖墓是否真的存在,都无法改变这一历史记忆在族群文化认同和精神凝聚中的作用。

第三节 人生的价值取向
——"忠""勇"精神与民族性格的传承

盘瓠神话对畲族人民来说是族群文化一以贯之的核心,对畲族民众的族群认同和族群凝聚力具有重要的作用。盘瓠是畲族神话中的核心英雄,其忠勇精神则是族群性格的集中体现,所以畲族民众又将盘瓠称为"忠勇王"。李建民认为:"一部畲族的发展史,可以说就是充满忠勇精神的编年史。'忠'就是忠诚,忠于畲族,忠于华夏,忠于祖国,忠于人民;'勇'就是勇敢,勇于吃苦,勇于拼搏,勇于胜利。在'忠勇'的大旗下,历史铸就了千年山哈勤劳勇敢、刚烈正直、淳朴和静、团结友善的民族性格",因此在"畲民观念中的民族始祖忠勇王的精神是畲民引以为自豪的人生取向,'忠'和'勇'在他们的内心深处有着永恒的人格魅力,并且

---

① 雷必贵:《从谱牒记载看浙南畲族与潮州凤凰山的历史联系——兼谈凤凰山畲族"祖坟"与"祖祠"》,载马健钊主编《畲族文化研究》,北京:民族出版社,2009年,第76页。
② 雷必贵:《从谱牒记载看浙南畲族与潮州凤凰山的历史联系——兼谈凤凰山畲族"祖坟"与"祖祠"》,载马健钊主编《畲族文化研究》,北京:民族出版社,2009年,第79页。

畲族星宿信俗研究——关于盘瓠形象传统认识的原型批评

成为畲族民族性格的基本因子。"① 所以，盘瓠神话在畲族历史的发展中扮演着不可企及的核心作用。

自唐代以来，畲族就以"忠""勇"精神为支撑，一次又一次高举反抗暴政的义旗，既为保护自己的族群独立，又有为国家作出的牺牲。据传，唐初的畲族英雄雷万兴、蓝奉高为了反抗唐王朝的封建统治，敢于和官军拼杀，不屈不挠，虽然失败，却依然可歌可泣。在南宋末年，以陈吊眼和畲妇许夫人为首的畲汉军民积极参加文天祥、张世杰组织的抗元队伍，组成遍及闽粤赣的起义大军。明正德十二年（1517）王守仁在任南赣巡抚时，曾于《横水桶冈捷音疏》中写道："谢志珊、蓝天凤各又称盘皇子孙，收有流传宝印画像……悉归约束。"② 可见畲族民众在反抗明王朝的残酷统治时，曾以始祖图像作为族群凝聚力的重要支撑，从而展现了"忠勇"精神在畲族民众中的至高地位。进入清代，尽管畲族民众依然受尽封建地主恶霸和官僚的欺压，但畲族中亦有为了民族大义、国土完整而拼杀于战场上的英雄人物：清康熙年间（1662—1722）收复台湾时，有畲族前锋官蓝理，身先士卒，在战斗中腹部受伤，但依然坚持血战，击沉敌舰两艘，终于攻占澎湖。台湾收复后，蓝理因战功受到朝廷嘉奖，康熙帝赞其为"破肚将军"。在民国时期，畲族民众更是备受统治阶级和地方恶势力的压迫，但畲族民众的反抗斗争一刻都没有停止，如发生在浙江景宁地区的"打酒局"（1915）和"打盐霸"（1930）就是这种抗争的典型代表。"畲族的忠勇精神在革命战争年代得到最充分的展示。从土地革命到抗日战争再到解放战争，在中国近现代革命史的各个阶段，畲族人民表现出来的忠于革命忠于党，英勇顽强、不怕牺牲的革命精神，是'忠勇'这一民族精神在中国近代史上的进一步升华。"③ 当年在闽东苏区浴血奋战的叶飞将军对畲族民众的"忠勇"精神有着刻骨铭心的体会，他发自肺腑地说："在三年游击战最艰苦的年代，畲族群众对革命的贡献是很大的。他们具有两大特点：第一，最保守秘密，对党很忠诚；第二，最团结，在最困难的1935—1937年，对党的支持很大，我们在山上依靠畲族群众掩护，才能坚持。"④ 这是对畲族人民"忠""勇"精神的中肯评价。在革命斗争

---

① 李建民：《畲族文化简说》，福建宁德民族中学编印，宁（德）新出内书第（40）号，2005年，第58、53页。
② 〔明〕王守仁：《王阳明全集》，上海：上海古籍出版社，1992年，第342页。
③ 李建民：《浅议畲族的民族精神和民族性格》，载马健钊主编《畲族文化研究》，北京：民族出版社，2009年，第202页。
④ 转引自郭志超《畲族文化述论》，北京：中国社会科学出版社，2009年，第33页。

第四章 星宿图腾的社会功能：多民族融合的文化象征

中牺牲的畲族民众，根本无法得到具体数据统计，但有些文献中的数据确也让我们看到畲族民众同其他民族一样，在中国共产党的领导下，为了中国革命的最后胜利，展现出舍生取义的英雄气概，如闽东地区在历次的革命斗争中有烈士497名①；浙南地区的畲族烈士则有145名②，而作为闽西最重要的革命根据地的上杭地区，畲族烈士就有438名，并且大部分牺牲在1929年至1934年③。总之，在长久的历史积淀中，源自民族始祖的忠勇精神，始终是畲族民众的精神支柱，而这种精神一直都在畲族民众中世世代代地传承着。

李建民认为："民族精神是一个民族的立世之本。它决定了一个民族的性格特点和价值取向，在维系本民族的自我意识和共同心理方面有着决定的作用，同时在认准本民族自身的发展方向和趋势的思考中有着重要的意义。"民族性格的形成，与民族精神有着密切的关系。也就是说，正是"在'忠勇'的大旗下，历史铸就了千年山哈勤劳勇敢、忠诚刚直（刚烈正直）、纯朴和静、团结友善的民族性格"④。

就忠诚刚直（刚烈正直）来说，上文所列举的反抗斗争足以说明，在此不再累述。勤劳勇敢则是畲族最显著的民族性格之一，它直接体现在畲族民众艰苦的生产生活中。穿越长达千年的历史时空，畲族人民一路披荆斩棘，并在游耕狩猎的生产活动中一路转战南北，可谓历尽艰辛，宋元之时的畲族从粤东、闽南、赣南等地来到闽中、闽北，明清时期的他们早已遍布于闽东、浙南，并进入皖南，从而形成定居闽粤浙赣皖五省百余市县的局面，为蛮荒之地的开垦作出了杰出贡献。明清以来的各地县志对此做过十分直接的表述，如同治《景宁县志》写道：畲民"其出而作，男女必偕，皆负耒负薪于青嶂绿野间，倚歌相和"⑤。另据民国《长汀县志》记载：畲民"结庐山谷，诛茅为瓦，编竹为篱，伐荻为户牖，临清溪栖茂树……析薪荷畚，履层崖如平地……种山为业，夫妇皆作……所树蓺曰薐米，实大且长，味甘香，所产姜薯蒑豆菇笋品不一，所制竹器有筐筥，所收酿有蜂蜜，所畜有鱼豕鸡鹜……精

---

① 施联朱：《畲族》，北京：民族出版社，1988年，第35页。
② 浙江省少数民族志编纂委员会编：《浙江省少数民族志》，北京：方志出版社，1999年，第183页。
③ 黄集良主编：《上杭县畲族志》，厦门：厦门大学出版社，1994年，第81页。
④ 李建民：《浅议畲族的民族精神和民族性格》，载马健钊主编《畲族文化研究》，北京：民族出版社，2009年，第203—204页。
⑤ 〔清〕周杰、严用光等修：《景宁县志》（卷十二《风土·风俗（附畲民）》），清同治十二年（1873），刻本。

射猎，以药注弩矢，着禽兽立毙"①。于此，我们不仅能够看出畲族勤劳勇敢的民族性格，同时也能看到畲族面对艰苦的生活环境所表现的乐观向上的民族精神。

在北迁的过程中，畲族先民不断受到汉文化的冲击，对儒家文化所推崇的温、良、恭、俭、让，仁、义、礼、智、信，忠、孝、廉、耻等道德标准加以全方位借鉴，而畲族宗谱中的"家训（规）""祖训"及"族规"则是这种文化的最直接体现。家训（规）、祖训及族规是以宗族道德伦理为导向的行为准则，并以此进行成文法式的规定编入宗谱的重要内容。不过，家训属于礼教范畴，族规则属于法治的体系。"礼治"违制之未然，"法治"违制之已然。宗族内的政治性管理，就是礼与法的互济，以此维系宗族社会的正常运行。施联朱在《畲族风俗志》中指出："畲民族内，一般均立有族规，强调维护本民族的尊严和团结，培养高尚之德行，不要玷污宗族等内容。"②如漳浦县浦南镇松洲村《钟氏宗谱》中有"祖训十二款"：家规当法，家法当守；耕读当务，勤俭当为；族谊当敦，嫁娶当慎；教子当严，远族当亲；贫而无谄，富而无骄；祭扫坟墓，室藏谱牒。③宁德市猴墩畲族村《雷氏宗谱》中有"家训十条"：尊祖宗，孝父母，和兄弟，睦宗族，务农业，崇节俭，善治家，戒赌博，息争讼，敦人伦。其中第一至三条是处理家庭关系的准则；第四条是处理族内人际关系之本；第五条强调立业；第六条重视生活作风；第七条为家庭管理；第八条是戒律；第九条认为民事贵在内部调解，即"族中有授受不明，数目不清，先禀族长，听凭公断，依旧平心静气复归于好，勿致行苇践履之伤"；第十条强调夫妻伦理关系。④遂昌县妙高镇井头坞村《钟氏宗谱》中则有"家规十一条"：孝父母，友兄弟，教子孙，慎交友，勤生理，尚节俭，重丧祭，务儒业，睦宗族，和乡里，戒淫恶。⑤而《丽水地区畲族志》则对畲族村落中的族规做了以下归纳：

---

① 黄恺元主修：《长汀县志》（卷三十五《杂录畲客》），民国三十年（1941），铅印本。
② 施联朱：《畲族风俗志》，北京：中央民族大学出版社，1989年，第53页。
③ 漳浦县浦南镇松洲村《钟氏宗谱》，转引自郭志超《畲族文化述论》，北京：中国社会科学出版社，2009年，第257页。
④ 蓝运全、廖品枚主编：《闽东畲族志》，北京：民族出版社，2000年，第223页。
⑤ 遂昌妙高镇井头坞村《钟氏宗谱》，民国辛未年（1931）创修，复印件藏丽水学院畲族文化研究所。

第四章 星宿图腾的社会功能：多民族融合的文化象征

（1）在祠堂内须按辈分称呼，不准呼名字。

（2）不许虐待父母和配偶。违犯（者），情节一般，要认错改正；严重的要杀猪、杀鸡（罚请客）；虐待致死，要跪棺材头，钻棺材底。

（3）强占他人之妻或拐卖儿童、妇女，家中锅灶被掘掉，中堂上瓦片要被敲毁。

（4）禁止偷盗他人财物。但如是饥饿难忍，不予处罚，并给救济，使之不偷；如属贪财，除赔偿外，还要挨打；惯偷，则被赶出村庄不许入界。

（5）田边种树要隔一定距离。烧毁山林要插苗补种，并赔偿经济损失。

（6）赌博要被强制吃狗屎；屡次不改的惯赌要被赶出村，不许入界。①

总之，无论家训条款多少，都可以整合为孝悌、敬祖、齐家、睦族等四项基本内容。族规是家训的具体化，是对集体之具体行为的规范。通过这些习惯法，我们不难感受到畲民所追求的是一个和谐、恬静的生活环境，而这些被写入宗谱的文字也为延续畲族纯朴善良的本色打下了制度基础。

沈作乾在《畲民调查记》中认为："畲民的性，最好一个'真'字，他们无论对什么事，多能表现出他们纯洁的天真。"②德国学者哈·史图博等在景宁做调查时，如是描述道："我们在畲民那里逗留期间，对于他们的性格得到了一个极好的印象。他们总是非常好客、亲切礼貌，我们从来没有听到过争吵，他们既不纠缠不休，也不好奇，也不唯利是图"，而是一个"胆怯的、缄默的，是一个和平的、谦虚的民族。他们从事艰苦的劳动，过着极端简朴的生活"③。何子星的调查报告在介绍畲族民众所遵循的道德观念时，就说畲族民众总是互助、合群、俭朴、忠厚、信义、谦让、忍耐、和平、勤劳以及刻苦。④而王虞辅在《平阳畲民调查》中指出："畲民民族，富有坚固之团结力与保守性，且极服从。余如勤劳、诚实、勇敢诸美德，亦兼具备，实为一般汉人所难及。畲民平日相处，亲爱异常，无论蓝、雷、钟、李

---

① 浙江省丽水地区《畲族志》编纂委员会编：《丽水地区畲族志》，北京：电子工业出版社，1992年，第225—226页。
② 沈作乾：《畲民调查记》，《东方杂志》1924年第21卷第7号，第57页。
③ ［德］哈·史图博、李化民：《浙江景宁敕木山畲民调查记》，周永钊译，张世廉校译，中南民族学院民族研究所编，1984年，第33页。
④ 何子星：《畲民问题》，《东方杂志》1933年第30卷第13号，第63页。

均亲如骨肉，不拘熟识与否，相爱若家人。"① 其实，类似记述早在清杨澜《临汀汇考》中就有所体现，其文写道："盖在各省诸苗中最驯良者矣。"② 总之，正是由于畲族这种淳朴和静的民族性格，才造就了畲族社会的和谐气氛。

在这些宗谱修缮后的百十年，以及这些调查报告形成七八十年后的今天，当笔者走进畲族村落，同样受到畲族民众的热情招待，尤其是在偏远的山村中，这种淳朴和静的性格得以更好的保留。如当笔者经过三个多小时的艰难攀登后，来到位于文成县西坑畲族镇的岗背村时，两位正在田里劳作的畲族妇女放下自己手中的活计，在尚未询问笔者这个外来之客是干什么的情况下，就亲手为笔者泡了一碗她们自己生产的绿茶，这让笔者很是感激。她们的普通话虽然说得不标准，但对笔者的提问还是尽自己最大的努力回答，因此也为笔者的论文写作提供了不可多得材料。③ 所以，尽管当代畲族社会已经发生了很大的变化，但畲族人民身上依然传承着这种淳朴和静的民族性格。

畲族是一个十分团结友善的民族。在千百年的迁徙生活中，畲族形成了"大分散、小聚居"的分布格局，但迁徙中的畲族所面临的困难不仅有来自自然的束缚，更有来自人为的阻隔。作为"他者"的畲族在进入异境时，没有任何可以求助的外来力量，只能依靠自己，所以逐渐培养出畲族民众强烈的"认亲情节"，从而创立出独具民族特色的文学样式——秘语。所谓秘语，就是那些"用于考验外来的本民族陌生者"的一套对答，"能对答者，即认为是真正畲民，以上客待之；不能对答，则不理睬"，故而"畲民准备外出，都要学会秘语，便于畲民交往"④。笔者曾于相关资料中发现两类使用较为普遍的秘语对答：

甲：哪里人？

乙：丽水。

甲：姓什么？

乙：姓蓝。

甲：你是山哈？

---

① 王虞辅：《平阳畲民调查》，浙江省第三特区行政督察专员公署编印，民国二十三年（1934），第12页。

② 〔清〕杨澜：《临汀汇考》（卷三《风俗考·畲民附》），光绪四年（1878）刊本。

③ 笔者于2012年3月24日前往温州市文成县西坑畲族镇调查，此事发生在岗背村。

④ 邱国珍：《浙江畲族史》，杭州：杭州出版社，2010年，第274页。

第四章 星宿图腾的社会功能：多民族融合的文化象征

乙：是山哈。

甲：你的"毛竹"哪里来？（笔者兹录原著：毛竹借指祖先）

乙：广东来。

甲：有几支"毛竹"？

乙：4支。（笔者兹录原著：借指盘、蓝、雷、钟4姓）

甲：你的毛竹是几开？

乙：6开。（笔者兹录原著：借指大、小、百、千、万、念6个字）

甲：你的"毛竹"从上剖还是从下剖？

乙：从上剖（或从下剖）。

通过此种对答，双方就会知道各自辈分的高低。如甲是头一轮的"念三郎"，乙是下一轮的"大二郎"，那么甲为叔伯，乙为侄儿。甲就会认为乙与自己"是从广东来的一家人"，因而摆酒款待他。①

第二个是《浙江省少数民族志》中的一段记载：

问：一桁毛竹打几来（即一支毛竹破几爿）？

若来者姓蓝，即答"六来"，姓雷、姓钟则答"五来"。因蓝姓以大、小、百、千、万、念六个字排行，雷姓少"念"字，钟姓少"千"字，只以五个字排行。

问：什么字头（指姓氏）？

来者姓蓝的答"钉角"，姓雷的答"盖耳"，姓钟的答"千字头"。

问：成未成人？

来者已经传师学师的，答已成人，未学师的，答未成年。

问：毛竹开桠没有？

来者有子女的，答已开桠，没有的答未开桠。

问：门前有几个踏步？

按家中有几代人回答。

问：牛崽牵过栏没有？

已结婚的，答已牵过栏；未结婚的答没有。

---

① 施联珠、张崇根、娜西卡等：《浙江丽水地区畲族情况调查》，载《中国少数民族社会历史调查资料丛刊》福建省编辑组编：《畲族社会历史调查》，北京：民族出版社，2009年，第279—280页。

203

畲族星宿信俗研究——关于盘瓠形象传统认识的原型批评

问：家中有几个碗？
按家中有几个人回答。
问：一个橘分几爿？
按家中有几个兄弟回答。①

以上两则秘语反映了畲族民众对族群认同的珍视，并且这种秘语带有很强的寓意性，它采用了多种具有象征意味和民族特色的词汇指代要询问的目的语。因此通过对秘语的研究，我们不仅可以看到畲族的民族心理，更能认识到畲族的日常生活以及其对社会的看法。在畲族社会中还流传着这样一则俗语："山哈山哈，不是亲戚就是叔伯"，而在畲族史诗《高皇歌》中唱道："盘蓝雷钟一宗亲，都是广东一路人，今下分出各县掌，何事照顾莫退身。盘蓝雷钟在广东，出朝原来共祖宗，今下分出各县掌，话语讲来都相同。盘蓝雷钟一路人，莫来相争欺祖亲，出朝祖歌唱过了，子孙万代记在心。盘蓝雷钟一路郎，亲热和气何思量，高辛皇歌传世宝，万古留传子孙唱。"②这些无不在告诫畲族民众要齐心协力、团结友爱，同时也是一种族源认同的教育方式——不论族人走到哪里，都是血浓于水的同宗至亲，理应团结一心、相互扶助，以求取民族最大程度的共同发展。

畲族的团结友善，不仅体现在族内，同时也表现在与周边族群（客家、福佬等汉民系）的关系上。迁徙中的畲族先民接触最多的也是最直接的族外对象就是周边汉民族群，而在双方的互动中，畲族民众无时无刻不表现出谦和、善良、乐于助人的优秀品格。在畲汉两族民众的交流中，双方不仅结下了深厚的友谊，还相互学习、相互借鉴，并在取长补短中相互融合，共同进步。可以说，在历史的发展中，畲汉两族人民不乏团结一致共同抵御外敌，反抗共同的阶级敌人的动人事例，尤其是在反帝反封建的斗争中③。20世纪50年代后，畲汉两族间的深厚友谊更是发展到前所未有的高度，并一直持续至今。总之，畲汉两族人民的团结友善是历史发展的必然结果，只有两族人民同心协力、相互信任，才能在同一个生活场域中创造出互助共荣的美好天地。

---

① 浙江省少数民族志编纂委员会编：《浙江省少数民族志》，北京：方志出版社，1999年，第81页。
② 浙江省民族事务委员会编：《畲族高皇歌》，北京：中国广播电视出版社，1992年，第14—15页。
③ 邱国珍：《民国时期浙江畲汉民族的互动与友好——以两则口述史材料为中心》，《浙江工商大学学报》2010年第1期，第31—37页。

第五章

星宿原型的湮没：盘瓠形象的他者误读与曲解

封建中央王朝和中原人对周边少数民族的认识是随着王朝的开疆拓土和人口向周边的迁徙而增多的。大抵说来，以中原为中心，这种认识半径的延长与时间几乎是成正比的，意即逐渐扩展。不过，这种认识与半径的长度是成反比的，就是说对越远的族群及其所在地域之风物的认识越模糊。秦时将所谓"蛮族"地区置于统一的中央王朝管辖之下。从西汉起，中原地区与"蛮族"地区的交往逐渐频繁。汉武帝时平南越、通西南夷，对南方族群多次用兵，特别是东汉光武帝时，中央政府曾派重兵深入武陵地区，从而使中原人对南方少数族群的生活及习俗才有某些了解，但有关了解也夹杂着误解，而将盘瓠形象说成"犬"，就是其中一个较为突出的表现。①

第一节　盘瓠神话的历史记载与民间记述

盘瓠神话并非仅在畲族社会中存在，并且也非仅存在于被认为与畲族具有"同源共祖"关系的瑶族和苗族中，而是一个遍及世界各地的口传神话类型。就我国来说，在土家族、维吾尔族、汉族、羌族、壮族以及黎族等民族中亦有这一神话类型。田野调查表明，在日常生活中，不论是畲族，还是上述流传有盘瓠神话的民族，其

---

① 郭志超：《畲族文化述论》，北京：中国社会科学出版社，2009年，第21页。

盘瓠神话的文本形式均是多样的。那么，如何界定这些文本的类型，我们或可借助史诗的文本分类加以定性，而这将是我们进一步勘察盘瓠神话之历史性和社会性的重要基点之一。

在《怎样解读一首口头诗歌》中，美国史诗学专家弗里根据传播介质的不同对史诗文本做了四大分类①如下。

表 5-1　史诗文类的分类

介质分类	创编方式	演述方式	接受方式	例证
口头演述	口头	口头	听觉	西藏纸叶歌手
声音文本	书写	口头	听觉	斯拉牧诗歌
往昔声音	口头/书写	口头/书写	听觉/书面	荷马史诗《奥德赛》
书面口头诗歌	书写	书写	书面	涅戈什主教

资料来源：[美]马克·本德尔：《怎样看〈梅葛〉："以传统为取向"的楚雄彝族文学文本》，付卫译，《民俗研究》2002年第4期，第34—41页。

相较于弗里体系中的交叉现象，美国学者马克·本德尔（Mark Bender）的史诗文本分类法则显得更为综合。在《怎样看〈梅葛〉："以传统为取向"的楚雄彝族文学文本》中，马克·本德尔以弗里、劳里·杭柯、鲍曼等对史诗文本的分类理论为基础，依据创编和传播中文本的特质和语境，从创编、演述与接受三个层面对口传史诗的文本类型做了重新界定。

对此，巴莫曲布嫫以图表形式作了总结②如下。

表 5-2　口头史诗文本类型

	从创作到接受	创作	表演	接受	史诗范型
文本类型	口头文本或口传文本	口头	口头	听觉	史诗《格萨尔王》
	源于口头的文本	口头/书写	口头/书写	听觉/视觉	荷马史诗
	以传统为取向的文本	书写	书写	视觉	《卡勒瓦拉》

与史诗一样，作为口头传统重要组成部分的神话，其文本类型也可据此分类原则进行文本定性。就目前的调查来看，流传于畲族社会的盘瓠神话主要有三种类型：

---

① John M. Foley, *How to Read an Oral Peom*, Urbana and Chicago: University of Illinois Press, 2002, p.40.
② 巴莫曲布嫫：《"民间叙事传统格式化"之批评（下）——以彝族史诗〈勒俄特依〉的"文本迻录"为例》，《民族艺术》2004年第2期，第33页。

1.被文人学士记录在册的经典文本；2.为地方群众所记入宗族谱牒和绘制成图的民间文本，对此笔者已于第二章第三节做了相应分析，故此不再追述；3.在民众口头长久传承的话语文本，而这也是现存盘瓠神话最为丰富的一个类型。

一、盘瓠神话的文献遗传

在我国，最早记述盘瓠神话的并非《山海经》。目前流传的《山海经》也并非原本，而是经西汉刘向、刘歆父子校订的版本，在《山海经·海内北经》中记述道："有人曰：大行伯，把戈，其东有犬封国。犬封国曰大戎国，状如犬"，而《大荒北经》亦有："大荒之中，有山名融父山，顺水入焉。有人名曰犬戎，黄帝生苗龙，苗龙生融吾，融吾生卞明，卞明生白犬，白犬有牝牡，是为犬戎。"其意为，黄帝第五代孙白犬在北方的荒原中建立了犬戎国。在这里，白犬当为人名，而非"真犬"。晋郭璞曾编志怪小说《玄中记》，文中有《狗封氏》一篇，其文曰："狗封氏者：高辛氏有美女，未嫁。犬戎为乱，帝曰，有讨之者，妻以美女，封三百户。帝之狗名盘护，三月而杀犬戎，以其首来。帝以为不可训民，乃妻以女流之，会稽东南二万一千里，得海中土。方三千里，而封之，生男为狗，生女为美女。封为狗民国。"而他对《山海经》进行注释时则在"犬封国"下写道："昔盘瓠杀犬戎王，高辛以美女妻之，不可以训，浮之会稽东海中，得三百里地封之，生男为狗，女为美女，是为狗封之国也。"这两篇文本出于一人，虽在记述内容上存在差异，但总体保持了具有相对一致性的意涵，即认为盘瓠杀犬戎而得美女以发族。

大量研究表明，最早对盘瓠神话进行记录的当数东汉应劭的《风俗通义》，文中写道："高辛之犬盘瓠，讨灭犬戎，高辛以女妻之，封盘瓠氏"[1]，然"计盘瓠不可妻之以女，人曰：'可将犬覆缸内七天可变人也'。帝依之以行。期间，公主怜夫饥渴提时开缸，龙犬果是人肤。但颅欠之。帝仍以女配盘瓠"[2]。应劭，汝南（今河南省项城市南顿镇）人，曾官拜泰山郡太守，博学多闻，《风俗通义》就是一部博采群书、记录所见所闻的志怪类书籍。应劭的祖父、父亲都曾任武陵太守，而其在《风俗通义》中记述的盘瓠神话，很可能就是采录其祖父或父亲的口述。用现在

---

[1] 转引自王岚《论苗族盘瓠崇拜属于图腾崇拜》，《西南民族学院学报（哲学社会科学版）》1990年第4期，第15页。

[2] 原载〔东汉〕应劭著，赵泓译注：《风俗通义全译》，贵阳：贵州人民出版社，1998年，转引自黄诚《麻阳盘瓠祭文化的知识产权保护与对策研究》，《哈尔滨学院学报》2010年第11期，第132页。

的话来说,这则盘瓠神话实际上属于民间故事的搜集整理。由此可知,在东汉以前,盘瓠神话就已在民间流传,但这并不能作为历史的佐证。也许正是由于郭璞读了应劭的记述或者在寻仙访道的过程中听取了不同版本的盘瓠神话,而做出两种存在些许差异的记录。与郭璞同时代的干宝在其志怪小说《搜神记》中同样对盘瓠神话进行了较为详细的记载。与此相似,南朝宋范晔继承了以上诸种记述,还将盘瓠神话记入被后世称为"前四史"的《后汉书》之中,从而对后世形成具有一定固化意味的传统认识产生了深远影响。除此之外,我们还能在北魏郦道元《水经注》、明邝露《赤雅》及《古今图书集成》等众多被收入《四库全书》的历史典籍中找到有关"盘瓠"的描述。

除上述文人笔记和类书等,在没有被收入《四库全书》的明清地方志中,盘瓠神话同样得到广泛记述,如明嘉靖《惠州府志》中记载:"猺(实为畲)本盘瓠种……椎髻跣足,随山散处,……自信为狗王后,家有画像,犬首人服,岁时祝祭。"① 民国《丰顺县志》写道:畲民"有祖遗匹绫画像一幅,长三尺许,图其祖人身狗头像。……盖千百年古画也。止于岁之元日,横挂老屋厅堂中,翌早辄收藏,不欲为外人所见"②。而光绪《元和郡县志》则有:"辰州蛮戎所居也,其人皆盘瓠子孙,或曰巴子兄弟,入为五溪之长。"③ 这说明,湘西土家族中亦有盘瓠神话流传,所以这支土家族很可能也是盘瓠氏族团中的一支。总之,自汉代以来,盘瓠神话就在文人学士的记录中成为研究"盘瓠集团"的重要资料,而这其中最为重要的就是范晔的《后汉书》。因此,从文献的角度看,笔者认为,盘瓠"犬"形象得以固定的"始作俑者"是东汉的应劭,而"罪魁祸首"则是南朝宋的范晔。

二、盘瓠神话的多民族口述

施联朱在《面对 21 世纪畲族历史文化研究的几个问题》中曾说:"盘瓠传说本身纯属荒诞无稽,是不可信的。但作为神话传说以反映一个民族的原始图腾崇拜则是科学的,符合人类社会历史发展规律的。在国内信奉盘瓠传说的有瑶族及部分

---

① 〔明〕李玘修,刘梧纂:《惠州府志》(卷十四《外志·猺蛋》),嘉靖十一年(1532),刻本。
② 刘禹轮主修:《丰顺县志》(卷十六《风俗》),民国三十二年(1943),铅印本。
③ 〔清〕李吉甫撰:《元和郡县志》(卷三十一《江南道六·辰州(庐溪下)》),光绪二十五年(1899),刻本。

苗、壮、傣、黎、高山族泰雅人等；在世界各民族中，以盘瓠为图腾崇拜的有十几个民族之多。"[①]神话从出现、形成到流传，最基本的工具便是人们的口头演述。对此，本文已在前文中就畲族口传神话有所引述，故此不再赘述。就目前的搜集来看，不论是畲族、瑶族、苗族，还是汉族、土家族、维吾尔族等民族中均有盘瓠神话的流传。如：河南淮阳（古宛丘）地区传说，宛丘王发出布告，谁能退敌就妻以公主，恰巧白龟驮一犬来，狂叫而发风暴退敌，宛丘公主不愿与婚，犬言扣金钟内四十九天就能变成人形，可惜未到时限，公主打开金钟，只有头尚未变成人形，于是结合成婚。这狗头人身者即伏羲，"伏"乃半人半犬，"羲"同古助词"兮"。

今淮阳，孩童尚狗衣，祈狗祖庇佑。以此来看，这则故事明显是伏羲神话的变异。不过，此地至今尚有"人祖"偶像"泥泥狗"流行，故而盘瓠神话能在此地流传也是理所当然的。在湖南怀化有关盘瓠的神话就有三种类型：一说天涨大水，世人尽亡，独泸阳大斗山一老妇与家养黄犬感化生子；一说黄狗冒洪水过江粘得谷种普济黎民，故受敬仰（壮族也有类似的故事）；一说高老祖婆所养黄犬好管不平，被地神祖神封为"黄狗大仙"。在浙江的汉族中则有两种盘瓠神话，即流传于湖州的故事说华胥与狗配为夫妻，生伏羲、祝融、女娲、共工四人……；流传于舟山地区盘瓠故事则说，普天大火，黄狗与一姑娘在井中避火，灾后成婚，繁衍人类。

以上是对流传于汉族中的盘瓠神话所举之例，而在少数民族中，这一神话更是普遍存在，如：

在新疆若羌、且末、民丰以及和田等地的维吾尔族群众中流传的盘瓠神话讲到，国王一独生女与犬交配，生下一个狗头儿子，国王惊怒，遣之远方，后兄妹为婚，自成一族，并创造了人类最早的文字。湘西苗族中传说，颛顼时，一位六十余岁的老妇，耳朵长了大瘤，脱落后化为盘瓠。在瑶族中，盘瓠神话至少有六种类型的异文：一说，瑶族祖先出生时，父母早亡，赖雌雄二犬哺育长大，故将之视为父母；

[①] 施联朱：《面对 21 世纪畲族历史文化研究的几个问题》，载吕立汉主编《畲族文化研究论丛》，北京：民族出版社，2007 年，第 21 页。

二说，瑶族始祖困于敌手，在将被杀时，其犬前来救援，得以脱逃；三说，在田东流传的民族史诗《密洛陀》说米罗莎姑母娘（或称即母猴）与狗祖交合后生七子，传下七姓子孙；四说，在小板瑶中流传，玉帝女肖德出宫游猎，与大犬交而孕，被逐山中，生一男一女双胞胎，自配婚姻；五说，据广西龙胜瑶族保存的《盘王券牒》记载，混沌年间，评皇出世，得龙犬姓盘名护，评皇欲杀高皇，盘护身游大海七昼夜，咬得头归，封国公，配宫女，送入会稽山，生六男六女，帝封为始祖盘王，后奔山狩猎，被羚羊触死在树上，敕准王瑶子孙过路逢人不作揖，过渡不用钱，见官不下跪，耕山不纳税，十二姓男均有封爵；六说，湖南泸溪瑶族传述，盘瓠封南山后生四子，老犬赶猎甚苦，母实告子，子羞怒打死狗父，辛女大恸，请诸神惩罚儿子，泪涌成洪，浮尸"狗岩山"。

就目前的研究来看，畲族中流传的盘瓠神话大致有五种类型：1. 娄宿降生于高辛皇后的耳中化为一金虫，后变为犬形动物，赐名"龙麒"，乳名"凤源"，号盘瓠，征番立功，金钟变身七日，皇后六日启视，仅头尚未变成人形，后与三公主成婚，封忠勇王，生三子一女，赐盘、蓝、雷诸姓，赐地凤凰山，后打猎殉身，子孙治丧后分居各地（《高皇歌》和族谱记载）；2. "麟豹"征番有功，高辛食言，反欲杀之，麟豹被迫逃入深山，世代受苦（《麟豹王歌》）；3. 一只凤凰飞到凤凰山产下一个凤凰蛋，百鸟护孵，从中走出一个少年郎，颈边有蛟龙印记，遂叫龙麒，后来，龙麒得神犬、宝马相助，除妖降魔，并与东海龙女成婚，生盘、蓝、雷三子，后娶龙娘三侄女为媳，繁衍后代，官兵入侵时，龙麒、龙娘战死，子孙安葬祖、妣，神犬、宝马葬两旁，被称为"义王"（叙事歌《凤凰山》）；4. 雷公（黄帝臣）之子封雷州，生子龙麒，号盘瓠，还有黄帝敕诏（部分《雷氏宗谱》）；5. 传说会稽山七弦（贤）洞，长沙武陵山上有"柳氏"二怪，人面蛇身，行痘害人，盘瓠登山驱怪于海隅而戮之，后移至西洋宫十八载，生三男一女（福建霞浦樟源《汝南蓝氏宗谱》）。①

---

① 参见雷阵鸣、蓝颐宗《论畲族的非"盘瓠"——再论畲族非出于"武陵蛮"》，载景宁畲族自治县民族宗教事务局编《传承与弘扬——'2004畲族文化研究》，内部资料，2004年，第294—296页。

第五章 星宿原型的湮没：盘瓠形象的他者误读与曲解

图 5-1 金钟变身 丽水学院畲族文化研究所
藏崇祯甲戌年（1634）祖图长联

总体而言，盘瓠从降生到成长，无不展现出畲族民众奇异的幻想力和创造力：盘瓠（或曰取名龙麒，号盘瓠）面对番王（或称吴将军）叛乱，他挺身揭榜，化龙变形，不畏艰险，腾云驾雾、游江过海，在众神的协助下，斩番王，定江山，被封为忠勇王（盘瓠王）。他金钟变身（图 5-1），聘娶三公主，移居凤凰山，生下三男一女，后又上闾山习仙法，带领族人铲奸除恶，过着自给自足的生活。但他在一次打猎中不幸逝世，被后人葬于凤凰山顶，并建起盘瓠总祠，绘成祖图，写进宗谱，得以世代追思与供奉。这些神话情节在散文体的神话和韵文体的史诗，以及文人史籍的记载中基本保持一致。除普遍认同的历史记忆和上述五种类型的盘瓠神话，在笔者搜集的畲族神话资料中，还有五种发生了巨大变异的盘瓠神话，它们虽然记录零星，流传不广，但也给予我们对盘瓠神话更广阔的思考空间。

（一）高辛帝成为盘瓠出生的母体，三公主成为盘瓠的乳娘

这一说法目前仅见于《高辛帝与龙王》《三公主》及《三公主的传说》三则散文体神话中，它们都基本讲述了高辛耳中得病，吃不下睡不着一事。皇后请巫师，求神驱鬼，治了一年病也没治好。大臣们又请太医为高辛帝治了一年，依然没治好。第三年，他的女儿三公主不惜翻山越岭、涉水过河，终于找到了治耳病的药方，她花了九天的时间给高辛帝吃了九种药，在第九天时"三公主走过来用手轻轻抚摸，然后向前推三下，又向后抹三下，慢慢地，慢慢地，从高辛耳朵里挤出来一条金虫。

高辛的病就治好啦！金虫跟蚕茧一样大小，智慧的三公主呵，赶紧捧起来金虫，来到自己房里，放在瓠篱之中，上面盖只金盘，采花粉喂它。三公主就称它盘瓠"。高辛见了也很喜欢，并赐名"龙王"。在三公主的精心照料下，经过九天九夜的孕育，他褪去金壳，变成三丈长的金龙。① 从这一记述中，我们能够看到其与大多数盘瓠神话的相似情节，而这种变异恰恰体现了民众记忆在时间的催化下发生的不同认识和倾向。

（二）盘瓠神话与姜嫄生弃神话的嫁接转型

据目前的资料看，这一变异的神话在闽粤赣浙皖等畲族聚居地均有些许记载，但对此记述的普遍性远不及于盘瓠以娄宿形象降世在刘皇后之耳的叙事，而且多于宗谱中记录，却很少流传于民众口头。如江西兴国畲族《盘蓝雷姓氏出身源流传》记载："帝后姜源（嫄）大耳夫人左耳发一瘫疮，旨灵岐伯街人医治。取出一物，飞蚕现星光灿，取盘盛之，献帝求功讨封。辛帝见之大悦，姜后曰：此物吾身所生，恐是护国之宝，将金盘盛之，用麋肉喂之。待他出处，不觉三七寅夜，乌云黑暴，鱼龙变化一犬，名曰盘瓠。"② 浙江龙游横山镇高头村《蓝氏宗谱·蓝氏纂修族谱序》写道："汀杭蓝族系出于盘瓠之始。高辛氏之圯（疑为妃误）有邰氏左耳。西窗观星，偶逢娄宿下降，一气而成血珠变化盘瓠。"③ 从这两则记载中，我们仅能看到盘瓠以娄宿身份降生于姜嫄之耳，但尚未出现"被弃"的情节，而这却在福安市康厝畲族乡牛石坂村《雷氏宗谱·广东盘瓠氏铭志》中被记录下来："……因盘贮覆，送名曰盘瓠。刘皇后以为不祥，抛弃于外，适殿内保驾将军王守道觉见之，考其原因，乃刘后感受。入朝一一面奏。帝闻奏，惊曰：感瑶光星辰投降，或祸或福，上帝陟降置之，惟恐致殃无二，尔身勿违天命，收留宫中，抚养越七日，化一男子，容貌俊伟，声音响亮。"④ 于此，我们虽未看到盘瓠被弃三次的情况，但弃后为人所

---

① 参见陈玮君整理《畲族民间故事》，杭州：浙江人民出版社，1979年，第11—26页。
② 朱洪、李筱文编：《广东畲族古籍资料汇编——图腾文化及其他》，广州：中山大学出版社，2001年，第118页。
③ 龙游横山镇高头村《蓝氏宗谱》，民国三年（1914）修，复印件藏丽水学院畲族文化研究所。
④ 福安市康厝畲族乡牛石坂村《雷氏宗谱》，1983年修，复印件藏福建省民族研究所。

救的情形却与"弃"如出一辙地出现在这一记载中。① 相似的记录在浙江地区的宗谱中同样存在,如景宁县大均乡伏叶半山村《钟氏宗谱·钟氏封郡源流序》中写道:"刘后……夜步观天,忽觉瑶光贯娄,宿光茫灿,身遂感而孕生下一子。不夫而育,刘后以为不祥,抛弃道路。路人遇装之,篮以瓠裹,贮金盘抚育,因号盘瓠。殿内王守道将军出游,亦适得见。考其根由,乃勾龙之女所生,及闻其声音响亮,想异日长大必可有为。因回奏帝,帝曰:是盘瓠也。因瑶光贯娄宿而生,可号瑶人。养诸宫中。"②

以上几则宗谱记录并非完整的"姜嫄履大人足迹而生弃"的神话,它们的相似之处仅停留于"被弃"的情节和某些记载中的"姜嫄"之名,而其感生方式的不同则是两者相区别的最大标志,这与下文即将论述的"盘瓠与简狄"有着极为相似的地方。

(三)盘瓠神话与庆都生尧神话的互质移植

在《史记》卷一《五帝本纪》中,高辛帝共有四位妃子(再加上畲族神话中的"刘皇后",则为五妃),其元妃即为有邰氏姜嫄。对盘瓠与元妃有邰氏姜嫄的关系也已有所解读,而在畲族社会中还有关于盘瓠与次妃陈锋氏庆都的故事,但就目前掌握的资料看,这种关系的讲述仅有一则故事被记载于福鼎市白琳镇牛埕下村《雷氏宗谱·盘瓠王敕书》中,文中写道:"正宫王妃陈锋氏耳生一疾,痛苦之忧。帝命太医调治,取出一茧虫,豪光万丈,威烈灿烂。廷臣上奏,以盘瓠果盖之,金盆供养数日,须臾变化如龙,身长一丈二尺,一百八十落(花)点,左右青黄齿牙如银,似虎珠龙鳞,极美。"③ 在历史记载和一般神话传说中,陈锋氏庆都多以高辛帝次妃形象出现,而所谓"正宫"理应处在后世认识中的"皇后"地位,也就是"元妃",这与历史认识显然有所出入,而盘瓠的出生依然是以传统讲述的方式降世,并未同"与赤龙合婚生尧(放勋)"的情节相联系。

---

① 《史记》卷四《周本纪第四》记载:"周后稷,名弃。其母有邰氏女,曰姜原。姜原为帝喾元妃。姜原出野,见巨人迹,心忻然说,欲践之,践之而身动如孕者。居期而生子,以为不祥,弃之隘巷,马牛过者皆辟不践;徙置之林中,适会山林多人,迁之;而弃渠中冰上,飞鸟以其翼覆荐之。姜原以为神,遂收养长之。初欲弃之,因名曰弃。"
② 景宁大均伏叶半山村《钟氏宗谱》,同治丙寅年(1866)修,复印本藏丽水学院畲族文化研究所。
③ 福鼎市白琳镇牛埕下村《雷氏宗谱》,光绪己亥年(1899)修,复印件藏福建省民族研究所。

(四）盘瓠是亢金龙下凡

在二十八宿体系中，亢金龙是亢宿守护神，是东方苍龙系的第二个星座。据《宋史》卷五十《天文志第三》记载："亢宿四星，为天子内朝，总摄天下奏事。"由此可知，亢宿与国家统治有着密切的关联，而在民间修道者或日常祈福中流传着如下俗语："亢星性情温和，修道之人遇到可以得到它吉祥的祝福。""天罡亢龙，难尤七星，周游八方，紫气避凶，尽扫不祥，下授符印，谨拜表以。""亢宿之星事可求，婚姻祭祀有来头，葬埋必出有官贵，开门放水出公侯。"故亢金龙同样具有带来吉祥的寓意。然而，亢金龙化身始祖盘瓠的完整故事不仅很少被记录在宗谱或祖图中，即便在畲族民众的现代口承神话中，也寥寥可数。到目前为止，笔者只发现了流传于安徽宁国和浙江文成的两则名为《亢金龙》的故事和一则流传于浙江文成大峃镇抬司岭的《盘瓠出世》。《亢金龙》讲述了作为高辛帝将领的亢金龙，在番王来犯的危急关头挺身而出。他揭了番王的榜文，以百姓模样进入敌营，为他治病。在一次饮宴后，亢金龙趁番王酒醉将其杀死。返回中原后的亢金龙，被封为盘瓠王，又称忠勇王，并与三公主成婚，生下三男一女，成为畲族始祖。① 在这里，亢金龙并无神奇高贵的出身和超自然的力量，而是作为高辛之将的角色出现，俨然一个姓亢名金龙的人。这种抛开传奇性的现实性讲述，似乎更合乎常理，但却失去了作为神话的光环。

人们对始祖形象的崇奉，基本在于灵魂不死观念的生成和延续，同时也有儒家仁孝观念的深入，但最根本的崇奉心理则在于图腾与灵魂结合的超自然力量，希求于祖先护佑全家、全村乃至全族。也许正是这种心理的存在，才导致亢金龙故事在畲族社会中弱化。而《盘瓠出世》则明确点明了星宿说的特点。故事讲到高辛帝与皇后在饮酒时，一颗流星从天而降，落入皇后肚腹，产下一子，养至七日，自言："我是'天生崽'，是太白金星放我落凡投胎的，名叫亢金龙，是二十八星宿里的一位，特来相帮江山。"高辛见后为其取名盘瓠，后来其因平番有功而与三公主结亲，生下盘蓝雷钟四姓人。② 这一描述直到目前尚未在畲族其他村落发现，也许正是某种特定的文化因素改变了当地畲族民众对始祖来历的婁宿讲述。"亢金龙下凡变身盘瓠"的故事虽未成为广泛流传的典型，但这一叙述更增强了盘瓠神话是原始星

---

① 参见文成县畲族民间文学集成编委会编《中国民间文学集成·浙江省温州市文成县畲族卷》，浙江省温州市民间文学集成办公室出版［浙出书临（88）第113号］，1988年，第18—19页。

② 参见文成县畲族民间文学集成编委会编《中国民间文学集成·浙江省温州市文成县畲族卷》，浙江省温州市民间文学集成办公室出版［浙出书临（88）第113号］，1988年，第16—17页。

象理念的可能性。

（五）盘瓠是凤凰卵所化

在畲族民众中长期流传着一则名为《凤凰山》的史诗，其叙述了畲族始祖从凤凰蛋中出世的情节。其歌言中唱道："凤凰飞落好山场，生个大卵白茫茫。百鸟来孵凤凰卵，七日七夜琅（闪烁）和光。百鸟孵卵来得忙，凤凰山上暖洋洋。乃见天上金光影（闪耀），出世一个小贤郎……百花桥头水迷迷，照着花印真稀奇。花印好似蛟龙样，名字就唔是龙麒。唔是神，唔是仙，太公（祖先）出世凤凰山。凤凰山头是祖地，畲客记到千万年。"①而随着龙麒的长大，他在神犬、宝马等的帮助下战胜妖魔，除掉了猛兽，并与东海龙王的女儿结亲，继而繁育族人，但因外房入侵、战争失利，从而被迫徙居了他处。在畲族的图腾信仰中，凤凰也是其图腾的组成部分之一。对此，蔡铁民在《畲族民间文学概述》中指出："这是一篇畲族祖先斗争经历的生动写照，反映出畲族人民从原始图腾崇拜发展为崇拜部族首领的经过。"②由此可见，在畲族先民从原始母系氏族时代发展到英雄时代的过程中，体现了畲族先民信仰凤凰的历史遗迹。这则畲族史诗虽然主要流传于闽东、浙南、皖南等地，但在粤东部分畲族村落中保存的祖图长联中则绘有"百鸟朝耳卵"的画面（图5-2）。

图5-2　百鸟朝耳卵　清道光二十一年（1841）
绘潮安县凤南镇山梨村祖图长联

作为神话传说中的始祖盘瓠，是远古记忆在代际传承间的形象化创造。人们无

---

① 雷阵鸣、雷招华主编：《畲族叙歌集粹》，北京：中国人事出版社，2002年，第9—10页。
② 转引自雷阵鸣、雷招华主编《畲族叙歌集粹》，北京：中国人事出版社，2002年，第9页。

法亲身领略远古时代的生产与生活,更无法穿越时空亲眼看到始祖的诞生过程及其容貌,因此人们只能借助原始思维的动力,对过往之事进行信史般的虚拟,这也导致了不同时代的人们在不同的地域环境和文化交流中出现对同一事物的不同解释,这种现象在无文字时代或无文字民族的口述传承中,变异出现的频率则更高。就畲族来说,这种变异的记载也多出现于明清之后的宗谱中,这与畲汉之间的互质影响不无关系,更重要的是汉族自唐以来对畲族的无理歧视。同时在畲族内部,亦有一些有识之士,他们为了改变周边汉民(尤其是以客家、福佬等为主的文人学士)对自己的不同看法以及获得与周边汉民同等的社会权益,对民间流传的盘瓠神话进行了一定程度的修改。而刘皇后这一始祖母形象本无历史记载,但根据高辛帝五妃不同的文字记录,不同地区的畲族文人便出现了不同的选择,从而使本已具有传奇性的始祖盘瓠,增强了成为史实的可能性。不过这种选择依然体现了他们对畲族民间口传神话的汲取,表达了维护民族独特性的心理取向。

以上论述让我们看到,盘瓠神话在各地畲族聚居区都有流传,而随着神话的传播,以及时空变换等多种因素的作用,盘瓠神话发生了诸多变异,这也许正是民间文学变异性的正常体现,但神话最基本的"变形母题"并没有发生根本性的变化。

第二节 畲族民众并非"敬犬如祖"

不少学者研究指出,图腾所对应的动植物被认为是不能被食用的,这是在崇拜中形成的一种具有矛盾性的行为模式。不过"禁忌与崇拜这对矛盾在合适的条件下,可以相互转化,从而和谐稳固地统一于某个氏族的信仰中,由禁忌而崇拜,由崇拜而更为禁忌,从而形成强大的精神力量,在先民们头脑中恰如宗教信仰一般,根深蒂固,讳莫如深,世代相传"[①]。然而,并非所有族群都将图腾物作为禁食的对象,更有一些族群的图腾物作为"致生""致孕"的食物来源。也就是说,"食物,只有食物,既是一条'现存的纽带',把图腾动植物与初民自身的生存联结了起来;又是一条'遗传学的纽带'或'联姻和孝悌的纽带',把图腾动植物与初民的繁衍联结起来。图腾亲属观念和图腾祖先观念正是通过对食物的'致生'和'致孕'功

---

① 金陵:《从禁食到图腾崇拜》,《西北民族大学学报(哲学社会科学版)》2004年第5期,第139页。

第五章　星宿原型的湮没：盘瓠形象的他者误读与曲解

能的认识而起源的"①，从而才会出现"图腾圣餐"的说法。所谓"图腾圣餐"，即"指图腾所在部族，在猎获到图腾所代表的动物时，举行祭礼，并分食这个动物的过程"②。在奥地利心理学家弗洛伊德看来，"图腾体系可能是从奥（俄）狄浦斯情节的条件产生的。因为在儿童时代，父亲是情欲的对手，也是仿效的榜样，动物则是父亲的第二形象，把对父亲的敬畏转移到动物上，动物便成了畏惧和崇拜的对象。而原始各族也正是把图腾对象称为'自己的祖先和祖宗'。可能人们思想中普遍存在杀害和吃掉父亲的愿望。原始氏族杀死并庄严地吃掉的图腾正是父亲的替代者。为了消除敌视父亲和相互妒忌的口实，人们确立了禁止同本氏族女性发生婚姻和性关系的戒律，这便是外婚制的产生"③。就畲族图腾来说，我们尚未看到有关其"图腾圣餐"的记述，但畲族是否是一个把图腾动物作为不可食用之"禁物"的民族？回答是否定的。

在《广东省志·少数民族志》中记载，畲族有与图腾崇拜相关的禁忌，即忌打狗、骂狗，更忌讳杀狗、禁吃狗肉。他们几乎家家养狗爱狗，有的地方不称其为狗，而称犬，或称龙犬。饶平县水东村畲族按其毛色，呼"白龙""乌龙""黄龙"等，把狗直呼为"龙"。狗自然老死后，给予埋葬。南雄县畲族会为死去的狗戴一顶纸帽，帽檐镶一圆圈，在土葬后，上面浇透水，以超度再生。④另在某些学者的文章中，还有描述畲族民众除夕夜举家衔骨以模仿其行动仪式后才吃饭，如哈·史图博等记述："凯洛克曾从福建报道过一些情况，尽管并不一定确实，他说，欢庆春节时，他们把盘瓠的画像挂起来，每一个家庭成员依次把一块猪骨头含在嘴里叫唤着，围着桌子行走。"⑤然而，这种行为为什么没有得到大多数学者的研究，而在古籍、地方史志中我们也未能发现这样的记述。在实际调查中我们发现，畲族民众与周边汉民一样，并非对狗敬奉有加，而《广东省志·少数民族志》的记述同样值得商讨，因为人们对狗的称谓和对其他动物的尊称或别称一样，仅是一种称呼，就像人们有

---

① 朱炳祥：《图腾观念的起源——论"食物致生""食物致孕"》，《南开学报》1994年第5期，第49页。
② 李刚：《图腾崇拜与图腾圣餐》，《学理论》2008年第1期，第65页。
③ 宋蜀华、白振声主编：《民族学理论与方法》，北京：中央民族大学出版社，2003年，第49页。
④ 广东省地方史志编纂委员会编：《广东省志·少数民族志》，广州：广东人民出版社，2000年，第292页。
⑤ ［德］哈·史图博、李化民：《浙江景宁敕木山畲民调查记》，周永钊译，张世镰校译，中南民族学院民族研究所编，1984年，第52页。

217

时还会称猪为"金猪"、称猫为"招财猫"一样,并不能作为人们对之敬重的证明。另外,畲族民众对犬的埋葬行为更令人生疑,如果这种行为真的存在,为什么这么重要的信息未能得到研究畲族图腾信仰的学者的广泛关注?所以,这种记述明显具有失实或仅是个别地区不甚显见的特征。笔者在宁德市蕉城区金涵畲族乡上金贝村调查时,钟英梅老人告诉笔者,他们并不忌讳狗,只是认为狗是秽物,烧狗肉不能上灶台,不然灶王爷会逃走,就不保佑家庭平安了。① 丽水学院雷法全老师则同笔者谈道:"汉族人认为我们畲族人是不吃狗肉的,这是一种误解,是简单依据图腾理论作出的主观臆断,是没有真正了解和认识畲族饮食文化的结果。我们和汉族一样,也是吃狗肉的。只是同汉族一样,并不是每个地方都普遍存在或作为一种饮食民俗在人们的日常生活中常见。"② 就雷阵鸣等调查,畲族民众"骂'狗瘟''蝗瘴狗'以及骂人为'烂狗枯''烂狗娘'有如口头禅,最耐人寻味的是歌手们常用民歌骂狗,或以狗喻人,加以讽刺、奚落,极有水平"③。如果畲族民众真把犬当作祖先一样崇拜,又怎能出现以狗喻人、骂人的现象呢?下面就让我们看看雷阵鸣收集的几则有关骂狗的歌言。

(1)《拉杂歌》唱道:"早米煮饭糯米霄(粥),尾丢(巴)湿湿(摇摇)会鼻随(会嗅兽味),你做黄狗要听话,主人一呼着要来"(首句意为人吃下米饭来处的是供狗吃的屎)。

(2)《采花歌》唱道:"野狗野蝗瘴,教你吠贼你吠郎,做贼人子你唔吠,采花郎自吠当当";"野狗野蝗瘴,那些(样)野狗无阳光(不识主人),三顿潲桶(猪食桶)是我抗(拎),饿你唔死也黄胖(皮黄骨瘦)。"

(3)《点心歌》唱道:"郎食点心坐大厅;我郎打(管)食你打望,猪比(猪肉)被我郎食了(完),骨头息(丢)落你莫争";回:"郎食点心坐大厅,双眼尽侬(把)我来望,一块骨头亦要抢,难怪唔被人望轻。"唱:"骨头息(丢)来你要

---

① 被调查者:钟英梅(1939—),女,文盲,务农;调查时间:2012年5月24日星期四下午;调查地点:宁德市蕉城区金涵畲族乡上金贝村;调查者:孟令法(1988—),男,汉族,时为温州大学民俗学硕士研究生。

② 被调查者:雷法全(1957—),男,丽水学院教授。调查时间:2011年12月30日;调查地点:丽水学院教育学院雷法全教授办公室;调查者:王昕(1987—),女、孟令法(1988—),男、谭振华(1988—),男,时均为温州大学民俗学硕士研究生。

③ 雷阵鸣、蓝颐宗:《论畲族的非"盘瓠"——再论畲族非出于"武陵蛮"》,载景宁畲族自治县民族宗教事务局编:《传承与弘扬——'2004畲族文化研究》,内部资料,2004年,第301页。

争,亦有那些(那般)野畜牲,若等主人肯开口,搧(敲)你一下(记)杆扫(扫帚)柄";回:"郎食猪比你听(闻)气,等郎食了都分(给)你,若来对(互相)抢有对夺,一脚抖(踢)你无轻意。"

(4)《取笑歌》唱道:"郎子做人是亦会(能干),细伶(小孩)屎窟(屁股)你也斜(舔),路边寻着糯米饼(大便),得着味道嗑嗑咬(音 ai33)。"回:"拨女(姑娘)做人眼乌乌,从来无央(件)冷屎裤(开裆裤),锁匙开入对(音 tuei55)唔落(拔不出),对(拉)来拔去亦罪过"(两狗交媾性器拔不出)。

(5)《争高手歌》唱道:"唱得正,回得正,晓得你娘(指女方)有名声,我郎平地起高突(喻拉大便),你娘高突捺得平"(喻把大便吃完)。回:"唱得高,回得高,晓得你郎本事高,我娘平地起高突,被你捺平值地扫"(喻将大便舔得很干净)。①

这些歌言无一不是对狗的描述,并且在某些唱答(回)的对歌中,体现了畲族民众之间互相调侃的娱乐性行为,它们没有一点可以说明畲族民众对犬是敬重的,更谈不上将之视为祖先。所以,从这样的论述中我们可以肯定地说,畲族的图腾崇拜仅是借助犬形动物的外形,并非犬形动物的实体。结合上文对盘瓠图腾的论述,我们更可以确认,畲族的图腾根本不是犬,而是星宿。

第三节 汉文典籍传统话语中对盘瓠"犬"形象认识的误解

汉族是自汉王朝建立后逐渐为后世所定性的人们共同体之一,而在两千多年的发展中,汉民群体的受教育水平愈趋成熟和发达,人们以文字记载相关历史事件的行为更加频繁,但往往忽略民众口头的讲述。因此,我们通过上文中对盘瓠神话的文献记述就可知道,这些记述无一不是汉族对盘瓠形象的传统认识,即认为盘瓠或曰畲族图腾为"犬"。然而,这种认识在现在看来无疑是错误的。在笔者看来,这种错误的出现,主要有以下三个方面的原因。

---

① 以上歌言参见雷阵鸣、蓝颐宗《论畲族的非"盘瓠"——再论畲族非出于"武陵蛮"》,载景宁畲族自治县民族宗教事务局编《传承与弘扬——'2004 畲族文化研究》,内部资料,2004 年,第 301—302 页。

一、古代文人的手抄传统

郭沫若曾说:"民间文艺给历史学家提供了最正确的社会史料。过去的读书人只读一部二十四史,只读一些官家或准官家的史料。但我们知道民间文艺才是研究历史的最真实、最可贵的第一把手的材料。因此要站在研究社会发展史、研究历史的立场来加以好好利用。"①从这一论述可知,在中国传统社会中,汉族文人士大夫不仅十分重视对"经典"的阅读,且喜欢在经典上进行批注。由于古代书籍的制作极为烦琐,尤其是在宋代活字印刷术出现以前,仅靠"浪费"极大、刻印困难的雕版印刷传承典籍是相当不易的,更何况在汉代以前所使用的还是以笨重竹简和昂贵绢帛为载体的书籍。所以手抄才是书籍得以流传后世的最直接和最有效的方法。由于手写字体因人而异,况且在传抄和流播的过程中,书籍本身及其内容不可避免地会出现些许遗失或错误(掉色或脱落导致模糊),从而导致在文字抄录上出现纰漏,进而与原本内容产生差异。

就盘瓠神话的典籍记载来说,我们所能见到的最早文字版乃其他史籍转录之东汉应劭书于《风俗通义》中的版本。在上文中笔者已经讲到,应劭所记内容很可能是从其父兄口中所得,并不一定就是武陵地区的真实情况。而后即为晋郭璞(276—324年)与干宝(?—336年)的记述。虽然《晋书》指出,郭璞曾因政治原因游历庐江(今属合肥市)等地,而干宝是否曾游历过南方,于史书中未能查明,而对其"搜神"一事,也仅是说到"(干)宝以此遂撰集古今神祇灵异人物变化"(《晋书·卷八十二》),这似乎表明其"搜神"中的大部分是从古籍中得来。另外,即便郭璞曾游历至安徽中南部,但他对盘瓠神话的记载是不是从当地人口中得到的,我们亦无从得知。不过,应劭父兄曾在武陵地区为官,而他对盘瓠神话的记述正是流传于那一带的口传叙事。另从干宝的记述可知,《搜神记》的相关内容恰与此一脉相承。故笔者认为,干宝所搜"盘瓠神话"很可能是来自应劭的转录(或改编)。然而,我们无法确定的是,是干宝所作《搜神记》在前还是郭璞《山海经注》或《玄中记》在前。尽管我们不能肯定地说干宝与郭璞之间有怎样的互质影响,但《风俗通义》对两者产生影响的可能性很大。关于这几则故事出现较早的文本而言,都是不具"正史"效应的笔记小说,但到了南朝宋范晔手中,盘瓠神话却成了正史而被

---

① 郭沫若:《我们研究民间文艺的目的——在中国民间文艺研究会成立大会上的讲话》。载苑利主编《二十世纪中国民俗学经典·民俗理论卷》,北京:社会科学文献出版社,2002年,第43页。

记入被后世称为"前四史"的《后汉书》。

古人历来重史,面对被视为"前四史"之一的《后汉书》岂有不信之理?自隋代开始,科举考试成为封建王朝选拔人才的最主要渠道,而这种考试到了明清时代就完全是以四书五经为主的"八股文"取士了。对于一个文人来说,通晓历史是必备的科目之一。正所谓"以铜为镜,可以正衣冠;以史为镜,可以知兴替;以人为镜,可以知得失"(《旧唐书》卷七十一《魏徵》),而这恰恰表明了历史对文人墨客乃至国家的重要性,所以正是由于科举教育的强化,《后汉书》对盘瓠的记述也理所当然地深入汉民士人的心中。然而,我们细查之下即可发现,此文与干宝《搜神记》中所记述的内容基本如出一辙,除个别文字有所出入,我们甚至可以说,《后汉书》中的盘瓠神话就是对《搜神记》的抄袭。正如何子星所说:郭璞在《玄中记》中的记述和郭注《山海经》相同,"或疑《玄中记》即郭璞所撰写。复据应劭《风俗通义》……可知汉代已有盘瓠灭犬戎的传说,郭璞等之言皆本于此。干宝《搜神记》……(干)宝自撰《晋记》……范晔乃综应劭、干宝、郭璞数家之说,影撰为《南蛮传》"①。正是在士人对历史的重视中,并且大部分的汉族文人并没有多少能像北魏郦道元或明徐霞客那样走遍三山五岳进行对地理、人文风情的实地考察,而是长期坐在书斋之中,借图书典籍了解世事,所以后世对盘瓠神话的认识(不论是文人笔记还是地方史志)也都沿袭了范晔的记述,逐渐形成众口一词的"真史",并成为汉族对盘瓠"犬"形象难以改变的传统认识,从而将这种带有歧视意味的记述当成正史强加于南方众少数民族身上。

因此,笔者再次强调,对盘瓠神话进行记述的始作俑者为应劭;对盘瓠神话进行思维限定的"罪魁祸首"是范晔,而后世大部分汉族文人不明就里、不知探查地"尽信书"的跟风行为,则是科举制度对世人探索精神的封锁,从而让变异的历史——神话成为"荒谬"的信史,并一直流传至今。

二、盘瓠"犬"形象的正反两认识

古代文人面对远古时代的困惑,并没有像现在的科学研究那样,通过各种考古发现或深度的逻辑思维得到进一步论证,而是通过古人留下的记述加上自己的见闻或臆想得到些许看似合理的答案,从而为当下的研究带来重重考证的困难。不过,

---

① 何子星:《畲民问题》,《东方杂志》1933年第30卷第13号,第58页。

就目前的人文社会科学的研究而言，越来越讲求"尽信书不如无书"的学术追求，古籍文献的记载仅是研究的重要背景参考，而现实生活和出土文物在学术研究中才具有核心作用。

通过现存的对盘瓠神话进行记述和研究的文本来看，我们不难发现，这些文本基本遵循了历史典籍的记载。地方史志自然不用说，就目前的畲族文化研究来说，清末学者魏兰可谓第一人，而其《畲客风俗》则是对畲族进行科学研究的第一部著作，但魏兰对盘瓠神话的论述同时遵循了"犬"形象的一贯认识，并未做到真正的"科学"。他在描述畲族始祖盘瓠时曾说："相传夜半人静，畲客取木刻狗头置之几上，罗拜之，移时，依然世袭珍藏，即所谓祭祖也。狗头即盘瓠，为畲客之鼻祖，羞为人见，故祭时必在深夜，屏去旁人，黠者假为寐况，窃窥之，始见狗头。畲客言其祖，忽而变犬，忽而变龙，故畲客自呼其祖为龙犬。"①从这一记述中，有一词我们必须注意——"相传"，因此这一记述并非魏兰亲眼所见，而是从他人口中听来，而从"黠者假为寐况，窃窥之，始见狗头"可见，这一传言来自心怀不轨的少数周边汉民。另外，对畲族始祖"变犬化龙"的描述，浮云先生（魏兰）也未能给出自己的定性或解释，所以魏兰的研究依然存在巨大的漏洞。在民国时期，对盘瓠"犬"形象的认识依然存在，如沈作乾在《畲民调查记》中记述道："畲民处处带着'狗'的彩色，实受一种神话历史的驱使。据畲民说他们的始祖实为一狗。"②这一记述被胡传楷所沿用，他认为："这种神话的传说，到了现在依然是很盛行的。而且畲民自己也都承认。所以畲民中，家家户户都还供奉了一个狗头人身的像，遇到重要的祭祀，或节日，便供奉在堂中，大家团着歌拜。"③另外，更典型的对盘瓠形象进行论述的就是凌纯声的《畲民图腾文化的研究》，在此文中，作者一再强调畲族图腾的"犬"形象。在当代畲族研究中，这样的例子依然层出不穷。

尽管非畲族的学者在一定程度上对盘瓠形象的记述已然形成了"犬形象"定式，但在历史发展中，有些汉族文人对此提出了十分中肯的不同看法。如唐刘知几在《史通·内篇·书事二十九》中说：

---

① 〔清〕浮云先生（魏兰）：《畲客风俗》，上海：上海虹口顺成书局，光绪三十二年（1906），第30—31页。
② 沈作乾：《畲民调查记》，《东方杂志》1924年第21卷第7号，第62页。
③ 胡传楷：《畲民见闻记》，《禹贡半月刊》1931年第1卷第12期，第11页。

第五章 星宿原型的湮没：盘瓠形象的他者误读与曲解

范晔博采众书，裁成汉典，观其所取，颇有奇工，至于《方术》篇及诸蛮夷传，乃录王乔、左慈、廪君、槃瓠，言唯迂诞，事多诡越。可谓美玉之瑕，白圭之玷。惜哉！无是可也。①

在刘知几眼里，范晔对"王乔、左慈、廪君、盘瓠"的记载，不仅损害了正史的可信度，甚至是不可取的。唐杜佑在《通典》卷一百八十七《边防三·南蛮上（盘瓠种）》中也有相似认识：

按：范晔《后汉史·蛮夷传》皆荒诞不经，大抵诸家所序四夷，亦多此类，未详其本出，且因而商略之。晔云："高辛氏募能得犬戎之将军头者，购黄金千镒，邑万家，妻以少女。"按黄金，周以前为斤，秦以二十两为镒，三代以前分土，自秦汉分人。又周末始有将军之官。其吴姓宜自周命氏。晔皆以高辛之代，何不详之甚！又按宋史，晔被收后，于狱中与诸甥侄书自序云："六夷诸序论，笔势放纵，实天下之奇作。其中合者，往往不减过秦篇。"尝共比方班氏，非但不愧之而已。按班、贾序事，岂复语怪。而晔纰缪若此，又何不减不愧之有乎？②

除此之外，刘知几还在《通典》卷一百七十四《州郡四》中写道：

而后代纂录者，务广异闻，如范晔叙蛮夷廪君、盘瓠之类是也。辄以愚管所窥，宜皆不足为据。然去圣久远，杂说纷纭，非夫宣尼复生，重为删革，则何由详正？纵有精鉴达识之士，抗辩古释今之论，或未能振颓波、遏横流矣。③

另外，南宋罗泌在《路史》卷三十三《发挥二·论盘瓠之妄》中以更据学理性的语言，详细论述了其对"盘瓠神话"的质疑，其全文如下：

有自辰沅来者云：卢溪县之西百八十里有武山焉，其崇千仞。遥望山半石洞，

---

① 〔唐〕刘知几原著，姚松朱、朱恒夫译注：《史通全译》，贵阳：贵州人民出版社，1997年，第458页。
② 〔唐〕杜佑撰：《通典》，王文锦、王永兴、刘俊文、徐庭云、谢方点校，北京：中华书局，1988年，第5041—5042页。
③ 〔唐〕杜佑撰：《通典》，王文锦、王永兴、刘俊文、徐庭云、谢方点校，北京：中华书局，1988年，第4562—4563页。

畲族星宿信俗研究——关于盘瓠形象传统认识的原型批评

鏄（鏄）启一石貌狗人立乎，其傍是所谓盘瓠者。今县之西南三十有盘瓠祠，栋宇宏壮，信之天下有奇迹也。予曰：是黄闵《武陵记》所志者，然实诞也。（记云：山半石室可容数万人，中有石床，盘瓠行迹，今山窟前石兽石羊奇迹尤多。《辰州图经》云：隍石窟如三间屋，一石狗形，蛮俗云：盘瓠之像。今其中种有四：一曰七村，归明户，起居饮食类省民，但左衽；二曰施溪，武源归明，蛮人；三曰山獠；四曰犵獠。虽自为区别，而衣服趋向大略相似。土俗，以岁七月二十五日种类四集，扶老携幼，宿于庙下五日，祠以牛麂酒鲑，椎鼓踏歌，谓之样样蛮语祭也。云容万人，循俗之妄，样样当用养。）曰：然则所谓盘瓠者，非欤。曰非也，何以言之。予稽夏后氏之书知之也，《伯益经》云：卞明生白犬是为蛮人之祖。卞明，黄帝氏之曾孙也，白犬者乃其子之名，盖若后世之乌麋、犬子、豹奴、虎独云者，非狗犬也。虽然世之诞妄，厥有形影，其言之不典，亦实自于经也。按经又言，卞明生白犬，白犬有二，自相牝牡。郭氏以为自相配合，盖若今之婆罗门半释迦者。（鸟有曰鹒鹒、曰鹢鹢者，一身之间自为牝牡，半释迦者其种有五，有具男女二体者，有半月为女者，皆偏气所孕。）而应劭书遂以为高辛氏之犬名曰盘瓠，妻帝之女，乃生六男六女自相夫妇是为南蛮，则知其说原衍于此。是殆以白犬为庞尔，至郭璞、张华、干宝、范晔、李延寿、梁载言、乐史等各自著书，枝叶其说，人以喜听而事遂实矣。且其说曰，高辛氏募有得犬戎吴将军首者，黄金千镒，邑万家，妻以少女。杜君卿固疑其诞，谓黄金古以斤计，至秦始曰镒。一也，三代分土，汉始分人，古安得万家之封；二也，将军周末之官；三也，吴姓宜周始有；四也，佑之难亦当矣，又引其狱中与诸甥书证之，然不知其说之不出乎晔也。（伯岐同吴权之妻，而羿之友有吴贺，不可谓吴姓至周始有，谓夷狄古无姓，可也。伯益为百虫将军，玄女立五军之将，不可谓将军周末之官，谓夷狄古无官号，可也。其说本出应氏书。）夫人畜之交，通世盖每有。昔元嘉中，孟慧度之婢蛮与犬通处者，且逾年，然高辛之事常窃诞之。（慧度，吴兴人，事具宋书志等。）盘瓠者，特獭狐之转尔。（犬尾大）按《玄中记》：盘瓠浮之东南海中，是为犬封氏，盖因本《风俗通》，然亦不谓蛮人之祖。（记云：高辛时犬戎为乱，帝曰有讨之者，妻以美女，封三百户。帝之狗曰盘瓠，七三月而杀犬戎，以其首来。帝以女妻之，不可教训，浮之会稽东，有海中得地三百里封之。生男为狗，女为美人，是为犬封氏。玄中之书，崇文总目不知撰人名氏，然书传所引皆云郭氏《玄中记》，而《山海经》注狗封氏，事与记所言一同，知为景纯。）曰：然则卢溪之祠君，武山之像，何彰邪？曰：见石西俯，则以为为

第五章 星宿原型的湮没：盘瓠形象的他者误读与曲解

惠远点头；见石东偻，则以为为秦皇赴海。木石之象物，厥类多矣，偶然唤作木居士，岂特一盘瓠而已邪？不然，犬戎国之神哉？经亦有云，犬戎国有犬戎神，人面而兽身，非蛮人之祖也。（《钦定四库全书·史部·四路史》）

在这里，罗泌独具慧眼地发现，"白犬"实为人名，且为黄帝玄孙，而经范文澜考证，"白犬"实为北方"狄人"的始祖，而非南方蛮人的始祖。[①]同样生活于南宋的章如愚在其主辑的《群书考索（前集）》卷十四《正史门（东汉类）·传》中写道：

怪力乱神，宣尼不语，吞燕卵而生商，启龙漦而周灭，厉坏门以祸晋，鬼谋社而亡曹，江使反璧于秦皇，圯桥受书于汉相。此则事关军国，理涉兴亡，有而书之，以彰灵验，可也。而王隐、何法盛之徒，撰晋史乃专访州间，细事、委巷、琐言聚而编之，自为鬼神传录，言之不经。范晔博采众书，裁成汉典，至于方术篇及诸蛮夷传，乃录王乔、左慈、廪君、盘瓠言，唯迂诞，事多诡，越惜哉。（日本东方文化学院东京研究所藏本·No.169）

南宋程大昌在《禹贡论·禹贡论下·汉（正诞）》中同样对范晔等人的记述提出了质疑，其文认为：

……若《禹本纪》《山海经》放哉，杜佑于是疑此等。皆孔子删诗、定书以后，尚奇者为之，其诡诞与《纬书》《越绝》者同科。故如范晔所采廪君、盘瓠等事皆不足据。臣深以三子之言为不诡圣人也，夫诞妄之说，不当杂之史传，而用以证经。可乎？（《钦定四库全书·经部·禹民论》）

宋末元初的俞琰在《席上腐谈》卷上指出，盘瓠神话是十分"怪诞可笑"的，他讲道：

东汉，西南夷有国，乃黄帝时盘瓠之种，盘瓠之说甚怪而可笑。盖理之所必无也，理之所必无，惟可与烛理之明者道，庸人孺子不必与之辩也。大抵语怪者多托以黄帝时，事昧者以为信，然识者之所不取也。（《钦定四库全书·子部十四·席

---

① 范文澜：《中国通史》，北京：人民出版社，1978年，第14页。

上腐谈》）

明方以智所撰《通雅》卷十四《地舆（方域）》中则言：

盘瓠五溪蛮也。本于白犬，故附会高辛嫁女之说。

尽管这里只有一句话，但同样显现出文人方以智对以盘瓠为"犬"的否定。进入清朝以来，有这种质疑声的学者依然存在。如清代学者汪琬就在其《尧峰文钞》卷三十《拟明史列传自序》中分析到：

世之言史者，莫不竞以史迁、班固、范晔三史为宗。顾犹不免后儒之评议。议史记者，则谓项羽不当本纪也，陈涉不当世家也，龟策不当列传也，五帝世次不当颠错也，六经传记不当割裂也。称孔子者，不当但言识会稽之骨，辨坟羊之怪道，楛矢之异也。议班固者，则谓五行志不当芜累也，古今人表不当乖名而乱体也，孺子婴不当书于王莽传也，西楚所封十八王不当载于异姓侯王表也，迁雄传不当取其自序也，严延年传不当以子贡、冉有比也。议范晔者，则谓董宣之守正不当概之酷吏也。蔡琰之失节不当槩之列女也，王乔、左慈之妄诞不当入方术传也，廪君、盘瓠之俚诡不经不当入蛮夷传也，圣公之结客报仇不当诬其懦弱也，计子勋即蓟子训不当一人两传也，论后不当复赘以赞也。然则镌诬刺谬虽三史且不免焉甚者。曰史之失自迁、固，始信如此。则迁、固尚不足法乎此，盖后儒以文章相轧之病也，非公言也。又况才、学、识三者俱不逮古人而忝列著述之林，如琬之区区其能免于评议已乎。琬又衰老且病，蹉跎一出几丧廉耻，计入史馆才六十日，杜门请告者殆逾一年，始得放归故所。撰止于如此，然而舛错迭见缺略时有，欲无得罪于古人，盖其难矣。既已录上史馆及归，而犹不能不藏弃此稿者，非敢望名山，其人如史迁所说也。孤位苟禄迁延岁月，亦聊以志愧云尔。（《四部丛刊·集部·尧峰文钞四十卷诗十卷》七）

在这段论述中，汪琬不仅对司马迁、班固所写《史记》《汉书》相关内容提出了批评意见，更认为范晔不应将涉及蔡琰、王乔、左慈，以及方术、廪君、盘瓠等内容写入《蛮夷传》中，其实，这是汪琬对上述内容可信性的怀疑，是对民间流传之神话传说不应被当作"信史"看待的朴素历史观。除此之外，在明清时代的地方史志中，同样存在这类记述。如时任翰林院编修的清代学者夏力恕和宜都县知县柯煜纂修的《湖广通志》中不仅对南宋罗泌的见解加以引述，而且充分体现了他们对这一见解的赞同。其文写道：

> 罗泌《路史·论盘瓠之妄》曰：予稽夏后氏之书，《伯益经》云：卞明生白犬，是为蛮人之祖。卞明，黄帝氏之曾孙也，白犬者乃其子之名，盖若后世之乌彪、犬子、豹奴、虎狍云者，非狗犬也。虽然世之诞妄，厥有形影，其言之不典亦实。自于经也，按经又言，卞明生白犬，白犬有二，自相牝牡，郭氏以为自相配合，盖若今之婆罗门半释迦者。注：乌有曰鹁鹕、曰鹈鹕者，一身之间自为牝牡，半释迦者其种有五，有具男女二体者，有半月为女者，皆偏气所孕。应劭之说原衍于此，是殆以白犬为虇尔，至郭璞、张华、干宝、范蔚宗、李延寿、梁载言、乐史等各自著书，枝叶其说，人以喜听而事遂实矣。杜君卿固疑其诞，谓黄金古以斤计，至秦始曰镒。一也，三代分土，汉始分人，古安有万家之封；二也，将军周末之官；三也，吴姓宜周始有；四也，佑之难亦当矣。按《元中记》：盘瓠浮之东南海中，是为犬封氏，盖因本《风俗通》，然亦不谓蛮人之祖。犬木石之象，物厥类多矣，偶然唤作木居士，岂特一盘瓠而已耶？不然，犬戎国之神哉？经亦有云，犬戎国有犬戎神，人面而兽身，非蛮人之祖也。①

科举是历代封建王朝通过考试选拔官吏的一种制度。由于采用分科取士的办法，所以叫作科举。科举制从隋朝大业元年（605）开始实行，到清光绪三十一年（1905）举行最后一科进士考试为止，经历了一千三百多年。然而，对于广大畲族民众来说，参加科举却是一件十分艰难的事，它不仅有来自畲族先民的内部因素，更有来自广大汉民的无理阻挠。而切实涉及盘瓠的且为史籍记载的典型案例之一则是闽东（福鼎）畲族学子钟良弼为部分汉族童生所侮辱，导致无法参加考试。② 后来，钟良弼在乡亲父老的帮助下，到福州府院告状，最终打赢了这场官司，并以真才实学一举考中秀才，成为福宁府畲民考生中第一个考取秀才的人。对于这一事件，道光本《重纂福建通志》予以详细分辩和解释：

---

① 〔清〕夏力恕、柯煜纂修：《湖广通志》（卷一百十八《杂纪志》），雍正十一年（1733），刻本。
② 其余重要案例可参见孟令法《畲民科举中的"盘瓠"影响——以清乾道时期（1775—1847）浙闽官私文献为考察核心》，《贵州民族大学学报（哲学社会科学版）》2017年第3期，第168—184页。

福鼎童生钟良弼呈控，县书串通生监诬指畲民不准与试，（李）殿图饬司道严讯，详复张示士林其略，曰：读书所以明理，而必明理，然后可以读书。以女妻犬，理所必无事，或有之，谁则实见其事，且审其姓氏，于洪荒之世而为之，记载乎今。以妻盘瓠者为高辛氏女，是则放勋、稷、契、才子八元之姊妹，而英皇之姑母矣，有是理乎？始作俑者起于《元（疑为"玄"）中记》，承其讹者，则闵学瞿之，粤述陆次云之，峒溪纤志，其滇、黔、闽、蜀之志，苗夷者无不援引之，以自夸博洽。何盘瓠之后嗣蕃衍半天下乎？至以蓬首赤足指为异类，山居野处不相往来，更为不通之论。上古之世，穴居野处，饮血茹毛，所谓衣冠文物原经数千百年以渐而开，非遂古以来即黄帝之冠裳、周公之礼乐也。至闽、粤、川、滇等处苗、瑶、畲民随地易称皆不识，即所谓无怀氏、葛天氏，上古之民惟古多而今少，故觉其可异耳。方今我国家天山南北，扩地二万余里，其南路为回疆，北路为准噶尔，地即与畲民无异。今北路之巴里坤改为镇西府，乌鲁木齐为迪化州，业经兴学设教，诞敷文德，是未入版图者，无不收入版。尔等将版图之内曾经轮粮纳税并有入学年份确据者，以为不入版图，阻其向上之路，则又不知是何肺腑也。娼优隶卒三世，不可旧业，例尚准其应试，何独于畲民有意排击之甚，至集卦尚书者，于污蔑古帝之外，又增侮圣言之罪。嗣后读书须知补天缩地、奔月摘星、化石射潮、移山逐日，非夸词即空语；须知秦市之桐轮、晋朝之易马、唐宫之点筹，皆在可信不可信之间；须知《长恨歌》《会真记》《控鹤监秘记》，作是书者皆圣贤之罪人，然后可读圣人之书。本部院为世道人心、风俗起见，不惮与尔等侃缕言之。①

在李殿图看来，汉族对畲族民众的误解主要来源于《元中记》的盘瓠神话。他在这一"告示"中严厉批评了汉族童生对畲族考生的歧视，并通过分析上古神话，比较南方各省少数民族生活状况，进而将之上升到"国家"的层面进行论述，以此表明"盘瓠神话"的虚妄，从而以此告诫学子们要明真假、读圣贤之书。所以，这则告示不仅为闽地畲族民众争取了科举权利，同时也为畲族民众进行了正名。除此之外，青田县令吴楚椿在其所作《畲民考》中亦认为盘瓠神话乃"荒诞不经之说"，

---

① 李殿图，字石渠，直隶高阳人，乾隆丙戌年进士，（乾隆）六十年由甘肃巩秦阶道擢福建按察使，嘉庆三年升福建布政使，（嘉庆）六年迁皖（巡）抚，（嘉庆）七年调（巡）抚闽。殿图嫉恶，维严治，尚操切。安溪李某以举人大挑一等知县，素行不轨，控案累累，殿图廉得其情，绳之以法。〔清〕陈寿祺总纂：《重纂福建通志》（卷百四十《国朝宦绩·巡抚》），道光九年（1829）重纂，同治戊辰年（1868）刻本（正谊书院藏版）。

第五章 星宿原型的湮没：盘瓠形象的他者误读与曲解

其文写道：

> 查字典只有畲字，音余，亦音奢，新田曰畲。土人不以美名，予之因其自番而入遂捏造一畲字……今夫习俗之弊，莫甚于党同伐异，范蔚宗著西羌传谓越巂为牦牛种、广汉为白马种、武都为参狼种与南蛮为犬种之说，同出一辙。如果皆为兽类，则是越巂、广汉、武都、武陵既不得立学，而安南不得封王也，岂非谬戾之甚者哉。我国家中外遐迩，一视同仁，导民为善，堕民乐户，皆准畋业。獞猺荒缴，增设苗学，况畲民本属海琼澶良，奉官迁浙，力农务本已逾百年，合处属计之，奚营千户而一任。土民谬引荒诞不经之说，斥为异类，阻其上进之，偕是草野之横议也。乾隆四十一年秋，署府宪梁命余查办，余已备详在案，又据处属各县均查明，实系农民，亦在案，因试期太迫，未暇详请，谨为著。其夫大略如此。①

于此，吴楚椿从文字学的角度认为"畲"字是土民捏造的，同时还从历朝历代对少数民族的封赐以及办学情况说明了这些所谓的"蛮夷"并非异类。更重要的是，吴楚椿以畲族民众奉官命迁徙来浙并从事农业生产为史实，再次点明了土著汉民之说的荒谬。丽水教谕屠本仁在《说畲》一文中同样认为：

> 予谓盘瓠事荒远不足稽，而畲客之为农民无可疑者。②

总之，从唐至清，反对将"畲族"视为"异类"的声音不绝于史载，而在现当代学术研究中，这种反对意见依然存在。如王虞辅在《平阳畲民调查》中讲道：浙江督学雷铉于乾隆十二年（1747）所写"《盘瓠王铭志》""类属荒诞，不足置信，惟其中关于盘瓠封于潮州一节，似可证明该族发源于广东"③。何子星在《畲民问题》中对杜佑、罗泌等古代学者的论述充分肯定，他说：

> 范晔此传所述高辛时代盘瓠的历史，绝不能认为真确的史实。黄金，古以斤

---

① 〔清〕吴楚椿：《畲民考》，〔清〕潘绍诒主修、周荣椿主纂：《处州府志》（卷二十九《艺文志中（文编三）》四十四），光绪三年（1877），刻本。
② 〔清〕屠本仁：《说畲》，〔清〕潘绍诒主修、周荣椿主纂：《处州府志》（卷二十九《艺文志中（文编三）》四十四），光绪三年（1877），刻本。
③ 王虞辅：《平阳畲民调查》，浙江省第三特区行政督察专员公署编印，民国二十三年（1934），第2—3页。

计,至秦才称镒(二十两为镒)。三代以前分土;而万家之封始见于汉。又将军,周末之官。其吴姓,亦自周命氏。凡此均为高辛时代所未有,其失于史实,很为明显。昔杜君卿罗泌辩之甚当。当吾人既确定南蛮传非史实。①

尽管在古代学者的意识中尚未出现"图腾"概念,但这些学者的理解是睿智的,他们看到了神话并非信史的一面,并且在批判中给予误解以纠正,从而在一定程度上否定了借助源于西方的"图腾理论"所定位的"犬"原型。不过,在古代科举制度的束缚下,士人学子不得不遵循历史的记载,尤其是"范史",而地方史志或文人笔记的记述,也很难进入普通学人的视野,所以对包括畲族在内的盘瓠氏集团的"犬"认识不断深化,令他者难以自拔。纵然民国时期的学术研究渐趋科学化,但内忧外患的影响也很难让更多的学者深入畲族村落进行实地调查。人们所关注的主要是中华民族的生死存亡,因此这样的论述再精彩,也很难得到推广。不过,在21世纪的学术研究中,如果我们再不关注这些历史记载,一味地将不同民族的图腾个性泯灭,不但破坏了学术研究力以追求的科学性和严谨性,更是对民族文化的"一知半解",也反映了部分学者不求甚解只知一味猎奇的科研心理。

三、现代学者研究视野的局限

尽管对盘瓠形象存在两种截然相反的认识,但现代学者对盘瓠"犬形象"依然情有独钟。

中国人做学问十分注重引经据典,尤其是面对具有历史性的问题时,更是不厌其烦地进行训诂,这种研究既是我国学术研究的长处,又是我国学术研究的短板,之所以这么说,其原因主要在于训诂可以让我们尽可能全面认识从古至今的人们对同一个问题的不同理解,并最终形成自己理解的倾向,但光是训诂而没有实地考察,很可能让学者误入前人的"圈套",走上更加错误的路线。如今的中国学术依然存在这样的问题,通过对盘瓠神话研究文本的梳理,我们很容易就能看到学者们不厌其烦地引述《风俗通义》《搜神记》《后汉书》以及地方史志等,又因持反对意见的史料相对较少,所以并未得到现代学者的正视。

尽管我们不能完全否认史志中对畲族先民记述的全部内容,尤其是对畲族先民日常生活、穿着打扮及信仰行为的记述,因为这些都可在日常交流中观察到,但对

---

① 何子星:《畲民问题》,《东方杂志》1933年第30卷第13号,第58页。

源自远古时代的盘瓠神话,史志的记述大多存在"传说""传言""据说"或"据传"等字样,俨然是对前人记述的抄袭,故而难以令人信服。另外,畲族民众自身也有对盘瓠神话的讲述或描画,但在这类记述中依然存在汉文化的影子。正如郭志超教授所说:

> 粤东、闽西南畲族祖图出现的所谓的"狗王",并不是盘瓠的原形,而是汉族话语影响下的"龙犬"形象的异化。朱洪、李筱文编辑的《广东畲族古籍资料汇编——图腾文化及其他》一书中,潮州市湘桥区意溪镇雷厝山村雷氏《祖图》,前面六幅图的文字说明盘瓠还是龙犬,此后就写作"狗王"。广东丰顺县谭山镇凤坪村蓝氏《盘瓠王开山公据图》云:"楚平王奉天承运王敕,大隋五年五月十五日,给会稽山七贤洞抚徭券牒,付盘鲍(瓠)子孙……高辛皇帝宫中,刘家老妇耳患一疾,医者取出一物。物中有蚕茧,以瓠取一载将盘覆定,须臾化为一犬,狗头,身一二十四斑点花色,因名盘鲍(瓠)。"这件开山公据与赣东北铅山县太源、贵溪县樟坪畲族社区发现的《重建盘瓠祠铁书》中的《勒赐开山公据》内容基本相同,但年代明显较晚。赣东北《重建盘瓠祠铁书》中的《勒赐开山公据》与瑶族《评皇券牒》(或写作《平皇券牒》)中的盘瓠皆为"龙犬",而广东丰顺县蓝氏《盘瓠王开山公据图》的盘瓠写作"犬"。后者正是盘瓠原形的汉化。造成这种汉化的原因肇起于《风俗通义》的民族歧视或文化误解的大汉族观念,通过汉族士人为畲族书写或绘画而悄然混入畲族文化的结果。①

这种说法在宋刘克庄的《漳州谕畲》中早有论及,他说"余读诸畲款状,有自称盘护孙者,彼畲曷读范史,知其鼻祖之为盘护者,殆受教于华人耳"。而清光绪二十四年(1898)刑部主事钟大焜回福建帮家乡族人纂修《福宁钟氏宗谱》时,知县吴徵鳌为此而写的《谱序》中则有:"独取于四千年以前盘瓠之辱以为荣,非由于山民无知不识字不读书,何以至此哉?"②笔者于上文曾说,在封建社会,受统治阶级和汉族学士的压迫,畲族民众受教育的普及程度十分有限。因此,大部分畲族民众属于"文盲"群体,而这一论述恰恰点明了畲族民众被迫接受盘瓠"犬"形象的外部原因——教育匮乏。

---

① 郭志超:《畲族文化述论》,北京:中国社会科学出版社,2009年,第22—23页。
② 福安小岭村《钟氏宗谱》,清光绪二十七年(1901)修,复印件藏福建省民族研究所。

另外，现代学者之所以青睐于盘瓠的"犬"形象，还在于西学东渐的"图腾"概念。正是由于畲族神话以及祖图长联中的盘瓠形象符合通过"图腾理论"进行研究的方式，学者们在对盘瓠形象进行研究时走上了一条固定路线。按照畲族民众对盘瓠生平的记述，我们不难发现盘瓠形象的形成经历了六个阶段，即"星宿—茧卵—龙麒（龙犬）—龙—兽首人身—人"。不过，在如今的研究中，学者们似乎仅注重于第三和第五个阶段从而认为畲族图腾就是"犬"。然而，这仅是盘瓠形象发展的一个阶段罢了，正如蝌蚪变成青蛙，但它们的不同之处在于，盘瓠形象的发展无法循环。盘瓠形象发展的六个阶段缺一不可，因此我们对畲族图腾信仰的研究，不能忽略任何一个环节。可现实却是将前两个阶段完全忽略，所以现在所说的盘瓠原型为"犬"或"水獭"能否站得住脚呢？回答是否定的。何谓原型，即原初形态或本来形状，那么犬形动物能作为盘瓠形象的原初形态吗？显然不能。因为在此之前尚有两个重要的幻化阶段，而其第一个阶段就是"星宿"，并且众多宗谱中的神话和祖图长联的描绘，均记述了该"星宿"为"娄金狗"。也许正是这一名称，恰与历史记载不谋而合，从而体现了畲族民众不忘民族原始信仰的历史记忆和民族特点。因此，在后世的传言中，汉民们将之杂糅，并在选择性遗忘中，将之移至对南方少数民族（尤指畲、瑶、苗等"盘瓠集团"成员）的歧视，以彰显大汉族的优越性。

正如何子星所说："现就口传、笔传、画传散点作个综合的检讨，可以断定畲民的由来只有深化上的根据，实在找不出一点史实来打破他传说上的谬妄。"① 所以，我们现在的研究理当更加细致，不能从中截断，且仅注重定型后的盘瓠形象，而将之的源头和演变的脉络抛弃，更不能唯史料马首是瞻，否则学者们就将陷入无法自拔的"图腾旋涡"，成为简单的历史探讨，而非反映现实生活的民俗研究。通过上文之述，我们可以肯定地说，汉族对盘瓠"犬"形象的传统认识实为一种虚妄。

第四节　图腾"星宿说"为盘瓠原型正名

进入 21 世纪，尤其是 2000～2005 年，学术界对畲族图腾的研究可谓形成了一个小高潮，以福建省炎黄文化研究会主编的《畲族文化研究》为例，在其所收录的

---

① 何子星：《畲民问题》，《东方杂志》1933 年第 30 卷第 13 号，第 59 页。

第五章　星宿原型的湮没：盘瓠形象的他者误读与曲解

61篇论文中以"盘瓠形象""盘瓠传说""盘瓠神话"以及"畲民图腾文化"等入题的文章就有六篇，另外还有三四篇以专节方式论述了畲族的图腾文化。这些文章并不同于以往独立论述盘瓠图腾的作品，而是在尊重畲族情感的同时，结合当下的理论创新做出的新解释。如杨正军就在《从盘瓠形象变化看畲族文化变迁》一文的结尾处写道："随着时代的发展，改革的深入，畲族与汉族和其他少数民族的交流互动会不断得到加强。在党的民族政策的指引下，畲族人民将会以更博大的胸怀，在保持本民族传统的基础上广泛汲取其他民族文化的优秀成果，积极推进畲族文化的发展。可以想见的是，在未来的发展过程中，集中体现畲民族文化特色的盘瓠传说将会以更加五彩缤纷的形式呈现在我们面前。"① 赵海瑛在《论盘瓠神话与畲族族群认同的中间环节》一文中则表示："神话中的人物和事件可以成为族群认同的原型，神话表达的观念也能成为族群认同的心理标志，但是，神话和族群认同之间不是简单的线性因果关系，而是通过许多的中间环节来实现，其中又主要体现为各种艺术延伸和仪式实践。……盘瓠神话与畲族族群认同之间是一个复杂的过程，探讨认同的中间环节也只是其中的一个角度，拓展这个角度，无疑将有助于我们的研究。"② 总之，这一时期对畲族图腾的探讨已加入诸多新元素，学者们所注重的研究方向已不再局限于盘瓠的形象问题，而是转向于它在文化变迁中的动态作用。

然而，我们也必须注意到，这种转变并非仅仅源自现代学术在民生关注中的普遍应用，更在于民族精英对文化自觉的推动，也许由于编撰出版的时间问题，在《畲族文化研究》出版之前的2004年，在景宁畲族自治县举办了一场主题为"传承与弘扬——'2004畲族文化研究"学术研讨会，参与本次研讨会的，虽然也有来自全国各地的汉族及其他少数民族的学者，但基本以畲族学者为主。在这次会议上，来自闽粤赣浙皖等地的畲族同胞以"自我观察"的方式畅谈了民族文化的未来发展以及历史问题，而其中的几篇论文则不得不引起我们谨慎对待。来自景宁县民族宗教事务局的雷先根（1947~　）分别在《铲除盘瓠文化是畲族民众觉醒的必然结果》与《寻找畲族的真正始祖》两篇文章中（在《畲族文化研究》中亦有其一篇名为《畲

---

① 杨正军：《从盘瓠形象变化看畲族文化变迁》，福建省炎黄文化研究会主编《畲族文化研究》，北京：民族出版社，2007年，第246页。

② 赵海瑛：《论盘瓠神话与畲族族群认同的中间环节》，载福建省炎黄文化研究会主编《畲族文化研究》，北京：民族出版社，2007年，第300—301页。

族源于山越》①的文章）竭力否定畲族盘瓠文化的存在，并指出："畲族盘瓠图腾信仰是封建统治阶级灌输范史的结果，是封建社会民族歧视的产物。畲族接受了汉文化的姓氏法是好事，但被糅进盘瓠框架，就矛盾了。畲族的盘瓠图腾虽然糅进了伏羲故事的情节，把盘瓠等同于伏羲却无道理，起码的逻辑推理都不符合。有人还说盘瓠就是盘古，故事情节完全不同，如果等于，则盘古也是高辛之犬了。甲就是甲，乙就是乙，不能说甲和乙有眼睛鼻子，就是一个人。把伏羲、盘瓠、盘古都混淆起来，无非是骗骗那些不懂具体内容的人，叫你再懵懵懂懂地继续接受盘瓠而不醒。"②而他以《中华人民共和国宪法》以及《政务院关于处理带有歧视或侮辱少数民族性质的称谓、地名、碑碣、匾联的指示》（1951年5月颁布）和《浙江省少数民族权益保障条例》（2002年12月颁布）等法律条文作为依据，将本属于学术问题的"盘瓠"研究，上升到政治层面，并在文末援引毛主席之语来强调铲除盘瓠文化对民族团结、国家统一的重要作用，从而在不同场合中一再强调要以法律的形式限制学术交流的范畴。

作为新中国第一位畲族大学生（1978年考入中央民族学院，1982年毕业，哲学学士），雷先根保有一颗纯正的民族之心，他对畲族文化的发展做出了杰出的贡献，正如浙江师范大学王逍教授所说："景宁畲族自治县的建立，雷先根先生在其中起到了很大的作用！"③而"6·18"事件的当事人温州大学邱国珍教授则不止一次地说道："我十分佩服雷先根先生的民族情怀，他是畲族社会的文化精英！"④由此可见，雷先根在畲族现代社会中的强大影响力，而他自己也曾说"铲除盘瓠文化是

---

① 此文实际上早在1998年就发表在《丽水师专学报》上，可谓畲族族源闽越后裔说的最早代表之一。参见雷先根《畲族源于山越》，《丽水师专学报》1998年第1期，第40—43页；或雷先根：《畲族源于山越》，载福建省炎黄文化研究会主编《畲族文化研究》，北京：民族出版社，2007年，第32—44页。
② 雷先根：《铲除盘瓠文化是畲族民众觉醒的必然结果》，载景宁畲族自治县民族宗教事务局编《传承与弘扬——'2004畲族文化研究》，内部资料，2004年，第43—44页。
③ 被调查者：王逍（1967— ），女，人类学博士，浙江师范大学国际学院教授；调查时间：2012年11月17日；调查地点：丽水学院图书馆畲族文化研究所；调查者：孟令法（1988— ），男，温州大学2010级民俗学硕士研究生。
④ 被调查者：邱国珍（1954— ），女，本科，温州大学人文学院教授；调查时间：2012年11月17日；调查地点：丽水学院图书馆畲族文化研究所；调查者：孟令法（1988— ），男，温州大学2010级民俗学硕士研究生。

第五章 星宿原型的湮没：盘瓠形象的他者误读与曲解

我一生奋斗的目标，是我一生的梦想"①。所以，读他的文章不仅能够让我们感受到他顽强的民族精神，更让诸学者不得不谨小慎微地从事畲族图腾与民族起源神话的研究。

尽管在当代畲族学者中以此为论的仅是少数地方精英，但正是他们不同于传统（或既往）的"自我"认识论引起了学界对畲族图腾文化，乃至族源问题的重新探讨。这些论述虽然有时并不严谨，更有甚者带有明显的民族主义情绪，但作为畲族中的一员，他们对民族历史的溯源却是民族文化自觉得以彰显的有力证明。我们总是在说，学术需要科学精神，以追求真理为归宿，然而当谬误传说一千遍就成了真理的例子也不在少数。更何况随着科技文化水平的进步，曾经的真理也有成为谬误而被抛弃的时候，因此真理并非一蹴而就，也并非被大多数人认同的观点或方法就可世代传承永不变化。毕竟有俗语说："真理总是掌握在少数人手中。"传统是世代积累的生活经验，它顺应不同时代的变化而变化；传统是人类的创造，它会随着人类需求的改变而改变。如果死握不合时宜的传统不放，那么我们的社会将永远停滞不前。不过，不可否认的是，来自传统社会的文化遗留一度成为强势民族欺压、污蔑、嘲弄、侮辱弱势民族的重要筹码，但这种现象并非在传统社会中没有得到否定性解释。正如上文所述，历朝历代皆有学者对盘瓠神话、畲族族源提出质疑，并为畲族民众争取区域政治、经济及文化等多方面的平等生活权。也许正是出于统治阶级对社会治理的需要，默许周边汉族使用歧视性称谓并将这种错误认知代际传承千年，从而促使畲族民众（尤指民族精英）不得不做出适应强势群体的族源杜撰和信俗改变，进而以此争取平等的社会生存权。正如吕锡生在《畲族迁移考略》一文中所说，畲族一次次迁移的实质，"是一个弱小的民族，在一个强大的封建民族的迫使下，一种逃避封建化的行动，是落后的原始生产力，一时无法适应封建生产关系而产生的自发性抗拒"②。

我们不止一次地说，真正意义上的畲族研究起源于清末学者浮云先生（魏兰），自他写出《畲客风俗》至今已历经百余年。也许是限于时代原因，中华人民共和国

---

① 被调查者：雷先根（1947— ），男，大学本科，原景宁畲族自治县民族宗教事务局科员；调查时间：2012年11月17日；调查地点：丽水学院图书馆9楼会议室；调查者：孟令法（1988— ），男、谭振华（1988— ），男、李凤琴（1985— ），女，时均为温州大学民俗学硕士研究生。

② 吕锡生：《畲族迁移考略》，《浙江师范学院学报》1981年第2期，转引自邱国珍《浙江畲族史》，杭州：杭州出版社，2010年，第67页。

成立之前的学者不论在调查范畴，还是在典籍史料的掌握上都很不够，从而导致他们的论述基点依然以传统认识为主，即便极个别学者试图予以改变，但又因国家危亡、民族命运而不得不暂时搁浅。然而，中华人民共和国成立后，并于20世纪50年代开始，在党和政府的大力支持与主持下，长达数十年的民族识别调查和少数民族社会历史调查不仅为我国56个民族的族称定名打下坚实基础，更为少数民族历史文化的研究提供了丰富的一手资料，从而形成了重新认识各少数民族历史文化现状的第一个重要时期。改革开放进程的逐步深入，以及西方学术理论的评介和跨学科研究在学术界的广泛运用，使我国民族文化的研究进入了第二个繁荣期，更在民族历史文献与民间文献的搜集整理中再次形成认识少数民族文化的又一个全新时期。2007年3月以来，在《国务院"十一五"文化发展纲要》的指导下，《中国少数民族古籍总目提要·畲族卷》材料征集活动得以在全国畲族聚居区顺利开展，且有近千名畲族文化工作者投身其中，并从畲族民间搜集到的各类图文资料原件、复印件数万种。时至今日，在《中国少数民族古籍总目提要·畲族卷》的基础上已出版《丽水畲族古籍总目提要》[①]和《浙江畲族民间文献资料总目提要》[②]两部区域性工具书，而早在2009年福建就已出版十二卷本《闽东畲族文化全书》[③]，同时还有《福建省少数民族古籍丛书·畲族卷——家族谱牒》（上[④]、下[⑤]）等，而地方性畲族民间歌谣集成、民间故事集成也在陆续出版中。正是这一工作的开展为我们提供了重新认识、全面研究、深度分析畲族历史文化及现状的契机。除此之外，作为我国历史上规模最大的"丛书"——《四库全书》，其早在乾隆时期就已完成，但由于长时间为皇家所藏而并未在民间流传，直到中华人民共和国成立后才逐渐对外流通。1999年《文渊阁四库全书》电子版得以由上海人民出版社出版，而1997年即已开启的《中国基本古籍库》电子版由北京爱如生数字化技术研究中心和黄山书社联合出版发行（并在持续更新中），为我们查阅古籍中的"盘瓠"记载，并了解古人如何认

---

① 吕立汉主编：《丽水畲族古籍总目提要》，北京：民族出版社，2011年。
② 吕立汉主编、《浙江畲族民间文献资料总目提要》，北京：民族出版社，2012年。
③ 钟雷兴主编：《闽东畲族文化全书（十二卷）》，北京：民族出版社，2009年。
④ 福建省少数民族古籍丛书编委会编：《福建省少数民族古籍丛书·畲族卷——家族谱牒》（上），福州：海风出版社，2010年。
⑤ 福建省少数民族古籍丛书编委会编：《福建省少数民族古籍丛书·畲族卷——家族谱牒》（下），福州：海风出版社，2011年。

识和对待"盘瓠"提供了十分便利的条件。笔者的这项研究成果正是在这些工具与资料,以及躬身田野的基础上形成。

就笔者所能查阅到的历史文献与现代论著而言,依然有必要对本章第三节之三"现代学者研究视野的局限"的论述加以补充。在现有研究中,我们很少发现有人从怀疑或否定盘瓠神话真实性的历史记述中入手以探查盘瓠图腾的原型,但这种研究却为多数畲族学者所看到,如雷先根就在《铲除盘瓠文化是畲族民众觉醒的必然结果》中引述了宋代学者罗泌的《论盘瓠之妄》,然这种论述并未对盘瓠形象的非"犬"本质加以正名,而仅以此来否定民族记忆深处的信仰对象与民族合力得以彰显的标志。我们早已讲过,图腾随着人类社会的发展,其最大最普遍的功能也已脱离以"血缘论"为核心的"祖先"观,成为一个民族共同体的文化象征。但令笔者难以置信的是,在众多学者的论述中,很少能找到引述质疑(或反对)"盘瓠"之古代学者论述的,更谈不上评析。由此笔者欲问,在科技文化突飞猛进的今天,难道现代学者就没有能力查找到这些古籍中的反对意见或怀疑态度吗?难道这些古人的记述果真不值得大家关注?难道他们的反对或怀疑一定就是没有道理或错误的?正如我们上文所引,难道古人在记述历史、评析历史的过程中没有一个是理性思考的?如今,这种记述几乎被完全抛之脑后,成为一钱不值的"废话",而范晔等的记载果真就是正确的吗?回答是否定的。在笔者看来,正史并不全是真的,野史并不都是假的;典籍记录的并不都是存在的,未被写入典籍的民间口述并不都是不存在的。因此,现代学者应当从头审视历史认识的两种倾向,以最客观的论述方式还原历史的原貌。总之,作为一种新的理论观点,"星宿说"旨在厘清盘瓠原型的本质形象,从而为畲族图腾信仰与祖先崇拜正名。

首先,"星宿说"是打破畲族图腾研究僵局的试金石。笔者上文已经提到,部分畲族学者通过文论形式在20世纪末就已逐步掀起再论盘瓠形象的"运动",并在2006年6月18日后达到顶峰,从而为畲族图腾文化的探讨暂时画上了一个"动态休止符"。在接下来的七年中,我们很少见到学者有关盘瓠图腾的论述,甚至连畲族民间信仰的研究同样受到牵连(详见"结语")。这种文化研究的"禁区"直到现在依然存在。究其原因,并不在于畲族有识之士的蓄意阻挠,而在于畲汉对待图腾信仰与祖先崇拜的本质区别,以及现代学者不明就里地引经据典和唯西方理论马首是瞻的不良学风。图腾理论的兴起在很大程度上来自西方殖民思想的延续，它以居高临下的姿态看待非欧洲文明的一切，并以此高呼欧洲人种的优越。尽管部分西方学者还是能以较为公正的世界性眼光看待自身以外的文化因子，但他们的研究并非尽善尽美，尤其是对中国图腾制度的论述多以汉族龙文化入题，却很少涉及中国少数民族。文化存在差异性与特殊性的事实指出，并非仅以现有的个别普遍理论就能对某一族群的某一特殊文化现象加以解读。因此"具体问题具体分析"才是得出合理结论的前提。

其次，"星宿说"为畲族民众正视图腾信仰、祖先崇拜奠定了思维契机。在本文的论述中，笔者虽以图腾为核心，但祖先崇拜与图腾间的密切关系未被完全抛开。不过，图腾信仰与祖先崇拜实属两个完全独立的精神文化体系，将二者联系在一起的桥梁则是人类对自身认识程度的加深与对自然掌控的拓展。随着自然科学的进步，即便个别族群依然保持图腾文化的社会作用，但"血缘亲族观"在他们的现代意识形态中是否还占有核心地位，而"图腾"一词最早来自北美五大湖地区的阿尔哥昆人（Algonquian）的奥吉布瓦（Ojibwas）部族，其是否在300年后的今天依然保持"他的亲族"这一理念，笔者尚未得到可靠的资料加以证明。从畲族图腾信仰和祖先崇拜来看，二者虽在某种程度上有所契合，但现实的信仰状态告诉我们，畲族民众的祖先崇拜已然与图腾信仰分离，并在与周边汉民的互动中建立起与客家、福佬等民系相似的宗族文化。即便学者们认为祖图长联乃是图腾形象的最好阐释，但畲族民众悬挂祖图长联的终极目的并不在于认识族群徽记，而在于了解族群发展史、巩固族群凝聚力。从另一个角度讲，图腾文化并非一成不变，而是在适应民众生活的基础上接受时代的检验。盘瓠图腾"星宿说"的论点依据正是畲族民众对族源神话的讲述，而这一结论的得出，也为畲族起源神话的自我解释与重新认识提供了合理的思维契机。

再次，"星宿说"给汉族及其他民族学者在图腾研究方面以新的思考。正如前文所述，对畲族图腾"犬"认识的论述基本来源于汉族学者，而这种认识已持续千年。时至今日，依然有不少汉族学者以及其他民族的学者还是固执己见，以为这是一个无法超越的现实。然而，郭志超的图腾"水獭说"尽管未能在学界引起太大反响，但这一论点的出现却实实在在为我们重新解读盘瓠图腾提供了力量支持。跨学科研究在当代学术界备受欢迎，学者们在保持本学科特性的基础上通过相关学科理论的合理"嫁接"从而创立新理论与新学科。如在民俗学领域,就有"旅游民俗学""社会民俗学""文物民俗学""影视民俗学""艺术民俗学""历史民俗学""文献民俗学"等,而人类学则更为突出,如"文学人类学""影视人类学""宗教人类学""教育人类学""艺术人类学""政治人类学""体质人类学""经济人类学"等。其实,现代学术研究,已不再局限于人文社会科学间的交叉,还将自然科学理论加以融合,如数学、统计学、物理学、建筑学、生态学、计算机科学等,而"生态民俗学"则是其中的代表之一。图腾"星宿说"的形成不仅以民俗学理论为基础,同时还有人类学、民族学、历史学、文献学、文艺学、心理学上的理论参照,而天文学则是本文所依仗的重点。就传统盘瓠图腾认识观来说,跨学科研究也仅是基于现实存在的表面现象对既存观点的巩固,而这种跨学科研究并未走出人文社会科学的束缚。在此,笔者并非"王婆卖瓜,自卖自夸",而是希望这一不甚成熟的结论能启发学界对盘瓠图腾加以重新审视。

最后,"星宿说"为开发畲族图腾文化提供了理论支撑。就目前的研究现状来说,盘瓠图腾的原型已有"犬"说、水獭说、龙麒或龙犬说三种基本认识观,而笔者通过以上分析得出了第四种图腾原型的可能说法——"星宿说"。作为族群文化的精神核心,盘瓠文化对畲族文化的整体发展具有不可估量的重要作用。如前所述,福建宁德已建成一座宏伟的"中华畲族宫",其内所供奉的主神就是盘瓠(忠勇王)和三公主,而不少畲族学者也在为寻找畲族祖坟(忠勇王墓),并试图重建(修建)传说中的"凤凰山祖祠"而努力奋斗①。浙江景宁也已建成"凤凰古镇"(2019年4月17日正式更名为"畲乡古城")并正紧锣密鼓地建设"千年山哈宫",故这其中无不涉及有关图腾信仰和祖先崇拜的文化因子。如果不能正确认识畲族图腾文化或一味地摒除盘瓠文化,我们将无法真正对畲族文化进行开发与利用。2012年11月15日至18日在浙江丽水学院举办的"2012 中国·丽水 畲族文化国际学术研讨会"上,景宁畲族自治县蓝伶俐县长在其所提交的论文《关于打造畲族文化总部的实践与研究》中明确提出要在景宁建设"畲族文化传承研究中心""畲族文化艺术演艺中心""畲族文化产品展销中心""畲族文化作品创作中心""畲族风情旅游的集

---

① 参见雷必贵《从谱牒记载看浙南畲族与潮州凤凰山的历史联系——兼谈凤凰山畲族"祖坟"与"祖祠"》、雷楠:《潮州凤凰山畲族祖祠祖墓考》,载马健钊主编《畲族文化研究》,北京:民族出版社,2009年,第67—79、114—122页。

散中心""各民族文化的交流中心"^①,而有地方学者亦提议在景宁大均乡建设"盘瓠王城"和"盘瓠古城"等独具民族特色的综合性仿古旅游区。早在2002年,温州市文成县西坑畲族镇就已建起"龙麒源"风景区。由此可见,盘瓠文化对整个畲族文化的发展不仅没有形成任何阻碍,相反还为其民族旅游经济的转型做出了巨大贡献。除此之外,包括畲族三月三、小说歌、祭祀仪式等也已成为非物质文化遗产代表性项目,而这些民俗文化无不存在祖先崇拜与图腾信仰。神话并非历史,但它却是历史的变相记录。因此,正确对待盘瓠神话与民族图腾,是发展民族政治、经济及文化,促进社会和谐与民族团结的必要因素。

总之,图腾"星宿说"所展示的盘瓠原型不仅是对传统认识的怀疑,更是在揭示畲族先民因生存所需而产生的最原始的宗教信仰模式——星神崇拜。尽管随着时间的流逝,这一信仰模式在不同族群的作用下发生了不同程度的变异,但较为统一的畲民记忆却保留了它的痕迹,从而为我们重新回溯畲族的原始信仰、为盘瓠的原型正名提供了坚实而有力的材料支撑。所以,只有将研究回归于民众,才能得到更为合理而真实的结论。

---

① "2012中国·丽水 畲族文化国际学术研讨会"筹委会编:《"2012中国·丽水 畲族文化国际学术研讨会"论文集》,内部资料,2012年,第338—341页。

结 语

施联朱在2005年"全国畲族文化学术研讨会暨丽水学院畲族文化研究所成立大会"上提交了题为《面向21世纪畲族历史文化研究的几个问题》的论文。作为畲族文化研究的领军学者，施联朱先生不仅为畲民族的识别和社会历史调查做出了杰出贡献，同时以敏锐的洞察力为畲族文化的发展奠定了理论基础。施联朱先生尽管年事已高，但其依然关注着畲族人民的生活，关注着畲族文化的发展。施联朱先生认为，"解放后50多年来，畲族历史文化研究虽然作出了一定的成绩，但也存在一些问题，其中有的是学术界一直争论不休的问题，有的是畲族社会发展中出现的新问题，等等。这些问题都亟需进一步深入的研究"。具体说来，主要有以下几个方面：1.开展畲族传统文化与现代化协调发展问题的研究；2.关于畲族族源问题的研究；3.关于畲族语言问题的研究；4.必须重视对畲族经济发展问题的研究；5.有关畲族民族成分识别的几个余留问题；6.关于畲族图腾文化的研究；7.畲族与汉族客家人的关系研究。① 这七个方面的内容可谓当代畲族文化研究主要面对的核心问题。

尽管在我国统一的民族大家庭中，畲族是一个人口数量较少的民族，但它所拥有的历史与所处的地理区位以及独特的民族文化，都吸引着各族学者的目光。就施联朱先生所讲的七大问题来说，它们几乎都能在此后的学者研究中找到现成的研究成果，但就第六点"关于畲族图腾文化的研究"，却显现出停滞不前的状态。2005年以来，知网上能够检索到的畲族图腾（非"凤图腾"）研究也仅限于《畲族图腾崇拜的物质与非物质文化遗产传承初探》（吴东海《浙江省博物馆学会2007年学术研讨会论文集》，2007年）等少数几篇论文（其中还包括以瑶族为中心的研究）。

---

① 施联朱：《面向21世纪畲族历史文化研究的几个问题》，载吕立汉主编《畲族文化研究论丛》，北京：民族出版社，2007年，第1—25页。

而这 7 年来，至少举办全国性畲族文化研讨会 2 次、国际畲族文化研讨会 1 次，但于此出版的"会议论文集"中却看不到有关畲族民间信仰，尤其是民族图腾研究的文章。2007 年 12 月 5 日至 7 日在广东潮州举办的"全国畲族文化学术研讨会"所集结的论文集《畲族文化研究》（北京：民族出版社，2009 年）中共收录 34 篇论文，虽然在谢锦澍、张家庆、雷必贵、雷楠、雷阵鸣等学者提交的论文中涉及有关畲族祖先崇拜的内容，但他们仅从地域文化入手，通过历史溯源的方式阐释民族认同意识的重要性，并未涉及有关民族图腾的崇拜问题。2009 年 10 月 22 日至 24 日在福建宁德举办了"畲族文化与海西建设——2009 年全国畲族文化学术研讨会"，会后出版的《畲族文化新探》（福州：福建人民出版社，2012 年）共收录论文 40 篇，虽然吕立汉和蓝岚提交了有关畲族祖图的论文，但他们仅从艺术学的角度展开描述和分析，并未涉及图腾信仰。曹大明虽以盘瓠神话入题，但也仅是对畲族游耕方式的说明①。2012 年 11 月 15 日至 18 日在浙江丽水举办了"2012 中国·丽水 畲族文化国际学术研讨会"，本次会议共收到参会论文 68 篇，其中仅有邱国珍提交了有关畲族民间信仰的文章，但从其题目《畲族女神信仰初探——以闽浙地区为考察中心》可以看出，其核心内容在于论述畲族的女神信仰，而不在于民族图腾。

作为一种社会现象和历史文化，对畲族（盘瓠）图腾的研究难道已经走完了探索之路？难道它已不再吸引学者的眼球？答案是否定的。然而，这一研究陷入僵局的事实却不是我们所能回避的。正如笔者在第五章第四节讲到的那样，图腾在畲族文化的研究中早已表现出"禁区"征兆，而历史事实也告诉我们，畲族民族之所以要重塑民族图腾，归根结底就在于异文化的冲突，而这也正是前文所述"6·18"事件发生的根本原因。正如施联朱所说：

畲族人民对这种原始社会遗留下来的图腾崇拜，坚持保留，以表示本民族的共同心理素质，借以区别于其他民族，用以巩固本民族内部的感情和团结。有人认为盘瓠传说是对少数民族莫大的侮辱，事实上解放前确有一些人特别是历代统治阶级出于阶级偏见"非我族类，其心必异"的大民族主义思想作祟，曾利用盘瓠传说大肆渲染，作为侮辱、歧视、诬蔑畲、瑶等民族的依据，对此我们必须给予批判。有些畲民不愿

---

① 在这一年，郭志超教授出版了一部全面论述畲族历史文化的专著《畲族文化述论》，他于其中有专章专节论述了盘瓠图腾问题，并提出了盘瓠图腾"水獭说"。郭志超：《畲族文化述论》，北京：中国社会科学出版社，2009 年。

公开承认这些本来属于原始社会遗留下的图腾崇拜,过去他们祭祀始祖盘瓠王的仪式也常是秘密进行的。甚至有人认为盘瓠传说乃汉族统治者强加于他们的,竭尽所能予以全盘否认。有的则认为畲族图腾崇拜应是以凤凰鸟为图腾,畲族保留着许多以凤凰为标志的图腾文化,如在畲族婚姻中出嫁姑娘保留着三公主出嫁时头梳"凤凰髻",戴凤冠,象征"凤凰头",身穿"凤凰装";闽东畲族婚礼中有"凤凰到此""取凤凰蛋"等习俗;宁德地区畲族姑娘自称"凤凰姑娘"等。张崇根在《畲族源流新证》一文中认为,畲族的图腾是"鸟"与"盘瓠"的二合一的综合图腾,不是单一的"盘瓠"图腾。①

历史上的畲汉关系必定影响到今天畲族文化的研究,从而影响到现代畲汉民众间的和谐相处,而由图腾文化带来的历史纠葛与族群差异则是畲汉两族关系的核心体现。尽管笔者通过对图腾、星宿以及原型概念的梳理,并结合族源史、天文历法、民众口述与典籍记录的综合分析,得出了盘瓠"星宿"原型的结论,这也许能在一定程度上给予现代学者重新认识畲族图腾乃至其他民族图腾的契机。然而,这项研究是否成功,或者说,能得到学界以及畲族民众多大程度上的认可,尚是未知数。图腾文化在畲族社会文化的发展中具有不可忽略的重要地位,它不仅对研究族群认同、畲汉关系、民族历史、村落变迁具有不可替代的核心作用,同时在文献典籍、服饰文化、婚丧嫁娶、民间信仰、民间文学、建筑艺术、节日庆典等方面同样都是无法回避的重要元素,但如今对畲族图腾进行研究的低迷现状,却不得不令我们感到遗憾。所以,笔者希望通过这项研究打破数年来有关畲族图腾研究的沉寂局面,让它重新走入学者们的学术视野,并获得更多全新的研究成果,从而为畲族文化事业的蓬勃发展添砖加瓦,作出一份属于文化元素的应有的贡献。

总之,对畲族图腾的探讨,是研究畲族古今历史的基础,是全面开展畲族政治、经济、文化建设的核心动力。我们可以忽略历代典籍的错误记载,也可以通过学术评论批判现代学者的观点,但盘瓠图腾却是我们不得不面对的既存事实。最后,笔者借畲族学者蓝炯熹的经典论述,结束本书的写作,以求专家学者以及畲族民众的指正与批评:

---

① 施联朱:《面向 21 世纪畲族历史文化研究的几个问题》,载吕立汉主编《畲族文化研究论丛》,北京:民族出版社,2007 年,第 21—22 页。

畲族星宿信俗研究——关于盘瓠形象传统认识的原型批评

盘瓠是畲族家族传说中无法避免又相当忌讳的象征符号。

盘瓠身份的特殊性，留给了世人说不完的话题。由于，文化之间的差异、矛盾与冲突，人们对盘瓠传说有着迥然不同的理解、曲解和误解。

盘瓠传说的问题，不仅是畲族家族内部所要辨识的问题，也是所有想了解畲族的人们无法规避的问题，对于盘瓠传说的认知，是一种思维，也是一种心态。在学术界，习见的观点认为盘瓠信仰是畲族、瑶族、苗族等先民的图腾信仰……以现存的畲民家族资料为佐证，盘瓠传说作为图腾信仰的解说，是可信的。盘瓠的原生态应该是动物，是畲族先民行猎中可以作为保护神或者助手的动物。盘瓠传说是远古传说，是神话，是原始民族艺术地掌握世界的一种方式。绝不可能是一个人一时的凭空捏造，而只能是一定的社会历史的进程之中的精神产品，该产品的生产者是特定时空中的特定人群，生产的过程是特定环境中的人们以口耳相传的方式的集体创造，是不容轻易更改的家族记忆。虽然，不同的时空，不同的人群所流传的盘瓠故事有所差异，但是，传说的基本内核是确定的，在一个特定的时空里，是不以人们的意志为转移的。神话传说虽然不同于历史，但领先于历史。在缺乏信史时代里，混沌世界，神人共舞，真与幻共存，实境与梦境同在，神话与宗教一样，在相当长的时间内，支配着人们的过去、现在与未来。

盘瓠传说与畲族民族的发展史有着千丝万缕的联系，家族的镇族之宝——畲族祖图、祖杖与史诗《高皇歌》都与盘瓠传说息息相关，几乎畲族重要的家族行动多有盘瓠信仰的痕迹。在畲族传统文化中，盘瓠传说是抹煞不了的。

盘瓠传说，虽然带有比较浓厚的神话色彩，但在畲族人民中广泛流传，有深刻的影响，作为反映民族心理的象征，是识别畲族成分的依据之一，不管是否公开承认，其影响却是客观存在的。①

---

① 蓝炯熹：《畲族家族文化》，福州：福建人民出版社，2002年，第20—31页。

附 录

附录一

《太上黄箓斋仪》《灵宝领教济度金书》《度星经》
《洞渊集》有关二十八宿的记载

《太上黄箓斋仪》卷四十四[①]和《灵宝领教济度金书》卷四[②]：

青龙东斗为角宿天门星君，亢宿天庭星君，氐宿天府星君，房宿天驷星君，心宿天王星君，尾宿天鸡星君，箕宿天津星君。朱雀南斗为井宿天井星君，鬼宿天匮星君，柳宿天厨星君，星宿天库星君，张宿天秤星君，翼宿天都星君，轸宿天街星君。白虎西斗为奎宿天将星君，娄宿天狱星君，胃宿天仓星君，昴宿天目星君，毕宿天耳星君，觜宿天屏星君，参宿天水星君。玄武北斗为斗宿天庙星君，牛宿天机星君，女宿天女星君，虚宿天卿星君，危宿天钱星君，室宿天廪星君，壁宿天市星君。

---

① 《道藏》（第九册），北京：文物出版社；上海：上海书店；天津：天津籍出版社，1988年。
② 《道藏》（第七册），北京：文物出版社；上海：上海书店；天津：天津籍出版社，1988年。

《三洞珠囊》卷七《二十八法门名数品》引《度星经》[①]：

东方青龙七宿神君为角宿，字君帝；亢宿，字君明；氐宿，字君上；房宿，字君真；心宿，字君贞；尾宿，字君利；箕宿，字君长。南方朱雀七宿神君为井宿，字君节；鬼宿，字君居；柳宿，字君迁；星宿，字君明；张宿，字君府；翼宿，字君信；轸宿，字君乾。西方白虎七宿神君为奎宿，字君时；娄宿，字君利；胃宿，字君明；昴宿，字君玉；毕宿，字君进；觜宿，字君明；参宿，字君成。北方玄武七宿神君为斗宿，字君子；牛宿，字君居；女宿，字君陈；虚宿，字君通；危宿，字君参；室宿，字君王；壁宿，字君婴。并称此二十八宿皆能传送亡人，不令复连后生之人。

《洞渊集》卷之八《周天二十八宿星君降灵》[②]：

东方七宿青龙之精：角宿天门星君，上应太焕极瑶天，照临郑国分野，掌海外伽密国、夜市国、迦陵国，并九小国，下管人间将军、兵甲、雨泽、延生、农田、耕稼之司。亢宿天庭星君，上应玄明恭庆天，照临郑国分野，掌海外西天竺国、乾狁国、罗谢飓国，并九小国，下管人间瘟灾、大风、飓石、百药、国师、三公、五老、百官、禄秩之司。氐宿天府星君，上应观明端表天，照临郑国分野，掌海外迦业国、弥逻国、新头国、毗摩国，并九小国，下管人间后妃、宫府、山林、草木、雨水、淫溢之司。房宿天驷星君，上应虚明堂曜天，照临宋国分野，掌海外豁寻国、教律国、黑衣国，并九小国，下管人间后妃、藏内、宝器、金玉、管籥、惊风、骇雨、负重、擎骆之司。心宿天王星君，上应竺落皇崖天，照临宋国分野，掌海外大食国、独足国，并九小国，下管人间帝王、明堂、雨泽、工役、技艺、百巧之司。尾宿天鸡星君，上应耀明宗飘天，照临燕国分野，掌海外羁宾国、计罗国、多乌国，并九小国，下掌人间祥云瑞雾、女人不和之司。箕宿天津星君，上应玄明恭华天，照临燕国分野，掌海外糠国、解苏国，并九小国，下管人间斜风细雨、奸邪谄妄、蛮夷狐貉、房狄津梁水族之司。

南方七宿朱雀之精：井宿天井星君，上应无极昙誓天，照临秦国分野，掌海外真猎国、林邑国、身形国并九国，下管人间天色、昏暗、池塘、坡井、桥梁、大水、

---

① 王悬河编：《三洞珠囊》（太玄部·怀中），上海涵芬楼影印，民国十四年（1925）。
② 原顺序东北西南于此调整为东南西北。李思聪集：《洞渊集》（太玄部·和上），上海涵芬楼影印，民国十四年（1925）。

江湖、鱼龙、介族之司。鬼宿天匮星君，上应上揲阮乐天，照临秦国分野，掌海外交趾国、文身国、随罗国，并九小国，下管人间积主金玉、匹帛、丧祸、咒诅、毒药、司察、奸恶之司。柳宿天厨星君，上应无私江由天，照临周国分野，掌海外昆明国、蛮尾国、甘露国，并九小国，下管人间庖厨、食味、天色、昏黄、雷雨、兵戈、草贼之司。星宿天库星君，上应太皇翁重浮容天，照临周国分野，掌海外东天竺国、泥婆国、狗头国，并九小国，下管人间裁缝、衣装、文绣、晴明、刀剑、血光之司。张宿天秤星君，上应始皇孝芒天，照临周国分野，掌海外弘誓国、河陵国、婆利国，并九小国，下管人间宗庙、珍宝、衣服、赐宴、宾容、寒热时炁不和、大寒热、父子不睦、兄弟不和之司。翼宿天都星君，上应显定极风天，照临楚国分野，掌海外棱伽国、婆踵国、没罗国，并九小国，下管人间乐府、调五音六律、水府鱼龙、飞走群毛万类之司。轸宿天街星君，上应太安皇崖天，照临楚国分野，掌海外南天竺国、耽身国、狮子国，并九小国，下管人间天地明朗、哭泣离别、官府口舌、凶恶危难之司。

西方七宿白虎之精：奎宿天将星君，上应太极平育贾奕天，照临鲁国分野，掌海外单于国、地元国、火胡国，并九小国，下管人间武库兵甲戈矛、沟渎池亭、风雨雷电之司。娄宿天狱星君，上应龙变梵度天，照临鲁国分野，掌海外三山国、仙官国，并九小国，下管人间宫观寺院、禁苑内庭、供给牺牲、郊礼斋醮之司。胃宿天仓星君，上应太释玉隆天，照临赵国分野，掌海外高丽国、扶余国、南天竺国，并九小国，下管人间仓库、积聚金银珍宝疋帛、雷公五谷之司。昴宿天目星君，上应太虚无上常融天，照临赵国分野，掌海外舍卫国、摩陁国、北天竺国，并九小国，下管人间天地晴明、去衰除祸、狱典曹吏、刑罚囚系考决之司。毕宿天耳星君，上应太素秀乐禁上天，照临赵国分野，掌海外震旦国、雪山国、龙中天主国，并九小国，下管人间天地开泰、朱轮宝盖、边兵守境、封疆安宁之司。觜宿天屏星君，上应太文翰宠妙成天，照临晋国分野，掌海外婆罗国、奈毗耶国、摘棘国，并九小国，下管人间收敛万物、风雷雨泽、山川房庙、鬼魅妖怪之司。参宿天水星君，上应渊通元洞天，照临晋国分野，掌海外毗汉国、复照国、雕题国，并九小国，下管人间将军权衡境域、杀罚冤仇、劫夺忿悦之司。

北方七宿玄武之精：斗宿天府星君，上应太极濛翳天，照临吴国分野，掌海外吐火罗国、穿鼻国、西皇国，并九小国，下管人间进士登科爵禄、微风细雨、斛斗升合秤尺之司。牛宿天机星君，上应虚无越衡天，照临吴国分野，掌海外北番、黑山三大部落国，并九小国，下管人间云雾霜雪、牛羊六畜牺牲、足虫百兽、南越百蛮之司。女宿天女星君，上应上明七曜摩夷天，照临吴国分野，掌海外竖发国、女国、狗国，并九小国，下管人间裁缝衣物、嫁娶娉偶、阴凝大风之司。虚宿天府星君，上应元明文举天，照临齐国分野，掌海外拂林国、无影国、木枝国，并九小国，下管人间宫室庙堂盖屋、祭礼考妣、五虚六耗、悲泣之司。危宿天钱星君，上应玄胎平育天，照临齐国分野，掌海外土番国、同国、东天竺国，并九小国，下管人间丘陵坟墓悲泣、旋风沙石、危厄险难之司。室宿天廪星君，上应清明何童天，照临卫国分野，掌海外金山十姓、九姓三大部落国，并九小国，下管人间宫室金户玉堂、文章图籍、军料府库、阴翳凝滞之司。壁宿天市星君，上应太明玉完天，照临卫国分野，掌海外龟兹国、于阗国、疏启国，并九小国，下管人间文章、图书、秘府、阴寒、雨泽、霹雳、五谷、百果之司。

附录二

移星科文[①]

王衙教主张李梁，高台法座判阴阳。把笔判人人长寿，把笔判鬼鬼灭亡。三衙教主张李尊，高台法座镇乾坤。今夜让官法事当行，所有度星章书一道。供奉三界高真御前，疏文宣诵。以毕移星过斗，改换年庚，加增福寿。移过星辰，拔过桥桥。尊主手挑龙珠笔，点动吉星下凡间，点动满天星斗，点动天福天寿星，点动天福天贵星，点动南斗司延寿星、北斗七元解厄星，点动本命元辰禄存星，生年生月星，生星时星，大小二连星，二十八宿星，五方五斗星，福禄主寿星，福禄延寿星。南北西东分五斗，周天一十二宫辰，三百六十五度星君，一百吉星。点在罗盘内，移入患难弟子（右）信女（左）命中座，消灾化难，保安康。愿降大吉昌，消延福寿。三元门下，移星过斗。先师闻招请，离宫出殿护弟郎。上元门请出移星师，中元门请出移星师，下元（门）请出移星师。移星三师三童子，移星三师三童郎，移星先师亲上马，移星过斗正当时，移星先师移星转，过斗先师降来临。尊主祖师亲上马移星（右）过斗（左）正当时。左营寨上张天尊主判出七千兵、七万将，移星过斗正当时。右营寨上李天尊主判出八千兵、八千将，移星过斗正当时。正营寨上梁天师主判出九千兵、九万将，移星过斗正当时。照前旋转，移星语顺行一同，护师真人今夜来移过，让星过斗保安康。吾正移星转与东，岁星木德喜相逢，金木无相克，

---

① 雷明玉抄：《移星科》，鹤应堂，光绪甲辰年（1904），复印件藏丽水学院畲族文化研究所。

五行免刑冲，枭神应天外，凶煞尽回宫。或直东斗除凶煞，千般灾难化青风，我今移星转与南。赤帝垂降下人间，或值南斗除星煞，今夜让过免灾非，我今移星转与西。银河耿昌玉漏迟，一天美里散万像，星斗移思，星照吉星临，难星退度永无兴，或值西斗除星煞，今夜让过免灾殃，我今移星转与化（当为"北"）。玄天上帝属水德，南斗黄道星北关，离紫微月垮，星星朗朗，吉星拱照，凶星藏，或值北斗除星煞，今夜让过尽开通，我今移星转中天，一天星斗唤文章，东斗增福寿，南斗主寿长，西斗除凶厄，北斗免灾殃。或值中斗除星煞，今夜让过尽消散，当生本命元辰禄存星君亲下降，吉星贵人命中座，消灾消难永安康。此去念五方一同。移来东方木德星，照移凡阳，木命人木命人，木命弟子（右）信女（左）送凶星，木德星君转木斗，凶星移送上天门。吉星移入到命中，照耀信弟子（右）信女（左），自云命中光朗朗，病原脱体得安康，愿降大吉昌，消灾延福寿。五方一同结尾（字体小，靠右）。移来南方火德星君，移来西方金德星君，移来北方水德星君，移来五方土德星。自记自云加星名一同。我今移来东方角亢氐房心尾箕，七宿星君降凡阳。我今移来（旁书，字迹甚淡）南（应为"北"）方斗牛女虚危室壁，七宿星君降凡阳。我今移来西方奎娄胃昴毕觜参，七宿星君降凡阳。我今移来（旁书，字迹甚淡）北（应为"南"）方井鬼柳星张翼轸，七宿星君（旁书，字迹甚淡）降凡阳。移来五方，移魁勉䰡魁鯉魁魍魖，七宿星君降凡阳，转与患难弟子（右）信女（左）身上有凶星，度凶星，身后有恶煞，度恶煞，身上有凉气，度凉气，身上有热气，度热气，度长甲，度年星，度月厄，度凶星，度灾难，度土气，度悔气，度凉气，度热气，度流年，度凶煞，凶辰恶煞，度脱天宫去，吉星降下照命宫，照得命中光朗朗，病原脱体保安康，愿降大吉昌，消灾延福寿。移来本命元辰禄存星君，南斗六司鬼□星，北斗七元解厄星，福禄主寿。此去主照行庚，尚为患难弟子（左）信女（右）改换年庚。移星福寿，祈求一箸，求上帝（特殊咒符，不可识读），祈求患难弟子（右）信女（右）寿延长。南斗延寿星君命中座，再移北斗七元解厄难，念北斗咒、三台咒，顺起送转，志心顶礼。北斗七星，天宫大神，上朝金阙，下复昆仑，朝礼纲纯，统济乾坤，贪狼巨门，禄存文曲、廉贞武曲、破军左辅、右弼九紫，细入微尘，何灾不减，祸福不臻，元皇正气，来合我身，却居小人，孝道求轮，亘夜常轮，道气常存，灾殃消散，急急如律令，连三台咒。

　　□□玉皇宫主紫微帝星，万星教主，移皇上帝，三台生我来，三台养我来，三台以护我，来魁勉䰡魁鯉魁魍魖，御上北帝，勒急如律令。

　　我今天移来太上三台星，北极紫微星，日月太阳太阴星。第一艮丙贪狼星，第二巽辛巨门星，第三乾甲禄存星，第四离壬寅戌文曲星，第五宸（当为"震"，下同）庚亥未廉贞星，第六兑丁酉巳武曲星，第七坎癸申辰破军星，第八坤乙左辅右弼星。贪狼一白坎，巨门二□坤，禄存三碧宸，文曲四绿巽，廉贞五高□，武曲六百乾，七赤兑破军，左辅□□艮，右弼九紫离。一白贪狼星，二黑移门星，三碧禄存星，四绿文曲星，五黄廉贞星，六白武曲星，七赤破军星，八白左辅星，九紫右弼星。北斗九（应为"七"）星贵人亲，下降移入命中座，日日时时保安康。移来天德月德星，天乙贵人星，阴阳贵人星，玉印玉清星，天帝尊帝星，龙德福德星，天德月德星，飞天禄马星，天解地解贵人星，年解月解贵人星，日解时解贵人星，天官贵人星，天厨福星贵人星，青龙司命黄道星，玉堂金匮黄道星，明堂驷马国印星，三奇星，天皇銮驾星（字小，右下），玉皇銮驾星（字小，右下），巨罗紫微銮驾星，一切吉星贵人，移入命中座。移来上台司命星，中台司徒星，下台司空星，三台星君入星辰，文曲星，武曲星，九天护命星，九皇元乡星，天权贪狼星，天机文曲星，天恒廉贞星，关阳武曲星，天存门星，天关破军星，洞明左辅星，隐光右弼星（字淡，右上），天光郎度星，延生度厄星，消灾散福星，保命益算星，当生本命星，三台华盖星，出宫入局星，生胎安命星，金木相克星，五行生相星，六十甲子星，甲子天皇星，甲申地皇星，甲午长生星，甲寅人皇星。甲子甲戌旬中，元辰星君入患身；甲申、甲午旬中，元辰星君入星辰；甲辰、甲寅旬中，元辰星入星辰；天福、天禄星君入星辰，天富、天贵星君入星辰；天嗣、天寿星君入星辰；生年、生月星，生日、生时星君入星辰。东斗木德星、南斗火德星、西斗金德星、北斗水德星、五斗土德星，五斗星君移入患难弟子（左）信女（右）命中座，消灾化难保安康，愿降大吉昌，消灾延福寿。天门华盖星、地府禄存星、入门武曲星、鬼路破军星、十二星宿星君入星辰，二十八宿星君：东方角亢氐房心尾箕、南方斗牛女虚危室壁、西方奎娄胃昴毕觜参、北方井鬼柳星张翼轸、五方魁魈魖魊魋魌魍魆，甲乙丙丁戊己庚辛壬癸星君保吉宿星君移入命中座，消散灾难得安康，今夜嵩为患难弟子（左）信女（右）身上有凶星，移凶身后有恶煞，移恶煞移长甲，移年星，移月厄，移凉气，移热气，移凶星，移灾难凶星恶煞，天宫去吉星降下，照命中，照得弟子（左）信女（右）命中光朗朗，病原脱体得安康，愿降大吉昌，消灾延福寿。南斗延寿星君、北斗七元星君、当生本命元辰禄存星君、福禄主寿星君亲下降，祈保长寿福如山，移星过斗，保命延生。疏文百拜奏上。

　　大罗天上紫微天宫，万星教主，高皇上帝，金阙下。跪，进，勒命斗府宫之星君，嵩为患难弟子（左）信女（右）改换年庚，加增福寿，常添岁寿，祈求一答求上圣（特殊咒符，不可识读）。移去凶星换吉星，病原脱体保安康，安奉移星先师，醮筵座，列星入身，先师降，点起上方一灯盏（"灯"右注小字"下"，"盏"右注小字"上"，即"盏灯"），降下天门华盖星，上元明灯三百卒盏，盏盏光明度生身（右下角写"角"），点起下方一盏灯，降下地户禄存星；下元明灯一百二十盏，盏盏光明度生身（右下角写"角"）；点起中央一盏灯，降下中央紫微星，（中元）明灯二百四十盏，盏盏光明度生身（右下角写"角"）。鸣角一声应南斗，拜请南斗延寿星，延生主寿星君亲下降，愿随鸣角入凡身（右下角写"角"）；二声鸣角召北斗，拜请北斗七元解厄星，北斗七元解厄星君亲下降，祈保弟子（右）信女（左）寿延长（右下角写"角"），五岳楼前来闻送，奉送吉宿星君到患房。一切吉星移入患房座，单保病原脱体渐渐清（右下角写"角"）。

送入房，安位

鸣角一声向（当为"响"）令令，吉星贵人到患房，安奉本命星君患房坐，病原脱体得安宁（右下角写"角"）。

二声鸣角响分分，吉宿星君到房中，安奉当生本命元辰禄存星君患房坐，祈保病原脱体保安康（右下角写"角"）。

出房送星上天

安兵完成，拜斗

光绪三十年七月初十日 川溪鹤应洞庭
臣师雷神亮抄传科本
不可外传失落

送星官上天诗

鸣角一声向（响）占占，奉送凶星上天游。送在天游坐安位，祈保病原立时转（右下角写"角"）。

二声鸣角响分分，奉送凶星上天门。送在天门坐安位，祈保病原得安康（右下角写"角"）。

三声鸣角向（响）藏藏，奉送凶星上天堂。送在天堂坐安位，病原脱体寿延生（右下角写"角"）。

附录三

对民俗学历史地理研究方法的反思
——以《中西叙事文学比较研究》和《孟姜女故事研究集》为例①

作为一种科学的民俗学,自其建立至今,在越来越多专家学者的共同努力下,结合相关社会科学的理论与方法,孕育出多种共属或仅属民俗学研究的方法、理论,并由此形成了诸如以德国格林兄弟(雅各布·格林,Jacob Grimm,1785—1863 和威廉·格林,Wilhelm Grimm,1786—1859)为代表的神话学派;以英国语言学家麦克斯·缪勒(Friedrich Max Muller,1823—1900)为代表的语言学派;以 E. 泰勒(Edward Burnett Tylor,1832—1917)为代表的人类学派;还有以芬兰民俗学家科隆父子(J. Krohn,1835—1888 和 K. Krohn,1863—1932)为代表的历史地理学派,还有社会学派、心理学派以及结构主义学派等。在这些学派中,以芬兰学派最具代表性,因为此学派为民俗学中唯一一个用自己的方法来研究民俗事象的,并且在此基础上成就了故事比较研究和故事分类研究等方法,使得民俗学研究焕然一新。时至今日,历史地理研究方法仍然活跃在当代民俗学研究中。

在历史地理学派中,我们所能知道的最为著名的研究学者不外乎科隆父子、A. 阿尔奈(Antt Aarne,1867—1925)、W. 安德森(Walter Anderson,1885—1962)②等;而在中国,我们所熟悉的利用此种方法进行研究的主要有华中师范大学教授刘守华、陈建宪及黄永林等,此外著名美籍华人丁乃通(Nai-TungTing,1915—1989)和美国民俗学家斯蒂思·汤普森(Stith Thompson)等,更是这个学派方法使用的佼佼者。还有一位,他本身并非历史地理学派的学习者,更不是此学派的承传者,但"在进化演变上,他不仅注意到时间上的历时性,同时关注地域系统的传播和沿革,这正

---

① 此文写作于 2012 年上半年,为专业必修课《民间文艺学》的课程习作,受制于当时的阅读量以及理解力,不可避免地会出现阐释不足甚或错误认知,如关于顾颉刚"历史地理研究法"的来源问题等。然而,为了记录时年的学习状况,故此选择保留原有表述,仅对部分语病加以修正。

② 钟敬文主编:《民俗学概论》,上海:上海文艺出版社,1998 年,第 480—481 页。

好与民俗学的研究本体相吻合,以至有人认为他是受历史地理学派的影响,实际上,他只是历史进化论和实证主义指导下的必然结果"[1],这个人便是发起创立中国民俗学会的顾颉刚[2](1893—1980)。然而不论怎样,顾颉刚"将歌谣、故事传说以及风俗等民俗事象作为学术主题进行考证,考证的过程就是用历史演进的方法,同时运用中国传统的校勘与训诂,比较归纳出主体的历时、地域的变异,与西方的历史地理学派有着相似点,这一方法是他对民俗学的巨大贡献"[3]。故此我们可以说,顾颉刚创立了中国的历史地理研究方法[4]。

"历史地理学派的最根本目的是对民间故事生活史的探寻,它要求尽可能广泛搜求故事异文,然后用代号排列,再对异文的叙述要素分解提取作为最小叙述要素的情节单元(母题),综合归纳成各种亚型;接着把它们置于一定历史地理背景上进行考察,在纵向的历史演变中构拟历史原型,从横向地理传播中追寻故事的发祥地,从而勾划出它完整的生活史"[5]。刘守华在其《比较故事学》中一语道破了历史地理学派的研究方法及其终极目标,但是他同样指出历史地理学派在研究过程中有着明显的不足:"首先……他们对占有异文的数量要求过于严格;如果在相关的历史地理背景上找不到适当异文,缺失某一环节,便无法构拟出真正的故事原型,造成一系列推论的失误。其次,这一方法以世界上所有情节类同的故事均同出一源为理论前提,而现在学界公认的事实是,人类文化包括民间故事在内,平行发展的情况也是很常见的,同源说有其明显的局限性。"[6]

---

[1] 毛巧晖:《顾颉刚的民俗学理念》,《忻州师范学院学报》2007年第1期,第76页。
[2] 之所以说顾颉刚的方法不是历史地理学派方法,可借鉴施爱东所言:"今天回头考察顾颉刚的《孟姜女故事研究》,许多学者都认为这是借鉴了库伦父子的历史地理学派的理论与方法,但除了'直觉认为'这是两种相似的方法,没有任何人可以给出任何证据说明……后来受了胡适'科学方法'的启示,遂以其天才的学术能力完成了这一创举。"参见施爱东《中国现代民俗学检讨》,北京:社会科学文献出版社,2010年,第48页。
[3] 毛巧晖:《顾颉刚的民俗学理念》,《忻州师范学院学报》2007年第1期,第77页。
[4] 此处仍有可待进一步分析之处,请见下文"(四)为中国现代民俗学研究提供了新方法"。
[5] 周北川:《故事比较的艺术与趣味——评刘守华〈比较故事学〉》,《外国文学研究》1997年第3期,第126页。
[6] 刘守华:《〈中国民间故事类型研究〉的方法论探索》,《思想战线》2003年第5期,第121页。

然而，任何一种事物都有其两面性，历史地理学派研究方法也是如此，如这一派的"AT体系确实对世界民间故事的发展起到了极大的推动作用，对世界民间故事资料的整理编类，提供了一个便于操作的或者可以借鉴的方法和原则。对观察分析不同国家、不同民族的民间故事的一致、相似或相异，开辟了一个简便的门径"①。同时，在民间故事比较研究中，历史地理学派提供的"母题"和"类型"也起了重要的作用。对此周福岩认为："母题索引和类型索引十分便于对故事做发生学研究，它能够小心地剥离出故事的古代成分和近世成分。"②

对于历史地理学派的这种以"构拟原型"和"溯源"为基本目的的研究方法，早已在批评与反批评中较量了很久，但是正如周北川所指出的"刘先生（刘守华）对历史地理学派的方法尤为感兴趣，称它为'当代比较故事学的主要代表'"③。而利用这一方法的还有民俗学研究中大名鼎鼎的美籍华人丁乃通，他利用十多年的时间以AT分类法为蓝本写出了《中国民间故事类型索引》，同时在此基础上写作了《中西叙事文学比较研究》一书。

在前文中笔者已经讲到，顾颉刚虽非直接学习或继承了历史地理学派的研究方法，但其对"历史演进法"和"实证研究法"的利用确实和历史地理学派如出一辙，堪称"中国历史地理学派"的第一人，而最能显示其这种方法研究的论著便是其1921年开始的"孟姜女故事研究"，最终形成了《孟姜女故事研究集》，而最为重要的则是《孟姜女故事的演变》和《孟姜女故事研究》二文。

所以本文将借助丁乃通《中西叙事文学比较研究》和顾颉刚《孟姜女故事研究集》为分析对象，以阐释历史地理学派研究方法的功过得失，并表达自我对其认识的肯定与反思。④

---

① 刘魁立：《关于中国民间故事研究》，《北京师范大学学报》（社会科学版）1994年第6期，第20页。
② 周福岩：《民间故事研究的方法论》，《社会科学辑刊》2001年第3期，第159页。
③ 刘守华：《〈中国民间故事类型研究〉的方法论探索》，《思想战线》2003年第5期，第125页。
④ 在本文中，之所以要选择此两部书，第一，从方法论上讲，它们都使用了历史和地理相结合的方法，一个是纯历史地理学派方法，一个是类历史地理学派，具有相通性的进行溯源构拟原型；第二，从作者讲，一个是中国人，一个是美籍华人，眼光不同，一部中文，一部翻译；第三，从内容看，一部是中西故事复杂比较研究，一部是特定单一故事分析；第四，从产生时代讲，一个是间断成书于20世纪二三十年代，一个是写成于20世纪60~80年代，理论范畴不同，时间跨度大；第五，从作者研究动因讲，顾是为了历史，丁是为了文学，二者皆不是纯粹为了民间文学而进行的研究，基于以上五点，选择此二本书来论述对历史地理学派方法的肯定与反思。

一、对民俗学历史地理研究方法的肯定

任何一门学科的发展，说到底，最根本的就在于它对自我研究对象及方法的探索，并为具有该学科所特定的方法为追求目标。因此说："科学研究的进展与深化，固然受多种因素制约，但方法的更新往往具有重大意义"，进一步讲，"一部学科发展史，在某种意义上也可以说是一部方法变革史、探索史"[①]。对民俗学这门被众多学者称为新兴学科的现代人文社会科学，在其发展过程中同样伴随着各种研究方法的兴起、发展与成熟。

（一）打开了民俗学研究方法的新纪元

民俗学自兴起开始，似乎就成为其他学科的附庸，它不曾在研究之初就形成其独有的研究方法，这也许是因为限于当时的学术条件。例如我们前文讲到的神话学派，其研究方法是在"19世纪初德国浪漫主义思潮影响下产生的"，他们认为"神话是宗教信仰的体现，而语言则是神话的载体"，因此它不但带有浪漫美学特点，而且具有很强烈的语言学研究特色，故而又被称为"语言学的历史比较研究法"[②]。可见神话学派的研究方法与语言学有着相辅相成的关系。在民俗学的发展过程中，不论是语言学派[③]、人类学派[④]，还是社会学派与心理学派[⑤]，加上后来兴起的结构主义学派[⑥]无一不是如此。从中我们可以看出，这些学派基本上是在对其他学科既有方

---

① 钟敬文主编：《民俗学概论》，上海：上海文艺出版社，1998年，第473页。
② 钟敬文主编：《民俗学概论》，上海：上海文艺出版社，1998年，第474—475页。
③ 语言学派与神话学派一脉相承，这一派同样将语言现象研究看成神话研究的重点，并且此学派的大多数学者也都是语言学家。
④ "各民族的风俗习惯，不管如何原始，如何独特，都是可以理解的，其中包含着先民的健康理智以及政府自然的心愿。"这是人类学派民俗学研究的基本观点，从此学派形成上我们可以得知，其哲学与方法论是基于达尔文的进化论以及19世纪六七十年代兴起的社会人类学，并在后世进入了文化人类学的范畴中。参见钟敬文主编《民俗学概论》，上海：上海文艺出版社，1998年，第476页。
⑤ 那么从心理学派和社会学派的命名上我们就可以看出，一个是基于弗洛伊德、荣格等心理学的研究发展而来，为人类的民俗行为时基于"性欲"的作用而产生；一个是在社会学的研究中生发，马林诺夫斯基等相信每个人都是社会的组成元素，是社会关系的集合体，因此人并不能随意地生活。参见钟敬文主编《民俗学概论》，上海：上海文艺出版社，1998年，第478—480页。
⑥ 在20世纪50年代，一个新兴的结构主义学派在语言结构理论中诞生，结构主义者重视在考察种种关系的过程中实现文本理解总是意在构建某种模式。参见钟敬文主编《民俗学概论》，上海：上海文艺出版社，1998年，第481—483页。

法论的借鉴上生成的，甚或就是"拿来主义"的，并且大都基于原学科理论，似乎民俗学即是此学科的子学科一般，这也使得民俗学在学科定位中出现了分歧。然而，民俗学的发展并未因此而消沉，在19世纪末20世纪初兴起的历史地理学派及其历史地理研究方法，就像一颗"救星"般使民俗学闪耀于学术之林。

历史地理学派的兴起并不是偶然的，它是与北欧民主主义运动、争取国家独立和民族独立的时代潮流伴生而成的，有着深刻的历史渊源。在历史地理学派真正形成之前，早有历史学家亨利克·波桑（Henrik Porthan）利用民俗研究启迪民族精神——《芬兰诗歌研究》（1766—1778），又有芬兰民俗学之父隆诺特（Elias Lönnrot, 1802—1884）搜编了芬兰史诗《卡勒瓦拉》①。民俗学在芬兰得到这些初始学者的积淀，为历史地理学派在芬兰兴起打下了坚实基础。尤里斯·科隆（J. Krohn）在赫尔辛基大学教授文学史和语言学时，"他发明了通过比较一首民歌之许多异文，将民歌异文分解成母题，分析这些母题的分布状况和历史变迁，最后确定该民歌之历史的方法。这便是芬兰历史地理方法的雏形"②。就是这样一篇文章，开了芬兰学派利用历史地理方法的先河。由此在卡尔·科隆（K. Krohnl）和阿尔奈（Antt Aarne）等的共同努力下，发展并建立了民俗学历史地理研究方法。而我们现在为何要说历史地理研究方法"打开了民俗学研究方法的新纪元"，笔者认为主要有以下几点原因。

首先，我们从上文中对诸如神话学派研究方法的解释，便可知道这些学派并不是基于民俗学作为一个独立学科而创立的方法，他们大都将民俗学置于其所擅长的学科领域之中，套用这些学科的方法来解释和研究民俗现象和民间文学。最有利的证据便是田野作业方法的使用，其初始阶段大都是借助文化人类学和社会学的调查方法。这样一来使得民俗学的地位处在一个尴尬的境地，同时这些研究大都是作为他们既定学科研究的辅助，由此出现的研究并没能将民俗研究深入下去，只是泛泛而谈，并且没有出现一部对各自研究方法进行论述的著作。相反，历史地理学派的创始者之一卡尔·科隆却在1926年发表的《民俗学方法论》中"系统阐述了芬兰历史地理研究方法，被认为是他最重要的理论著作"。其次，从芬兰民俗学的兴起而言，他们自身有着先天的民族情结因素。当尤里斯·科隆的"民歌异文"比较研究作为前所未有的成果之时，显然打开了民俗学研究的一道新的大门——从时空相结合的角度看待民间文学的样貌及发展规律。因此，也就是这样一块"敲门砖"，让

---

① 钟敬文主编：《民俗学概论》，上海：上海文艺出版社，1998年，第433页。
② 钟敬文主编：《民俗学概论》，上海：上海文艺出版社，1998年，第431页。

其同人与继承者不得不为这种"破天荒"的研究方式感到震惊，使得这种方法在后人的努力下跻身于民俗学研究方法的队伍中而延续至今。再次，也许是我们大家最为关心的，也可能是大家提出反对意见的：历史地理学派的方法论具有很强的达尔文"进化论"和斯宾塞"实证主义"色彩，这似乎与人类学派的方法论基点有着相通之处，但人类学派的民俗学研究是将其放在文化整体角度中，利用的是文化研究方法，而不是新兴的民俗学自身的方法，而其代表 E. 泰勒和安德鲁·朗都是文化进化论的推崇者。历史地理学派虽然在方法论的基点上采用了"进化"与"实证"理论，但他们却将这两种理论相互融合，并合理植入民俗学的研究，从而摆脱了其他学科或理论的束缚。在时间和空间的双向交合中认识民间故事的发展脉络和分布状况，贵在找寻故事的生活史。就此来看，历史地理研究方法确实创造了民俗学研究方法的新时代。最后，从历史地理学派在后来的发展和应用过程中可以发现，历史地理研究方法丰富了民间文学的比较研究，促进了民间故事的分类学（类型学）和故事学研究（这两点将在随后进行详细分析），反观其他几个学派及其方法，却只停留于自己的圈子中，没有为民俗学的拓展带来多大帮助，更有故步自封之嫌。不过，历史地理学派虽然有如此大的作为，但其方法并不是完美的，其缺陷也是显而易见的（这也将在后文中细加讲述）。

不过讲到这里，我们还要明确一个问题，那便是民俗学历史地理研究方法与历史地理学研究方法并不相同。简单地说，一个是人文社会科学，一个是自然科学；一个是时空线性发展在民俗（民间文学）中的表现，一个是地理的历史解析；一个是综合的，一个是单向的。对于这一点笔者将另有文章比较分析，此处不做细致解释。

通过这些分析我们可以确切认知到的是，历史地理学派及其历史地理研究方法打开了民俗学研究方法的新纪元，用丁乃通之语表述就是：19 世纪研究民俗和民间文学的方法大都是从其他学科借来的，一直到 19 世纪晚期，研究民间文学都没有自己的方法。研究民间文学的一套方法，是芬兰人发明出来的，这就是历史地理学派的方法。[①]

---

① 转引自刘守华《比较故事学论考》，哈尔滨：黑龙江出版社，2003 年，第 53 页。见丁乃通《历史地理学派及其方法》，载北京师范大学中文系编印《民间文艺学参考资料》，第 1 集，1982 年 3 月。

（二）丰富了民间文学的比较研究

比较研究在历史地理学派出现之前早已存在，"比较研究的最初运用可追溯到古希腊亚里士多德所著的《雅典政制》。该书对158个城邦政制宪法进行了比较"，并且"古罗马著名学者塔西陀曾说：'要想认识自己，就要把自己同别人进行比较，'"。可见，比较研究的发生是很早的事情。

在民俗学（民间文学）的发展过程中，比较研究法几乎打入了所有流派。民俗学最早形成的神话学派就已意识到类似故事间的关系比较，并且进行了尝试①；较晚形成的结构学派，同样也注重对所研究对象的比较。不过，他们所关注的对象更多的是民间故事的形式比较，却很少涉及故事内容②；更注重文化研究的人类学派更不会放过文化差异在民俗（民间文学）中的表现；心理学派则将注意力放在心理趋同或相异的比较中，社会学派和语言学派无不如此地将比较方法注入自己的研究理论中。然而，这些学派的比较研究都只注重从民俗学（民间文学）的整体——也就是说只是作品所反映的思想内涵、民族文化或国家文化等方面进行分析比较，却忘了对作品内部组成"零件"的比较研究，而这一点却被历史地理学派发现。可以说，这是民间文学研究的新一页，它大大丰富了民间文学比较研究的内容。就比较研究对民间文学的益处来说，刘守华曾将之简要表述为："比较研究能更好地发现民间文学的性质和特点。通过比较，还可发现不同国家、民族之间的民间文学的联系，找出它们发展演变的普遍规律。"③对此，贾芝认为："比较的方法本来就是认识事物的一种基本方法和手段，有比较才有鉴别，才能把握事物的特性，更好地认识事物。要正直认识人民群众中流传的这种文学，要了解这种文学同各族民众生活习俗的联系，了解它的发展史，不对民间文学这种现象进行科学的综合、分析、比较是做不到的。"④

---

① 参见刘守华《比较故事学论考》，哈尔滨：黑龙江出版社，2003年，第3—10页。
② 刘守华：《比较故事学论考》，哈尔滨：黑龙江出版社，2003年，第39—53页。
③ 刘守华：《民间文学研究方法泛说》，《湖北民族学院学报（哲学社会科学版）》2002年第1期，第1页。
④ 贾芝：《关于民间文学的比较研究法——刘守华〈民间故事比较研究〉一书序言》，《华中师院学报》（哲学社会科学版）1985年第3期，第67页。

历史地理学派的比较研究法并没有将注意力放在文本的内涵上，而是在研究故事流传规律时将作品本身视作机械，并将其拆分成若干重要组成部分，即我们所熟知的"母题"。从"母题"的组合衍生出了故事"类型"，在母题和类型的共同作用下进行比较，而通过比较得出一个故事发生的时间和地点及其流变路线——故事的生活史。通过历史地理研究方法衍生出来的"母题"，一般被认为是"一种情节要素，或是难以再分割的最小叙事单元，由鲜明独特的人物行为或事件来体现。它可以反复出现在许多作品中，具有很强的稳定性；这种稳定性来自它不同寻常的特征、深厚的内涵以及它所具有的组织连接故事的功能"，所以"单一母题构成单纯故事，多个母题按一定序列构成复合故事"[1]。在《中国民族神话母题研究》中，王宪昭如是定义母题，即"叙事过程中最自然的基本元素，可以作为一个特定的单位或标准对神话故事进行定量或定性分析，在文学乃至文化关系方面，能在多种渠道的传承中独立存在，能在后世其他文体中重复或复制，能在不同的叙事结构中流动并可以通过不同的排列组合构成新的链接，表达出一定的主题或其他意义"[2]。笔者认为，这一定义同样适用于其他民间文学题材。通过对诸母题以及它们之间的不同组合的研究分析，可发现很多故事拥有相同情节，而这使得这些故事形成了一个故事丛——成为一个故事类型。从这一点看，我们可知"芬兰学派倡导通过对一个故事类型的所有异文进行比较，找出故事的原型（archetype）、发源地、流传路线及其范围"。由此我们可知比较研究学派的主张——"首先选定要研究的故事类型，然后开始进行异文的搜集和整理工作，尽可能地收集到所有的异文，包括不同国家和地区的口头异文和书面异文（利用索引、档案、故事集和其他途径）。"[3]

在笔者看来，使用比较研究法研究中国民间故事的代表性成果，则是丁乃通及其《中西叙事文学比较研究》。在这部著作中，丁乃通主要对四个著名故事——《白蛇传》《黄粱梦》《灰姑娘》《云中落绣鞋》作了精彩的比较研究。《中西叙事文学比较研究》中的第一篇论文《高僧与蛇女——东西方"白蛇传"型故事比较

---

[1] 刘守华：《导论》，载刘守华主编《中国民间故事类型研究》，武汉：华中师范大学出版社，2002年，第2页。"母题"也可译作"清洁单元"（motifish）。台湾学者金荣华对情节单元有过比较详细的解释。可参见万建中《民间文学引论》，北京：北京大学出版社，2006年，第216页。
[2] 王宪昭：《中国民族神话母题研究》，北京：民族出版社，2006年，第19页。
[3] 王娟：《民俗学概论》，北京：北京大学出版社，2002年，第269页。王娟这本书中将历史地理学派也称为比较研究学派。

研究》，研究了东西方流行的 AT411 型故事——美女蛇故事。在大量异文中，中国以多种题材来表现的《白蛇传》和英国诗人济慈的长诗《拉弥亚》均为脍炙人口之作。该文指出，具有双重性格之美女蛇的古老原型，是由人们对大地女神又敬又怕的矛盾心理所造成的。丁乃通认为，此类故事最先在公元前后流传于西亚或中亚的一个不崇拜蛇的民族中，后进入印度《佛本生故事》，具有了宗教说教的特点，大约在 12 世纪进入西欧，在南宋时期进入中国杭州，经过一位爱好民间文学的明代文人冯梦龙加工成小说，于是在中国开枝散叶，从而由一个区域性的故事变成全国皆知的四大传说之一①。除此之外，我们还能看到诸如《日本和中国的民间故事交流》②《中日异类婚故事比较》③《多民族文化的结晶——中国灰姑娘故事研究》④等，这些文章都是利用历史地理比较研究法写作而成的。

与其他以几大民俗学流派为主的比较研究相比，以历史地理研究方法为主的比较研究在研究方式和内容上都有所拓展，虽然其不太注重文本内涵及其相关的外在联系比较——一个重要原因就在于上述研究模式已由其他流派所涉及，故历史地理研究方法就不再将其纳入自己的研究范畴，但不可否认"母题、类型研究方法虽出于芬兰学派独创，但是他们在实际研究工作中，还是十分注重融汇文化人类学、民俗学、民族学等方面的成果予以综合运用"⑤。总之，历史地理研究方法丰富了民间文学的比较研究。

（三）促进了故事学发展和民间故事的分类学（类型学）研究

何谓民间故事，专家们众说纷纭，但就目前的总结而言，其存在广义和狭义之

---

① 刘守华：《序》，载［美］丁乃通《中西叙事文学比较研究》，陈建宪、黄永林、李扬、余惠先译，武汉：华中师范大学出版社，2005 年，第 3—4 页。
② ［日］饭仓照平：《日本和中国的民间故事交流》，载刘守华、黄永林主编《民间叙事文学研究》，武汉：华中师范大学出版社，2005 年，第 3—17 页。
③ 陶范：《中日异类婚故事比较》，载刘守华、黄永林主编《民间叙事文学研究》，武汉：华中师范大学出版社，2005 年，第 265—278 页。
④ 刘晓春：《多民族文化的结晶——中国灰姑娘故事研究》，载刘守华、黄永林主编《民间叙事文学研究》，武汉：华中师范大学出版社，2005 年，第 279—294 页。
⑤ 王丹：《民间故事类型研究法述评》，《湖北民族学院学报（哲学社会科学版）》2003 年第 5 期，第 156 页。

分①，但大多数学者还是趋向于狭义认识。而对民间故事的研究，一直都是民间文艺学家们的沃土。民俗学（民间文学）的各学派都在以自我方法对民间故事进行研究，这一点我们在上文已有涉及，故不再赘述，亦可参考刘守华《比较故事学论考》②。因此，这些学派及其方法的利用，不论是对民间故事的收集还是整理都奠定了故事学的研究范畴。那么，对于"故事学"这样一个学科名词来说，它究竟出现于何时，目前为止，笔者还不得而知，但故事学这一名词却深入民俗学（民间文学）学习者心中。从这一术语或可知道，"故事学"是一门以民间故事为研究对象的学问，对此前文已有述及。民间故事研究不仅要从其思想哲学意蕴和外在文化联系着手，还包括将民间故事作为机械文本的拆卸与组合研究，这便是历史地理研究方法在民间故事中的应用。在历史地理研究方法出现前，我们无法看到与"机械文本"相关的研究，但随着民间故事研究的不断深入，"故事学"应时产生，越来越多的学者则将民间故事研究放在重要甚至首要位置，相关研究著作也相继诞生。就我国而言，就有以刘守华为代表的著名故事学研究者。可以说，在故事学的发展过程中，历史地理研究方法在这一领域占据了较多的"席位"，并且以其对"故事生活史"的研究大大促进了故事学研究的方法与内容。

对民间故事的研究不仅限于单一作品的分析，更多的是对民间故事的比较研究③，而历史地理研究方法则丰富了民间文学的比较研究，进而催生了比较故事学。那么，何谓比较故事学，对此刘守华解释道：比较故事学研究的对象是民间口头叙事文学，而研究民间文学的专门学科叫民间文艺学，故事学是其一个分支。④就比较故事学的兴起而言，刘守华认为其还是一个新兴学科，他解释道：1. 世界学人运用比较法研究民间故事已有一百多年历史；2. 在方法论上，从借鉴融合神话学派、人类学派、心理分析学派以及结构主义学派的方法，发展到从故事研究中创立流传

---

① 民间故事的广义理解是指"把民众所有口头讲述的散文故事都叫作民间故事"，也就是说这里包括了神话和传说，而狭义的民间故事理解则是指"神话、传说以外的那部分口头叙事散文故事"，而现在的学者对民间故事的认识，还是比较倾向于狭义的理解，而我们今天论述的利用历史地理研究方法研究的民间故事也是指狭义的民间故事，参见刘守华《故事学纲要》，武汉：华中师范大学出版社，2006年；叶春生《简明民间文艺学教程》，长沙：湖南文艺出版社，1987年。
② 参见刘守华《比较故事学论考》，哈尔滨：黑龙江出版社，2003年。
③ 我们在这里不谈比较故事学与比较文学的关系，详可参见刘守华《比较故事学论考》，哈尔滨：黑龙江出版社，2003年，第72—81页。
④ 刘守华：《比较故事学论考》，哈尔滨：黑龙江出版社，2003年，第72页。

学派，特别是历史地理学派，从而形成一套较为完整并趋于完善的对世界各国民间故事进行比较研究的科学方法；3. 成果不断积累，不仅有对几百个著名故事之形成、传播及演变进行深入研究的微观成果，还出现了像普罗普的《民间故事形态学》及阿尔奈《故事类型索引》和汤普森增订的《民间故事类型索引》等一批在广阔背景上从宏观角度对民间故事进行比较研究的重要成果，其影响已远远超出本学科范围。①对历史地理学派在其间的作用，刘守华称其为"当代比较故事学的主要代表"②，可见历史地理研究方法对比较故事学的催生和深入有着不可限量的作用。

以历史地理研究方法为基础方法的比较故事学，主要是对民间故事的"母题"和"类型"进行比较分析，而对历史地理学派来说，类型研究和母题研究一样重要，两者相辅相成，构成历史地理研究方法在民间故事比较研究中的中心地位，故"'类型'和'母题'，已成为故事学领域中为国际学人所公认的通行概念"③。就此而言，历史地理研究方法促成了民间故事的分类学或称类型学的研究，并且有形成民间文艺学新分支学科的态势。前面我们已经谈过"母题"，这里我们将主要谈谈分类学（类型学）的问题。

我们从丁乃通《中西叙事文学比较研究》中的四篇精彩论文中可以看出，其研究基础就在于民间故事分类，如AT681型的"黄粱梦"故事和AT510A型的"灰姑娘"故事等。由此可见，民间故事的比较研究在历史地理方法中的基点就在于民间故事的分类。

"类型"在字典中的意思是这样的：具有共同特征的事物所形成的种类④。而"故事学中的'类型'，源自芬兰学者安蒂·A. 阿尔奈（Antti Aarne, 1867—1925）于1910年在《民间故事类型》一书中对各民族民间故事作比较分析时所使用的'type'一词"，而在词典中，"type是指class or group of people or things that have characteristics in common；kind"⑤，也就是说，这是一班或一群具有共同特性的人或事物，或称为种类，所以基于这样的理解，类型则是就民间故事"互相类同

---

① 刘守华：《比较故事学论考》，哈尔滨：黑龙江出版社，2003年，第74—75页。
② 刘守华：《比较故事学论考》，哈尔滨：黑龙江出版社，2003年，第53页。
③ 刘守华：《比较故事学论考》，哈尔滨：黑龙江出版社，2008年，第4页。
④ 中国社会科学院语言研究所词典编辑室编：《现代汉语词典（第5版）》，北京：商务印书馆，2008年，第827页。
⑤ ［英］霍恩比主编：《牛津高阶英汉双解词典（第四版）》，李北达译，北京：商务印书馆，1997年，第1646页。

或近似而又定型化的主干情节而言，至于那些在枝叶、细节和语言上有所差异的不同文本则称之为'异文'"①。吕微也曾这样对类型进行定义："所谓故事的类型简单说就是几个特定情节单元的固定组合方式，简而言之，一个特定故事的情节单元的固定组合方式一定不同于其他故事的情节单元的固定组合方式。"②民间文艺学家及民俗学家在其研究过程中，口头文学作品也越来越多，所以"随着故事素材的大量积累和对具体故事类型研究的逐步深入，故事学家进一步将流行于广大范围内的成千上万篇故事——进行辨析，划分为若干类型，编制成《故事类型索引》；还有的学人编制出《母题索引》，它们都是对故事进行比较研究的成果，又给人们进一步从微观到宏观研究故事提供了极大的便利。"③从这一点入手，我们可以说分类学（类型学）无疑是历史地理学派研究民间故事的独门法宝，也是历史地理学派对民俗学（民间文学）研究史的重大贡献。

总之，历史地理研究方法促进了故事学研究的进步，同时前所未有地建立了民间故事的分类学（类型学）研究模式，所以我们不得不对历史地理学派做出肯定的评价，而历史地理学派及其研究方法，对中国民俗学（民间故事）研究同样产生了巨大影响。

（四）为中国现代民俗学研究提供了新方法

中国民俗学肇起于北大歌谣时期，在随后的波折中，又经历中大时期、杭州时期，同时在抗战时期形成大后方民俗学与延安时期的民间文艺新传统。中华人民共和国成立后，我国民俗学研究一度由沉寂走向恢复——在历经"大跃进民歌运动"与"十年特殊时期"的双重打击后，中国民俗学在20世纪70年代末80年代初再次复兴，并一直持续到现在。中国民俗学的坚守不仅是因为我们对自己文化的钟爱，最重要的是在一批老专家、老学者，如钟敬文、顾颉刚、容肇祖、杨成志、罗致平以及马学良等的共同努力下为后人打下了民俗学复兴、发展并走向成熟的基础。

---

① 刘守华：《导论》，载刘守生主编《中国民间故事类型研究》，武汉：华中师范大学出版社，2002年，第1—2页。
② 吕微：《故事类型划分的经验与标准》，《河南教育学院学报（哲学社会科学版）》2008年第6期，第24页。
③ 刘守华：《比较故事学论考》，哈尔滨：黑龙江出版社，2003年，第3页。

畲族星宿信俗研究——关于盘瓠形象传统认识的原型批评

　　在中国民俗学兴起之初，我们在研究方法上并没有多少建树，且大多是以借此达到启迪世人思想为目的，而"初期的研究观点主要是文艺学的，但也有人从教育学、社会学和民俗学的角度进行考察"①，总之是带有强烈国民性启迪作用的。在中大时期，以顾颉刚和杨成志为代表的古史辨派和人类学派方法在民俗学研究中起到了极大作用。人类学的研究方法在民俗学中的应用无疑影响深远，不仅在随后的杭州时期，就是在现在依然势力不减。抗战时期的民俗学研究者开始借鉴民族学和社会学研究方法对民众日常生活进行解释，并且在当时的情况下，有种倾向政治军事的实用角度。不过，回过头来看中国民俗学的发展，我们不无庆幸地看到，在老一辈学者的努力下，这些研究方法已然成为我们现在的财富。不过，我们也要清楚，中国现代民俗学研究限于时代困难，即使是对国外研究方法的引入都很艰难，只能靠我们自己的一些认识。但是即使如此，西方的研究方法还是在前辈的努力下，得以慢慢走近人们的视野，并走向真正的科研实践，诸如杨成志所运用的人类学方法便是一例。然而，今天我们所谈的是历史地理研究方法，故而其他我们不再细谈。

　　说历史地理研究方法为中国现代民俗学研究提供了新方法是不无道理的。

　　在我国，目前能看到的利用此方法进行研究的较早的民俗学（民间文学）著作，首推顾颉刚的《孟姜女故事研究集》，这是其在1921年开始创作的作品。顾颉刚曾在《古史辨》第一册"自序"中说："将二年来搜集到的孟姜女的故事分时分地开一篇总账，为研究古史方法举一旁证的例。"②不过，尽管顾颉刚自己说是为了研究历史才对"孟姜女故事"进行研究的，但这一"误打误撞"而史无前例的做法，却打开了中国对故事研究方法的新探索。笔者曾言，顾颉刚的历史地理研究方法不同于芬兰学派，同时他也不是芬兰学派的继承者和学习者，那么他的历史地理研究方法究竟来源于哪里，它果真与芬兰学派没有关系吗？

　　"20世纪'母题'理论的引进是以民间歌谣研究为开端的。'母题'本是一个外来概念，英文为motif，胡适在1924年3月研究民间歌谣时引进并译作'母题'。"③从这里我们可以知道，作为历史地理学派应用历史地理（比较）研究法

---

① 钟敬文主编：《民俗学概论》，上海：上海文艺出版社，1998年，第419页。
② 转引自王煦华《序》，载顾颉刚编著《孟姜女故事研究集》，上海：上海古籍出版社，1984年，第3页。
③ 朱迪光：《信仰·母题·叙事：中国古典小说新探索》，北京：中国社会科学出版社，2007年，第63页。

的"母题"研究，虽早在19世纪末20世纪初就已经出现，但其在我国的发生则因胡适的翻译及在歌谣研究上的运用而得到推广。胡适当年留学于美国，而美国的斯蒂·汤普森（Stith Thompson, 1885—1970）也正在修缮阿尔奈的《世界故事类型索引》，从而使历史地理学派的观点和方法在美国流行。可想而知，胡适引入的"母题"概念很可能源自美国。此后，董作宾在《看见她》专号中发表了论文《一首歌谣的比较研究》，并进行了母题研究尝试[①]，而这或许就曾受到胡适这位学术眼光独特之大家的影响。据此笔者认为，历史地理研究方法为中国民俗学（民间文学）的研究带来了新的方法。我们再回来分析一下顾颉刚及其《孟姜女故事研究集》。顾颉刚是胡适的学生，既然"母题研究"是胡适从美国引入的，那么顾颉刚不可能不受到其师的影响，所以"顾颉刚的孟姜女故事研究一方面受到了西方母题理论的影响，他的恩师胡适此时对他学术研究的影响极大，母题由胡适引进而首先在《歌谣》上发表，他不可能不受影响。另一方面还是传统的考证或者说史学研究传统的影响，这方面也有胡适的影响，顾颉刚自己的怀疑和批判精神也影响到孟姜女故事的研究"[②]。据此笔者认为，顾颉刚虽非历史地理研究方法的直接继承者或学习者，但间接接受和应用或是无疑的。而之所以顾颉刚的"孟姜女故事研究"得到广大学者推崇，笔者认为这与第一个全面深入利用历史地理研究方法，并自此基础上进行细致表述，打开民俗学（民间文学）研究新纪元有关。对此钟敬文的评价是："在本民族民俗学理论的独创性上，顾先生的文章是压卷的，他研究孟姜女传说，也是'五四'思潮的产物，但在民俗学上，他是走自己的路的。他在这方面的著作，是民族性和创造性相结合的产物，他们同样能够奠定中国现代民俗学的理论基础。"[③]所以，我们再次肯定地说，历史地理研究方法为中国民俗学（民间文学）的研究带来了新的方法。

随后，历史地理研究方法在民俗学（民间文学）研究中的应用似乎受到一些阻碍，但我们仍能看到这方面的研究成果。"1927年，钟敬文和杨成志合译《印欧民间故事式》，第一次系统地介绍了西方民间故事的分类理论、方法及其成果。四年后，钟敬文又完成了《中国民间故事型式》，共归纳出中国民间故事的45种型、51

---

① 钟敬文主编：《民俗学概论》，上海：上海文艺出版社，1998年，第419页。
② 朱迪光：《信仰·母题·叙事：中国古典小说新探索》，北京：中国社会科学出版社，2007年，第625页。
③ 钟敬文：《建立中国民俗学派》，哈尔滨：黑龙江教育出版社，1999年，第19页。

个式。① 所以我们可以说，除了像顾颉刚利用历史地理比较研究法对故事的时空进行研究，更多的是对中国大量民间故事的分类研究。历史地理学派的研究方法不仅在学人们的介绍和应用下走进了中国民俗学（民间文学）的研究中，且反过来影响着世界其他地方的学者对中国民间文学的关注，并在此基础上做出了自己的研究。德国人"伯华在中国人曹松叶帮助下完成的《中国民间故事类型》。此书于1937年出版，原以德文写成，半个多世纪后，才译成中文于1999年由商务印书馆出版"②。在经历"十年特殊时期"后的1978年，中国的一切还都处在百废待兴中，而此时"美籍华人丁乃通（1915—1989）依据'AT分类法'，积十年心血写就了《中国民间故事类型索引》，原著为英文，经著者亲自校订的中文版于1986年面世"③。因此，历史地理学派的研究方法不仅影响着中国学者，还影响着关注中国民间文学发展的国外学者和华人，他们的作品直接将中国的民间故事带向了世界，同时又再次反过来影响着我们自己。可见历史地理学派在世界上的巨大影响力。进入新时代，随着《中国民间文学三套集成》的相继完成，我国对故事学的研究开始大跨步地向前迈进。不论是故事学还是比较故事学，在我国的发展都蒸蒸日上，而这与历史地理学派的研究方法密不可分。在故事学和比较故事学研究中，以刘守华为代表的华中师范大学研究团队在这方面走在了全国前列。刘守华先后出版或主编了《中西叙事文学比较研究》④《故事学纲要》⑤《比较故事学论考》⑥《中国民间故事类型研究》⑦《民间叙事文学研究》⑧等，更不用说发表于各类刊物中的那些数量可观的论文了，这些都大大拓宽了国内与国际间的民间故事研究范围。通过对这些著作的阅读，笔者发现，这些著作很大程度上展现出作者对历史地理研究方法的广泛应用，并且对此表示极大的赞誉。除了刘守华等，利用或借鉴历史地理研究方法对中国故事进行研究并作出分类，甚至是对狭义故事之外的神话也进行了母题的研究，这就是祁连

---

① 万建中：《民间文学引论》，北京：北京大学出版社，2006年，第220页。
② 万建中：《民间文学引论》，北京：北京大学出版社，2006年，第220页。
③ 万建中：《民间文学引论》，北京：北京大学出版社，2006年，第220页。
④ ［美］丁乃通：《中西叙事文学比较研究》，陈建宪、黄永林、李扬、余惠先译，武汉：华中师范大学出版社，2005年。
⑤ 刘守华：《故事学纲要》，武汉：华中师范大学出版社，2006年。
⑥ 刘守华：《比较故事学论考》，哈尔滨：黑龙江出版社，2003年。
⑦ 刘守华主编：《中国民间故事类型研究》，武汉：华中师范大学出版社，2002年。
⑧ 刘守华、黄永林主编：《民间叙事文学研究》，武汉：华中师范大学出版社，2005年。

休的《中国古代民间故事类型研究（上中下）》[①]与王宪昭的《中国民族神话母题研究》[②]，它们更是从不同时代上对古代故事（广义）进行了深入研究，同时跨越了故事范畴，在民族领域再次开拓了历史地理研究方法于中国的应用。

从以上分析中我们可以清晰地看到，不管是在五四时期的中国民俗学（民间文学）初始阶段，还是在改革开放后民俗学（民间文学）的复兴阶段，还是21世纪中国民俗学（民间文学）的进一步发展，历史地理研究方法都在我国形成一股不可阻挡的势力，同时自五四后，历史地理研究方法进入我国以来，这一方法确实为中国民俗学（民间文学）的研究打开了一条新路，更甚或在我国故事研究上占据了大半江山。

历史地理研究方法固然得到了我们的肯定，但任何事物在这个世界上都不是完美无缺的，更或是有"金玉其外，败絮其中"的危险。那么，历史地理研究方法同样面临这样的尴尬。历史地理研究方法自产生以来，就在众多学者的诟病中生存。我们在上文中对其进行了较为全面的肯定，可面对这一同样具有众多缺点的研究方法，又不得不转移视角，对此方法的实际应用进行反思。

二、对民俗学历史地理研究方法的反思

对于历史地理学派及其观点和研究方法，我们不能只看到其值得我们赞赏的一面，它仍然有不少值得我们反思的地方。其实，在美国早已有人对此发出过强有力的质问，这便是邓迪斯，他曾在《世界民俗学》中说："对历史地理学派的主要批评之一，是民俗学仅研究民俗本身，其变异性与稳定性，皆脱离了富有意义的因素。故事传播及特征超机体式悄然消失，是一些人类学的民俗学家避而不从事这类研究的原因……历史地理方法是最有价值的方法之一。不过，大多数历史地理研究，都留下一些重大的问题没有解答。原型（即使构拟是正确的）为什么首先产生于一个地方？为什么会发展出亚型？为什么这些亚型恰好发生于它们的那个地方？为什么故事以多种形式被传述（或不被传述）？关于这些问题，必须对民俗进行综合的研究。历史起源与传播路线的研究，只是整个研究的一部分，一个重要的部分，而心理根源与功能的研究，也是其中的一部分，将这些统一起来，才能对民俗特质有更

[①] 祁连休：《中国古代民间故事类型研究（上中下）》，石家庄：河北教育出版社，2007年。

[②] 王宪昭：《中国民族神话母题研究》，北京：民族出版社，2006年。

畲族星宿信俗研究——关于盘瓠形象传统认识的原型批评

充分的认识。"① 那么，我们今天又将从哪几个方面看待历史地理研究方法的缺陷与我们因其所做出的反思呢？

（一）对民间故事异文收集整理的理想性实施

在前文中笔者曾提到，历史地理学派对民间故事的研究需要尽可能全面地收集故事异文，然而，这只能是一个理论设想，是几乎无法实现的工作。

1. 柳絮飞花的时空转换——难以寻觅的史前资料与风尚

人类究竟延续了多少万年，人类的文明从何时开始，直到现在也没有人能给出确切答案。不过，有一点似乎可以肯定，在文字出现以前，人们对事物的认识和传授是在语言的交际中实现的，所谓"口传心授"便是如此。在人类文明的进程中，人类对自然以及自身的认识越来越深入。在笔者看来，在人类文明的早期阶段，最早出现的散文体叙事乃神话，其次是传说，最后是民间故事。然而，随着对民间散文体口传叙事的研究，神话、传说与民间故事的界限在某些时候却显得狭窄，况且这是现代人所制定的学术规则，它能否适合古代人很难确定，而地方社会对不同口头文类的表述则反映了这一现状，如畲族称散文体口传叙事为"古老"，韵文体口传叙事为"歌言"。在远古时期，对知识的诉求大多掌握在一族之巫师（通灵者）之手，一般人无法习得。直到现在，我国西南地区的一些少数民族中仍能找到这样的例子——诸如纳西族的东巴经诵唱和彝族毕摩间的"克智"论辩等。

"历史的方法更偏重文献，而地理的方法离不开实地调查。"② 对我们现代人而言，目前还无法穿越时空到达无文字的远古时代，以实地考察时人的生活习惯以及在他们口中流传的故事。再有，口头语言是瞬间即逝的声音，那个时代的人们，没有现在的科技以记录信息，所以随着时代和族群的更迭，有多少口传叙事作品流传到现在，已很难计数，即使是如《尚书》《易经》《诗经》《春秋》《道德经》《论语》《孟子》《庄子》《墨子》《史记》等古籍，甚至是那些考古发现的甲骨，也很难寻觅其远古时代的故事信息。因此，我们无法得知史前时代的资料和风尚，而现在知道的也只是依靠考古发现和某些史书记载所形成的不完整（甚至错误）信息——实物带

---

① ［美］阿兰·邓迪斯：《世界民俗学》，陈建宪、彭海斌译，上海：上海文艺出版社，1990年，第560页。

② 杨秋：《从孟姜女研究看顾颉刚的学术品格》，《社会科学家》2007年第1期，第36页。

不来口头语言的故事，而口头语言的故事也难以在远古的实物中得以真实复现。

顾颉刚在其《孟姜女故事研究集》中曾经如此讲到"孟姜女即《左传》上的'杞梁之妻'这是容易得知的。因为杞梁之妻哭夫崩城屡见于汉人的记载，而孟姜之夫'范希郎'的一个名字还保存得'杞梁'二字的声音。这个考定可说是没有疑义。于是我们就从《左传》上寻起"[1]。据此可知，顾颉刚在研究"孟姜女"时，将最早的文献定位于《左氏春秋》，可是如果"孟姜女故事"不是左丘明所杜撰，那么这一记载的口头版本很可能在春秋时代就已流传。也就是说，口传叙事的文字记载是在先有故事而后有文字的基础上成形的。因此，笔者可以大胆地说，顾颉刚对"孟姜女故事"的研究是不完全的，至少对古代资料的认识是有所缺失的。有学者这样认为，"顾颉刚关于孟姜女故事的研究，介于民俗学与历史学之间，他以民俗学的模式代替历史学的研究，又以历史学家的身份营建民俗学科，其结果可能是给两者都带来后遗症，这是令人遗憾的"[2]。回观丁乃通的《中国民间故事类型索引》及其《中西叙事文学比较研究》，更能看出这一点。我们就拿 AT510A 型的"灰姑娘"故事作一例证。在《中国民间故事类型索引》中，丁乃通采用的故事文本几乎都是现代搜集整理本，如其所列出的"陈石峻，116—120 页（a，V，+533）……广西壮族文学……林兰……民间文学……民俗……山花……"，还有"……云南各族民间故事选……"等，[3] 而在其《中西叙事文学比较研究》中，所探讨的故事异文最早的也不过是唐代段成式《酉阳杂俎》中的《叶限》故事[4]。据此笔者认为，一则故事之所以能够得以记载，一方面是文人自创，另一方面便是故事早已流传于口头而被有识之士所收集，因而笔者推断，"灰姑娘故事"在段成式记录之前就已存在，而其存在的时间肯定至晚在唐，甚至更早，因为中国一夫多妻制古已有之。故其"实证"实为文字记载的"实证"而非口头语言的"实证"。

---

[1] 顾颉刚：《孟姜女故事研究集》，上海：上海古籍出版社，1984 年，第 1 页。
[2] 张京华：《"层累造成"还是"层累阐释"——孟姜女故事与顾颉刚的民俗学研究》，《淮阴师范学院学报（哲学社会科学版）》2008 年第 3 期，第 373 页。
[3] ［美］丁乃通：《中国民间故事类型索引》，郑建威、李倞、商孟可、段宝林译，李广成校，武汉：华中师范大学出版社，2008 年，第 114—115 页。
[4] ［美］丁乃通：《中西叙事文学比较研究》，陈建宪、黄永林、李扬、余惠先译，武汉：华中师范大学出版社，2005 年，第 99—100 页。

总之，对历史地理学派而言，想要全面收集各类故事异文是完全不可能做到的，即使他们能在所生活的时代将当时的故事完全收集，那么对于不可到达的远古时代，就可以放弃吗？如果可以放弃，那么对于故事的溯源和原型构拟是否就没有一点遗憾呢？

2. 浩如烟海的古籍善本——难以穷尽的文人改编与记录

人类在五六千年前开始从图画中衍生出文字，从那时起人类的言行就开始被掌握文字的人记录下来，也许限于时代条件、文字数量的匮乏及书写工具的低劣，对人类文明的记录大都寥寥数字，而且在文字的初始阶段，并没有摆脱图画的影子，这一点可从我国考古发现的甲骨文、石鼓文及钟鼎文等原初文字中发现。不过，人类文明是前进的，人类的思维方式也不再那样单纯，不再只是崇拜和畏惧于自然力量，开始以一种全新的认知方式将自身的力量付诸改造自然的生活之中。也就是在如此的变化中，人类对身边之事的记录开始繁杂起来，而文字使用也不再掌握于少数人手中。春秋时的孔子，第一个创办教育，将文字及其对生活、政治和文化的理解教授于人，这更使社会出现了一个可以改变时代的阶层——士人。不过，孔子之前就已经存在"授徒"现象，而在其后更是广泛，以至于影响到现在。

人们有了掌握文字的本领，有了对世界的新认识，有了不同于原始时代的思维方式，因而人们开始将自己的所见所闻诉诸笔墨，用自己的方式将其记录在册，以求流传于后世。

那么在这几千年中，究竟出现过多少文人墨客，不用说国外，就是国内，也无法统计，而这些文人墨客的文字又有多少我们更是难以知晓，更何况人类的争夺杀伐又导致了多少资料的消亡我们也难以知晓。就拿秦始皇焚书坑儒来说，有多少知识分子化为尘土，又有多少文章消失殆尽，难道这些人、这些文字中就不存在民间故事？被称为我国古代第一部诗歌总集的《诗经》，传说就是由孔子所编撰，不过它在那场灾难中幸免于难，同时还有流传于世的《论语》《孟子》《曾子》等。从目前来看，这些传世作品固然有不同于原本的遗憾，但我们亦可从中看到很多民间口传叙事的影子，如在《孟子·万章上》中有这样一则故事：有人送给子产一条活鱼，子产就叫他的手下人把鱼放到池子里去。结果这个下人把鱼拿出去煮了，回来对子产说："鱼我已经放了，刚放下去时，待着不动；一会儿，它才显出得意的样子，一甩尾巴钻进水里去了。"子产高兴极了，那个手下人之后对人说："谁说子产聪明？我早把鱼吃了，他什么也不知道。"可是这些文本都是我们日常生活中随处可见的东西，而对于那些我们无法得见，也许一生都无法得见的文本，我们又该如何做呢？况且，对于这些文本，我们有没有那么多的时间进行民间故事梳理呢？在乾隆时期修订的《四库全书》直到现在似乎都无人将其读完，即使当时的总纂官纪晓岚以及最终拍板的乾隆皇帝，何尝不是如此？而对于那些稗官野史和没有被收入《四库全书》的文本，我们又该怎样看待？就如纪晓岚的《阅微草堂笔记》、蒲松龄的《聊斋志异》等，这些文本都是文人对民间故事的搜集与编著，甚至是自己的创作，而国外的作品我们又能看到多少？——印度《五卷书》《佛本生故事》、阿拉伯地区的《天方夜谭》、基督教《圣经》、伊斯兰教《古兰经》以及佛教"大藏经"，等等，这些在我们现在看来，也只是古籍善本的冰山一角。

对历史地理研究方法而言，其学者所讲究的全面收集故事异文，在历史与地理的双重作用下找寻故事生活史的实证主义，就不攻自破了，他们所提倡的这一点不过是一种理想而已。

丁乃通在其编撰《中国民间故事类型索引》时，所引用的故事文本大多来自现代人所编撰的故事集和刊物等，如娄子匡《巧女和呆婿的故事》《中华童话故事》；《民众教育季刊》《教育与民众》；等等，而我们能看到的年代比较早的文献，诸如南朝宋刘义庆《世说新语》、唐刘肃《大唐新语》，还有宋代《太平御览》《太平广记》以及罗烨《新编醉翁谈录》等[1]，而在其《中西叙事文学比较研究》中这一点更是显著，如在《云中落绣鞋——中国及其邻国的 AT301 故事群在世界传统中的意义》一文中，异文的选取无一不是近现代出版的[2]，而最早发现的异文也不过出自晋干宝《搜神记》，如此一来，这篇文章的可信度分析也就大打折扣。而祁连休的《中国古代民间故事类型研究（上中下）》可谓将中国古籍中的民间故事几近搜罗，并将之进行了详细分类。不过，我们还是要说一句，民间故事在古代中国文人那里，多是为其作品或其个人服务——如曹雪芹的《红楼梦》就是一例，并且古人尚不知道该如何进行民间故事的搜集整理，所以不少作品并不像诸如《搜神记》《笑林广记》等那样，而更多的是杂集在其他文章之中。因此，在赞许祁连休等人的故事类型研究时，还要有予

---

[1] 详见［美］丁乃通：《中国民间故事类型索引》，郑建威、李倞、商孟可、段宝林译，李广成校，武汉：华中师范大学出版社，2008年，第371—398页。

[2] 详见［美］丁乃通《中西叙事文学比较研究》，陈建宪、黄永林、李扬、余惠先译，武汉：华中师范大学出版社，2005年，第133—134、212—213页。

畲族星宿信俗研究——关于盘瓠形象传统认识的原型批评

以补充的准备。对顾颉刚而言,他在研究"孟姜女故事"时,不论是《孟姜女故事的转变》,还是《孟姜女故事研究》,其文献的终结点分别是在宋朝和清朝,而对他来说,并不想轻易放弃该意义深远的研究。不过,他也曾说:"一来我太忙,找不到几个整天的空闲;二来是材料愈积愈多,既不忍轻易结束,尤不敢随便下笔。我的坏脾气老是这样:一个问题横在心中,便坐立不安,想去寻找资料;等到材料多了,愈分愈细,既显出起初设想的错误,又惊怖它的范围的广漠,而且一个问题没解决,连带而起的问题又来要求解决了,终至于望洋兴叹,把未成之稿束在柜子中而后已。"① 这里所说的虽然不全是对古籍善本的担忧,但我们从其对"孟姜女故事"的研究中似能看到,作为"古史辨派"的领军人物,他怎能忘却这种文献资料对故事研究的实证作用?由此笔者认为,历史地理研究方法在此时就显得"势力低迷"。

再有一点,我们也要格外注意,而这也是现在研究民间文学时应特别注意的对象——"伪民间文学"——文人(作家)对民间文学的影响。所以有人说:"在搜集到一定数量的异文后,有的时候可能还要对一些异文的真伪进行鉴别,然后,我们必须对异文进行分类,并按照一定的次序把异文排列起来。"②

笔者已经讲过,民间故事可以给文人作品增色不少,不过反过来,我们也要看到作家对民间文学的作用(由于此处不是本文论述重点,故只简要说明)。文人作家"对民间文学的保存与再创作"是文人作家对民间文学的益处所在,而文人作家"又不断按照上层社会的价值观念以及个人的审美趣味,为民间文学注入自己的主观因素,因而往往损害了民间文学的原貌",同时"给后人试图窥视原始民族的文化心态蒙上了重重迷雾"③。因此,文人作家在一定程度上阻碍了我们对民间文学的认识和研究,比如顾颉刚在研究"孟姜女故事"时,曾经遇到一篇李白的关于孟姜女的诗——《东海有勇妇篇》,可在经过查证后,他说:"李白《东海有勇妇篇》题下注明'代关中有贤女',沈约《宋书·乐志》亦谓《精微篇》'当关中有贤女',可见李白这诗是模仿曹植而作的,我们安知这种传说不是只在曹植时一现,并没有很久的历史,而李白诗中只因摹古之故而又一提呢。"④ 所以从顾颉刚的解释中,我们可以看出,文人作家对民间文学的研究有着较大的阻碍作用,而对于这

---

① 顾颉刚:《孟姜女故事研究集》,上海:上海古籍出版社,1984年,第89页。
② 王娟:《民俗学概论》,北京:北京大学出版社,2002年,第270页。
③ 详见刘守华、陈建宪主编《民间文学概论》,武汉:华中师范大学出版社,2002年,第66—71页。
④ 顾颉刚:《孟姜女故事研究集》,上海:上海古籍出版社,1984年,第113—114页。

种作品，人们一度称其为"伪民间文学"，而在笔者看来，像纪晓岚《阅微草堂笔记》、蒲松龄《聊斋志异》等都应归于此类，故而我们需要格外注意。

总之，人类历史源远流长，文人墨客层出不穷，民间文学在他们的记述下或保存原貌，或改头换面，古籍善本留存与佚失者更是多如牛毛，何能如历史地理学派所想象的那样可以穷尽？

3. 天高地阔的城乡繁复——难以收集的民众口传与创造

就目前来看，生活在地球上的人类就有60多亿，民族近3000个，可以说，地球上已无处不有人类足迹，人类从远古时期的游猎生活到农耕时代，再到工业时代，直至现在的信息时代，不断扩大自己的活动范围，并在此基础上形成族群和民族，建立起村庄、公社、城市以及国家，使人类之间的关系越来越复杂，同时在各类交通工具发明后，人与人之间的空间距离大大"缩短"，使得人们的迁徙、贸易及交流更加便利。基于这些原因，农村与城市、民族与民族、国家与国家、宗教与宗教、文化与文化之间形成网状结构，从而促使民间故事在其发生、发展、成型与演变的过程中形成环状变化模式。

几乎每个人都会自其出生便开始接受故事洗礼，并在成长中逐步成为一个故事的讲述者和创造者。"民间文学的变异是民间文学创作最具有积极意义的重要特性之一，它使得民间文学更为丰富多彩，呈现出历史性、地方性和创造性的特色，民间文学是活态的流动文学，是处在不断运动之中的文学，充溢着永久的生命活力。"[①] 而其发生变异的根本动力就是人，尤其是一些被称为故事家的普通人。然而，对于生活在不同地区的人来说，他们对同一类型故事的认识与讲述也是不一样的，这便是城乡发展程度所决定的外在因素之一导致的。在人和人之间的交流中，由于接触者与被接触者的不同，同时由于自己的经历和兴趣的不同，使得"个体传承人以惊人的记忆力，善于吸收他人所有的特殊本领，使自己成为民间文学的活仓库、民间文学作品的集散地。他们头脑中保存的作品数量多、质量高"，同时"个体传承人对民间文学的贡献，最重要的还体现在他们在传承过程中主观创造性的发挥上。他们总是一方面遵循着传统作品中的即成套路，一方面又按照各自的审美理想和艺术特长对原作进行不同程度的处理。……个体传承人的主观创造性发挥得越充分，越能体现传承人的风格和个性，就越能在更高层次上丰富民间创作，促使它

---

① 万建中：《民间文学引论》，北京：北京大学出版社，2006年，第74—75页。

在传承基础上自我更新，自我完善"①。其实从我们的经历中也能感受到，每次听取同一个故事时，总有一些地方是与上一次讲述有所出入的，甚至是具有韵文体的史诗和民歌也是如此，这就是所谓民间叙事讲述的套路与变异的融合。由此我们也可见故事传承人的基本特性：他们都是在民间文学传承活动中崭露头角的佼佼者；个人身世不凡，社会阅历丰富，有牢固的群众基础；有固定的传承来源，主要是血缘传承、地缘传承、业缘传承等；形成了独特的传承风格（主体意识和个性语言），②而这些人中就有我们所熟悉的辽宁朝鲜族女故事家金德顺、湖北土家族故事家刘德培及重庆故事家魏显德等。

人们在不同的时间地点会有不同的故事讲述，同时也在不停地增加或删减故事内容。所以"在民俗学的范围之内，'浮动的作品'随时随地添枝加叶进行再创作，读者并不会因为故事的'没有定体'不怪而怪"③。即使是文人在记载时也会出现这种状况，如顾颉刚在研究"孟姜女故事"时，就曾对《左传》与《檀弓》作了比较。虽然《檀弓》增加了"其妻迎其柩于路而哭之哀"的情节，但从字数上我们可以看到《檀弓》明显少于《左传》，并且内容没有《左传》中的详细，同时在后来的《孟子》等中更是如此，更不用说是那些借"孟姜女"而生发的诗歌。据此笔者认为，民间故事在发展过程中的情节增加是可以发生的，但民间故事的情节减少也是可以出现的。换言之，故事的增减是随人的需要而定的。就此而论，可以对顾颉刚的"层累造成"说提出一定的反驳意见。对此，苏联汉学家李福清也认为，"孟姜女传说起源于古籍资料，这一结论是不能令人同意的"④。此外，不同民族对民间故事的创作、接受与传播也是不一样的，尤其是在一些民族杂居的地方，他们之间的交流促使民间故事呈现出更加丰富多彩的面貌，而20世纪80年代开始修纂的"民间故事集成"即可看出这一点。流传于少数民族中的汉族民间故事很多已失去本来面目，成为该民族的民间故事，而只有通过对比分析其细节，才能得出一些端倪。

"故事不仅随时间、空间而变异，也随不同讲述主体的知识结构、讲述目的及讲述语境而变异，甚至同一讲述者的两次讲述也会变更部分情节。民间故事在今天

---

① 刘守华、陈建宪主编：《民间文学教程》，武汉：华中师范大学出版社，2002年，第41页。
② 刘守华、陈建宪主编：《民间文学教程》，武汉：华中师范大学出版社，2002年，第39—40页。
③ 张京华：《"层累造成"还是"层累阐释"——孟姜女故事与顾颉刚的民俗学研究》，《淮阴师范学院学报（哲学社会科学版）》2008年第3期，第373页。
④ 马昌仪、[苏联]李福清：《孟姜女传说研究专著概述》，载顾颉刚、钟敬文等《孟姜女故事论文集》，北京：中国民间文艺出版社，1983年，第187页。

的流传状况是如此，在过去的流传状况当然也是如此。"① 因而民间故事经口口相传发生着各种各样的变化，而人们在搜集时，也无法顾及所有人，并且限于个人能力，也无法到达世界每个角落，又怎能将所有民间故事及其异文搜集完全？那么，对民间故事的溯源与原型构拟，甚至故事类型索引的编制都将构成威胁，因而这对历史地理学派的研究方法及理论又将是"重重一击"。

（二）民间故事溯源的"一元发生论"局限

历史地理学派对民间故事的研究，其终结点就是对民间故事的发源地、发源时间进行实证式考察，最终为民间故事定下一个发生点。基于此，他们大胆提出了民间故事发生的"一源论"，并"坚持'一源论'（monogenesis），即世界各地属同一类型的民间故事都来源于某一地区，然后成波浪式向各地传播。这种方法基于这样一种假设：同类型的民间故事都有共时、同地点、同单一源头（而非多元的），然后由发源地自然向外扩展，从一群人传给另一群人，这一结果并不一定是大规模的移民导致的"②。这就像一颗丢进水塘中的石块一样，泛起的涟漪总是由石落之处向四周传播开来，但我们不能说一个池塘中就只会有一颗石子被扔了进去，相反不同的石子所激起的波纹总是会相互交叠，更有当波纹碰到塘壁后的反波，而这同样会影响中心点的变化。况且，就现在的考古发现来说，人类最早起源于非洲大陆，但这只是现在看到的实物证明，而古人类化石在其他大陆的保存是否会有更久远的年代犹未可知，因而所有真理都可能有被打破的一天，何况是民间故事的发源问题。民间故事经人的讲述才有生命力，而笔者在前文中也已讲过人类在发展过程中所呈现出的复杂多样性，因而要说每一个民间故事都有一个起源时间和起源地，未免过于牵强。

1. 认识"溯源"

芬兰学派的历史地理研究方法贵在"溯源"，那么，他们所谓的溯源究竟该怎么理解。在词典中，有这样的解释："往上游寻找发源的地方，比喻向上寻找寻求历史根源：追本溯源。"③ 如果按照英文"investigate the reasons"或"look for the roots"翻

---

① 施爱东：《顾颉刚故事学范式回顾与检讨——以"孟姜女故事研究"为中心》，《清华大学学报（哲学社会科学版）》2008 年第 2 期，第 32 页。

② 万建中：《民间文学引论》，北京：北京大学出版社，2006 年，第 219 页。

③ 中国社会科学院语言研究所词典编辑室编：《现代汉语词典（第 5 版）》，北京：商务印书馆，2008 年，第 1303 页。

译，溯源其实是对某一事物的根源进行追寻，最终目的是找到其发源的最早起点。因此，笔者认为，历史地理研究方法的"溯源"是指，对搜集的具有大量异文的民间故事进行整理后，按照民间故事可能发生的时间以及其分布地点进行有序排列，从中为民间故事找到时间与空间相吻合的最早发源地，即故事源。不过，我们不得不相信，这一研究方法在民间文学甚至民俗学研究中都是独一无二的，但我们又不得不反过来想，这样的做法是否可行。对此笔者认为，这一研究方法对于某些民间故事或者民俗事项是有一定可行性的，但对大多数研究对象来说，却是很难行得通的。

2. 民间故事的发生——地理环境与心理倾向决定了民间故事起源的多元性

民间故事的发生、发展、传承以及变异都是在人类社会中发生的，而地球上的每一块土地都有其独特性，同时又有其相似性，甚至是同一性。从自然科学的角度予以解释，地球上存在着十几种气候类型，亦有山地、平原、高原、沙漠、森林、河湖以及海洋等多种地形地貌，而生活于地球上的人类，在相同自然条件的制约下，采取的生产生活方式也会出现大致相同的情况，例如内蒙古高原上的蒙古族过着游牧生活，而生活在蒙古人民共和国的人们也过着同样的生活；住在撒哈拉沙漠中的人们为了躲避风沙的侵袭，不得不把自己的房屋建得比较低矮，甚至掘地三尺建筑房屋，同样在沙特阿拉伯和新疆塔克拉玛干沙漠地带也是如此；雨林地区的房屋，其房顶坡度都较大；地中海气候地区中，人们最常见的作物之一便是葡萄，这是酿造葡萄酒的最好原料，不仅存在于地中海沿岸，在美国西海岸也有分布。这一点恰恰体现了"环境决定论"[①]观点。

从上述这些相同或相似的地理环境来看，我们将明白一个道理——人们生活在相同或相似的自然条件下，就将导致人们相似心理倾向的形成，而在这种条件下产生的民俗事象也有一定的相似性。与此同时，我们还要明确这样一个问题，人类之所以叫人类，表明人与人之间肯定存在某种非基因属性的共同因子——人性，而这种人性总是在丑恶与美好之间徘徊。在这种情况的影响下，民间故事出现情节类似的情况也就不足为奇了。除此之外，在人类的发展过程中，人们对自然界的认识曾发生过相似经历，比如西方的创世神话与中国的创世神话——西方有洪水神话，中、印同样存在洪水神话；在新故事中，美国流行的"汽车故事"在中国同样存在。从这一点看，人类的认识是相似的，同样也会造成民间故事的类同性存在，所以民俗

---

① 参见赵蒙主编《人文地理学》，北京：高等教育出版社，2000年，第36—37页。

学前辈贾芝说:"人类共同的思想意识和口头创作方式,决定了他们的集体创作的内容和艺术形式的大同小异。"① 在人类的生活史中,宗教的兴起使得人们的思想遭到了某种意义上的束缚。不过,这样一来就给予民间故事的共同发生一种不可回避的有利条件,因而在这种相同的宗教心理辅助下,民间故事的发生得到了多点之间的共性。

以上论述我们可用一句话总结:地理环境存在着相同或相似,生活在这里的人们在人性与宗教的共同作用下,生成具有不同特点的文化区域,因而导致民间故事在发生过程中存在着共性的多元发生,但不能以此就断定它们之间有着根本的传承关系。

3. 民间故事的分布——时空范畴的繁复决定了故事流布的非单一性

可以说,只要有人生活的地方,民间故事就存于人们的口头之间。笔者在前文中讲到,关于民间故事发生变异的一个原因——故事传承人的内在作用,而引起民间故事发生变异的另一个原因便是"历史的发展、时代的变革、自然环境和社会环境的差异,是促使变异的外在因素"②。人类生活的自然环境与社会环境复杂多变,而人类历史同样在不断地向前发展,同时在人类的历史上,大小战争多如牛毛,使得时代不断更迭——从原始社会、奴隶社会到封建社会、资本主义社会,再到现在的社会主义社会,以及追求中的共产主义社会,人类历史经历了五六千年的大变动。而这种变动使人类在社会空间与自然空间中不断进行着迁移和创造,以中国为例,我们有句俗话叫作:"中原填江西,江西填两广,两广填湖南,湖南填四川,四川填云南。"这句话较清晰地勾勒出我国人民迁移的简单路线,而这其中还有各类"回迁"现象,诸如福建人回迁于浙江等。这些人类迁移有的为自愿自主迁移,有的是因为贸易,有的是因为自然灾害,而最为重要的则是由政治原因导致的,例如我们所知道的南宋皇室的南迁并建都杭州,以及在汉代大批南迁屯边百越云南的中原士兵及其家属等。就是在这样的迁移中,迁出地的文化特性也跟随而来,并与迁入地逐渐融合在一起,同时为经留地播下文化种子。而民众口头流传的民间故事也在迁移过程中得到不断的丰富,与此同时也在不断地发生变异,也就是说"不同地域的

---

① 贾芝:《关于民间文学的比较研究法——刘守华〈民间故事比较研究〉一书序言》,《华中师院学报(哲学社会科学版)》1985 年第 3 期,第 67 页。

② 刘守华、陈建宪主编:《民间文学教程》,武汉:华中师范大学出版社,2002 年,第 37 页。

生活习惯、环境、风土人情也是造成民间文学创作必然变化的根源之一"。进一步说"民间文学在横向传承中，糅入了民族性、地方性的变迁踪迹"[①]。

而对于有着全民性的"梁祝"故事也是如此，当"流传到贵州罗甸布依族地区，大家闺秀祝英台变成了美丽的山寨姑娘，她打柴挑水，样样都能干。在白族《读书歌》中，她还和梁山伯一起劳动建校，勤工俭学呢"！[②] 我们从顾颉刚《孟姜女故事研究集》以及丁乃通《中西叙事文学比较研究》中均可看到这样的变化。

故事从一点向另一点的变迁，要经过繁复的时间和空间的双重作用，同时在流传过程中附会上当地民族的特色也是很普遍的现象，而就是这样的变化，使很多民间故事在流传中失去其原本色彩，变成一个地方性、民族性很强的在地化故事。也就是说，故事在流传过程中，在当地人的心理倾向、审美情趣、民族特性的共同作用下，会得到重新"洗牌"，进而从人物到情节，甚至是中心意蕴都会"面目全非"，从而成为一个全新的故事，进而成为另一类故事的源头。就此瑞典民俗学家凡·西多（Von Sydow）认为："由于受地方历史和文化等因素的影响，一个国际型的故事类型可能很快就被地方化了，演变成这种故事类型的子类型（subtype）又称'地方型'（oikotype，具有地方色彩和风格的某一故事类型的子类型）。每一种地方子类型都有其自己的发展历史，很难从中找出故事原型。另外，从一些采用这种方法进行研究的成果来看，其结果很不确定，甚至只能勾勒出一个可能的传播途径，因而也就失去了科学性，"[③] 所以此时其源头也更难以探求了。

4. 民间故事的变异——众口难一、增减随性决定了故事异文的冗杂

对于这一点，笔者在前文中已经探讨了很多，在此只作简要总结。民间文学的变异是由多种因素导致的，而在这些因素中，总有一些是主要的因素。可以说，民间故事是民众生活中必不可少的谈资，所以口头性与集体性是其变异的根本源泉，其次受到了传承者的审美趣味和区域文化特征的交合，最后受到了社会时代变革的影响，使得民间故事在人们口耳相传中发生各种各样的变异。每个人都是故事的创作者和传承者，所以说"口头文学的创作没有创作权观念，演说者可以因时、因地、因人，对所记忆的民间文学文本进行词语、内容乃至主题方面的改动，不必顾忌任

---

① 万建中：《民间文学引论》，北京：北京大学出版社，2006年，第76页。
② 叶春生：《简明民间文艺学教程》，长沙：湖南文艺出版社，1987年，第40页。
③ 王娟：《民俗学概论》，北京：北京大学出版社，2002年，第270—271页。

何责任"①。由此笔者认为,世界上民间故事的数量远远超过地球上人类的数量,如此一来,按照历史地理研究方法对民间故事进行溯源和原型构拟要求全面收集异文,我们又怎能做到?

从以上四点可见,民间故事在其发生的过程中,一方面确实有其流传性的特点,但我们又要看到,相似故事的形成也并非完全由流传原因所致。对此,万建中曾言:"各地一些故事类型的确有一个共同的源头……但是,我们不能将这一现象扩大化,相似并不都意味着同源,相似是民间故事类型化的突出表征。"②因此,我们不能仅看到故事的"同源",还应注意其"同境"③的存在。历史地理学派认为民间故事具有同源性,钟敬文曾有表述:"我们所理解和要求的故事学,主要是对故事这类特殊意识形态的一种研究。它首先把故事作为一定社会形态中的人们的精神产物看待。研究者联系着它产生和流传的社会生活、文化传承,对它的内容、表现技术以及演唱的人和情景等进行分析、论证,以达到阐明这种民众文艺的性质、特点、形态化及社会功用等的目的。类型索引的编著乃至根据这种观点、方法的探索,一般比较不重视故事思想内容和艺术特点等的分析和阐明。它的注意力比较集中于故事梗概的共同点及相异点,比较重视探究故事的流变过程和原始形态。"④所以说,不论是顾颉刚《孟姜女故事的转变》及《孟姜女故事研究》,或者是丁乃通《中西叙事文学比较研究》中的四大论文,都是对摆脱故事软实力的文化心理及其影响因素的分析,而只注重故事的机械性拆卸的时空交融,所以刘守华在分析 AT461(A)型——"三根魔须"或"西天问佛:问三不问四"时说:"就 461 型故事而言,也许就是由于它那精巧的艺术构思方式及凝聚其中的闪光思想具有向不同文化背景有力渗透的巨大力量,才造成数百篇大同小异的世界异文,使它成了一个在世界广大地区活动的故事圈。"⑤

---

① 万建中:《民间文学引论》,北京:北京大学出版社,2006年,第76页。
② 万建中:《民间文学引论》,北京:北京大学出版社,2006年,第219—220页。
③ "同源"说和"同境"说,同源即它们出自同一本源;同境即由于人们所处的境遇相同、心理状态一致导致故事情节不谋而合。参见刘守华《民间文学研究方法泛说》,《湖北民族学院学报(哲学社会科学版)》2002年第1期,第2页。
④ 钟敬文:《序》,载丁乃通编《中国民间故事类型索引》,郑建威、李倞、商孟可、段宝林译,李广成校,武汉:华中师范大学出版社,2008年,第4页。
⑤ 刘守华:《比较故事学》,上海文艺出版社,1995年,第503页。

正因如此,《民间故事类型索引》的修缮者,AT分类法缔造者之一——美国民俗学者汤普森也担心:"学者对民间故事会冒分析过于精细的风险",以至提出设立"某些有用且必需的非常普遍的术语"。他进一步指出:"人类生活环境的限制及其基本情境的相似性必然产生相似的故事,它们在一切重要的结构方面都是十分相像的。"① 总而言之,"如果固执地为每一篇故事寻找祖源,甚至统统归于一个发源地,那是不切实际的,也是难以做到的。同源说只在一定的条件下存在,而且有的同类型的故事并非同源,而不过是基于同样的物质生活条件或同样的心理倾向才产生的雷同现象。故事随人走,但单凭传播,故事是难以在另一个民族中扎根的。"② 因此,历史地理学派对民间故事溯源的"一元发生论"有着很大的局限。

(三)对民间故事传承时空交融性认识的含混

时间与空间不论是在哲学上,还是在物理学上,甚至是在天文学上,都是一个难以统一的概念,尤其是在时空交融的理解上。在地理学上,有一门分支学科名叫"历史地理学",而这只是以限定时间范围来研究具体地点的地理状况,而不是历史地理学派将时间与空间杂糅在一起,将时空放在同一个平面坐标之内,以线性认识决定民间故事发生的"同源"论断。

在《孟姜女故事的转变》中,顾颉刚以历史文献资料为蓝本,在时间轴上追溯了孟姜女故事的时代,而其在《孟姜女故事研究》中论述了如下三个部分:第一部分"孟姜女故事历史的系统",是在《孟姜女故事的转变》一文基础上充实材料、修正观点,从《左传》一直写到清代乃至民国,是纵向排列的历史脉络;第二部分"地域的系统",将八片地区内所流传的有关孟姜女的传说作了交代,并讨论其中一些问题的成因与价值;第三部分"研究的结论",从此项研究中总结出了六条带有普遍意义的看法。③ 于此,顾颉刚将地理的概念纳入进来,从地理分布方面探讨了故事的发源地。不过,"经过纵向和横向系统的交叉、时间脉络和空间场域的融合,顾颉刚的孟姜女研究并没有如绘制地图那样,在经线和纬线间找到一个最准确的坐

---

① 转引自周福岩《民间故事研究的方法论》,《社会科学辑刊》2001年第3期,第160页。
② 贾芝:《关于民间文学的比较研究法——刘守华〈民间故事比较研究〉一书序言》,《华中师院学报(哲学社会科学版)》1985年第3期,第71页。
③ 陈泳超:《顾颉刚关于孟姜女故事研究的方法论解析》,《民族艺术》2000年第1期,第111页。

标点。横向的系统、空间的场域,反而成为对时间持续性发展、对孟姜女故事历史转变的质疑者"①。同理,丁乃通《中西叙事文学比较研究》中的四篇论文同样在时空的范畴内"挣扎",就如他在《中国和印度支那的灰姑娘型故事》一文的文末所说:"最后,笔者并不坚持认为灰姑娘一定起源于这个地区,仅试图指出,以我们有限的知识,不能肯定这种可能性。对亚洲的大部分地区(除印度和日本外)我们所知甚少,缺乏系统的研究。亚洲无数民族间的关系仍有重要的难题等待解决。"②由此有人质问:"究竟是做无意义的资料搜集和比较呢,还是有价值的学术研究?此类研究关心的问题究竟在哪里呢?如此联系的根据何在?更紧要的则是,怎样为地域的研究找到一个好的落脚点和着力点,使其既不成为天马行空的臆测,又不沦为简单的资料搜集和比较呢?"③这一质问,似乎动摇了历史地理学派研究的目的,他们在时间与空间中焦灼不休,并且不断地说着矛盾的话。

并且,他们在研究这些民间故事的时候,大都是以历史文献的早晚确定故事发源的时间,尤其是顾颉刚的"孟姜女故事"研究。对此,施爱东有言曰:"以实证史学的方法治故事学,其局限性也是非常明显的:片段、偶然的文字记载,永远无法复原故事流变的路线图。"④而对"孟姜女故事"的研究,施爱东也提出了异议,他说:这是"出于'线性生长'的预设,顾颉刚忽视了同时共存的多种可能性,先验地把各种异文'合理化'地投射在一维的时间坐标上,无形中赋予了异文之间必然的前后承接或替代关系"⑤。其实,像这样的批评同样适用于丁乃通的《中西叙事文学比较研究》。

通过对《孟姜女故事研究集》和《中西叙事文学比较研究》中部分文章的分析,我们可以看出,顾颉刚与丁乃通并不能把时间与空间完美地结合在一起,且均在时空交叠的怪圈中回旋。尽管顾颉刚将时间与空间分离开来进行论述,这更是对时空

---

① 彭春凌:《"孟姜女故事研究"的生成与转向:顾颉刚的思路及困难》,《云梦学刊》2007年第1期,第21页。
② [美]丁乃通:《中西叙事文学比较研究》,陈建宪、黄永林、李扬、余惠先译,武汉:华中师范大学出版社,2005年,第124—125页。
③ 彭春凌:《"孟姜女故事研究"的生成与转向:顾颉刚的思路及困难》,《云梦学刊》2007年第1期,第21页。
④ 施爱东:《顾颉刚故事学范式回顾与检讨——以"孟姜女故事研究"为中心》,《清华大学学报(哲学社会科学版)》2008年第2期,第30页。
⑤ 施爱东:《顾颉刚故事学范式回顾与检讨——以"孟姜女故事研究"为中心》,《清华大学学报(哲学社会科学版)》2008年第2期,第31页。

世界的迷茫所致,因为顾颉刚不可能不知道时空是多维空间的立体表现,因而有人说:"地域是历史具体化的表征。在解决由长线索到具体时代的由大到小的问题时,某一时代的风貌是通过历史长河中同一地域的差异性来体现的;而在解决由小到大的问题时,必须透过比较同一时代不同地域之间的差异。"① 而对丁乃通而言,其在四篇应用历史地理(比较)研究方法的文章中,无一不体现着对时空的迷惑,总是想自圆其说,但又在资料的不完全中感到无力,只能以"可能"或者"猜测"之语作为其论断的完结。

历史地理学派以"历史""地理"作为自己学派的名称,但其所做研究并不像其所追求的那样得到了完美解决。我们无心反驳其在母题研究与故事类型划分中所作出的贡献,而母题研究与类型研究只是作为其原型构拟与起点溯源的中间阶段而已。因此,作为历史和地理、时间和空间的一种交合研究模式,历史地理学派的认识是含混不清的。我们虽然不能否定他们在时空交合研究中对非平面线性关系的认识,但他们在研究过程中却忘记了这一点,而这也是促使后人对其研究展开不断批评的重要原因之一。

(四)在民间故事原型构拟中的程度有失恰当

"构拟原型是历史地理方法的关键所在。以原型为依据,再回头来同相关异文作比较,并结合故事所含历史地理因素进行分析,就可以看出这个故事在不同时间空间背景上流行并发生变异的情况,从而展现出它的生活史。"② 据此我们可以看出,原型构拟是进行民间故事溯源的一个中间阶段,只有通过原型构拟,并将异文与之相较,才能找出民间故事流传分布及其变异的基本状况,才能认识到故事的原初所在。那么,原型在故事学中该怎样理解,这种构拟到底是否合理?对原型构拟有没有原则可言?

---

① 彭春凌:《"孟姜女故事研究"的生成与转向:顾颉刚的思路及困难》,《云梦学刊》2007年第1期,第21页。
② 刘守华、陈建宪主编:《民间文学概论》,武汉:华中师范大学出版社,2002年,第303页;刘守华:《故事学纲要》,武汉:华中师范大学出版社,2006年,第194页。

1. 认识"原型"

什么是原型,这是我们理解和应用历史地理研究方法进行故事研究的一个关键问题,就像"母题"研究与"类型"研究一样,在其设定的民间故事研究中有着至关重要且不可逾越的作用。那么,我们究竟该怎样定义故事学中的原型概念,这一问题在我们的民间故事研究,甚至是整个故事学中都有举足轻重的地位。

在文艺学中,"原型是对人类基本生存状态的反映,是在人类社会历史实践中形成的,是人类文化积淀的结果。原型中蕴涵着大量的民族观念和情感,具有丰富的心理容量和强烈的感情色彩,在无意识中广泛为人们所理解,但却不是任何一种具体的观念和情感",并且"原型具有很强的稳定性和导向性;也具有比较强的可塑性和变异性",总而言之,"文学原型就是特定的文化无意识倾向(原型)在文学领域的表现"[①]。也就是说,原型是人们观念与情感的交融体,且是一种无意识表现,具有很强的定位性和可变性的基本文学形态。与此理解相似的说法是:"'原型'本质上是人类早年经历中所蕴含着的后世一切文化的基因。它是一种尚未明确整理的非抽象非概念的感觉世界,因而更多地体现为无意识状态。并且由于生产力和个体能力所限使人类先民的生存(包括人类进入现代社会之前的漫长历程)以种群意识为意识主体,这种无意识也就带有更强的集体性。"[②]在这里,作者将原型定位为一种"早期文化基因",是"非抽象的""集体无意识"的体现。而在《〈孟姜女〉故事的原型批评》一文中,丁玲则认为:"原型"的实际意义有以下几点:1. 人类集体无意识中有着种族的经验和社会经验的继承,它以"母题",即"原型"的方式反复出现在文学作品中,象征着某种意义和经验,使"原型"成为一种"典型的意象",发挥着"可交际"的作用,从中可以看到一个民族或一种文化的基本价值观;2. "原型"作为一种集体潜意识,"是一种从不可计数的千百亿年来人类祖先的经验的沉积物,一种每一世纪仅增加极小极少变化和差异的史前社会生活经历的回声"(转引自《人格心理学》)。因此,我们可以从原型中找到人类远古时期面临的生活状态及相适应的情感要素,并且可以从中找到一种共鸣。[③]这一论断虽然是对顾颉刚"孟姜女故事"研究而得出的"原型"结论,与文艺学上的认识有着异曲同工之妙。而对神话—原型批评学派而言,他们所谓的"原型(archetype)

[①] 夏秀:《原型理论与文学活动》,山东师范大学博士学位论文,2007年,第24页。
[②] 杨丽娟:《"原型"概念新释》,《外国文学研究》2003年第6期,第115页。
[③] 丁玲:《〈孟姜女〉故事的原型批评》,《青海民族学院学报》1993年第2期,第98页。

畲族星宿信俗研究——关于盘瓠形象传统认识的原型批评

是'无数同类经验的心理凝结物',弗莱认为,'原型是一些联想群(associative clusters)',是指'那种在文学中反复使用,并因此而具有了约定性的文学象征或象征群'"①。在笔者认为,这一"原型"表述彰显了很强的心理学特征,但其对我们界定故事学中的"原型"概念具有突出的模糊性。

那么,我们究竟该怎样理解故事学的"原型"呢?笔者认为,故事学上的故事原型,是指在集体无意识的作用下,于民众口头形成的一种能够反映过去某种生活样态以及群体情感倾向的简单情节模式,这种情节模式不仅具有稳定性特征,也会随着时代的发展和集体成员的变动而产生一定变异。笔者在前文的"难以寻觅的史前资料和风尚"中已经讲到,古人的意识形态与今人不同,他们对自然和人类社会的认识是有限的,而人的认识是不断增加的。笔者曾提到顾颉刚的"层累的构成中国史"说,简而言之,"层累的构成中国史"即历史内容是在逐渐增加中丰富的。不过,我们也该知道,并不是所有故事从其生成开始就是一直在增加而不减少的,但总体而言,民间故事在情节上还是在不断增加的,否则我们就不可能看到流传到今天的精彩故事。由此,笔者认为,原型应该是民间故事产生后最原初的形态模式。

2. 原型构拟的程度不当

历史地理学派并没有对其认识的原型进行理论阐述,便开始在母题和类型研究的基础上对溯源研究的另一层面——故事原型进行构拟,但其原型构拟却产生了程度不当的问题。对此,我们试举一例来证明。在丁乃通《中西叙事文学比较研究》中,《云中落绣鞋——中国及其邻国的 AT301 型故事群在世界传统中的意义》一文对 AT301 型故事的原型进行了构拟,即:

英雄在山上砍树时,突然看到一个妖怪或可怕的动物经过(可能在一阵可怕的风暴中),他向它扔出武器,从飞行物中掉下血,同时也可能还有一只女人的鞋子,他沿着血迹追到一个很深的地下洞口,后来,他听说一个公主在这阵风中被劫走,并悬赏让人去营救,他带着他的一个亲密的朋友来到那洞口,用绳子下到洞内,在公主感恩地将一个首饰一分为二,送一半给他作为信物,恶人吊上公主后,封住洞口,冒领了报赏,然而,英雄在地下世界救了一条被缚的龙,在龙的帮助下,他回

---

① 万建中:《民间文学引论》,北京:北京大学出版社,2006年,第10页。所谓"神话—原型批评学派"亦可参考此书第9—12页。

到了地面,他可能从龙那儿得到了一件具有魔力的礼物,总之,他赶到了宫殿,当他拿出信物时,公主认出了他。结果恶人受到惩罚,英雄同公主结了婚。①

作者在构拟过原型后,说:"上述原型同样由Ⅱ gi(或h)、Ⅰ labo、Ⅳ ag、Ⅴ ag、Ⅵ(g)f组成,尽管它对于读者来说可能极熟悉,但在本文所讨论的301A中国异文中,没有一个完全具备上述每一个情节。"② 由此我们可以猜测出,对丁乃通而言,他所认识的原型就是将各个异文中最为重要或主要的情节母题进行叠加连成一个完整有序的故事,也就是"按照在异文中出现频率较高的即属构成原型要素的通例,经过对全部异文的比较综合,构拟出AT301A型"③。因此,"由于这是从众多异文中构拟出来的'原型',即故事的起源形式或标准形式,所以在现存口头异文中,很难找到完全具备它的每一个情节的文本,或多或少总有些差异"④,但作者所搜集的异文仅有62篇,这就能说明这些情节就是出现最多的内容吗?在笔者看来,一个民间故事的异文可谓来自每个人口中的每一次讲述的故事文本,而丁乃通用以构拟原型的异文区区50个,这难道就是所有异文的"代表"?而将诸异文以这种简单的情节母题叠加而成的原型来寻找故事的演变轨迹,果真就是可靠的吗?从异文与原型的相似度来评判故事的源流怎能实现?这样的原型构拟太过详尽,同时也无法让我们认同作为原始形态的故事就是这样的完整无缺。对此,我们又将怎样对同样不具备此完整情节故事的先后顺序进行认定?而如果将"原始形态"换作"标准形式",笔者还是比较认同的,因为只有这些母题情节的组合,才能让我们看到所有异文的整体面貌。不过,这也无法排列出民间故事的时间与地理联系,而依据我们所认识的原型概念,就其作为原始形态而论,笔者并不能认可。

---

① [美]丁乃通:《中西叙事文学比较研究》,陈建宪、黄永林、李扬、余惠先译,武汉:华中师范大学出版社,2005年,第167页。
② [美]丁乃通:《中西叙事文学比较研究》,陈建宪、黄永林、李扬、余惠先译,武汉:华中师范大学出版社,2005年,第167页。
③ 刘守华、陈建宪主编:《民间文学教程》,武汉:华中师范大学出版社,2002年,第303页;刘守华:《故事学纲要》,武汉:华中师范大学出版社,2006年,第193页。
④ 刘守华、陈建宪主编:《民间文学概论》,武汉:华中师范大学出版社,2002年,第303页;刘守华:《故事学纲要》,武汉:华中师范大学出版社,2006年,第193页。

畲族星宿信俗研究——关于盘瓠形象传统认识的原型批评

与此如出一辙的,还有黄永林在《一个机智人物故事的原型与流传——AT1635A型故事的中国原型探寻》一文中对AT1635A型故事原型的构拟:

有一个恶作剧的穷人,有一天,他将他的雇主骗到河边后,立即回到雇主家对他的妻子说,她的丈夫不幸掉入水中淹死了,雇主的妻子一听,哭着向出事的地点赶去。这个恶作剧者又立即跑回河边,对他的雇主说,他家里的房子着了火,雇主一听哭着赶紧向家里跑,当这个雇主和他的妻子在半路上相遇时,才发现受骗了。①

此文以51篇现代异文为材料,通过分析提炼出出现频率较高的情节母题,并在此基础上进行组合,从而形成了如上故事原型,进而对这一故事在中国的流传分布下了个结论:这个故事类型的原型最早产生于长江中游地区,后以口头形式沿着长江水运交通向全国各地传播,但这种传播范围和速度极为有限。在清朝末年这个故事与徐文长的有关情节结合,并随着民国时期徐文长故事的大量出版,而以书面形式不断向全国传播。这个故事类型早期以口头流传为主,后期则是书面和口头共同流传,口头流传在线路上具有明显的延续性,而书面流传则在距离上具有一定的跳跃性。② 从这个结论中我们同样看到了与丁乃通一样的研究方式,且表现出同一种结论模拟。这样一来,我们就要反问,这则故事的异文就只是这些吗?而为什么在浙江一带只是流传"徐文长"的故事,难道只是因为其是浙江人吗?为什么不说维吾尔族的"阿凡提"故事也是这样形成的呢?难道只是作者所认为的"穿凿附会"吗?这样的认为不是太过牵强吗?并且,这一故事是怎样流传到黑龙江齐齐哈尔达斡尔族的,而在黑龙江其他地区,其他民族中存在这一故事吗?它又是怎样从长江中下游跑到西北甘肃东乡族?又是怎样在贵州侗族、云南傣族和哈尼族扎下根的?作者是否去调查过?仅仅通过这些已有的故事文本就简单地下此结论,这未免太过武断。

笔者不否认民间故事的动态变化,但笔者也讲过除"同源说"还有"同境说",因而这样的民间故事原型构拟是有失恰当的,它将原初形态和标准模式两个概念含混在一起,认为两者是合二为一的,所以是以"或"连接的非此即彼,故备受笔者

---

① 黄永林:《一个机智人物故事的原型与流传——AT1635A型故事的中国原型探寻》,《华中师范大学学报(人文社会科学版)》2002年第3期,第117页。
② 黄永林:《一个机智人物故事的原型与流传——AT1635A型故事的中国原型探寻》,《华中师范大学学报(人文社会科学版)》2002年第3期,第117页。

质疑。

3. 原型构拟的原则

既然笔者在此质疑了两位学者在原型构拟上出现的缺点，且未否定原型构拟的实际存在，那么为了避免相关遗憾，是否存在一个普适性的民间故事原型构拟原则，在此笔者尝试加以探索。

前文已对故事学中的原型概念作了初步解释，据此笔者认为，对民间故事原型的构拟须从"原"与"型"两点着手。首先要明确的是，我们所进行的是民间故事原始形态的探索；其次要注意，我们要做的是民间故事原始形态模式的构拟。只有清楚这两点，我们才能对民间故事的原型有较为准确的界定，并以此尝试追溯民间故事的源流所在。因此，对民间故事原型的构拟，首先就是尽量收集具有"代表性"的故事异文进行母题、类型划分；其次对具有"代表性"的故事异文的母题情节出现时代进行认定（就此笔者认为，主要是依据搜集地或文献所记载的年代最早异文为主，简言之，即文献的出现年代，其实这一点是很难确证的）；再次将这些最早出现的母题情节进行有机组合；最后将组合而成的故事进行修缮以成为最终的"原型"故事。不过，这样的原型构拟，仍然存在很多漏洞。比如说，我们怎么认定这些故事最早出现的母题情节是否在同一时代，如果不是，我们该怎样组合，而这也是整个故事原型构拟中最为艰难的部分；而我们该怎样确定收集的故事的代表性也是一个问题。毕竟这只是一个理论性探索，还没有付诸行动。不过，以"最早"连"最早"的原型构拟方略，或可间接看到不同地区出现该故事的最早形态，借此笔者大胆推测，随着对这一理论的进一步研究和实践，一定会比现在简单地以出现频率较多的母题情节进行叠加要科学得多。

（五）对复杂情节之民间故事类型划分的混乱

前文已对民间故事类型划分在民间文学——故事学应用中的巨大贡献作了客观肯定，但对于民间故事类型的 AT 分类法，笔者仍持一定保留意见。

在上文中，笔者一直没有论及 AT 分类法究竟为何，那么在此略讲一二。

"所谓 AT 分类法，乃是对阿尔奈－汤普逊体系的简称。1910 年，芬兰学派代表人物安·阿·阿尔奈刊行了《故事类型索引》，创立了国际通用的故事分类法。他把民间故事分为动物故事、普通故事和笑话三大部分，再分门别类，统一编码，

畲族星宿信俗研究——关于盘瓠形象传统认识的原型批评

1号至299号为动物故事；300号到1199号为普通故事；1200号到1999号为笑话，在2000个总编号中，阿尔奈根据自己掌握的故事资料，只归纳出了540个类型编入其中，其一千多个型式，留待他人根据新发现的资料予以补充。1928年，美国著名民间文艺学家斯蒂·汤普森出版《民间故事类型索引》，对阿尔奈的索引做了重要补充和修订，1961年印行该索引的第二版时再次进行增订，由阿尔奈创立又经汤普森所完善的这种编制故事类型索引的方法，被各国学者称为AT分类法竞相采用，据了解已有30多个国家和地区出版了不同型式的故事类型索引。"①而丁乃通的《中国民间故事类型索引》正是依据AT分类的标准对中国民间故事进行的分类，使得中国民间故事走向了世界大舞台。不过，对于这种分类，笔者仍有些许疑问，尤其是对情节复杂故事的归类问题持保留意见。

笔者在前文中曾述及两个基本问题，即民间故事的"层累构成"及其"原型构拟"，从中我们可以看到，民间故事的内容总是存在从简单到复杂的变化过程，所以就目前来看，故事有"单纯故事"和"复合故事"两种。对"单纯故事"是较好归类的，比如在丁乃通《中国民间故事类型索引》中就列有如T1201——耕地型故事，其中只有"坐四人大轿播种，田海燕（1），172页"一个单纯故事，而诸如1210*——吊驴上塔型故事、1214——能言善语的拍卖商②等故事亦属此类，但翻看正本索引，我们会发现这些故事仅是少数，而更多的是"复合故事"。

例如，AT76——狼和鹤型故事，讲的是"鹤将狮子喉咙里的骨头取出，但是后来还是被吃掉了"，其参考资料为"赵振南，22—27页（只前一半，+285D），李翼、王尧，113—114页，董斯张，3904—3905页（鸟逃跑了）"③。于此我们可以看到，在赵振南的故事中只有前一半，却又加上了AT285D——蛇拒绝复交型故事。那么，这则故事究竟属于哪个故事类型呢？它存在于两个故事类型中，而在这两个故事中都有这个故事缺失的地方，我们对此故事类型该如何看待？既然是故事类型，那么对于这一类型而言，就不仅仅是一个情节母题，而应当是能够将属于它的所有故事包容在内，但为什么还会出现这样的结果，如果用数学上的集合表示，如附图

---

① 刘守华：《故事学纲要》，武汉：华中师范大学出版社，2006年，第9—10页。
② [美]丁乃通：《中国民间故事类型索引》，郑建威、李倞、商可孟、段宝林译，李广成校，武汉：华中师范大学出版社，2008年，第230页。
③ [美]丁乃通：《中国民间故事类型索引》，郑建威、李倞、商可孟、段宝林译，李广成校，武汉：华中师范大学出版社，2008年，第9页。

288

1和附图2。

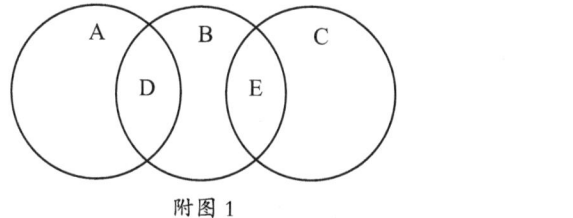 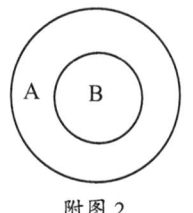

附图1　　　　　　　　附图2

从这一图示中我们可以看出，AT76——狼和鹤型故事的异文"赵振南"就属于附图1所标示的那样，如果A是AT76完整版"鹤将狮子喉咙里的骨头取出，但是后来还是被吃掉了"，B表示"赵振南"异文，那么C就应当是AT285D——蛇拒绝复交型故事。据此我们也应当能看到，D为AT76完整版的前部分"鹤将狮子喉咙里的骨头取出"，而E则是"赵振南"异文的后半部分，如此一来，这则故事属于哪个类型，让我们左右为难，它不曾像我们所认为的如附图2所显示的那样，一个类型就能包含其所有异文，笔者认为这是应用历史地理学派AT分类法所带来的问题。基于这一问题，我国著名故事学家刘守华在探索我国民间故事分类法时就曾表示：比如对类型的划分就没有确定一个合理而严格的标准，主要是沿用已有成果，过粗、过细或相互牵连的情况都有。究其主要原因在于我们至今还没有对全国已有的故事资料做过统一而科学的立型归类。这是一项大规模的科学研究工作，非少数学人所能完成，只能另待时日来解决了①。像这样的故事还很多，就如丁乃通在《中西叙事文学比较研究》一书所列的四个故事——"高僧与蛇女""灰姑娘""云中落绣鞋""人生如梦"等，无一不是如此，而在顾颉刚的"孟姜女故事"中，从开始的郊外迎夫，到后来的千里寻夫、哭崩长城，每一个情节都可以作为一个民间故事出现，但这在丁乃通的索引中并未列出，因为它们均被认定为"传说"了。

就此而论，AT分类法在对复合型故事分类时确实存在杂糅成分。王丹曾如是写道："在AT分类体系中，民间故事内部分类问题、具体作品划类问题、类型编排顺序问题以及其他问题上，都会让人感到疑惑——为什么要如此分类、命名和排列，这里当然会有文化传统和认知方式等因素的原因，但是不管怎样，在参照和利用这

---

① 刘守华：《〈中国民间故事类型研究〉的方法论探索》，《思想战线》2003年第5期，第120页。

一分类体系时，这样的困惑和不解依然是首当其冲的问题。"①而陈连山更加直白地说："没有哪一个类型学者是在论证了各个故事文本的历史渊源关系之后再确定它们属于同一个类型。这个假设使我们误以为故事类型的确定是一个完全客观的历史问题，而不是学者个人进行的一个抽象归纳的问题。"②对于中国民间故事究竟该怎么分类，故事学家刘守华曾表示："我主张还是不沿用 AT 分类，而另外创立自己的故事分类体系。中国各族民间故事以丰富优美著称于世，它同中国自然生态、风土人情、历史文化血肉相连。这些叙事体裁自身的发展也有许多与众不同的特色。AT 分类虽以'国际性'相标榜，实际上只不过是'欧洲、西亚及其民族所散居的地区的民间故事类型索引'。完全套用所带来的种种弊端是不可避免的。"③

从以上分析我们明显能够感受到，历史地理学派对故事类型的划分，尤其是对复杂情节故事的划分存在混乱现象，而这给我们认识民间文学的整体性也带来了困难。因此，究竟该怎样看待这种拥有复杂情节的故事，历史地理研究方法中的类型原则更是让我们迷惑。

（六）对民间故事进行公式化塑造的明显不足

这一点是从"原型构拟"衍生而来的。笔者认为，以历史地理研究方法构拟出来的原型其实是一种故事的"标准形式"，而并非"原始形态"。就此来看，这种标准形式实质上为民间故事制定了一种公式化的模式，而公式一般是定型的，它一旦被构拟出来，即被认为是单一的，因为直到现在，我们也未看到针对某一类型故事所构拟出的新"原型"，例如对"云中落绣鞋"的原型构拟就是如此。因此，就目前的情形来说，其就是一种公式化表现，而何时发生变化也是一个未知之数。不过，公式化一旦形成，就将成为人们研究民间故事所依据的蓝本。学者们"首先尽可能广泛地搜求异文，并对其异同之处精细比较，解析出它的母题和类型；然后把它们置于一定历史地理背景之上进行考察，从纵向的历史演变中构拟出故事原型，

---

① 王丹：《民间故事类型研究法述评》，《湖北民族学院学报（哲学社会科学版）》2003 年第 5 期，第 54 页。
② 陈连山：《普遍性与特殊性之争：确定中国民间故事类型的两种思路》，《河南教育学院学报（哲学社会科学版）》2008 年第 6 期，第 18 页。
③ 刘守华：《关于民间故事类型学的一些思考》，《民族文学研究》2004 年第 3 期，第 25 页。

从横向的地理传播途径中追寻故事的发祥地;再依据原型回头考察有关异文,便可以看出故事在不同时空背景上的演变情况,由此勾勒出该类型完整的'生活史'了"①。所以一旦这样的公式化原型成立,它就将成为所有故事异文的终结者——人们只能通过这样的原型来观察这些故事异文的发生、发展及变化的所有情况,而"忽视作品的思想和艺术的实际内容,而更多着眼于情节的类型,由于他们对作品的创造者劳动人民以及社会历史条件的重视不足,而把作品往往作为一种自生的现象来对待,所以他们在实际上并没有接触到民间文学作品历史发展的真实过程"②。此则也是干预历史地理学派抛弃故事意蕴及其影响因素而加以溯源研究的最大"祸首"之一。

(七)损害了民间故事完整性的情节母题划分

我们首先看一则故事,AT1【狐狸偷篮子】③:

Ⅰ.(a)兔子、(b)狐狸、(c)鸟或(d)其他动物、(e)装死或装成跛子,或(f)唱歌以吸引过路人的注意。

Ⅱ.当过路人——(a)喇嘛、(b)商人、(c)女孩或(d)其他人或动物——停下捡起这个"死动物",(e)狐狸、(f)兔子或(g)其他动物就偷他的篮子,篮子里盛有(h)事物或(i)衣服和别的东西。

据上可知,这则故事通过如此情节母题的划分,将所收集来的故事进行中心成分的标号排列,划分出类似于起因、经过与结果式的"情节母题"故事型。以此将搜集来的故事对号入座,如其所搜集的故事异文:"中国动物故事集,30—31页(Ⅰa, e, Ⅱd, g, h)=祝贺琴,1-2",也有将其他故事类型加入进来以形成完整故事的异文,如"中国动物故事集,70—72页(Ⅰb, e, Ⅱa, f, g, h, i+70A)"。

---

① 刘守华:《比较故事学论考》,哈尔滨:黑龙江出版社,2003年,第25页。
② 刘魁立:《世界各国民间故事类型索引述评》,载刘魁立《刘魁立民俗学论集》,上海:上海文艺出版社,1998年,第358—359页。
③ [美]丁乃通:《中国民间故事类型索引》,郑建威、李倞、商孟可、段宝林译,李广成校,武汉:华中师范大学出版社,2008年,第1页。

畲族星宿信俗研究——关于盘瓠形象传统认识的原型批评

那么从这样的标号中,我们能查看到怎样的情形?如果我们知道利用数学公式数列来解决这一问题的话,便不难计算出,这样一个故事类型的故事异文将是有限的,而我们前面讲过,世界上的每一个人都可能成为一个故事之异文的载体,并且异文的数量也将远远超过人类的总数(甚至每次讲述都是一则异文),可是这样一个标号式的情节母题故事,怎能让我们看到故事异文的丰富性和复杂性呢?历史地理学派利用情节母题将故事拆分开来,变成一个个的零部件,而这些零部件又按照一个故事异文的方式重新拼装起来,以求达到原异文的完整性。不过,我们也应看到,这种异文的拆分在单纯故事中似乎可以流通,但在复合故事中,它又不得不加入其他的故事类型,也就是我们上文所讲的"对复杂情节之民间故事类型划分的混乱"。

而我们从文章开头就在谈论母题问题,现在看来,母题虽然对我们研究故事异文之间的某种渊源关系有着很大的帮助,但民间故事的这种机械拆分法大大破坏了民间故事的完整性,同时打破了故事异文发生无限性的状态,这使得我们无法全面认识到故事发生的意义,以及割裂了故事在发展过程中与周遭世界的关系。所以著名民俗学家贾芝对此提出了"剥离"说,认为:"1. 使用这种方法,对有些故事的分类就不免会遇到困难似乎并不是所有的故事都那么容易加以剥离;2. 把同一类型的故事的异同之点剥离制表,虽然可以做到一目了然,但是,倘若有人想仅仅用这个方法去了解和还原故事,却几乎是不可能的。剥离后的故事只能象失去花、叶而只有枝干的枯树。对于任何一个生动的故事来说,舍去细节的描写,就失去了生命力。"① 不过,刘守华则认为:"由母题类型入手,既可以触及作品的主题,也可以触及作品的艺术形式风格;既可以由此考察文化传播和途径,也可以由此探寻人类文化平行演进的轨迹。"②

就这两位学人所出现的这种截然对立的观点,笔者还是比较倾向于贾芝的论断,尽管"对民间故事类型的认定主要依据的是情节单元,它构成了故事类型最稳定的结构,是故事类型的'恒量',具有国际性。人们常说民间故事具有相似性或雷同

---

① 贾芝:《关于民间文学的比较研究法——刘守华〈民间故事比较研究〉一书序言》,《华中师院学报(哲学社会科学版)》1985年第3期,第69页。
② 刘守华:《比较故事学的方法》,载刘守华《比较故事学》,上海:上海文艺出版社,1995年,第89页。

性,主要指的就是情节单元"①。但是我们已经分析过,民间故事本身是一种生活文化现象,如果一旦变成机械以至成为组成零件,即母题所表示的故事最小的叙事单位,又怎能认识故事的全貌——外部(变异因素等)与内部(内涵、意义、民俗、作用等文化所在),这时的故事已然不是活在人们口头上的兴趣,而是一块僵硬无味的馒头——啃都无法啃,又怎能让人们接受,而这也是导致民间故事分类出现问题的一大原因。

所以说,情节母题划分的实质是将完整的民间故事进行拆卸,只是为了一个目的而存在,那便是类型—原型—溯源,这种机械式的剥离法,完全将原本的故事,不论是故事文本本身,还是故事内部存在的各种关系及其所散发出来的文化力量,在"拆"与"装"的"折腾"以及其目标对象的干预中,是无法保证故事原本面貌的。总之,这是一种"损害了民间故事完整性的情节母体划分"。

(八)比较故事研究的单一对象——溯源研究

上文之述表明,历史地理研究方法主要涉及母题研究、类型研究、原型构拟、原型异文比较以及追溯故事生活史(故事溯源),如果我们按照层次划分则是:

异文搜集—母题分析—类型划分—原型构拟—异文比较—追溯源流

我们从这样一个递进式的步骤分析中能够看到,历史地理学派所要达到的目的在于"溯源",而其他的部分只是在溯源过程中产生的成果,并都为着这个终极目标而存在。在笔者看来,我们对历史地理学派的赞誉,其实并不在于溯源,而在于这其间各个步骤所要各自达成的结果。

历史地理学派将溯源作为唯一的研究目标,将原本有血有肉的民间故事视作干瘪的工具,并在层层剥离和再次组合中,大大伤害了民间故事的完整性,即使是个别故事可以通过这样的方式达到寻找到源头所在的目的,但是这种以溯源为终点的研究方式,只能让我们在回环往复中更加迷惑。正如笔者对丁乃通《人生如梦——亚欧"黄粱梦"型故事之比较》的疑问一样:民间文学是一种口头文学,不论其怎样被记载,也都不可能摆脱其集体性,就如作者所说:"黄粱梦"故事大多为书面记载,"与其他民间故事相比较,这个类型表现出一种特殊现象:它的文献记载异

---

① 万建中:《民间文学引论》,北京:北京大学出版社,2006年,第217页。

文比口传异文多。"①正因如此，我们所看到的故事多为记载者，或文学家根据文章或民族、宗教的需要而写定的。但从本文中，我们确实能看出"黄粱梦"与宗教的密切关系，却无法肯定群众口中流传的亦为宗教来源。丁乃通在该文中共列 60 篇异文，但却不够完整，我们只看到了中国、印度、西亚以及欧洲的部分异文，而古老的非洲、新兴的美洲和大洋洲是否也存在呢？诚如作者所言："由于许多欧洲与西亚异文很难精确判断其来源，所以很抱歉，我只能将所有异文大概分为上述六个流传区域。"②而对作者所得出的结论——该故事源于西亚，也只是用了可能的推测。因此，这一观点带有很强的不确定性，况且西亚范围那么广，就本文中所提到的西亚诸国仅土耳其和以色列，那么其他国家呢？所以历史地理学派的研究缺陷展露无遗，即溯源研究的怪圈。

之所以那么说，是因为人类是有一定共性的，我们不能确定人类只源于一点，故而也不能说文化只有一个源点。因此，在不同地区的人们那里产生并传承，有时流传相似的民间故事也是可能的。更何况人类历史的发展在某种程度上是相似的，生存的地理环境亦不是完全不同的，所以在人性的作用下，相似的文化产生，进而文化溯源的意义在人文社会科学，尤其是民间文学变异中的意义并不很大。就顾颉刚对"孟姜女故事"从时间和空间上的分立研究而言，同样存在这一问题——对源头的追寻太过于执着，忘记了故事之所以为故事的本质。不过还好，顾颉刚在《孟姜女故事研究》的第三部分对故事的内涵与外延进行了表述，为这种单纯的溯源弥补了些许不足。总之，溯源研究不论在何时，都将会遇到巨大的阻碍，为了这个最终目的，历史地理学派摒弃生活意义。所以贾芝说："无论从地理分布考察，从历史演变考察，或从不同的情节比较，终不外是为了评价作品的思想内容和艺术成就、对于艺术，这永远是第一位的。"③就此笔者认为，为了单一的研究对象——溯源，而将民间故事僵化，这种得不偿失的做法应当慎重使用。

---

① ［美］丁乃通：《中西叙事文学比较研究》，陈建宪、黄永林、李扬、余惠先译，武汉：华中师范大学出版社，2005 年，第 85 页。
② ［美］丁乃通：《中西叙事文学比较研究》，陈建宪、黄永林、李扬、余惠先译，武汉：华中师范大学出版社，2005 年，第 61 页。
③ 贾芝：《关于民间文学的比较研究法——刘守华〈民间故事比较研究〉一书序言》，《华中师院学报（哲学社会科学版）》1985 年第 3 期，第 71 页。

（九）历史地理研究法在中国本土应用需谨慎

我国对民间故事的分类研究由来已久，而溯源研究在我国并没有兴起太大的风浪。不过，在当代民间文艺学界，以刘守华为代表的华中师范大学却在民间故事的研究中领先一步，并且对历史地理学派的民间故事研究方法也予以借用，而他们对于历史地理研究方法的看法却在褒贬之间左右摇摆，这一点于笔者在前文对刘守华相关观点的引述中即可看出。

毫无疑问，刘守华有着极为犀利的批评眼光，对历史地理学派的缺点，他指出："一是对故事异文的数量要求过严，如在相关的历史地理背景上找不到适当材料，缺失某一环节，便无法完成构拟故事原型的工作，造成一系列推论的失误。二是它以所有同类型故事均同出一源为前提，而学界公认的事实是，人类文化包括民间口头文学在内，平行类同发展的情况更为常见；把世界各国所有类同故事都用'同源'说来解释显然难以成立。三是他们对故事的解析，主要从外部形态着眼，而对故事中有关情节和细节中所蕴含的思想生活内容，以及传承这些故事的人们的心态等则很少涉及"，所以"我们在借鉴这一方法时，应从实际需要出发，加以改造，为我所用"①。并进一步认为："完全沿用 AT 分类法所存在的问题也是不能不看到的。它主要是依据欧洲民间故事的实际状况构成的，同基于中国历史文化传统的中国民间故事，难免有格格不入的地方；将所有的中国故事搀入这个体系，有时就会出现削足适履的不协调情况。"②也就是说，"完全以 AT 分类法为依据来分类中国民间故事或其他非欧洲的民间故事，就有以此类型遮蔽或忽视彼类型的危险"③。

高丙中在评价祁连休《中国古代民间故事类型研究》时也说：祁连休新近出版的《中国古代民间故事类型研究》"很自然地找到了'AT 分类法'，采用了'故事类型'概念。但是，对于 AT 分类法，他却不肯如法炮制"④。而在这之前就出现的"艾伯华系统并未沿着'AT 分类法'的框架，而是创造性地作了改变"，它"以型

---

① 刘守华：《民间文学研究方法泛说》，《湖北民族学院学报（哲学社会科学版）》2002 年第 1 期，第 5 页。
② 刘守华：《导论》，载刘守华主编《中国民间故事类型研究》，武汉：华中师范大学出版社，2002 年，第 16 页。
③ 户晓辉：《类型：民间故事的存在方式——读祁连休〈中国古代民间故事类型研究〉》，《民俗研究》2007 年第 3 期，第 21 页。
④ 高丙中：《故事类型研究的中国意义——读祁连休先生〈中国古代民间故事类型研究〉》，《民俗研究》2007 年第 3 期，第 20 页。

态为分类标准,先将每一个故事分解为诸多情节(构成故事的单位要素),再将同类型的故事依照典故由来、页数、采集的顺序列举出来,接着又依每一情节的区分来详细比较其异同处,并加上注释、历史方面的考察(即探求故事与文献资料的关系),以及这些故事在中国的分布状态"①。据此笔者认为,祁连休之《中国古代民间故事类型研究》亦有此种方法在内。

对历史地理学派研究方法在中国的应用,刘守华是在赞赏与批判中接受了其在中国的发展之路,并在主持"中国民间故事类型研究"这一大型研究项目时,有意识地吸取和改进历史地理学派的方法,并提出了"历史地理方法的中国化"这一命题,其主要做法是:"1. 参照 AT 分类法及有关学者依此编撰的《中国民间故事类型索引》,按类型汇集尽可能多的故事异文,以之为基础进行综合概括性研究,而不是随意抓取一些单篇故事文本给予评说。2. 故事类型在结构上由单一或复合母题连接而成。3. 由于'构拟原型'这种方法在理论和实践上所存在的问题,不宜简单套用。"②但是对于这种历史地理研究方法的中国化,我们还是要以相对客观的眼光来看待。所以,笔者在此仍要说:"历史地理研究法在中国本土应用需谨慎。"而其主要原因则有以下几点。

1. 中国故事的繁复多样性与文白相间性

我国历史延绵 5000 多年,在广袤的土地上由东到西、由南到北分布着 56 个民族,人口达 14 亿之多,而且在历史的延续中,我国的古籍善本亦是浩如烟海,诸如"十三经""二十四史"、稗官野史、文人著书等,而仅包罗万象的四库全书就已让人"惊叹",这一点我们前文也已谈及,在这些文字中,我们又能搜罗出多少民间文学或"伪民间文学"呢?况且,有学者还曾表示:"第一,'史料'永远残缺不全;第二,有幸保存下来的史料是前人选择过的并认为'有意义'的东西;第三,凭借这种残缺不全的史料叙述历史的历史学家要完成这种'叙述',首先必须依赖一系列前提假定,其次必须发挥丰富、高远的想象能力,再次还必须依赖历史学家

---

① 转引自万建中《民间文学引论》,北京:北京大学出版社,2006 年,第 221 页。参见 [日] 直江广治《中国民俗学》,林怀卿译,台南:庄家出版社,1980 年,第 234 页。
② 刘守华:《故事学纲要》,武汉:华中师范大学出版社,2006 年,第 196 页。

对人性和生活的体验深度；等等。"① 所以这种研究带有很大的"风险性"，而这亦可补充前文"对民间故事异文收集整理的理想性实施"的某些论证。再有，民众口头流传的故事更是数不胜数，而"中国民间故事集成"即是明证，还有各类学人和地方政府搜集出版的相关文献资料，所以文言文与白话文及口语讲述在我们的搜集中交叉相向，数量也难以计数，而每个人的能力都是有限的，因而怎能将所有故事完全搜集，又怎能将所有故事阅读完毕？这只能是一种设想，即使是每一代人都这样做，那么这一代搜集的故事还没完成，而新的故事又将出现，因而我们也只能一本又一本地编纂类型索引或母题索引等专著，这未免会导致学术成果的重复乃至资源浪费。

2. 中国故事的兼收并蓄性与收放自如性

中国自古以来就与世界各地各民族进行交流和贸易，从汉代的张骞出使西域，到唐代的玄奘天竺取经，再到明代郑和七下西洋，明清时期西方诸国的到来，以及夹杂其间的路上丝绸之路、海上丝绸之路和茶马古道，等等，中国与外国、中华民族与其他民族之间一直处在"授予"与"被授予"的交结之中。也就是说，我们可以不断地将自我文化因子带给他人，同时也将他人的文化因子吸收进来，并在自己文化的同化或异化中形成我们所特有的文化现象，从而丰富了我们的文化，佛教则是最典型的例子，而其带来的佛教故事也同样"入主中原"。正是由于这种兼收并蓄，我们又该怎样确定哪些故事来自中国，哪些故事源于外邦？而在"同境"说的影响下，这更使我们难以判断。

3. 中国故事的流传广泛性与社会复杂性

我们刚才说过，中国是一个兼收并蓄的国家，对于国外来客，在一般情况下，我们都友好接待，他们在中国的所见所闻都将成为我们文化入主他国他族的资本。就国内而言，更是如此。历史上我国各族民众的迁移是很普遍的现象，并且南来北往，东进西出，源源不断。从神话中的蚩尤战黄帝后的南移，秦汉后的百越迁徙，唐宋时期的中原移民南迁入闽浙赣，以及明清时代的驻兵西南及走西口、闯关东，更有近代以来的战争影响，西北、西南、东南等地区都成为来自不同地区之族群的

---

① 王学典、李扬眉：《"层累地造成的中国古史"——一个带有普遍意义的知识论命题》，《史学月刊》2003年第1期，第107页。

迁入之地。而现在我国人民在交通越发便利的情况下，更是走南闯北，交流越发频繁和复杂，进而导致我国民间故事更加复杂。在我国历史上，朝代的更迭频繁、时代的稳定性不强，尤其是在春秋战国、秦汉之际、三国、南北朝、五代，尤其是在各个时代的末期，使得整个社会处在混乱之中，社会政权交叠，俗话说："乱世出英雄"，所以每当一个新的政权建立就会出现新的故事，而旧的故事仍在流传，比如在唐以后流传的关于李白的故事，而在三国则根本不会存在。这些故事在流传的过程中，会不断发生变异，以至于一些故事变成新故事，甚至是新兴的故事，这在前文的论述也已讲到。所以我国民间故事流传于国内国外各民族中，并且由于社会的变动，使得这种流传的广泛性与社会的复杂性为我国利用历史地理研究方法带来了困难。总之，我们对历史地理学派研究方法的应用，应当以审慎的眼光来看待。

小结

对历史地理学派的研究方法，我们不能完全否定，同时也不能全盘赞同，我们应当以一分为二的观点待之，并且在赞许之时，更重要的是看到其不足之处，以求改进这些缺陷。此外，我们还要保持清醒的头脑，不要因为某些学者的称赞或者反对而跟风，就此认为其是正确的或是错误的，这同样也适用于怎样利用其他学派以及他们的研究方法。所以，如何取舍，我们应当有自己的判断，这也是对我们学术研究上的一大考验。最后还是用刘守华的一句话结束笔者对历史地理研究方法的肯定与反思——"他们严谨精细，为搜寻一个故事的来龙去脉不惜花费巨大精力的治学精神却不能不令人赞叹。已有的结论虽有局限性，却给后继者提供了扎实的基础。那些具体方法虽出于芬兰学派的独创，而他们在实际研究工作中，还是十分注意融汇文化人类学、民俗学、民族学等方面的成果予以综合运用。以这种新颖独特的方式来对民间故事做深入的微观研究，确实令我们眼界大开"[①]。

---

① 刘守华：《独辟蹊径的中西叙事文学比较研究》，《外国文学研究》1992年第4期，第89页。

参考文献

专著文集类

[1] 顾颉刚、钟敬文等：《孟姜女故事论文集》，北京：中国民间文艺出版社，1983年。

[2] 顾颉刚：《孟姜女故事研究集》，上海：上海古籍出版社，1984年。

[3] 刘魁立：《刘魁立民俗学论集》，上海：上海文艺出版社，1998年。

[4] 刘守华、陈建宪主编：《民间文学教程》，武汉：华中师范大学出版社，2002年。

[5] 刘守华、黄永林主编：《民间叙事文学研究》，武汉：华中师范大学出版社，2005年。

[6] 刘守华：《比较故事学》，上海：上海文艺出版社，1995年。

[7] 刘守华：《比较故事学论考》，哈尔滨：黑龙江出版社，2003年。

[8] 刘守华：《故事学纲要》，武汉：华中师范大学出版社，2006年。

[9] 刘守华主编：《中国民间故事类型研究》，武汉：华中师范大学出版社，2002年。

[10] 祁连休：《中国古代民间故事类型研究》，石家庄：河北教育出版社，2007年。

[11] 施爱东：《中国现代民俗学检讨》，北京：社会科学文献出版社，2010年。

[12] 万建中：《民间文学引论》，北京：北京大学出版社，2006年。

[13] 王娟：《民俗学概论》，北京：北京大学出版社，2002年。

[14] 王宪昭：《中国民族神话母题研究》，北京：民族出版社，2006年。

[15] 叶春生：《简明民间文艺学教程》，长沙：湖南文艺出版社，1987年。

[16] 赵荣主编：《人文地理学》，北京：高等教育出版社，2000年。

[17] 中国社会科学院语言研究所词典编辑室编：《现代汉语词典（第5版）》，北京：商务印书馆，2008年。

[18] 钟敬文：《建立中国民俗学派》，哈尔滨：黑龙江教育出版社，1999年。

[19] 钟敬文主编：《民俗学概论》，上海：上海文艺出版社，1998年。

[20] 朱迪光：《信仰·母题·叙事：中国古典小说新探索》，北京：中国社会科学出版社，2007年。

论文类（含学位论文）

[21] 陈连山：《普遍性与特殊性之争：确定中国民间故事类型的两种思路》，《河南教育学院学报（哲学社会科学版）》2008年第6期。

[22] 陈泳超：《顾颉刚关于孟姜女故事研究的方法论解析》，《民族艺术》2000年第1期。

[23] 丁玲：《〈孟姜女〉故事的原型批评》，《青海民族学院学报（社会科学版）》1993年第2期。

[24] 高丙中:《故事类型研究的中国意义——读祁连休先生〈中国古代民间故事类型研究〉》,《民俗研究》2007年第3期。

[25] 户晓辉:《类型:民间故事的存在方式——读祁连休〈中国古代民间故事类型研究〉》,《民俗研究》2007年第3期。

[26] 黄永林:《一个机智人物故事的原型与流传——AT1635A型故事的中国原型探寻》,《华中师范大学学报(人文社会科学版)》2002年第3期。

[27] 贾芝:《关于民间文学的比较研究法——刘守华〈民间故事比较研究〉一书序言》,《华中师院学报(哲学社会科学版)》1985年第3期。

[28] 刘魁立:《关于中国民间故事研究》,《北京师范大学学报(社会科学版)》1994年第6期。

[29] 刘守华:《〈中国民间故事类型研究〉的方法论探索》,《思想战线》2003年第5期。

[30] 刘守华:《独辟蹊径的中西叙事文学比较研究》,《外国文学研究》1992年第4期。

[31] 刘守华:《关于民间故事类型学的一些思考》,《民族文学研究》2004年第3期。

[32] 刘守华:《民间文学研究方法泛说》,《湖北民族学院学报(哲学社会科学版)》2002年第1期。

[33] 吕微:《故事类型划分的经验与标准》,《河南教育学院学报(哲学社会科学版)》2008年第6期。

[34] 毛巧晖:《顾颉刚的民俗学理念》,《忻州师范学院学报》2007年第1期。

[35] 彭春凌:《"孟姜女故事研究"的生成与转向:顾颉刚的思路及困难》,《云梦学刊》2007年第1期。

[36] 施爱东:《顾颉刚故事学范式回顾与检讨——以"孟姜女故事研究"为中心》,《清华大学学报》2008年第2期。

[37] 王丹:《民间故事类型研究法述评》,《湖北民族学院学报(哲学社会科学版)》2003年第5期。

[38] 王学典、李扬眉:《"层累地造成的中国古史"——一个带有普遍意义的知识论命题》,《史学月刊》2003年第11期。

[39] 夏秀:《原型理论与文学活动》,山东师范大学博士学位论文,2007年。

[40] 杨丽娟:《"原型"概念新释》,《外国文学研究》2003年第6期。

[41] 杨秋:《从孟姜女研究看顾颉刚的学术品格》,《社会科学家》2007年第1期。

[42] 张京华:《"层累造成"还是"层累阐释"——孟姜女故事与顾颉刚的民俗学研究》,《淮阴师范学院学报(哲学社会科学版)》2008年第3期。

[43] 周北川:《故事比较的艺术与趣味——评刘守华〈比较故事学〉》,《外国文学研究》1997年第3期。

[44] 周福岩:《民间故事研究的方法论》,《社会科学辑刊》2001年第3期。

译著类

［45］［美］阿兰·邓迪斯：《世界民俗学》，陈建宪、彭海斌译，上海：上海文艺出版社，1990年。

［46］［美］丁乃通：《中西叙事文学比较研究》，陈建宪、黄永林、李扬、余惠先译，武汉：华中师范大学出版社，2005年。

［47］［美］丁乃通：《中国民间故事类型索引》，郑健威、李倞、商孟可、段宝林译，李广成校，武汉：华中师范大学出版社，2008年。

［48］［英］霍恩比：《牛津高阶英汉双解词典（第四版）》，李北达译，北京：商务印书馆，1997年。

附录四

中华畲族宫（记）

伴金溪水，枕麒麟山，坐北朝南，雄哉壮乎，中华畲族宫！选址金涵畲族乡，奠基一九九五年，且以"中华畲族宫"名之，是因闽东畲族人口居中国之冠，且分布广泛，风情迷人；是因有志于推进团结进步事业，弘扬畲族优秀文化也。

隋唐之际，东海之滨。闽粤赣交界地，哺育畲族先民。聚啸山林，征战南北，筚路蓝缕，辗转西东。明清时期，播迁闽粤浙赣皖湘黔等省，以"大分散、小聚居"，随山扎寨，遇水建村。其大量迁入闽东始于明代，闽东遂成畲民主要聚居地。

古来民族，深厚底蕴。祖辈传承《高皇歌》世代铭记凤凰山。忠勇王、三公主，家族双子星座。盘篮（蓝）雷钟与李吴，"原始南京一路人"。祖图、祖杖、祖牌，家族见证物。人人畲话，户户歌言。盘歌三月三，演武九月九。凤凰发饰，云锦女装，黄竹婚礼，龙角道场，节俗、猎规、茶艺，源远流长。

千年畲族，史不绝言。宋代《漳州谕畲》一文，将"畲民"披露。明季武夷兄弟诗人，开一代风骚。有清一朝，水师将领：蓝理牌坊，立芗城街头；廷珍新城，筑漳浦石椅。普宁鹿洲，"南包公"之誉；宁化翠庭，朝考榜首位。史称"畲军"戎机万里：蓝奉高、雷万兴、钟明亮，等等英名，幕幕壮剧。

锤镰交辉，召唤畲民。足及海路丰、井冈山、闽西苏家坡、闽东柏柱洋，处处青山，猎猎红旗，喋血湘江水，捐躯长征路，抗日阳澄湖，支前油车岭。共和国将军，刊进畲家谱牒；新生活曙光，照临畲族寨门。自此，激情山水，欢乐人群，敕木山茶香，观音亭歌甜，酒醉畲家男女，梦圆幸福家园。

　　盛世太平，百业隆兴。中华畲族宫之设，是以象征性质建筑符号，铺陈漫漫历史，咏叹渺渺沧桑。人们凭依此地，可叩开一扇生生不息之门，健步时间甬道，感触一个民族之灵魂，解读一个民族之未来。

　　是为记也！

公元二零零一年九月　敬撰

参考文献

古籍文献

［1］〔汉〕司马迁撰，〔唐〕司马贞索引，〔唐〕张守节正义，〔宋〕裴骃集解：《史记》，北京：中华书局，1959年。

［2］〔东汉〕王充原著，袁华忠、万家常译注：《论衡译注》，贵阳：贵州人民出版社，1993年。

［3］〔晋〕干宝撰，汪绍楹校注：《搜神记》，北京：中华书局，1979年。

［4］〔南朝宋〕范晔撰，〔唐〕李贤等注：《后汉书》，北京：中华书局，1965年。

［5］〔北魏〕郦道元著，陈桥驿、叶光庭、叶扬译注：《水经注全译》，贵阳：贵州人民出版社，1996年。

［6］〔唐〕欧阳询编，汪绍楹校：《艺文类聚（附索引）》，上海：上海古籍出版社，1982年。

［7］〔唐〕释道世撰，周叔迦、苏晋仁校注：《法苑珠林》，北京：中华书局，2003年。

［8］〔唐〕徐坚等著：《初学记》，北京：中华书局，1962年。

［9］〔唐〕刘知几著，姚松朱、恒夫译注：《史通全译》，贵阳：贵州人民出版社，1997年。

［10］〔唐〕杜佑撰，王文锦、王永兴、刘俊文、徐庭云、谢方点校：《通典》，北京：中华书局，1988年。

［11］〔唐〕瞿昙悉达撰：《开元占经》，常秉义点校，北京：中央编译出版社，2006年。

［12］〔北宋〕李昉等编，孙雍长、熊毓兰点校：《太平御览》，石家庄：河北教育出版社，1994年。

［13］〔明〕李玘修，刘梧纂：《惠州府志》，嘉靖十一年（1532），刻本。

[14]〔明〕黄一龙主修：《潮阳县志》，隆庆六年（1572），刻本。

[15]〔明〕王守仁：《王阳明全集》，上海：上海古籍出版社，1992年。

[16]〔清〕阮元校刻：《十三经注疏（附校勘记）》，北京：中华书局，1980年。

[17]〔清〕潘绍诒主修，周荣椿总纂：《处州府志》，光绪三年（1877）重修，刻本。

[18]〔清〕胡寿海、史恩纬修：《遂昌县志》，清光绪二十二年（1896），刻本。

[19]〔清〕卢凤棼主修：《新修罗源县志》，道光九年（1829），刻本。

[20]〔清〕周杰、严用光等修：《景宁县志》，同治十二年（1873），刻本。

[21]〔清〕浮云先生（魏兰）：《畲客风俗》，上海：上海虹口顺成书局，光绪三十二年（1906）。

[22]〔清〕杨澜：《临汀汇考》，光绪四年（1878）刊本。

[23]〔清〕余绍宋：《龙游县志》，民国十四年（1925）修，铅印本，北京：京城印书局。

[24]〔清〕李吉甫撰：《元和郡县志》，光绪二十五年（1899），刻本。

[25]〔清〕夏力恕、柯煜纂修：《湖广通志》，雍正十一年（1733），刻本。

[26]〔清〕陈寿祺总纂：《重纂福建通志》，道光九年（1829）重纂，同治戊辰年（1868）刻本，正谊书院藏板。

[27]吕耀钤、高焕然：《松阳县志》，民国十四年（1925），活字本。

[28]黄恺元主修：《长汀县志》，民国三十年（1941），铅印本。

[29]刘禹轮主修：《丰顺县志》，民国三十二年（1943），铅印本。

[30]王虞辅：《平阳畲民调查》，浙江省第三特区行政督察专员公署编印，民国二十三年（1934）。

专著文集

[1]"2012中国·丽水 畲族文化国际学术研讨会"筹委会编：《"2012中国·丽水·畲族文化国际学术研讨会"论文集》，内部资料，2012年。

[2]《畲族简史》编写组、《畲族简史》修订本编写组：《畲族简史》，北京：民族出版社，2008年。

[3]《畲族简史》编写组：《畲族简史》，福州：福建人民出版社，1980年。

[4]《中国少数民族社会历史调查资料丛刊》福建省编辑组编：《畲族社会历史调查》，北京：民族出版社，2009年。

[5]《中国少数民族社会历史调查资料丛刊》福建省编辑组编：《畲族社会历史调查》，

福州：福建人民出版社，1986年。

[6] 北京天文台主编：《中国古代天象记录总集》，南京：江苏科学技术出版社，1988年。

[7] 岑家梧：《图腾艺术史》，上海：学林出版社，1986年。

[8] 陈顾远：《中国婚姻史》，上海：上海书店出版社，1984年。

[9] 陈国强、蓝孝文主编：《崇儒乡畲族》，福州：福建人民出版社，1993年。

[10] 陈建宪：《神话解读——母题分析方法探索》，武汉：湖北教育出版社，1997年。

[11] 陈敬玉：《浙闽地区畲族服饰比较研究》，北京：中国社会科学出版社，2019年。

[12] 陈久金、杜升云、徐用武：《贵州少数民族天文学史研究》，贵阳：贵州科技出版社，1999年。

[13] 陈久金、杨怡：《中国古代天文与历法》，北京：中国国际广播出版社，2010年。

[14] 陈久金：《斗转星移映神州——中国二十八宿》，深圳：海天出版社，2012年。

[15] 陈慕榕主编：《青田县志》，杭州：浙江人民出版社，1990年。

[16] 陈玮君整理：《畲族民间故事》，杭州：浙江人民出版社，1979年。

[17] 陈栩：《福建畲族服饰文化研究》，北京：科学出版社，2020年。

[18] 陈遵妫：《中国古代天文学简史》，上海：上海人民出版社，1955年。

[19] 段宝林：《中国民间文学概要》，北京：北京大学出版社，1985年。

[20] 范文澜：《中国通史》，北京：人民出版社，1978年。

[21] 方清云：《民族乡贫困文化自觉——以江西省贵溪市樟坪畲族乡为例》，广州：世界图书出版公司，2012年。

[22] 冯时：《中国天文考古学》，北京：社会科学文献出版社，2001年。

[23] 福建省考古博物馆学会编：《福建华安仙字潭摩崖石刻研究》，北京：中央民族大学出版社，1990年。

[24] 福建省少数民族古籍丛书编委会编：《福建省少数民族古籍丛书·畲族卷——家族谱牒（上）》，福州：海风出版社，2010年。

[25] 福建省少数民族古籍丛书编委会编：《福建省少数民族古籍丛书·畲族卷——家族谱牒（下）》，福州：海风出版社，2011年。

[26] 福建省炎黄文化研究会主编：《畲族文化研究》，北京：民族出版社，2007年。

[27] 广东省地方史志编纂委员会编：《广东省志·少数民族志》，广州：广东人民出版社，2000年。

[28] 郭郛：《山海经注证》，北京：中国社会科学出版社，2004年。

[29] 郭志超：《畲族文化述论》，北京：中国社会科学出版社，2009年。

[30] 何光岳：《中华姓氏源流史》，长沙：湖南教育出版社，2003年。

[31] 何星亮：《图腾与中国文化》，南京：江苏人民出版社，2008年。

[32] 何星亮：《中国少数民族图腾崇拜》，北京：五洲传播出版社，2006年。

[33] 何星亮：《中国图腾文化》，北京：中国社会科学出版社，1992年。

[34] 何星亮：《中国自然崇拜》，南京：江苏人民出版社，2008年。

[35] 华士明主编：《中国民间故事集成·江苏卷》，北京：中国ISBN中心，1998年。

[36] 黄怀信、张懋镕、田旭东撰，黄怀信修订，李学勤审定：《逸周书汇校集注（修订本）》，上海：上海古籍出版社，2000年。

[37] 黄集良主编：《上杭县畲族志》，厦门：厦门大学出版社，1994年。

[38] 黄涛编著：《中国民间文学概论》，北京：中国人民大学出版社，2004年。

[39] 蒋炳钊：《畲族史稿》，厦门：厦门大学出版社，1988年。

[40] 蒋风、陈华文等编：《中华民族故事大系·畲族 高山族 拉祜族》，上海：上海文艺出版社，1995年。

[41] 景宁畲族自治县民族宗教事务局编：《传承与弘扬——'2004畲族文化研究》，内部资料，2004年。

[42] 蓝炯熹：《畲民家族文化》，福州：福建人民出版社，2002年。

[43] 蓝炯熹总纂：《福安畲族志》，福州：福建教育出版社，1995年。

[44] 蓝运全、缪品枚主编：《闽东畲族志》，北京：民族出版社，2000年。

[45] 雷德宽、王嘉棣主编：《中国民间文学集成浙江省温州市文成县畲族卷》，浙江省温州市民间文学集成办公室，[浙出书临（88）第113号]，1988年。

[46] 雷楠、陈焕钧：《凤凰山畲族文化》，深圳：海天出版社，2006年。

[47] 雷少卿：《清末畲民报考之路》，自编（未刊），2020年编印。

[48] 雷少卿：《畲族文化考》，香港：国际炎黄文化出版社，2012年。

[49] 雷弯山编著：《畲族源流研究》，北京：中共中央党校出版社，2016年。

[50] 雷先根主编：《景宁畲族自治县志》，景宁畲族自治县民族事务委员会编印，内部资料，1991年。

[51] 雷阵鸣、雷招华主编：《畲族叙歌集粹》，北京：中国人事出版社，2002年。

[52] 李达三：《比较文学研究之新方向》，台北：联经出版公司，1982年。

[53] 李建民：《畲族文化简说》，宁德：福建宁德民族中学编印，[宁（德）新出内书第（40）号]，2005年。

[54] 李玄伯：《中国古代社会新研》，上海：开明书店，1949年。

[55] 李俨、钱宝琮：《科学史全集·（第九卷）》，沈阳：辽宁教育出版社，1998年。

[56] 林耀华主编：《民族学通论（修订本）》，北京：中央民族大学出版社，2011年。

[57] 刘冰清、周光烈主编：《盘古文化研究》，北京：中国文史出版社，2005年。

[58] 刘守华、陈建宪主编：《民间文学概论》，武汉：华中师范大学出版社，2002年。

[59] 刘守华：《故事学纲要》，武汉：华中师范大学出版社，1988年第1版。

[60] 刘守华：《故事学纲要》（修订本），武汉：华中师范大学出版社，2006年第2版。

[61] 刘宗鹤总纂：《遂昌县志》，杭州：浙江人民出版社，1996年。

[62] 栾保群主编：《中国神怪大辞典》，北京：人民出版社，2009年。

[63] 吕立汉主编：《丽水畲族古籍总目提要》，北京：民族出版社，2011年。

[64] 吕立汉主编：《畲族文化研究论丛》，北京：民族出版社，2007年。

[65] 吕立汉主编：《浙江畲族民间文献资料总目提要》，北京：民族出版社，2012年。

[66] 马健钊主编：《畲族文化研究》，北京：民族出版社，2009年。

[67] 潘宏立：《福建畲族服饰研究（油印本）》，厦门：厦门大学人类学系印（内部资料），1985年。

[68] 邱国珍、姚周辉、赖施虬：《畲族民间文化》，北京：商务印书馆，2006年。

[69] 邱国珍：《浙江畲族史》，杭州：杭州出版社，2010年。

[70] 厦门大学人类学系：《畲族研究论文集（油印本）》，内部资料，1985年。

[71] 沈敏华、程栋：《图腾——奇异的原始文化》，上海：上海辞书出版社，2003年。

[72] 施爱东：《16—20世纪的龙政治与中国形象》，北京：生活·读书·新知三联书店，2014年。

[73] 施联朱：《畲族》，北京：民族出版社，1988年。

[74] 施联朱：《畲族风俗志》，北京：中央民族大学出版社，1989年。

[75] 施联朱、雷文先：《畲族历史与文化》，北京：民族出版社，1995年。

[76] 石启贵：《湘西苗族调查报告》，长沙：湖南人民出版社，1986年。

[77] 石奕龙、张实主编：《畲族：福建罗源县八井村调查》，昆明：云南大学出版社，2005年。

[78] 宋蜀华、白振声主编：《民族学理论与方法》，北京：中央民族大学出版社，2003年。

[79] 万建中：《民间文学引论》，北京：北京大学出版社，2006年。

[80] 汪华光主编：《铅山畲族志》，北京：方志出版社，1999年。

[81] 王大有：《龙凤文化源流》，北京：北京工艺美术出版社，1988年。

[82] 王钱国忠：《东西方科学文化之桥：李约瑟研究》，北京：科学出版社，2003年。

[83] 王小盾：《中国早期思想与符号研究——关于四神的起源及其体系形成（上/

下）》，上海：上海人民出版社，2008年。

[84] 文成县畲族民间文学集成编委会：《中国民间文学集成浙江省温州市文成县畲族卷》，浙江省温州市民间文学集成办公室，[浙出书临（88）第113号]，1988年。

[85] 闻一多：《伏羲考》，上海：上海古籍出版社，2006年。

[86] 吴心源：《苗族古历》，北京：民族出版社，2007年。

[87] 萧耘春主编：《苍南县志》，杭州：浙江人民出版社，1997年。

[88] 谢重光：《畲族与客家福佬关系史略》，福州：福建人民出版社，2002年。

[89] 闫晶、陈良雨：《畲族服饰文化变迁及传承》，北京：中国纺织出版社，2017年。

[90] 闫晶：《畲族服饰史》，北京：中国纺织出版社，2019年。

[91] 叶浩生主编：《西方心理学的历史与体系》，北京：人民教育出版社，1998年。

[92] 俞郁田编纂：《霞浦县畲族志》，福州：福建人民出版社，1993年。

[93] 袁珂译注：《山海经全译》，贵阳：贵州人民出版社，1991年。

[94] 苑利主编：《二十世纪中国民俗学经典·民俗理论卷》，北京：社会科学文献出版社，2002年。

[95] 张娟：《福建霞浦畲族服饰文化与工艺》，北京：中国纺织出版社，2018年。

[96] 张天禄主编：《福州市畲族志》，福州：海潮摄影艺术出版社，2004年。

[97] 张志坚：《道教神仙与内丹学》，北京：宗教文化出版社，2003年。

[98] 浙江省丽水地区《畲族志》编纂委员会编：《丽水地区畲族志》，北京：电子工业出版社，1992年。

[99] 浙江省民族事务委员会编：《畲族高皇歌》，北京：中国广播电视出版社，1992年。

[100] 浙江省少数民族志编纂委员会编：《浙江省少数民族志》，北京：方志出版社，1999年。

[101] 郑立于主编：《平阳县志》，上海：汉语大词典出版社，1993年。

[102] 中国西南民族研究学会：《西南民族研究（二）》，成都：四川民族出版社，1987年。

[103] 钟敬文主编：《民间文学概论》，上海：上海文艺出版社，1980年。

[104] 钟雷兴主编：《闽东畲族文化全书（十二卷）》，北京：民族出版社，2009年。

[105] 朱洪、姜永兴：《广东畲族研究》，广州：广东人民出版社，1991年。

[106] 朱洪、李筱文编：《广东畲族古籍资料汇编——图腾文化及其他》，广州：中山大学出版社，2001年。

[107] 朱天顺：《原始宗教》，上海：上海人民出版社，1978年。

[108] 竺可桢：《竺可桢全集·第二卷》，上海：上海科技教育出版社，2005年。

学术论文

[1]巴莫曲布嫫:《"民间叙事传统格式化"之批评(下)——以彝族史诗〈勒俄特依〉的"文本迻录"为例》,《民族艺术》2004年第2期。

[2]陈久金、刘尧汉:《论彝族太阳历》,《中央民族学院学报》1982年第3期。

[3]陈久金:《论〈夏小正〉是十月太阳历》,《自然科学史研究》1982年第4期。

[4]陈宗祥:《普米族二十八宿初探》,《西南民族学院学报(哲学社会科学版)》1992年第6期。

[5]催成群觉、索朗班觉编译,却旺、陈宗祥校释:《藏族天文历法史略》,《西藏研究》1982年第2期。

[6]丁玲:《〈孟姜女〉故事的原型批评》,《青海民族学院学报》1993年第2期。

[7]丁太顺:《历法中的权力痕迹》,《政府法制(半月刊·下)》2004年第10期。

[8]方清云:《论畲族"凤凰崇拜"复兴的合理性与必要性》,《民族论坛》2013年第1期。

[9]方清云:《少数民族图腾文化重构与启示——对畲族图腾文化重构的人类学考察》,《云南民族大学学报(哲学社会科学版)》2015年第2期。

[10]高强:《姜寨史前居民图腾初探》,《史前研究》1984年第1期。

[11]何光岳:《论盘瓠氏的起源、分布与迁徙——兼议盘瓠与葫芦的关系》,《中央民族学院学报》1989年第2期。

[12]何星亮:《图腾名称与姓氏的起源》,《民族研究》1990年第5期。

[13]何子星:《畲民问题》,《东方杂志》1933第30卷第13号。

[14]侯绍庄:《"盘瓠"源流考》,《贵州民族研究》1981年第4期。

[15]胡鞍钢、胡联合:《第二代民族政策:促进民族交融一体和繁荣一体》,《新疆师范大学学报(哲学社会科学版)》2011年第5期。

[16]胡传楷:《畲民见闻记》,《禹贡半月刊》1931年第12期。

[17]胡苏晓:《集体无意识——原型——神话母题——荣格的分析心理学与神话原型批评》,《文学评论》1989年第1期。

[18]黄文山:《对于〈中国古代社会的图腾文化〉之我见·跋》,《社会科学季刊》1934年第1期。

[19] 黄向春：《畲族的凤凰崇拜及其渊源》，《广西民族研究》1996年第4期。

[20] 黄一农：《星占、事应与伪造天象——以"荧惑守心"为例》，《自然科学史研究》1991年第2期。

[21] 黄仲琴：《汰溪古文》，《岭南学报》1935年第3期。

[22] 金陵：《从禁食到图腾崇拜》，《西北民族大学学报（哲学社会科学版）》2004年第5期。

[23] 金德万：《原型批评——文化的积淀和神话的复兴》，《湖北社会科学》1987年第6期。

[24] 蓝岚：《畲族祖图长卷艺术价值初探》，《文化艺术研究》2011年第1期。

[25] 蓝岚：《畲族祖图长连的地域风格及审美理想探析》，《丽水学院学报》2012年第6期。

[26] 蓝万清：《关于建设潮州盘瓠祠的思考》，未刊稿。

[27] 蓝雪花：《畲族凤凰崇拜及其源流初探》，《闽西职业大学学报》2005年第2期。

[28] 雷弯山：《杭州沈塘盘姓畲族考》，未刊稿。

[29] 雷先根：《畲族源于山越》，《丽水师专学报》1998年第1期。

[30] 李刚：《图腾崇拜与图腾圣餐》，《学理论》2008年第1期。

[31] 李国章：《简述苗族天文历法》，《盘古》2010年第2期。

[32] 李凌霞、曹大明：《畲族的凤凰崇拜及其演化轨迹》，《三峡论坛（三峡文学·理论版）》2013年第3期。

[33] 李维宝、陈久金：《论中国十二星次名称的含义和来历》，《天文研究与技术》2009年第1期。

[34] 李维宝、李海樱：《傣族历法与农历异同的由来简析》，《云南天文台台刊》1999年第4期。

[35] 李亦园：《章回小说〈平闽十八洞〉的民族学研究》，《中央研究院民族学研究所集刊》1994年第76期。

[36] 李勇：《对中国古代恒星分野和分野式盘研究》，《自然科学史研究》1992年第1期。

[37] 李之田：《历法改革与反儒斗争》，《考古》1975年第3期。

[38] 刘操南：《二十八宿释名》，《社会科学战线》1979年第1期。

[39] 刘道军：《太阳神树、太阳崇拜与太阳历法》，《成都理工大学学报（社会科学版）》2006年第2期。

[40] 刘吉昌：《民族认同与中华民族的发展》，《贵州民族学院学报（哲学社会科学版）》2003年第4期。

[41] 刘俊男：《上古星宿与地域对应之科学性考释》，《农业考古》2008年第1期。

[42] 刘魁立：《关于中国民间故事研究》，《北京师范大学学报（哲学社会科学版）》1994年第6期。

[43] 刘琪瑶、魏皓严：《"原型"概念溯源》，《室内设计》2012年第1期。

[44] 刘文英：《从原始思维看图腾之谜》，《哲学研究》1995年第11期。

[45] 刘小蓉：《论"四象"的产生发展及其原因》，《洛阳师范学院学报》2008年第3期。

[46] 吕立汉、蓝岚、孟令法：《浙江畲族民间文献资料价值初探》，《浙江社会科学》2014年第4期。

[47] 孟令法：《畲民科举中的"盘瓠"影响——以清乾道时期（1775—1847）浙闽官私文献为考察核心》，《贵州民族大学学报（哲学社会科学版）》2017年第3期。

[48] 米娜瓦尔：《论维吾尔族宗教历法及宗教节日》，《乌鲁木齐职业大学学报》2005年第1期。

[49] 南天史：《两汉时期历法改革中的反儒斗争》，《人民教育》1977年第11期。

[50] 沈作乾：《畲民调查记》，《东方杂志》1924年第21卷第7号。

[51] 师田闻：《天文历法名词解释》，《人民教育》1974年第11期。

[52] 石奕龙：《明清时期畲族盘瓠传说的再发明及其原因》，《潮州文化研究》2007年第4期。

[53] 宋京生：《旧志"分野"考——评古代中国人的地理文化观》，《中国地方志》2003年第4期。

[54] 田光辉：《从贵州少数民族原始宗教看原始思维的特点》，《贵州民族研究》1988年第4期。

[55] 万斗云：《中国古代天文历法》，《贵州民族研究》1998年第1期。

[56] 王大有：《6500年前的蚌塑四象二十八宿浑天盖天系统——美学考察引出旷世大发现》，《濮阳教育学院学报》2002年第2期。

[57] 王岚：《论苗族盘瓠崇拜属于图腾崇拜》，《西南民族学院学报（哲学社会科学版）》1990年第4期。

[58] 王品魁：《〈水书〉二十八宿》，《贵州文史丛刊》1996年第2期。

[59] 王泉根：《论图腾感生与古姓起源》，《民间文学论坛》1996年第4期。

[60] 王胜利：《二十八宿的四象划分与四季天象无关》，《天文学报》1984年第3期。

[61] 王以宪：《中国原姓与感生神话》，《中国文化研究（冬之卷）》2005年第4期。

[62] 王志杰：《论西汉"四神"的源流》，《文博》1996年第6期。

[63] 吴微微、骆晟华：《浙江畲族凤冠凤纹及其凤凰文化探讨》，《浙江理工大学学报》2008年第1期。

[64]吴晓东:《占星古籍:从〈大荒经〉中的二十八座山与天空中的二十八星宿对应来解读〈山海经〉》,《民族艺术》2007年第3期。

[65]吴一文:《从苗族古歌看苗族的天文历法》,《常州工业技术学院学报(自然科学版)》1999年第2期。

[66]夏鼐:《从宣化辽墓的星图论二十八宿和黄道十二宫》,《考古学报》1976年第2期。

[67]夏秀:《原型理论与文学活动》,山东师范大学博士学位论文,2007年4月。

[68]肖巍:《中国占星术初探》,《上海社会科学院学术季刊》1991年第4期。

[69]肖孝正:《再论畲族图腾及其高辛夷史源——兼与"盘瓠即犬""畲族狗图腾"说商榷》,《福建学刊》1995年第4期。

[70]谢荣:《槃瓠见疑》,《韩山师专学报》1993年第2期。

[71]徐传武:《"分野"略说》,《文献》1991年第3期。

[72]杨丽娟:《"原型"概念新释》,《外国文学研究》2003年第6期。

[73]姚宝瑄:《盘古、盘瓠神话源于昆仑神话考》,《西北民族学院学报(哲学社会科学版)》1988年第1期。

[74]张辉煌:《陈政陈元光父子平定"啸乱"的实质与评价》,未刊稿。

[75]张淑一:《姓氏起源论略》,《贵州民族研究》2000年第3期。

[76]张晓:《从苗族古歌看其原始思维》,《贵州民族研究》1987年第3期。

[77]赵永恒、李勇:《二十八宿的形成与演变》,《中国科技史杂志》2009年第1期。

[78]赵贞:《唐五代官方星占中的星官占卜》,《洛阳师范学院学报》2006年第3期。

[79]周北川:《故事比较的艺术与趣味——评刘守华〈比较故事学〉》,《外国文学研究》1997年第3期。

[80]周典恩:《清代畲汉文化冲突述议》,《贵州民族研究》2006年第1期。

[81]周凤玲:《释"四象二十八宿"》,《内蒙古师范大学学报(哲学社会科学版)》2007年第3期。

[82]周福岩:《民间故事研究的方法论》,《社会科学辑刊》2001年第3期。

[83]周永明:《原型论》,《文艺研究》1987年第5期。

[84]朱炳祥:《图腾观念的起源——论"食物致生""食物致孕"》,《南开学报》1994年第5期。

报纸文献

[1]《波黑：一间房屋半年内5次被陨石击中》,《洛阳日报》2008年4月12日，003版：国内国际新闻。

[2]石城：《畲族盘姓》,《澳门日报》2012年5月2日，第E05版（新园地）。

[3]王帅、林克城、郑秀杰：《台湾盘氏来寻亲 畲族四姓盼团圆》,《福州日报》2008-09-20，第001版。

网络文献

[1]李国章：《论苗族历诶进就是天王星历》, http://www.360doc.com/content/12/0720/00/2636978_225344042.shtml, 2012-07-20。

[2]孟湘君编辑：《陨石从天降砸穿挪威小屋 屋主卖陨石或发财》, http://www.chinanews.com/gj/2012/03-14/3742142.shtml, 2012年3月14日。

民间文献

[1]苍南莒溪西厅村《钟氏宗谱》，共和庚午年（1990）修，复印件藏丽水学院畲族文化研究所。

[2]苍南莒溪西厅村《钟氏宗谱》，共和庚寅年（1950）修，复印件藏丽水学院畲族文化研究所。

[3]福安市康厝畲族乡牛石坂村《雷氏宗谱》，共和癸亥年（1983）修，复印件藏福建省民族研究所。

[4]福安市穆云畲族乡溪塔村《蓝氏宗谱》，民国丁丑年（1937）重修，复印件藏福建省民族研究所。

[5]福安市穆云畲族乡溪塔村《蓝氏宗谱》，民国丁丑年（1937）重修，复印件藏福建省民

族研究所。

[6]福安市穆云畲族乡溪塔村《蓝氏宗谱》，清光绪十九年（1893）修，复印件藏福建省民族研究所。

[7]福安小岭村《钟氏宗谱》，清光绪二十七年（1901）修，复印件藏福建省民族研究所。

[8]福鼎佳阳双华村《蓝氏宗谱》，清光绪三十一年（1905）重修，复印件藏福建省民族研究所。

[9]福鼎岭兜《雷氏宗谱》清同治五年（1866）修，复印件藏福建省民族研究所。

[10]福鼎市白琳镇牛埕下村《雷氏宗谱》，光绪己亥年（1899）修，复印件藏福建省民族研究所。

[11]杭州临安《蓝氏房谱》，丙辰年（1856）修，复印件藏丽水学院畲族文化研究所。

[12]金华坦洪乡大西畈村《蓝氏宗谱》，民国癸酉年（1933）重修，复印件藏丽水学院畲族文化研究所。

[13]景宁敕木山九重洋《蓝氏房谱》，清光绪三十四年（1908）修，复印件藏丽水学院畲族文化研究所。

[14]景宁大均伏叶半山村《钟氏宗谱》，同治丙寅年（1866）修，复印本藏丽水学院畲族文化研究所。

[15]景宁东坑镇吴山头《雷氏宗谱》，宣统己酉年（1909）修，复印件藏丽水学院畲族文化研究所。

[16]兰明苑收集整理：《"祖宗"歌》，复印本藏丽水学院畲族文化研究所。

[17]兰溪市水亭畲族乡旺真山脚丁家岙《雷氏宗谱》，复印本藏丽水学院畲族文化研究所。

[18]丽水莲都高溪南坑（藏）惠明寺《雷氏宗谱》，民国八年重修（1919），复印件藏丽水学院畲族文化研究所。

[19]丽水市莲都区联城镇胡椒坑村《蓝氏族谱》，民国十八年（1929）续修，复印件藏丽水学院畲族文化研究所。

[20]龙游横山镇高头村《蓝氏宗谱》，民国三年（1914）修，复印件藏丽水学院畲族文化研究所。

[21]龙游横山镇项家村《钟氏宗谱》，民国二十一年（1932），复印件藏丽水学院畲族文化研究所。

[22] 龙游县横山镇余岗村《蓝氏宗谱》，清光绪二十四年（1898）续修，复印本藏丽水学院畲族文化研究所。

[23] 宁德蕉城区八都镇新楼村《蓝氏宗谱》，民国八年（1919）重修，复印件藏福建省民族研究所。

[24] 平阳县青街畲族乡章山村《雷氏宗谱》，同治丙寅年（1866）修，复印件藏丽水学院畲族文化研究所。

[25] 遂昌妙高镇井头坞村《钟氏宗谱》，民国辛未年（1931）创修，复印件藏丽水学院畲族文化研究所。

[26] 佚名撰，雷神亮抄，雷明玉抄传：《移星科文》，清光绪甲辰年（1904），复印件藏丽水学院畲族文化研究所。

译著与外文文献

[1] C.R.Kellogg , " The San Tak of Fukien Province" , *The China Journal of Science and Arts*, 1926,Vol. Ⅳ , No.5.

[2][英]柴尔德：《远古文化史》，周金楷译，北京：中华书局，1958年。

[3][美]路易斯·亨利·摩尔根：《古代社会（下）》，杨东莼、马雍、马巨译，北京：商务印书馆，1981年。

[4][美]魏伯·司各特：《西方文艺批评的五种模式》，蓝仁哲译，重庆：重庆出版社，1983年。

[5][德]哈·史图博、李化民：《浙江景宁敕木山畲民调查记》，周永钊译，张世廉校译，中南民族学院民族研究所编，1984年。

[6][德]恩斯特·卡西尔：《人论》，甘阳译，上海：上海译文出版社，1985年。

[7][加]诺斯洛普·弗莱：《批评的剖析》，陈慧、袁宪军、吴伟仁译，天津：百花文艺出版社，1998年。

[8][芬兰]E. A. 韦斯特马克：《人类婚姻史》，李彬、李毅夫、欧阳觉亚译，北京：商务印书馆，2002年。

[9] John M. Foley, *How to Read an Oral Peom*, Urbana and Chicago: University of Illinois Press, 2002.

［10］［美］马克·本德尔：《怎样看〈梅葛〉："以传统为取向"的楚雄彝族文学文本》，付卫译，《民俗研究》2002年第4期。

［11］［瑞士］卡尔·古斯塔夫·荣格：《原型与集体无意识》，徐德林译，北京：国际文化出版公司，2011年。

后记

2013年3月中旬，我在导师吕立汉教授和邱国珍教授的指导下艰难完成此书，并于当年5月顺利完成答辩，获得法学（民俗学）硕士学位。历经10个寒暑，此文所提观点及其论证过程是否得到畲族民众及学界前辈的认可，或未可知。不过，后续研究的逐步深入，更强化了我对"星宿信俗"作为盘瓠形象演变过程之起始阶段的认识。毫无疑问，进入21世纪后的"盘瓠"研究，俨然成为探索畲族传统文化的核心禁区之一，但脱离"盘瓠"的畲族传统文化是否完整，回答是否定的。然而，如何将产自封建时代的负面影响从"盘瓠"身上剥离，则是当代"盘瓠"研究及借此发展族群文化必须思考的问题。

虽然这篇完成于10年前的学位论文尚不足以彻底改变人们对盘瓠形象之传统认识的持续，但我相信这一不甚成熟的论述亦为其进一步研究提供了一条可资借鉴的途径。

之所以选择从"星宿"角度勘察盘瓠作为图腾的原型，并不是读研伊始就有的，相反我最初想做的是楹联习俗，直至2010年9月22日（中秋节）随导师首次进入畲族村——丽水市莲都区沙溪村，方勾起我对畲族文化的兴趣，而真正从事畲族文化研究则是在2011年1月2日随导师和师姐王昕前往丽水市云和县象溪镇村头村搜集畲族契约文书后。此后，我不仅在导师的带领下深入畲族村落调研，也时常自己或同师姐王昕、师弟谭振华及师妹李凤勤走访畲族村落，在此对他们的陪伴致以诚挚感谢。

因温州大学民俗学研究有偏重民间信俗的一面，故我在研究畲族传统文化的时候也不自觉地走上了民间信俗研究。只不过，随着阅读量的增大和田野研究范围的拓宽，我对畲族民间信俗研究的胃口越来越大，故以初生牛犊不怕虎的心态，于 2011 年 11 月的硕士学位论文开题时，做了题为"畲族民间信仰中神灵谱系研究——以浙南畲族聚居区为例"的报告。然方一写作便遇到了问题——我总是困锁于无法对浙南畲族村落展开全面普查的心理纠葛中。故经导师和邱国珍教授指导，我从原题中抽取了"畲汉陈十四信仰异同比较"这一话题。不过，随着两篇相关论文分别于 2012 年 1 月和 2012 年 9 月为《丽水学院学报》和《温州大学学报（社会科学版）》采用，而担心硕士学位论文查重率过高，便产生了放弃这一选题的想法。

事出偶然，2012 年 9 月我在丽水学院畲族文化研究所查阅资料时，不仅于众多宗谱中看到了有关盘瓠乃娄宿（氐宿）下凡的记载，更在导师提供的祖图长联照片中看到了这类图绘，特别是丽水联城胡椒坑村祖图长联（图 2-3）。这引起了我的好奇，而此时我恰巧读完刘宗迪教授所著《失落的天书——〈山海经〉与古代华夏世界观》，内中涉及天文历法的讨论则给予我重新探索星宿作为图腾之原型的勇气。纵然"盘瓠"依然是畲族传统文化研究的一大禁忌，但我还是陷入从星宿角度追索盘瓠原型的"窠臼"。究其原因，这不仅是我追求"创新"的努力，也是借此打破畲族"盘瓠"研究之僵局的尝试。

对于盘瓠图腾之星宿原型的观点，导师吕立汉教授给予了肯定，并一再鼓励我发掘可靠的证据链加以说明。经过近 3 个月的"秉烛夜战"，我基本完成了论文主体，即本书"绪论"至"第二章"，但总觉得少了些什么。正在纠结时，"中国·丽水 畲族文化国际学术研讨会"于 2012 年 11 月 16 日至 18 日在丽水学院举办，而我有幸作为会务组成员之一参加了此次盛会。此间，我得到数位畲族研究专家，如谢重光教授、石奕龙教授、兰林友教授、蓝炯熹研究员以及王逍教授的躬身指导，而畲族学者雷必贵、钟炳文、雷先根、蓝观海等亦给予我不少帮助。在此一并致以诚挚感谢。

正是在上述学者的提点下，我在原有论文的基础上增加了后续章节，从而更完整地展现了盘瓠形象之演变以及这种演变对畲族社会发展的影响。经过 10 年的沉淀，我对"盘瓠图腾星宿原型"的观点从未改变，但这篇硕士学位论文不论在逻辑结构还是语言表述上总是有诸多不足，故重新捡出加以润色并增添了部分图文内容，特别是有关"华安仙字潭"这一"证据"。此外，还将原属第二章第三节第三点的"星宿图腾的社会功能:多民族融合的文化象征"独立成第四章,但总体行文并未发生大的改动。

除导师和同门,要感谢我的父母与妹妹,他们的辛劳付出和无私支持一直鼓励着我在学术道路上摸爬滚打。温州大学民俗学导师组——姚周辉教授、赖施虬教授、黄涛教授、林亦修教授、韩雷教授以及吴宇嫦博士在我学术入门阶段给予了巨大帮助,他们躬身为教,令我终生难忘,故衷心向老师们致以诚挚谢意!同学吕萌明、周增辉、王滨、孙佳丽、王建瑛、毕春燕、曹呈燕、周玉苹和吴婷则给予我同袍之谊。我还要感谢重庆师范大学文学院的易小松教授,她是我永远不能忘记的启蒙老师,如果不是她,我根本无法走进民俗学殿堂,走向学术道路。而从硕士学位论文到学术专著的华丽转变,重庆工商大学法学与社会学学院不仅给予了出版资助,黄文院长、侯明喜副院长、刘勇副院长以及同事付海鸿博士、张东博士、王惠云博士、王璐博士等也提供了完善建议,在此一并致谢!我还要感谢学苑出版社将本书列入出版计划,感谢本书责编乔素娟老师及其同事对本书的严格把关,才使这篇学位论文真正成为一部学术专著。

目前,盘瓠文化研究在中国社会科学院民族文学研究所"'中国神话学'课题组"的引领下有了全新而多元的进展,而10年前写就的文字则是我从"星宿"角度尝试重新认识图腾盘瓠之原型的"旧"路径。总之,这一观点的论证过程虽不甚完美,但也期望能在畲族民众、学界前辈、学术同仁以及后来学者的商榷或对话中经受时间的考验。

孟令法

2021年4月17日于重庆万友·七季城B区居所作
2023年2月25日于重庆万友·七季城B区居所改定